最新

未成年人保护法规全编

中国法制出版社
CHINA LEGAL PUBLISHING HOUSE

图书在版编目（CIP）数据

最新未成年人保护法规全编 / 中国法制出版社编
.—北京：中国法制出版社，2023.12
（条文速查小红书）
ISBN 978-7-5216-4039-7

Ⅰ.①最… Ⅱ.①中… Ⅲ.①未成年人保护法-汇编
-中国 Ⅳ.①D922.79

中国国家版本馆 CIP 数据核字（2023）第 241433 号

责任编辑：刘晓霞　　封面设计：杨泽江

最新未成年人保护法规全编

ZUIXIN WEICHENGNIANREN BAOHU FAGUI QUANBIAN

经销/新华书店
印刷/三河市紫恒印装有限公司
开本/880 毫米×1230 毫米　32 开　　印张/ 14.75　字数/ 382 千
版次/2023 年 12 月第 1 版　　2023 年 12 月第 1 次印刷

中国法制出版社出版
书号 ISBN 978-7-5216-4039-7　　定价：43.00 元

北京市西城区西便门西里甲 16 号西便门办公区
邮政编码：100053　　传真：010-63141600
网址：http：//www.zgfzs.com　　**编辑部电话：010-63141664**
市场营销部电话：010-63141612　　**印务部电话：010-63141606**

（如有印装质量问题，请与本社印务部联系。）

编辑说明

法律会适时修改，而与之相关的配套规定难以第一时间调整引用的旧法条文序号。此时，我们难免会有这样的困扰：(1) 不知其中仍是旧法条文序号而误用；(2) 知道其中是旧法条文序号，却找不到或找错对应的新法条文序号；(3) 为找到旧法对应最新条款，来回翻找，浪费很多宝贵时间。本丛书针对性地为读者朋友们解决这一问题，独具以下特色：

1. 标注变动后的最新条文序号

本丛书以页边码（如 22 ）的形式，在出现条文序号已发生变化的条款同一行的左右侧空白位置一一标注变动后的最新条文序号；如果一行有两个以上条款的序号已发生变化，分先后顺序上下标注变动后的最新条文序号（如 288 289 ）；如一个条款变动后分为了两个以上条款，标注在同一个格子里（如 538 539 ）； × 表示该条已被删除。

需要说明的是：《民法通则》《物权法》《合同法》《担保法》《婚姻法》《继承法》《收养法》《侵权责任法》《最高人民法院关于适用〈中华人民共和国合同法〉若干问题的解释（一）》《最高人民法院关于适用〈中华人民共和国合同法〉若干问题的解释（二）》对应的是《民法典》最新条文序号，而《民法总则》和《民法典》总则编条文序号无变化，没有再行标注。本分册以最新的《民事诉讼法》（2023 年 9 月 1 日修正）、《最高人民法院关于适用〈中华人民共和国民事诉讼法〉的解释》(2022 年 4 月 1 日修正)、《民法典》(2020 年 5 月 28 日）等为基准。

2. 附录历年条文序号对照表

如果你想参考适用其他规定或司法案例时遇到旧法，可利用未成年人保护法历年条文序号对照表，快速准确定位最新条款。试举一例，你在阅读司法案例时，发现该案例裁判于2005年，其援引的未成年人保护法是1991年版的，未成年人保护法历经2006年、2012年、2020年几次修改，条文序号已发生重大变化，从1991年版的条款定位到2020年版的条款，实属不易，但是只要查阅该表，就可以轻松快速定位到最新对应条款。

3. 内容全面，文本权威

本丛书将各个领域的核心法律作为“主法”，围绕“主法”全面收录相关司法解释及配套法律法规；收录文件均为经过清理修改的现行有效标准文本，以供读者全面掌握权威法律文件。

4. 精选典型案例，以案释法

本书收录最高人民法院、最高人民检察院公布的典型案例，方便读者以案例为指导进一步掌握如何适用法律及司法解释。

目　录*

中华人民共和国未成年人保护法 …………………………………… 1
（2020 年 10 月 17 日）

一、综　合

中华人民共和国宪法（节录） ……………………………………… 26
（2018 年 3 月 11 日）
中华人民共和国民法典（节录） …………………………………… 27
（2020 年 5 月 28 日）
国务院未成年人保护工作领导小组关于加强未成年人保护工作的意见 …………………………………………………………… 32
（2021 年 6 月 6 日）

二、家庭保护

中华人民共和国家庭教育促进法 …………………………………… 42
（2021 年 10 月 23 日）
中华人民共和国反家庭暴力法 ……………………………………… 50
（2015 年 12 月 27 日）
家庭寄养管理办法 …………………………………………………… 55
（2014 年 9 月 24 日）
最高人民法院、全国妇联关于开展家庭教育指导工作的意见 ……… 61
（2023 年 5 月 29 日）

* 编者按：本目录中的时间为法律文件的公布时间或最后一次修正、修订公布时间。

三、学校保护

中华人民共和国教育法 …………………………………………………… 67
(2021 年 4 月 29 日)
中华人民共和国义务教育法 ……………………………………………… 80
(2018 年 12 月 29 日)
中华人民共和国民办教育促进法 ………………………………………… 89
(2018 年 12 月 29 日)
中华人民共和国民办教育促进法实施条例 ……………………………… 98
(2021 年 4 月 7 日)
中华人民共和国教师法 …………………………………………………… 113
(2009 年 8 月 27 日)
禁止妨碍义务教育实施的若干规定 ……………………………………… 119
(2019 年 4 月 1 日)
未成年人学校保护规定 …………………………………………………… 120
(2021 年 6 月 1 日)
学生伤害事故处理办法 …………………………………………………… 131
(2010 年 12 月 13 日)
幼儿园教师违反职业道德行为处理办法 ………………………………… 138
(2018 年 11 月 8 日)
中小学教师违反职业道德行为处理办法 ………………………………… 141
(2018 年 11 月 8 日)
中小学幼儿园安全管理办法 ……………………………………………… 144
(2006 年 6 月 30 日)
中小学（幼儿园）安全工作专项督导暂行办法 ………………………… 154
(2016 年 11 月 30 日)
校车安全管理条例 ………………………………………………………… 157
(2012 年 4 月 5 日)
义务教育学校管理标准 …………………………………………………… 167
(2017 年 12 月 4 日)

中小学教育惩戒规则（试行） …… 175
（2020 年 12 月 23 日）
防范中小学生欺凌专项治理行动工作方案 …… 180
（2021 年 1 月 20 日）
幼儿园工作规程 …… 183
（2016 年 1 月 5 日）
关于建立中小学校党组织领导的校长负责制的意见（试行） …… 193
（2022 年 1 月 26 日）
关于进一步减轻义务教育阶段学生作业负担和校外培训负担的意见 … 198
（2021 年 7 月 24 日）
最高人民检察院、教育部、公安部关于建立教职员工准入查询性侵违法犯罪信息制度的意见 …… 205
（2020 年 8 月 20 日）

四、社会保护

中华人民共和国公共文化服务保障法 …… 209
（2016 年 12 月 25 日）
公共文化体育设施条例 …… 218
（2003 年 6 月 26 日）
禁止使用童工规定 …… 223
（2002 年 10 月 1 日）
未成年工特殊保护规定 …… 226
（1994 年 12 月 9 日）
未成年人节目管理规定 …… 229
（2021 年 10 月 8 日）
未成年人文身治理工作办法 …… 236
（2022 年 6 月 6 日）

五、网络保护

中华人民共和国网络安全法 …… 239
(2016 年 11 月 7 日)
全国人民代表大会常务委员会关于加强网络信息保护的决定 …… 252
(2012 年 12 月 28 日)
未成年人网络保护条例 …… 254
(2023 年 10 月 16 日)
儿童个人信息网络保护规定 …… 265
(2019 年 8 月 22 日)
网络信息内容生态治理规定 …… 268
(2019 年 12 月 15 日)
教育部办公厅等六部门关于进一步加强预防中小学生沉迷网络游戏管理工作的通知 …… 275
(2021 年 10 月 20 日)
国家新闻出版署关于进一步严格管理切实防止未成年人沉迷网络游戏的通知 …… 277
(2021 年 8 月 30 日)
中央网信办、教育部关于进一步加强涉未成年人网课平台规范管理的通知 …… 278
(2020 年 11 月 27 日)

六、政府保护

儿童福利机构管理办法 …… 281
(2018 年 10 月 30 日)
中国公民收养子女登记办法 …… 288
(2023 年 7 月 20 日)
收养评估办法（试行） …… 291
(2020 年 12 月 30 日)

民政部、全国妇联关于做好家庭暴力受害人庇护救助工作的指导意见 …… 294
（2015 年 9 月 24 日）

七、司法保护

中华人民共和国预防未成年人犯罪法 …… 298
（2020 年 12 月 26 日）
中华人民共和国刑法（节录） …… 308
（2020 年 12 月 26 日）
中华人民共和国法律援助法 …… 314
（2021 年 8 月 20 日）
未成年人法律援助服务指引（试行） …… 324
（2020 年 9 月 16 日）
人民检察院办理未成年人刑事案件的规定 …… 334
（2013 年 12 月 19 日）
最高人民法院关于审理未成年人刑事案件具体应用法律若干问题的解释 …… 351
（2006 年 1 月 11 日）
最高人民法院、最高人民检察院、公安部、司法部关于办理性侵害未成年人刑事案件的意见 …… 354
（2023 年 5 月 24 日）
最高人民法院、最高人民检察院关于办理强奸、猥亵未成年人刑事案件适用法律若干问题的解释 …… 361
（2023 年 5 月 24 日）
最高人民法院关于进一步加强少年法庭工作的意见 …… 365
（2010 年 7 月 23 日）
最高人民检察院关于加强新时代未成年人检察工作的意见 …… 369
（2020 年 4 月 21 日）
最高人民法院关于加强新时代未成年人审判工作的意见 …… 380
（2020 年 12 月 24 日）
最高人民法院、最高人民检察院、公安部、民政部关于依法处理监护人侵害未成年人权益行为若干问题的意见 …… 385
（2014 年 12 月 18 日）

最高人民检察院、国家监察委员会、教育部、公安部、民政部、司法部、国家卫生健康委员会、中国共产主义青年团中央委员会、中华全国妇女联合会关于建立侵害未成年人案件强制报告制度的意见（试行） …… 393
（2020 年 5 月 7 日）

典型案例

最高人民法院、中华全国妇女联合会发布保护未成年人权益十大司法救助典型案例 …… 397
（2023 年 5 月 29 日）
最高人民检察院、中华全国妇女联合会、中国关心下一代工作委员会发布第二批在办理涉未成年人案件中全面开展家庭教育指导工作典型案例 …… 407
（2023 年 5 月 24 日）
最高人民检察院发布六起检察机关加强未成年人网络保护综合履职典型案例 …… 419
（2023 年 5 月 31 日）
最高人民检察院发布 6 起侵害未成年人案件强制报告追责典型案例 … 429
（2022 年 5 月 27 日）
最高人民检察院发布八起“检爱同行 共护未来”未成年人保护法律监督专项行动典型案例 …… 437
（2022 年 5 月 25 日）
最高人民法院发布 7 起未成年人司法保护典型案例 …… 449
（2021 年 3 月 2 日）

历年条文序号对照表

历年未成年人保护法条文序号对照表（1991 年—2006 年—2012 年—2020 年） …… 456

中华人民共和国未成年人保护法

（1991年9月4日第七届全国人民代表大会常务委员会第二十一次会议通过　2006年12月29日第十届全国人民代表大会常务委员会第二十五次会议第一次修订　根据2012年10月26日第十一届全国人民代表大会常务委员会第二十九次会议《关于修改〈中华人民共和国未成年人保护法〉的决定》修正　2020年10月17日第十三届全国人民代表大会常务委员会第二十二次会议第二次修订　2020年10月17日中华人民共和国主席令第57号公布　自2021年6月1日起施行）

目　　录

第一章　总　　则

第一条　【立法目的和依据】* 为了保护未成年人身心健康，保障未成年人合法权益，促进未成年人德智体美劳全面发展，培养有理想、有道德、有文化、有纪律的社会主义建设者和接班人，培养担当民族复兴大任

---

* 条文主旨为编者所加，下全同。

的时代新人，根据宪法，制定本法。

第二条　【未成年人的定义】本法所称未成年人是指未满十八周岁的公民。

第三条　【未成年人享有的四大权利和平等保护】国家保障未成年人的生存权、发展权、受保护权、参与权等权利。

未成年人依法平等地享有各项权利，不因本人及其父母或者其他监护人的民族、种族、性别、户籍、职业、宗教信仰、教育程度、家庭状况、身心健康状况等受到歧视。

第四条　【未成年人保护的原则和要求】保护未成年人，应当坚持最有利于未成年人的原则。处理涉及未成年人事项，应当符合下列要求：

（一）给予未成年人特殊、优先保护；

（二）尊重未成年人人格尊严；

（三）保护未成年人隐私权和个人信息；

（四）适应未成年人身心健康发展的规律和特点；

（五）听取未成年人的意见；

（六）保护与教育相结合。

第五条　【对未成年人的教育】国家、社会、学校和家庭应当对未成年人进行理想教育、道德教育、科学教育、文化教育、法治教育、国家安全教育、健康教育、劳动教育，加强爱国主义、集体主义和中国特色社会主义的教育，培养爱祖国、爱人民、爱劳动、爱科学、爱社会主义的公德，抵制资本主义、封建主义和其他腐朽思想的侵蚀，引导未成年人树立和践行社会主义核心价值观。

第六条　【未成年人保护的责任主体】保护未成年人，是国家机关、武装力量、政党、人民团体、企业事业单位、社会组织、城乡基层群众性自治组织、未成年人的监护人以及其他成年人的共同责任。

国家、社会、学校和家庭应当教育和帮助未成年人维护自身合法权益，增强自我保护的意识和能力。

第七条　【未成年人监护制度】未成年人的父母或者其他监护人依法对未成年人承担监护职责。

国家采取措施指导、支持、帮助和监督未成年人的父母或者其他监护人履行监护职责。

第八条　【政府对未成年人保护的规划和经费保障】 县级以上人民政府应当将未成年人保护工作纳入国民经济和社会发展规划，相关经费纳入本级政府预算。

第九条　【未成年人保护工作协调机制】 县级以上人民政府应当建立未成年人保护工作协调机制，统筹、协调、督促和指导有关部门在各自职责范围内做好未成年人保护工作。协调机制具体工作由县级以上人民政府民政部门承担，省级人民政府也可以根据本地实际情况确定由其他有关部门承担。

第十条　【群团组织和社会组织的职责】 共产主义青年团、妇女联合会、工会、残疾人联合会、关心下一代工作委员会、青年联合会、学生联合会、少年先锋队以及其他人民团体、有关社会组织，应当协助各级人民政府及其有关部门、人民检察院、人民法院做好未成年人保护工作，维护未成年人合法权益。

第十一条　【未成年人保护的强制报告制度】 任何组织或者个人发现不利于未成年人身心健康或者侵犯未成年人合法权益的情形，都有权劝阻、制止或者向公安、民政、教育等有关部门提出检举、控告。

国家机关、居民委员会、村民委员会、密切接触未成年人的单位及其工作人员，在工作中发现未成年人身心健康受到侵害、疑似受到侵害或者面临其他危险情形的，应当立即向公安、民政、教育等有关部门报告。

有关部门接到涉及未成年人的检举、控告或者报告，应当依法及时受理、处置，并以适当方式将处理结果告知相关单位和人员。

第十二条　【鼓励支持科学研究和加强人才培养】 国家鼓励和支持未成年人保护方面的科学研究，建设相关学科、设置相关专业，加强人才培养。

第十三条　【未成年人统计调查制度】 国家建立健全未成年人统计调查制度，开展未成年人健康、受教育等状况的统计、调查和分析，发布未成年人保护的有关信息。

第十四条　【国家表彰奖励】 国家对保护未成年人有显著成绩的组织和个人给予表彰和奖励。

第二章　家庭保护

第十五条　【家庭保护的基本要求】未成年人的父母或者其他监护人应当学习家庭教育知识，接受家庭教育指导，创造良好、和睦、文明的家庭环境。

共同生活的其他成年家庭成员应当协助未成年人的父母或者其他监护人抚养、教育和保护未成年人。

第十六条　【监护人必须履行的监护职责】未成年人的父母或者其他监护人应当履行下列监护职责：

（一）为未成年人提供生活、健康、安全等方面的保障；

（二）关注未成年人的生理、心理状况和情感需求；

（三）教育和引导未成年人遵纪守法、勤俭节约，养成良好的思想品德和行为习惯；

（四）对未成年人进行安全教育，提高未成年人的自我保护意识和能力；

（五）尊重未成年人受教育的权利，保障适龄未成年人依法接受并完成义务教育；

（六）保障未成年人休息、娱乐和体育锻炼的时间，引导未成年人进行有益身心健康的活动；

（七）妥善管理和保护未成年人的财产；

（八）依法代理未成年人实施民事法律行为；

（九）预防和制止未成年人的不良行为和违法犯罪行为，并进行合理管教；

（十）其他应当履行的监护职责。

第十七条　【监护人禁止实施的行为】未成年人的父母或者其他监护人不得实施下列行为：

（一）虐待、遗弃、非法送养未成年人或者对未成年人实施家庭暴力；

（二）放任、教唆或者利用未成年人实施违法犯罪行为；

（三）放任、唆使未成年人参与邪教、迷信活动或者接受恐怖主义、分裂主义、极端主义等侵害；

（四）放任、唆使未成年人吸烟（含电子烟，下同）、饮酒、赌博、流浪乞讨或者欺凌他人；

（五）放任或者迫使应当接受义务教育的未成年人失学、辍学；

（六）放任未成年人沉迷网络，接触危害或者可能影响其身心健康的图书、报刊、电影、广播电视节目、音像制品、电子出版物和网络信息等；

（七）放任未成年人进入营业性娱乐场所、酒吧、互联网上网服务营业场所等不适宜未成年人活动的场所；

（八）允许或者迫使未成年人从事国家规定以外的劳动；

（九）允许、迫使未成年人结婚或者为未成年人订立婚约；

（十）违法处分、侵吞未成年人的财产或者利用未成年人牟取不正当利益；

（十一）其他侵犯未成年人身心健康、财产权益或者不依法履行未成年人保护义务的行为。

第十八条　【监护人的安全保障义务】未成年人的父母或者其他监护人应当为未成年人提供安全的家庭生活环境，及时排除引发触电、烫伤、跌落等伤害的安全隐患；采取配备儿童安全座椅、教育未成年人遵守交通规则等措施，防止未成年人受到交通事故的伤害；提高户外安全保护意识，避免未成年人发生溺水、动物伤害等事故。

第十九条　【听取未成年人意见原则】未成年人的父母或者其他监护人应当根据未成年人的年龄和智力发展状况，在作出与未成年人权益有关的决定前，听取未成年人的意见，充分考虑其真实意愿。

第二十条　【监护人的保护及报告义务】未成年人的父母或者其他监护人发现未成年人身心健康受到侵害、疑似受到侵害或者其他合法权益受到侵犯的，应当及时了解情况并采取保护措施；情况严重的，应当立即向公安、民政、教育等部门报告。

第二十一条　【禁止脱离监护的特殊要求】未成年人的父母或者其他监护人不得使未满八周岁或者由于身体、心理原因需要特别照顾的未成年人处于无人看护状态，或者将其交由无民事行为能力、限制民事行为能力、患有严重传染性疾病或者其他不适宜的人员临时照护。

未成年人的父母或者其他监护人不得使未满十六周岁的未成年人脱离监护单独生活。

第二十二条　【委托照护的基本要求及禁止情形】未成年人的父母或

者其他监护人因外出务工等原因在一定期限内不能完全履行监护职责的，应当委托具有照护能力的完全民事行为能力人代为照护；无正当理由的，不得委托他人代为照护。

未成年人的父母或者其他监护人在确定被委托人时，应当综合考虑其道德品质、家庭状况、身心健康状况、与未成年人生活情感上的联系等情况，并听取有表达意愿能力未成年人的意见。

具有下列情形之一的，不得作为被委托人：

（一）曾实施性侵害、虐待、遗弃、拐卖、暴力伤害等违法犯罪行为；

（二）有吸毒、酗酒、赌博等恶习；

（三）曾拒不履行或者长期怠于履行监护、照护职责；

（四）其他不适宜担任被委托人的情形。

第二十三条　【委托照护情形下监护人的职责】未成年人的父母或者其他监护人应当及时将委托照护情况书面告知未成年人所在学校、幼儿园和实际居住地的居民委员会、村民委员会，加强和未成年人所在学校、幼儿园的沟通；与未成年人、被委托人至少每周联系和交流一次，了解未成年人的生活、学习、心理等情况，并给予未成年人亲情关爱。

未成年人的父母或者其他监护人接到被委托人、居民委员会、村民委员会、学校、幼儿园等关于未成年人心理、行为异常的通知后，应当及时采取干预措施。

第二十四条　【离婚时对未成年子女的保护】未成年人的父母离婚时，应当妥善处理未成年子女的抚养、教育、探望、财产等事宜，听取有表达意愿能力未成年人的意见。不得以抢夺、藏匿未成年子女等方式争夺抚养权。

未成年人的父母离婚后，不直接抚养未成年子女的一方应当依照协议、人民法院判决或者调解确定的时间和方式，在不影响未成年人学习、生活的情况下探望未成年子女，直接抚养的一方应当配合，但被人民法院依法中止探望权的除外。

第三章　学校保护

第二十五条　【教育方针和未成年学生保护工作制度】学校应当全面贯彻国家教育方针，坚持立德树人，实施素质教育，提高教育质量，注重培养未成年学生认知能力、合作能力、创新能力和实践能力，促进未成年学生全面发展。

学校应当建立未成年学生保护工作制度，健全学生行为规范，培养未成年学生遵纪守法的良好行为习惯。

第二十六条　【幼儿园工作的原则】幼儿园应当做好保育、教育工作，遵循幼儿身心发展规律，实施启蒙教育，促进幼儿在体质、智力、品德等方面和谐发展。

第二十七条　【尊重未成年人人格尊严】学校、幼儿园的教职员工应当尊重未成年人人格尊严，不得对未成年人实施体罚、变相体罚或者其他侮辱人格尊严的行为。

第二十八条　【保障未成年学生受教育权】学校应当保障未成年学生受教育的权利，不得违反国家规定开除、变相开除未成年学生。

学校应当对尚未完成义务教育的辍学未成年学生进行登记并劝返复学；劝返无效的，应当及时向教育行政部门书面报告。

第二十九条　【关爱帮助留守和困境未成年学生】学校应当关心、爱护未成年学生，不得因家庭、身体、心理、学习能力等情况歧视学生。对家庭困难、身心有障碍的学生，应当提供关爱；对行为异常、学习有困难的学生，应当耐心帮助。

学校应当配合政府有关部门建立留守未成年学生、困境未成年学生的信息档案，开展关爱帮扶工作。

第三十条　【学校开展身心教育】学校应当根据未成年学生身心发展特点，进行社会生活指导、心理健康辅导、青春期教育和生命教育。

第三十一条　【学校开展劳动教育】学校应当组织未成年学生参加与其年龄相适应的日常生活劳动、生产劳动和服务性劳动，帮助未成年学生掌握必要的劳动知识和技能，养成良好的劳动习惯。

第三十二条　【学校开展厉行节约、反对浪费教育】学校、幼儿园应当开展勤俭节约、反对浪费、珍惜粮食、文明饮食等宣传教育活动，帮助未成年人树立浪费可耻、节约为荣的意识，养成文明健康、绿色环保的生活习惯。

第三十三条　【学校及监护人应保障未成年学生休息、娱乐和体育锻炼的权利】学校应当与未成年学生的父母或者其他监护人互相配合，合理安排未成年学生的学习时间，保障其休息、娱乐和体育锻炼的时间。

学校不得占用国家法定节假日、休息日及寒暑假期，组织义务教育阶段的未成年学生集体补课，加重其学习负担。

幼儿园、校外培训机构不得对学龄前未成年人进行小学课程教育。

第三十四条　【加强卫生保健工作】学校、幼儿园应当提供必要的卫生保健条件，协助卫生健康部门做好在校、在园未成年人的卫生保健工作。

第三十五条　【学校安全管理制度和措施】学校、幼儿园应当建立安全管理制度，对未成年人进行安全教育，完善安保设施、配备安保人员，保障未成年人在校、在园期间的人身和财产安全。

学校、幼儿园不得在危及未成年人人身安全、身心健康的校舍和其他设施、场所中进行教育教学活动。

学校、幼儿园安排未成年人参加文化娱乐、社会实践等集体活动，应当保护未成年人的身心健康，防止发生人身伤害事故。

第三十六条　【校车安全管理制度和措施】使用校车的学校、幼儿园应当建立健全校车安全管理制度，配备安全管理人员，定期对校车进行安全检查，对校车驾驶人进行安全教育，并向未成年人讲解校车安全乘坐知识，培养未成年人校车安全事故应急处理技能。

第三十七条　【突发事件、意外伤害的预案和人身伤害事故的处置】学校、幼儿园应当根据需要，制定应对自然灾害、事故灾难、公共卫生事件等突发事件和意外伤害的预案，配备相应设施并定期进行必要的演练。

未成年人在校内、园内或者本校、本园组织的校外、园外活动中发生人身伤害事故的，学校、幼儿园应当立即救护，妥善处理，及时通知未成年人的父母或者其他监护人，并向有关部门报告。

第三十八条　【禁止安排未成年人参加商业性活动】学校、幼儿园不得安排未成年人参加商业性活动，不得向未成年人及其父母或者其他监护人推销或者要求其购买指定的商品和服务。

学校、幼儿园不得与校外培训机构合作为未成年人提供有偿课程辅导。

第三十九条　【学生欺凌防控工作制度及措施】学校应当建立学生欺凌防控工作制度，对教职员工、学生等开展防治学生欺凌的教育和培训。

学校对学生欺凌行为应当立即制止，通知实施欺凌和被欺凌未成年学生的父母或者其他监护人参与欺凌行为的认定和处理；对相关未成年学生及时给予心理辅导、教育和引导；对相关未成年学生的父母或者其他监护人给予必要的家庭教育指导。

对实施欺凌的未成年学生，学校应当根据欺凌行为的性质和程度，依法加强管教。对严重的欺凌行为，学校不得隐瞒，应当及时向公安机关、教育行政部门报告，并配合相关部门依法处理。

第四十条　【学校防治性侵害、性骚扰的工作制度及措施】学校、幼儿园应当建立预防性侵害、性骚扰未成年人工作制度。对性侵害、性骚扰未成年人等违法犯罪行为，学校、幼儿园不得隐瞒，应当及时向公安机关、教育行政部门报告，并配合相关部门依法处理。

学校、幼儿园应当对未成年人开展适合其年龄的性教育，提高未成年人防范性侵害、性骚扰的自我保护意识和能力。对遭受性侵害、性骚扰的未成年人，学校、幼儿园应当及时采取相关的保护措施。

第四十一条　【参照适用范围】婴幼儿照护服务机构、早期教育服务机构、校外培训机构、校外托管机构等应当参照本章有关规定，根据不同年龄阶段未成年人的成长特点和规律，做好未成年人保护工作。

第四章　社会保护

第四十二条　【全社会关心未成年人】全社会应当树立关心、爱护未成年人的良好风尚。

国家鼓励、支持和引导人民团体、企业事业单位、社会组织以及其他组织和个人，开展有利于未成年人健康成长的社会活动和服务。

第四十三条　【村（居）民委员会的未成年人保护职责】居民委员会、村民委员会应当设置专人专岗负责未成年人保护工作，协助政府有关部门宣传未成年人保护方面的法律法规，指导、帮助和监督未成年人的父母或者其他监护人依法履行监护职责，建立留守未成年人、困境未成年人的信息档案并给予关爱帮扶。

居民委员会、村民委员会应当协助政府有关部门监督未成年人委托照护情况，发现被委托人缺乏照护能力、怠于履行照护职责等情况，应当及时向政府有关部门报告，并告知未成年人的父母或者其他监护人，帮助、督促被委托人履行照护职责。

第四十四条　【未成年人活动场所的免费、优惠开放及社会支持】爱国主义教育基地、图书馆、青少年宫、儿童活动中心、儿童之家应当对未成年人免费开放；博物馆、纪念馆、科技馆、展览馆、美术馆、文化馆、社区公益性互联网上网服务场所以及影剧院、体育场馆、动物园、植物园、公园等场所，应当按照有关规定对未成年人免费或者优惠开放。

国家鼓励爱国主义教育基地、博物馆、科技馆、美术馆等公共场馆开设未成年人专场，为未成年人提供有针对性的服务。

国家鼓励国家机关、企业事业单位、部队等开发自身教育资源，设立未成年人开放日，为未成年人主题教育、社会实践、职业体验等提供支持。

国家鼓励科研机构和科技类社会组织对未成年人开展科学普及活动。

第四十五条　【未成年人交通出行优惠】城市公共交通以及公路、铁路、水路、航空客运等应当按照有关规定对未成年人实施免费或者优惠票价。

第四十六条　【公共场所的母婴便利措施】国家鼓励大型公共场所、公共交通工具、旅游景区景点等设置母婴室、婴儿护理台以及方便幼儿使用的坐便器、洗手台等卫生设施，为未成年人提供便利。

第四十七条　【禁止限制优惠】任何组织或者个人不得违反有关规定，限制未成年人应当享有的照顾或者优惠。

第四十八条　【国家鼓励有利于未成年人健康成长的文艺作品】国家鼓励创作、出版、制作和传播有利于未成年人健康成长的图书、报刊、电影、广播电视节目、舞台艺术作品、音像制品、电子出版物和网络信息等。

第四十九条　【新闻媒体报道未成年人事项的要求】新闻媒体应当加强未成年人保护方面的宣传，对侵犯未成年人合法权益的行为进行舆论监督。新闻媒体采访报道涉及未成年人事件应当客观、审慎和适度，不得侵犯未成年人的名誉、隐私和其他合法权益。

第五十条　【禁止制作、传播含有危害未成年人身心健康内容的文艺作品】禁止制作、复制、出版、发布、传播含有宣扬淫秽、色情、暴力、邪教、迷信、赌博、引诱自杀、恐怖主义、分裂主义、极端主义等危害未成年人身心健康内容的图书、报刊、电影、广播电视节目、舞台艺术作品、音像制品、电子出版物和网络信息等。

第五十一条　【以显著方式提示影响未成年人身心健康的内容】任何组织或者个人出版、发布、传播的图书、报刊、电影、广播电视节目、舞台艺术作品、音像制品、电子出版物或者网络信息，包含可能影响未成年人身心健康内容的，应当以显著方式作出提示。

第五十二条　【禁止制作、传播有关未成年人的色情制品】禁止制作、复制、发布、传播或者持有有关未成年人的淫秽色情物品和网络信息。

第五十三条　【禁止传播含有危害未成年人身心健康内容的商业广告】任何组织或者个人不得刊登、播放、张贴或者散发含有危害未成年人身心健康内容的广告；不得在学校、幼儿园播放、张贴或者散发商业广告；不得利用校服、教材等发布或者变相发布商业广告。

第五十四条　【禁止对未成年人实施侵害】禁止拐卖、绑架、虐待、非法收养未成年人，禁止对未成年人实施性侵害、性骚扰。

禁止胁迫、引诱、教唆未成年人参加黑社会性质组织或者从事违法犯罪活动。

禁止胁迫、诱骗、利用未成年人乞讨。

第五十五条　【对未成年人食品、药品、玩具、用具及设施的特别要求】生产、销售用于未成年人的食品、药品、玩具、用具和游戏游艺设备、游乐设施等，应当符合国家或者行业标准，不得危害未成年人的人身安全和身心健康。上述产品的生产者应当在显著位置标明注意事项，未标明注意事项的不得销售。

第五十六条　【对公共场所未成年人安全保障的特殊要求】未成年人集中活动的公共场所应当符合国家或者行业安全标准，并采取相应安全保护措施。对可能存在安全风险的设施，应当定期进行维护，在显著位置设置安全警示标志并标明适龄范围和注意事项；必要时应当安排专门人员看管。

大型的商场、超市、医院、图书馆、博物馆、科技馆、游乐场、车站、码头、机场、旅游景区景点等场所运营单位应当设置搜寻走失未成年人的安全警报系统。场所运营单位接到求助后，应当立即启动安全警报系统，组织人员进行搜寻并向公安机关报告。

公共场所发生突发事件时，应当优先救护未成年人。

第五十七条　【宾馆等住宿经营者接待未成年人入住的特殊要求】旅馆、宾馆、酒店等住宿经营者接待未成年人入住，或者接待未成年人和成年人共同入住时，应当询问父母或者其他监护人的联系方式、入住人员的身份关系等有关情况；发现有违法犯罪嫌疑的，应当立即向公安机关报告，并及时联系未成年人的父母或者其他监护人。

第五十八条　【禁止未成年人进入不适宜场所】学校、幼儿园周边不得设置营业性娱乐场所、酒吧、互联网上网服务营业场所等不适宜未成年人活动的场所。营业性歌舞娱乐场所、酒吧、互联网上网服务营业场所等不适宜未成年人活动场所的经营者，不得允许未成年人进入；游艺娱乐场所设置的电子游戏设备，除国家法定节假日外，不得向未成年人提供。经营者应当在显著位置设置未成年人禁入、限入标志；对难以判明是否是未成年人的，应当要求其出示身份证件。

第五十九条　【禁止向未成年人销售烟、酒和彩票】学校、幼儿园周边不得设置烟、酒、彩票销售网点。禁止向未成年人销售烟、酒、彩票或者兑付彩票奖金。烟、酒和彩票经营者应当在显著位置设置不向未成年人销售烟、酒或者彩票的标志；对难以判明是否是未成年人的，应当要求其出示身份证件。

任何人不得在学校、幼儿园和其他未成年人集中活动的公共场所吸烟、饮酒。

第六十条　【禁止向未成年人提供管制刀具等危险物品】禁止向未成年人提供、销售管制刀具或者其他可能致人严重伤害的器具等物品。经营者难以判明购买者是否是未成年人的，应当要求其出示身份证件。

第六十一条　【禁止使用童工及对未成年工的保护】任何组织或者个人不得招用未满十六周岁未成年人，国家另有规定的除外。

营业性娱乐场所、酒吧、互联网上网服务营业场所等不适宜未成年人活动的场所不得招用已满十六周岁的未成年人。

招用已满十六周岁未成年人的单位和个人应当执行国家在工种、劳动时间、劳动强度和保护措施等方面的规定，不得安排其从事过重、有毒、有害等危害未成年人身心健康的劳动或者危险作业。

任何组织或者个人不得组织未成年人进行危害其身心健康的表演等活动。经未成年人的父母或者其他监护人同意，未成年人参与演出、节目制作等活动，活动组织方应当根据国家有关规定，保障未成年人合法权益。

第六十二条　【密切接触未成年人的单位工作人员从业禁止要求及信息查询制度】密切接触未成年人的单位招聘工作人员时，应当向公安机关、人民检察院查询应聘者是否具有性侵害、虐待、拐卖、暴力伤害等违法犯罪记录；发现其具有前述行为记录的，不得录用。

密切接触未成年人的单位应当每年定期对工作人员是否具有上述违法犯罪记录进行查询。通过查询或者其他方式发现其工作人员具有上述行为的，应当及时解聘。

第六十三条　【对未成年人隐私权的特殊保护】任何组织或者个人不得隐匿、毁弃、非法删除未成年人的信件、日记、电子邮件或者其他网络通讯内容。

除下列情形外，任何组织或者个人不得开拆、查阅未成年人的信件、日记、电子邮件或者其他网络通讯内容：

（一）无民事行为能力未成年人的父母或者其他监护人代未成年人开拆、查阅；

（二）因国家安全或者追查刑事犯罪依法进行检查；

（三）紧急情况下为了保护未成年人本人的人身安全。

第五章　网络保护

第六十四条　【网络素养的培养和提高】国家、社会、学校和家庭应当加强未成年人网络素养宣传教育，培养和提高未成年人的网络素养，增强未成年人科学、文明、安全、合理使用网络的意识和能力，保障未成年人在网络空间的合法权益。

第六十五条　【鼓励有利于未成年人健康成长的网络内容和产品】国家鼓励和支持有利于未成年人健康成长的网络内容的创作与传播，鼓励和支持专门以未成年人为服务对象、适合未成年人身心健康特点的网络技术、产品、服务的研发、生产和使用。

第六十六条　【网信等政府部门对未成年人网络保护的职责】网信部门及其他有关部门应当加强对未成年人网络保护工作的监督检查，依法惩处利用网络从事危害未成年人身心健康的活动，为未成年人提供安全、健康的网络环境。

第六十七条　【网信等部门确定影响未成年人身心健康网络信息的种类、范围和判断标准】网信部门会同公安、文化和旅游、新闻出版、电影、广播电视等部门根据保护不同年龄阶段未成年人的需要，确定可能影响未成年人身心健康网络信息的种类、范围和判断标准。

第六十八条　【政府部门预防未成年人沉迷网络的职责】新闻出版、教育、卫生健康、文化和旅游、网信等部门应当定期开展预防未成年人沉迷网络的宣传教育，监督网络产品和服务提供者履行预防未成年人沉迷网络的义务，指导家庭、学校、社会组织互相配合，采取科学、合理的方式对未成年人沉迷网络进行预防和干预。

任何组织或者个人不得以侵害未成年人身心健康的方式对未成年人沉迷网络进行干预。

第六十九条　【未成年人网络保护软件及安全措施的应用】学校、社区、图书馆、文化馆、青少年宫等场所为未成年人提供的互联网上网服务设施，应当安装未成年人网络保护软件或者采取其他安全保护技术措施。

智能终端产品的制造者、销售者应当在产品上安装未成年人网络保护软件，或者以显著方式告知用户未成年人网络保护软件的安装渠道和方法。

第七十条　【学校对手机等智能终端产品的限制及管理】学校应当合理使用网络开展教学活动。未经学校允许，未成年学生不得将手机等智能终端产品带入课堂，带入学校的应当统一管理。

学校发现未成年学生沉迷网络的，应当及时告知其父母或者其他监护人，共同对未成年学生进行教育和引导，帮助其恢复正常的学习生活。

第七十一条　【监护人对未成年人使用网络行为的引导和监督】未成年人的父母或者其他监护人应当提高网络素养，规范自身使用网络的行为，加强对未成年人使用网络行为的引导和监督。

未成年人的父母或者其他监护人应当通过在智能终端产品上安装未成年人网络保护软件、选择适合未成年人的服务模式和管理功能等方式，避免未成年人接触危害或者可能影响其身心健康的网络信息，合理安排未成年人使用网络的时间，有效预防未成年人沉迷网络。

第七十二条　【对未成年人个人信息网络处理的特殊保护】信息处理者通过网络处理未成年人个人信息的，应当遵循合法、正当和必要的原则。处理不满十四周岁未成年人个人信息的，应当征得未成年人的父母或者其他监护人同意，但法律、行政法规另有规定的除外。

未成年人、父母或者其他监护人要求信息处理者更正、删除未成年人个人信息的，信息处理者应当及时采取措施予以更正、删除，但法律、行政法规另有规定的除外。

第七十三条　【对未成年人网络发布私密信息的特殊保护】网络服务提供者发现未成年人通过网络发布私密信息的，应当及时提示，并采取必要的保护措施。

第七十四条　【网络产品和服务提供者预防未成年人沉迷网络的特殊职责】网络产品和服务提供者不得向未成年人提供诱导其沉迷的产品和服务。

网络游戏、网络直播、网络音视频、网络社交等网络服务提供者应当针对未成年人使用其服务设置相应的时间管理、权限管理、消费管理等功能。

以未成年人为服务对象的在线教育网络产品和服务，不得插入网络游戏链接，不得推送广告等与教学无关的信息。

第七十五条　【未成年人网络游戏电子身份统一认证制度】网络游戏经依法审批后方可运营。

国家建立统一的未成年人网络游戏电子身份认证系统。网络游戏服务提供者应当要求未成年人以真实身份信息注册并登录网络游戏。

网络游戏服务提供者应当按照国家有关规定和标准，对游戏产品进行分类，作出适龄提示，并采取技术措施，不得让未成年人接触不适宜的游戏或者游戏功能。

网络游戏服务提供者不得在每日二十二时至次日八时向未成年人提供网络游戏服务。

第七十六条　【对未成年人参与网络直播的特殊规定】网络直播服务提供者不得为未满十六周岁的未成年人提供网络直播发布者账号注册服务；为年满十六周岁的未成年人提供网络直播发布者账号注册服务时，应当对其身份信息进行认证，并征得其父母或者其他监护人同意。

第七十七条　【禁止对未成年人实施网络欺凌】任何组织或者个人不得通过网络以文字、图片、音视频等形式，对未成年人实施侮辱、诽谤、威胁或者恶意损害形象等网络欺凌行为。

遭受网络欺凌的未成年人及其父母或者其他监护人有权通知网络服务提供者采取删除、屏蔽、断开链接等措施。网络服务提供者接到通知后，应当及时采取必要的措施制止网络欺凌行为，防止信息扩散。

第七十八条 【未成年人对网络产品和服务提供者的投诉举报权】网络产品和服务提供者应当建立便捷、合理、有效的投诉和举报渠道，公开投诉、举报方式等信息，及时受理并处理涉及未成年人的投诉、举报。

第七十九条 【社会公众对危害未成年人身心健康信息的投诉举报权】任何组织或者个人发现网络产品、服务含有危害未成年人身心健康的信息，有权向网络产品和服务提供者或者网信、公安等部门投诉、举报。

第八十条 【网络服务提供者对未成年人的保护及强制报告义务】网络服务提供者发现用户发布、传播可能影响未成年人身心健康的信息且未作显著提示的，应当作出提示或者通知用户予以提示；未作出提示的，不得传输相关信息。

网络服务提供者发现用户发布、传播含有危害未成年人身心健康内容的信息的，应当立即停止传输相关信息，采取删除、屏蔽、断开链接等处置措施，保存有关记录，并向网信、公安等部门报告。

网络服务提供者发现用户利用其网络服务对未成年人实施违法犯罪行为的，应当立即停止向该用户提供网络服务，保存有关记录，并向公安机关报告。

第六章 政府保护

第八十一条 【对未成年人保护协调机制内设机构和人员的要求】县级以上人民政府承担未成年人保护协调机制具体工作的职能部门应当明确相关内设机构或者专门人员，负责承担未成年人保护工作。

乡镇人民政府和街道办事处应当设立未成年人保护工作站或者指定专门人员，及时办理未成年人相关事务；支持、指导居民委员会、村民委员会设立专人专岗，做好未成年人保护工作。

第八十二条 【政府对开展家庭教育的指导服务】各级人民政府应当将家庭教育指导服务纳入城乡公共服务体系，开展家庭教育知识宣传，鼓励和支持有关人民团体、企业事业单位、社会组织开展家庭教育指导服务。

第八十三条 【政府保障未成年人的受教育权】各级人民政府应当保障未成年人受教育的权利，并采取措施保障留守未成年人、困境未成年人、残疾未成年人接受义务教育。

对尚未完成义务教育的辍学未成年学生，教育行政部门应当责令父母或者其他监护人将其送入学校接受义务教育。

第八十四条　【政府发展托育、学前教育的职责】各级人民政府应当发展托育、学前教育事业，办好婴幼儿照护服务机构、幼儿园，支持社会力量依法兴办母婴室、婴幼儿照护服务机构、幼儿园。

县级以上地方人民政府及其有关部门应当培养和培训婴幼儿照护服务机构、幼儿园的保教人员，提高其职业道德素质和业务能力。

第八十五条　【政府发展职业教育的职责】各级人民政府应当发展职业教育，保障未成年人接受职业教育或者职业技能培训，鼓励和支持人民团体、企业事业单位、社会组织为未成年人提供职业技能培训服务。

第八十六条　【政府保障残疾未成年人受教育权的职责】各级人民政府应当保障具有接受普通教育能力、能适应校园生活的残疾未成年人就近在普通学校、幼儿园接受教育；保障不具有接受普通教育能力的残疾未成年人在特殊教育学校、幼儿园接受学前教育、义务教育和职业教育。

各级人民政府应当保障特殊教育学校、幼儿园的办学、办园条件，鼓励和支持社会力量举办特殊教育学校、幼儿园。

第八十七条　【政府保障校园安全的责任】地方人民政府及其有关部门应当保障校园安全，监督、指导学校、幼儿园等单位落实校园安全责任，建立突发事件的报告、处置和协调机制。

第八十八条　【公安机关等有关部门保障校园周边安全的职责】公安机关和其他有关部门应当依法维护校园周边的治安和交通秩序，设置监控设备和交通安全设施，预防和制止侵害未成年人的违法犯罪行为。

第八十九条　【政府保障未成年人活动场所和设施的职责】地方人民政府应当建立和改善适合未成年人的活动场所和设施，支持公益性未成年人活动场所和设施的建设和运行，鼓励社会力量兴办适合未成年人的活动场所和设施，并加强管理。

地方人民政府应当采取措施，鼓励和支持学校在国家法定节假日、休息日及寒暑假期将文化体育设施对未成年人免费或者优惠开放。

地方人民政府应当采取措施，防止任何组织或者个人侵占、破坏学校、幼儿园、婴幼儿照护服务机构等未成年人活动场所的场地、房屋和设施。

第九十条　【政府对学生卫生保健和心理健康的职责】各级人民政府及其有关部门应当对未成年人进行卫生保健和营养指导，提供卫生保健服务。

卫生健康部门应当依法对未成年人的疫苗预防接种进行规范，防治未成年人常见病、多发病，加强传染病防治和监督管理，做好伤害预防和干预，指导和监督学校、幼儿园、婴幼儿照护服务机构开展卫生保健工作。

教育行政部门应当加强未成年人的心理健康教育，建立未成年人心理问题的早期发现和及时干预机制。卫生健康部门应当做好未成年人心理治疗、心理危机干预以及精神障碍早期识别和诊断治疗等工作。

第九十一条　【政府对困境未成年人的分类保障】各级人民政府及其有关部门对困境未成年人实施分类保障，采取措施满足其生活、教育、安全、医疗康复、住房等方面的基本需要。

第九十二条　【民政部门承担临时监护职责的情形】具有下列情形之一的，民政部门应当依法对未成年人进行临时监护：

（一）未成年人流浪乞讨或者身份不明，暂时查找不到父母或者其他监护人；

（二）监护人下落不明且无其他人可以担任监护人；

（三）监护人因自身客观原因或者因发生自然灾害、事故灾难、公共卫生事件等突发事件不能履行监护职责，导致未成年人监护缺失；

（四）监护人拒绝或者怠于履行监护职责，导致未成年人处于无人照料的状态；

（五）监护人教唆、利用未成年人实施违法犯罪行为，未成年人需要被带离安置；

（六）未成年人遭受监护人严重伤害或者面临人身安全威胁，需要被紧急安置；

（七）法律规定的其他情形。

第九十三条　【民政部门承担临时监护职责的方式】对临时监护的未成年人，民政部门可以采取委托亲属抚养、家庭寄养等方式进行安置，也可以交由未成年人救助保护机构或者儿童福利机构进行收留、抚养。

临时监护期间，经民政部门评估，监护人重新具备履行监护职责条件的，民政部门可以将未成年人送回监护人抚养。

第九十四条　【民政部门承担长期监护职责的情形】具有下列情形之一的，民政部门应当依法对未成年人进行长期监护：

（一）查找不到未成年人的父母或者其他监护人；

（二）监护人死亡或者被宣告死亡且无其他人可以担任监护人；

（三）监护人丧失监护能力且无其他人可以担任监护人；

（四）人民法院判决撤销监护人资格并指定由民政部门担任监护人；

（五）法律规定的其他情形。

第九十五条　【对被长期监护未成年人的收养】民政部门进行收养评估后，可以依法将其长期监护的未成年人交由符合条件的申请人收养。收养关系成立后，民政部门与未成年人的监护关系终止。

第九十六条　【政府及相关部门对民政部门监护职责的配合】民政部门承担临时监护或者长期监护职责的，财政、教育、卫生健康、公安等部门应当根据各自职责予以配合。

县级以上人民政府及其民政部门应当根据需要设立未成年人救助保护机构、儿童福利机构，负责收留、抚养由民政部门监护的未成年人。

第九十七条　【政府应当开通未成年人保护热线】县级以上人民政府应当开通全国统一的未成年人保护热线，及时受理、转介侵犯未成年人合法权益的投诉、举报；鼓励和支持人民团体、企业事业单位、社会组织参与建设未成年人保护服务平台、服务热线、服务站点，提供未成年人保护方面的咨询、帮助。

第九十八条　【违法犯罪人员信息的免费查询服务】国家建立性侵害、虐待、拐卖、暴力伤害等违法犯罪人员信息查询系统，向密切接触未成年人的单位提供免费查询服务。

第九十九条　【政府对参与未成年人保护工作的社会组织的培育、引导和规范】地方人民政府应当培育、引导和规范有关社会组织、社会工作者参与未成年人保护工作，开展家庭教育指导服务，为未成年人的心理辅导、康复救助、监护及收养评估等提供专业服务。

第七章　司法保护

第一百条　【司法保护的责任主体】公安机关、人民检察院、人民法院和司法行政部门应当依法履行职责，保障未成年人合法权益。

第一百零一条　【对办理未成年人案件的专门机构、人员和考核标准的特殊要求】公安机关、人民检察院、人民法院和司法行政部门应当确定专门机构或者指定专门人员，负责办理涉及未成年人案件。办理涉及未成年人案件的人员应当经过专门培训，熟悉未成年人身心特点。专门机构或者专门人员中，应当有女性工作人员。

公安机关、人民检察院、人民法院和司法行政部门应当对上述机构和人员实行与未成年人保护工作相适应的评价考核标准。

第一百零二条　【对办理涉及未成年人案件的原则要求】公安机关、人民检察院、人民法院和司法行政部门办理涉及未成年人案件，应当考虑未成年人身心特点和健康成长的需要，使用未成年人能够理解的语言和表达方式，听取未成年人的意见。

第一百零三条　【办理案件中对未成年人隐私的特殊保护】公安机关、人民检察院、人民法院、司法行政部门以及其他组织和个人不得披露有关案件中未成年人的姓名、影像、住所、就读学校以及其他可能识别出其身份的信息，但查找失踪、被拐卖未成年人等情形除外。

第一百零四条　【对未成年人法律援助与司法救助的要求】对需要法律援助或者司法救助的未成年人，法律援助机构或者公安机关、人民检察院、人民法院和司法行政部门应当给予帮助，依法为其提供法律援助或者司法救助。

法律援助机构应当指派熟悉未成年人身心特点的律师为未成年人提供法律援助服务。

法律援助机构和律师协会应当对办理未成年人法律援助案件的律师进行指导和培训。

第一百零五条　【检察机关对涉及未成年人诉讼活动等的法律监督】人民检察院通过行使检察权，对涉及未成年人的诉讼活动等依法进行监督。

第一百零六条　【检察机关支持起诉和提起公益诉讼的职责】未成年人合法权益受到侵犯，相关组织和个人未代为提起诉讼的，人民检察院可以督促、支持其提起诉讼；涉及公共利益的，人民检察院有权提起公益诉讼。

第一百零七条　【法院审理家事案件时对未成年人的保护】人民法院审理继承案件，应当依法保护未成年人的继承权和受遗赠权。

人民法院审理离婚案件，涉及未成年子女抚养问题的，应当尊重已满八周岁未成年子女的真实意愿，根据双方具体情况，按照最有利于未成年子女的原则依法处理。

第一百零八条　【监护人资格撤销的制度】未成年人的父母或者其他监护人不依法履行监护职责或者严重侵犯被监护的未成年人合法权益的，人民法院可以根据有关人员或者单位的申请，依法作出人身安全保护令或者撤销监护人资格。

被撤销监护人资格的父母或者其他监护人应当依法继续负担抚养费用。

第一百零九条　【家事案件中对未成年人的社会调查制度】人民法院审理离婚、抚养、收养、监护、探望等案件涉及未成年人的，可以自行或者委托社会组织对未成年人的相关情况进行社会调查。

第一百一十条　【对涉案未成年当事人及证人的特殊保护】公安机关、人民检察院、人民法院讯问未成年犯罪嫌疑人、被告人，询问未成年被害人、证人，应当依法通知其法定代理人或者其成年亲属、所在学校的代表等合适成年人到场，并采取适当方式，在适当场所进行，保障未成年人的名誉权、隐私权和其他合法权益。

人民法院开庭审理涉及未成年人案件，未成年被害人、证人一般不出庭作证；必须出庭的，应当采取保护其隐私的技术手段和心理干预等保护措施。

第一百一十一条　【对遭受性侵害和暴力伤害未成年被害人及其家庭的特殊保护】公安机关、人民检察院、人民法院应当与其他有关政府部门、人民团体、社会组织互相配合，对遭受性侵害或者暴力伤害的未成年被害人及其家庭实施必要的心理干预、经济救助、法律援助、转学安置等保护措施。

第一百一十二条　【办理未成年人遭受性侵害或者暴力伤害案件的同步录音录像制度及女性特殊保护措施】公安机关、人民检察院、人民法院办理未成年人遭受性侵害或者暴力伤害案件，在询问未成年被害人、证人时，应当采取同步录音录像等措施，尽量一次完成；未成年被害人、证人是女性的，应当由女性工作人员进行。

第一百一十三条　【对待违法犯罪未成年人的方针和原则】对违法犯罪的未成年人，实行教育、感化、挽救的方针，坚持教育为主、惩罚为辅的原则。

对违法犯罪的未成年人依法处罚后，在升学、就业等方面不得歧视。

第一百一十四条　【公检法司单位的建议权制度】公安机关、人民检察院、人民法院和司法行政部门发现有关单位未尽到未成年人教育、管理、救助、看护等保护职责的，应当向该单位提出建议。被建议单位应当在一个月内作出书面回复。

第一百一十五条　【公检法司单位开展未成年人法治宣传教育的职责】公安机关、人民检察院、人民法院和司法行政部门应当结合实际，根据涉及未成年人案件的特点，开展未成年人法治宣传教育工作。

第一百一十六条　【国家鼓励和支持社会组织及社会工作者参与司法保护】国家鼓励和支持社会组织、社会工作者参与涉及未成年人案件中未成年人的心理干预、法律援助、社会调查、社会观护、教育矫治、社区矫正等工作。

第八章　法律责任

第一百一十七条　【未履行强制报告义务的法律责任】违反本法第十一条第二款规定，未履行报告义务造成严重后果的，由上级主管部门或者所在单位对直接负责的主管人员和其他直接责任人员依法给予处分。

第一百一十八条　【对监护侵害行为的干预及追责】未成年人的父母或者其他监护人不依法履行监护职责或者侵犯未成年人合法权益的，由其居住地的居民委员会、村民委员会予以劝诫、制止；情节严重的，居民委员会、村民委员会应当及时向公安机关报告。

公安机关接到报告或者公安机关、人民检察院、人民法院在办理案件过程中发现未成年人的父母或者其他监护人存在上述情形的，应当予以训诫，并可以责令其接受家庭教育指导。

第一百一十九条　【学校、幼儿园、婴幼儿照护服务等机构及其教职员工的法律责任】学校、幼儿园、婴幼儿照护服务等机构及其教职员工违反本法第二十七条、第二十八条、第三十九条规定的，由公安、教育、卫生健康、市场监督管理等部门按照职责分工责令改正；拒不改正或者情节严重的，对直接负责的主管人员和其他直接责任人员依法给予处分。

第一百二十条　【未给予未成年人优惠政策的法律责任】违反本法第四十四条、第四十五条、第四十七条规定，未给予未成年人免费或者优惠待遇的，由市场监督管理、文化和旅游、交通运输等部门按照职责分工责令限期改正，给予警告；拒不改正的，处一万元以上十万元以下罚款。

第一百二十一条　【制作、复制、出版、传播危害未成年人身心健康内容制品的法律责任】违反本法第五十条、第五十一条规定的，由新闻出版、广播电视、电影、网信等部门按照职责分工责令限期改正，给予警告，没收违法所得，可以并处十万元以下罚款；拒不改正或者情节严重的，责令暂停相关业务、停产停业或者吊销营业执照、吊销相关许可证，违法所得一百万元以上的，并处违法所得一倍以上十倍以下的罚款，没有违法所得或者违法所得不足一百万元的，并处十万元以上一百万元以下罚款。

第一百二十二条　【场所运营单位及住宿经营者的法律责任】场所运营单位违反本法第五十六条第二款规定、住宿经营者违反本法第五十七条规定的，由市场监督管理、应急管理、公安等部门按照职责分工责令限期改正，给予警告；拒不改正或者造成严重后果的，责令停业整顿或者吊销营业执照、吊销相关许可证，并处一万元以上十万元以下罚款。

第一百二十三条　【违反学校、幼儿园周边场所对未成年人特殊保护规定的法律责任】相关经营者违反本法第五十八条、第五十九条第一款、第六十条规定的，由文化和旅游、市场监督管理、烟草专卖、公安等部门按照职责分工责令限期改正，给予警告，没收违法所得，可以并处五万元以下罚款；拒不改正或者情节严重的，责令停业整顿或者吊销营业执照、吊销相关许可证，可以并处五万元以上五十万元以下罚款。

第一百二十四条　【在禁止场所吸烟、饮酒的法律责任】违反本法第五十九条第二款规定，在学校、幼儿园和其他未成年人集中活动的公共场所吸烟、饮酒的，由卫生健康、教育、市场监督管理等部门按照职责分工责令改正，给予警告，可以并处五百元以下罚款；场所管理者未及时制止的，由卫生健康、教育、市场监督管理等部门按照职责分工给予警告，并处一万元以下罚款。

第一百二十五条　【违法使用童工及未成年工的法律责任】违反本法第六十一条规定的，由文化和旅游、人力资源和社会保障、市场监督管理等部门按照职责分工责令限期改正，给予警告，没收违法所得，可以并处十万元以下罚款；拒不改正或者情节严重的，责令停产停业或者吊销营业执照、吊销相关许可证，并处十万元以上一百万元以下罚款。

第一百二十六条　【违反信息查询及从业禁止规定的法律责任】密切接触未成年人的单位违反本法第六十二条规定，未履行查询义务，或者招用、继续聘用具有相关违法犯罪记录人员的，由教育、人力资源和社会保障、市场监督管理等部门按照职责分工责令限期改正，给予警告，并处五万元以下罚款；拒不改正或者造成严重后果的，责令停业整顿或者吊销营业执照、吊销相关许可证，并处五万元以上五十万元以下罚款，对直接负责的主管人员和其他直接责任人员依法给予处分。

第一百二十七条　【违反未成年人网络保护规定的法律责任】信息处理者违反本法第七十二条规定，或者网络产品和服务提供者违反本法第七十三条、第七十四条、第七十五条、第七十六条、第七十七条、第八十条规定的，由公安、网信、电信、新闻出版、广播电视、文化和旅游等有关部门按照职责分工责令改正，给予警告，没收违法所得，违法所得一百万元以上的，并处违法所得一倍以上十倍以下罚款，没有违法所得或者违法所得不足一百万元的，并处十万元以上一百万元以下罚款，对直接负责的主管人员和其他责任人员处一万元以上十万元以下罚款；拒不改正或者情节严重的，并可以责令暂停相关业务、停业整顿、关闭网站、吊销营业执照或者吊销相关许可证。

第一百二十八条　【国家工作人员玩忽职守、滥用职权、徇私舞弊的法律责任】国家机关工作人员玩忽职守、滥用职权、徇私舞弊，损害未成年人合法权益的，依法给予处分。

第一百二十九条　【侵害未成年人合法权益的法律责任】违反本法规定，侵犯未成年人合法权益，造成人身、财产或者其他损害的，依法承担民事责任。

违反本法规定，构成违反治安管理行为的，依法给予治安管理处罚；构成犯罪的，依法追究刑事责任。

第九章　附　　则

第一百三十条　【特殊用语的定义】本法中下列用语的含义：

（一）密切接触未成年人的单位，是指学校、幼儿园等教育机构；校外培训机构；未成年人救助保护机构、儿童福利机构等未成年人安置、救助机构；婴幼儿照护服务机构、早期教育服务机构；校外托管、临时看护机构；家政服务机构；为未成年人提供医疗服务的医疗机构；其他对未成年人负有教育、培训、监护、救助、看护、医疗等职责的企业事业单位、社会组织等。

（二）学校，是指普通中小学、特殊教育学校、中等职业学校、专门学校。

（三）学生欺凌，是指发生在学生之间，一方蓄意或者恶意通过肢体、语言及网络等手段实施欺压、侮辱，造成另一方人身伤害、财产损失或者精神损害的行为。

第一百三十一条　【本法适用对象的特殊规定】对中国境内未满十八周岁的外国人、无国籍人，依照本法有关规定予以保护。

第一百三十二条　【施行日期】本法自 2021 年 6 月 1 日起施行。

一、综 合

中华人民共和国宪法（节录）

（1982年12月4日第五届全国人民代表大会第五次会议通过　1982年12月4日全国人民代表大会公告公布施行　根据1988年4月12日第七届全国人民代表大会第一次会议通过的《中华人民共和国宪法修正案》、1993年3月29日第八届全国人民代表大会第一次会议通过的《中华人民共和国宪法修正案》、1999年3月15日第九届全国人民代表大会第二次会议通过的《中华人民共和国宪法修正案》、2004年3月14日第十届全国人民代表大会第二次会议通过的《中华人民共和国宪法修正案》和2018年3月11日第十三届全国人民代表大会第一次会议通过的《中华人民共和国宪法修正案》修正）

第一章　总　　纲

……

第十九条　【教育事业】国家发展社会主义的教育事业，提高全国人民的科学文化水平。

国家举办各种学校，普及初等义务教育，发展中等教育、职业教育和高等教育，并且发展学前教育。

国家发展各种教育设施，扫除文盲，对工人、农民、国家工作人员和其他劳动者进行政治、文化、科学、技术、业务的教育，鼓励自学成才。

国家鼓励集体经济组织、国家企业事业组织和其他社会力量依照法律规定举办各种教育事业。

国家推广全国通用的普通话。

……

第四十六条　【受教育的权利和义务】中华人民共和国公民有受教育

的权利和义务。

国家培养青年、少年、儿童在品德、智力、体质等方面全面发展。

第四十七条　【文化活动自由】中华人民共和国公民有进行科学研究、文学艺术创作和其他文化活动的自由。国家对于从事教育、科学、技术、文学、艺术和其他文化事业的公民的有益于人民的创造性工作，给以鼓励和帮助。

第四十八条　【男女平等】中华人民共和国妇女在政治的、经济的、文化的、社会的和家庭的生活等各方面享有同男子平等的权利。

国家保护妇女的权利和利益，实行男女同工同酬，培养和选拔妇女干部。

第四十九条　【婚姻家庭制度】婚姻、家庭、母亲和儿童受国家的保护。

夫妻双方有实行计划生育的义务。

父母有抚养教育未成年子女的义务，成年子女有赡养扶助父母的义务。

禁止破坏婚姻自由，禁止虐待老人、妇女和儿童。

……

中华人民共和国民法典（节录）

（2020年5月28日第十三届全国人民代表大会第三次会议通过　2020年5月28日中华人民共和国主席令第45号公布　自2021年1月1日起施行）

……

第十七条　【成年时间】十八周岁以上的自然人为成年人。不满十八周岁的自然人为未成年人。

第十八条　【完全民事行为能力人】成年人为完全民事行为能力人，可以独立实施民事法律行为。

十六周岁以上的未成年人，以自己的劳动收入为主要生活来源的，视为完全民事行为能力人。

第十九条　【限制民事行为能力的未成年人】八周岁以上的未成年人为限制民事行为能力人，实施民事法律行为由其法定代理人代理或者经其法定代理人同意、追认；但是，可以独立实施纯获利益的民事法律行为或者与其年龄、智力相适应的民事法律行为。

第二十条 【无民事行为能力的未成年人】不满八周岁的未成年人为无民事行为能力人，由其法定代理人代理实施民事法律行为。

第二十一条 【无民事行为能力的成年人】不能辨认自己行为的成年人为无民事行为能力人，由其法定代理人代理实施民事法律行为。

八周岁以上的未成年人不能辨认自己行为的，适用前款规定。

第二十二条 【限制民事行为能力的成年人】不能完全辨认自己行为的成年人为限制民事行为能力人，实施民事法律行为由其法定代理人代理或者经其法定代理人同意、追认；但是，可以独立实施纯获利益的民事法律行为或者与其智力、精神健康状况相适应的民事法律行为。

第二十三条 【非完全民事行为能力人的法定代理人】无民事行为能力人、限制民事行为能力人的监护人是其法定代理人。

第二十四条 【民事行为能力的认定及恢复】不能辨认或者不能完全辨认自己行为的成年人，其利害关系人或者有关组织，可以向人民法院申请认定该成年人为无民事行为能力人或者限制民事行为能力人。

被人民法院认定为无民事行为能力人或者限制民事行为能力人的，经本人、利害关系人或者有关组织申请，人民法院可以根据其智力、精神健康恢复的状况，认定该成年人恢复为限制民事行为能力人或者完全民事行为能力人。

本条规定的有关组织包括：居民委员会、村民委员会、学校、医疗机构、妇女联合会、残疾人联合会、依法设立的老年人组织、民政部门等。

……

第二十六条 【父母子女之间的法律义务】父母对未成年子女负有抚养、教育和保护的义务。

成年子女对父母负有赡养、扶助和保护的义务。

第二十七条 【未成年人的监护人】父母是未成年子女的监护人。

未成年人的父母已经死亡或者没有监护能力的，由下列有监护能力的人按顺序担任监护人：

（一）祖父母、外祖父母；

（二）兄、姐；

（三）其他愿意担任监护人的个人或者组织，但是须经未成年人住所地的居民委员会、村民委员会或者民政部门同意。

第二十八条　【非完全民事行为能力成年人的监护人】无民事行为能力或者限制民事行为能力的成年人，由下列有监护能力的人按顺序担任监护人：

（一）配偶；

（二）父母、子女；

（三）其他近亲属；

（四）其他愿意担任监护人的个人或者组织，但是须经被监护人住所地的居民委员会、村民委员会或者民政部门同意。

第二十九条　【遗嘱指定监护】被监护人的父母担任监护人的，可以通过遗嘱指定监护人。

第三十条　【协议确定监护人】依法具有监护资格的人之间可以协议确定监护人。协议确定监护人应当尊重被监护人的真实意愿。

第三十一条　【监护争议解决程序】对监护人的确定有争议的，由被监护人住所地的居民委员会、村民委员会或者民政部门指定监护人，有关当事人对指定不服的，可以向人民法院申请指定监护人；有关当事人也可以直接向人民法院申请指定监护人。

居民委员会、村民委员会、民政部门或者人民法院应当尊重被监护人的真实意愿，按照最有利于被监护人的原则在依法具有监护资格的人中指定监护人。

依据本条第一款规定指定监护人前，被监护人的人身权利、财产权利以及其他合法权益处于无人保护状态的，由被监护人住所地的居民委员会、村民委员会、法律规定的有关组织或者民政部门担任临时监护人。

监护人被指定后，不得擅自变更；擅自变更的，不免除被指定的监护人的责任。

第三十二条　【公职监护人】没有依法具有监护资格的人的，监护人由民政部门担任，也可以由具备履行监护职责条件的被监护人住所地的居民委员会、村民委员会担任。

第三十三条　【意定监护】具有完全民事行为能力的成年人，可以与其近亲属、其他愿意担任监护人的个人或者组织事先协商，以书面形式确定自己的监护人，在自己丧失或者部分丧失民事行为能力时，由该监护人履行监护职责。

第三十四条　【监护职责及临时生活照料】监护人的职责是代理被监护人实施民事法律行为，保护被监护人的人身权利、财产权利以及其他合法权益等。

监护人依法履行监护职责产生的权利，受法律保护。

监护人不履行监护职责或者侵害被监护人合法权益的，应当承担法律责任。

因发生突发事件等紧急情况，监护人暂时无法履行监护职责，被监护人的生活处于无人照料状态的，被监护人住所地的居民委员会、村民委员会或者民政部门应当为被监护人安排必要的临时生活照料措施。

第三十五条　【履行监护职责应遵循的原则】监护人应当按照最有利于被监护人的原则履行监护职责。监护人除为维护被监护人利益外，不得处分被监护人的财产。

未成年人的监护人履行监护职责，在作出与被监护人利益有关的决定时，应当根据被监护人的年龄和智力状况，尊重被监护人的真实意愿。

成年人的监护人履行监护职责，应当最大程度地尊重被监护人的真实意愿，保障并协助被监护人实施与其智力、精神健康状况相适应的民事法律行为。对被监护人有能力独立处理的事务，监护人不得干涉。

第三十六条　【监护人资格的撤销】监护人有下列情形之一的，人民法院根据有关个人或者组织的申请，撤销其监护人资格，安排必要的临时监护措施，并按照最有利于被监护人的原则依法指定监护人：

（一）实施严重损害被监护人身心健康的行为；

（二）怠于履行监护职责，或者无法履行监护职责且拒绝将监护职责部分或者全部委托给他人，导致被监护人处于危困状态；

（三）实施严重侵害被监护人合法权益的其他行为。

本条规定的有关个人、组织包括：其他依法具有监护资格的人，居民委员会、村民委员会、学校、医疗机构、妇女联合会、残疾人联合会、未成年人保护组织、依法设立的老年人组织、民政部门等。

前款规定的个人和民政部门以外的组织未及时向人民法院申请撤销监护人资格的，民政部门应当向人民法院申请。

第三十七条　【监护人资格撤销后的义务】依法负担被监护人抚养费、赡养费、扶养费的父母、子女、配偶等，被人民法院撤销监护人资格后，应当继续履行负担的义务。

第三十八条　【监护人资格的恢复】被监护人的父母或者子女被人民法院撤销监护人资格后，除对被监护人实施故意犯罪的外，确有悔改表现的，经其申请，人民法院可以在尊重被监护人真实意愿的前提下，视情况恢复其监护人资格，人民法院指定的监护人与被监护人的监护关系同时终止。

第三十九条　【监护关系的终止】有下列情形之一的，监护关系终止：

（一）被监护人取得或者恢复完全民事行为能力；

（二）监护人丧失监护能力；

（三）被监护人或者监护人死亡；

（四）人民法院认定监护关系终止的其他情形。

监护关系终止后，被监护人仍然需要监护的，应当依法另行确定监护人。

……

第一千一百九十九条　【教育机构对无民事行为能力人受到人身损害的过错推定责任】无民事行为能力人在幼儿园、学校或者其他教育机构学习、生活期间受到人身损害的，幼儿园、学校或者其他教育机构应当承担侵权责任；但是，能够证明尽到教育、管理职责的，不承担侵权责任。

第一千二百条　【教育机构对限制民事行为能力人受到人身损害的过错责任】限制民事行为能力人在学校或者其他教育机构学习、生活期间受到人身损害，学校或者其他教育机构未尽到教育、管理职责的，应当承担侵权责任。

第一千二百零一条　【受到校外人员人身损害时的责任分担】无民事行为能力人或者限制民事行为能力人在幼儿园、学校或者其他教育机构学习、生活期间，受到幼儿园、学校或者其他教育机构以外的第三人人身损害的，由第三人承担侵权责任；幼儿园、学校或者其他教育机构未尽到管理职责的，承担相应的补充责任。幼儿园、学校或者其他教育机构承担补充责任后，可以向第三人追偿。

……

国务院未成年人保护工作领导小组关于加强未成年人保护工作的意见

（2021年6月6日　国未保组〔2021〕1号）

未成年人保护工作关系国家未来和民族振兴。党中央始终高度重视未成年人工作，关心未成年人成长。习近平总书记多次指出，少年儿童是祖国的未来，是中华民族的希望，强调培养好少年儿童是一项战略任务，事关长远。为深入学习贯彻习近平总书记重要指示批示精神，贯彻落实党中央、国务院关于加强未成年人保护工作决策部署，推动《中华人民共和国未成年人保护法》等法律法规落地落细，现就加强未成年人保护工作提出如下意见：

一、总体要求

（一）指导思想。

以习近平新时代中国特色社会主义思想为指导，深入学习贯彻习近平总书记关于未成年人保护工作重要指示批示精神，全面贯彻落实党的十九大、十九届二中、三中、四中、五中全会精神和党中央、国务院关于未成年人保护工作决策部署，立足新发展阶段、贯彻新发展理念、构建新发展格局，以满足人民日益增长的美好生活需要为根本目的，进一步加强组织领导、完善运行机制、强化制度建设、健全服务体系，切实保护未成年人身心健康、保障未成年人合法权益。

（二）基本原则。

——坚持党对未成年人保护工作的领导。把党的领导贯穿未成年人保护工作全过程各方面，紧紧围绕统筹推进“五位一体”总体布局和协调推进“四个全面”战略布局，坚持思想道德教育和权益维护保障相融合，大力培育和践行社会主义核心价值观，培养有理想、有道德、有文化、有纪律的社会主义建设者和接班人，培养担当民族复兴大任的时代新人。

——坚持最有利于未成年人的原则。以依法保障未成年人平等享有生存权、发展权、受保护权和参与权等权利，促进未成年人全面健康成长作为出发点和落脚点，在制定法律法规、政策规划和配置公共资源等方面优先考虑未成年人的利益和需求，在处理未成年人事务中始终把未成年人权益和全面健康成长放在首位，确保未成年人依法得到特殊、优先保护。

——坚持系统谋划统筹推进。加强全局谋划、统筹布局、整体推进，有效发挥各级未成年人保护工作协调机制统筹协调、督促指导作用，着力补短板、强弱项，强化顶层设计、部门协作。坚持未成年人保护工作的政治性、群众性、时代性、协同性，积极推动各方力量参与未成年人保护工作，构建家庭保护、学校保护、社会保护、网络保护、政府保护、司法保护“六位一体”的新时代未成年人保护工作格局。

（三）总体目标。

到 2025 年，上下衔接贯通、部门协调联动的未成年人保护工作体制机制基本形成，制度体系逐步健全，与未成年人保护法相衔接的法律法规体系不断完善，工作力量有效加强，侵害未成年人合法权益案件发生率明显下降，全社会关心关注未成年人健康成长的氛围显著增强。到 2035 年，与我国经济社会发展相适应、与人口发展战略相匹配的未成年人保护工作体系全面建立，加强未成年人保护工作成为各部门、各行业和社会各界的行动自觉，成为全面建成社会主义现代化国家的显著标志之一，未成年人的生存权、发展权、受保护权、参与权等权利得到更加充分保障。

二、重点任务

（一）强化家庭监护责任。

1. 加强家庭监护指导帮助。巩固和强化家庭监护主体责任，加大宣传培训和健康教育力度，指导未成年人的父母或者其他监护人依法履行监护职责，抚养、教育和保护未成年人。推动构建家庭教育指导服务体系，加强社区家长学校、家庭教育指导服务站点建设，为未成年人的父母或其他监护人、被委托人每年提供不少于一次公益性家庭教育指导服务。婚姻登记机关办理离婚登记及人民法院审理家事案件时涉及未成年子女的，要对当事人进行未成年人保护相关家庭教育指导。

2. 完善家庭监护支持政策。全面落实产假等生育类假期制度和哺乳时间相关规定，鼓励有条件的地区探索开展育儿假试点。加强家庭照护支持指导，增强家庭科学育儿能力。有条件的地区，探索对依法收养孤儿和残疾儿童、非生父母履行监护权的家庭在水电气等公共服务方面给予优惠。

地方政府在配租公租房时，对符合当地住房保障条件且有未成年子女的家庭，可根据其未成年子女数量在户型选择方面给予适当照顾。推进儿童福利机构拓展集养、治、教、康和专业社会工作服务于一体的社会服务功能，探索向社会残疾儿童提供服务。

3. 推进家庭监护监督工作。指导村（居）民委员会等相关组织对未成年人的父母或者其他监护人履行监护情况开展监督。村（居）民委员会等相关组织发现未成年人的父母或者其他监护人拒绝或者怠于履行监护责任时，要予以劝阻、制止或者批评教育，督促其履行监护职责；情节严重导致未成年人处于危困状态或造成严重后果的，要及时采取保护措施并向相关部门报告。

4. 依法处置监护人侵害未成年人权益行为。公安机关接到报告或者公安机关、人民检察院、人民法院在办理案件过程中发现未成年人的父母或者其他监护人存在不依法履行监护职责或者侵犯未成年人合法权益的，应当予以训诫，并可以责令其接受家庭教育指导。对监护人严重损害未成年人身心健康及合法权益，或者不履行监护职责致未成年人处于危困状态等监护侵害行为，依法督促、支持起诉。加强宣传引导和警示教育，及时向社会公布监护人侵害未成年人权益行为处置情况案例。

（二）加强学校保护工作。

5. 加强未成年人思想道德教育。指导学校深入开展共产主义、中国特色社会主义和中国梦学习宣传教育，坚持立德树人，培育和践行社会主义核心价值观，引导广大未成年人听党话、跟党走，养成良好思想品德和行为习惯。指导学校加强新修订的《中华人民共和国未成年人保护法》等法律法规宣传教育，深入开展未成年人法治教育，提升学生法治意识。深化团教协作，强化少先队实践育人作用，加强未成年人思想道德引领。

6. 健全学校保护制度。制定《未成年人学校保护规定》，整合、完善学校保护制度体系。完善校园安全风险防控体系和依法处理机制，加强校园周边综合治理。提高学生安全意识和自我防护能力，开展反欺凌、交通安全、应急避险自救、防范针对未成年人的犯罪行为等安全教育。积极发展公共交通和专用校车，解决学生上下学乘车难问题，使用校车的学校要加强校车安全管理和使用。强化校园食品安全管理，严格落实校长（园长）集中用餐陪餐、家长代表陪餐、用餐信息公开等制度。严厉打击涉及学校和学生安全的违法犯罪行为。推动落实义务教育学校课后服务全覆盖，与当地正常下班时间相衔接，解决家长接学生困难问题。

7. 有效防范学生欺凌。进一步完善考评机制，将学生欺凌防治工作纳入责任督学挂牌督导范围、作为教育质量评价和工作考评重要内容。建立健全学生欺凌报告制度，制定学生欺凌防治工作责任清单，压实岗位责任。指导学校定期全面排查，及时发现苗头迹象或隐患点，做好疏导化解工作。完善校规校纪，健全教育惩戒工作机制，依法依规处置欺凌事件。

8. 创新学校保护工作机制。建立学校保护工作评估制度，评估结果纳入学校管理水平评价和校长考评考核范围。严格落实教职员工准入查询性侵违法犯罪信息制度。充分发挥"法治副校长"、"法治辅导员"作用，常态化开展"法治进校园"、组织模拟法庭、以案释法、开设法治网课等多样化法治教育和法治实践活动，教育引导未成年人遵纪守法。依托中小学校、社区建设少年警校，加强对未成年人的法治教育、安全教育。引入专业力量参与学生管理服务，有条件的地方，可通过建立学校社会工作站、设立社会工作岗位、政府购买服务等方式，推进学校社会工作发展。

（三）加大社会保护力度。

9. 有效落实强制报告制度。指导国家机关、村（居）民委员会、密切接触未成年人的单位、组织及其工作人员有效履行侵害未成年人事件强制报告义务，提升识别、发现和报告意识与能力。建立强制报告线索的受理、调查、处置和反馈制度。加强强制报告法律法规和政策措施的宣传培训和教育引导工作。依法依规对未履行报告义务的组织和个人予以惩处。

10. 切实发挥群团组织作用。共青团组织要大力推动实施中长期青年发展规划，依托"青年之家"、"12355 青少年服务台"、"青少年维权岗"等阵地有效维护青少年发展权益。妇联组织要加强对未成年人的父母或其他监护人、被委托人的家庭教育指导，依托"儿童之家"等活动场所，为未成年人保护工作提供支持。残联组织要加强残疾未成年人权益保障，落实残疾儿童康复救助制度，指导有条件的地方，扩大残疾儿童康复救助年龄范围，放宽对救助对象家庭经济条件的限制。工会组织要积极开展职工未成年子女关爱服务，推动用人单位母婴设施建设。关心下一代工作委员会等单位、组织要在职责范围内协助相关部门做好未成年人保护工作。

11. 积极指导村（居）民委员会履行法定职责。指导村（居）民委员会落实专人专岗负责未成年人保护工作的法定要求，每个村（社区）至少设立一名儿童主任，优先由村（居）民委员会女性委员或村（社区）妇联主席兼任，儿童数量较多的村（社区）要增设补充儿童主任。推进村（社区）少先队组织建设。持续推进“儿童之家”建设。鼓励村（居）民委员会设立下属的未成年人保护委员会。指导村（居）民委员会落实强制报告和家庭监护监督职责，提升发现报告能力。加强村（社区）未成年人活动场所和设施建设，推进村（社区）党群服务中心、文化活动室等服务设施向未成年人开放。指导村（居）民委员会组织开展未成年人保护相关政策宣讲、知识培训活动。

12. 加强未成年人保护领域社会组织建设。培育和发展未成年人保护领域社会组织，到2025年，实现未成年人保护专业性社会组织县（市、区、旗）全覆盖。大力发展未成年人保护领域专业社会工作和志愿服务，充分发挥社会工作者在未成年人保护工作中资源链接、能力建设、心理干预、权益保护、法律服务、社会调查、社会观护、教育矫治、社区矫正、收养评估等专业优势，积极引导志愿者参与未成年人保护工作。健全未成年人保护领域慈善行为导向机制，依托全国儿童福利信息系统、全国慈善信息公开平台等加强数据共享和供需对接，引导公益慈善组织提供个性化、差异化、有针对性的服务。

（四）完善网络保护工作。

13. 完善未成年人网络保护法规政策体系。加快推动出台未成年人网络保护条例，完善配套政策，净化未成年人网络环境，保障未成年人网络空间安全，保护未成年人合法网络权益，构建网络环境保护长效机制。推动制定未成年人网络保护行业规范和行为准则。加强涉未成年人网课平台和教育移动互联网应用程序规范管理，完善未成年人网课平台备案管理制度。

14. 加强未成年人个人信息网络保护。指导监督网络运营者有效履行未成年人个人信息网络保护的平台责任，严格依照法律规定和用户协议收集和使用未成年人个人信息。指导网络运营者对未成年人及其监护人提出的更正、删除未成年人网上个人信息的诉求，依法依规予以配合。严厉打击通过网络以文字、图片、音视频等形式对未成年人实施侮辱、诽谤、猥亵或恶意损害形象等网络欺凌行为，指导网络运营者及时配合制止网络欺凌行为并防止信息扩散。

15. 加强防止未成年人网络沉迷工作。规范网络游戏、网络直播和网络短视频等服务，有效遏制未成年人网络沉迷、过度消费等行为。加强前置审查，严格网络游戏审批管理。严格实行网络游戏用户账号实名注册制度，推动建立统一的未成年人网络游戏电子身份认证系统。有效控制未成年人使用网络游戏时段、时长，规定时间内不得以任何形式为未成年人提供游戏服务。严格规范向未成年人提供付费服务。加强中小学生手机管理，推进未成年学生在校专心学习。

（五）强化政府保护职能。

16. 有效落实政府监护职责。加强政府监护体制机制建设，提高长期监护专业化服务水平，建立健全临时监护工作制度。建立监护评估制度，建立健全由民政部门指定监护人和终止临时监护情形时监护人的监护能力评估工作规范，科学评判其履行监护职责的能力和条件，推动监护评估规范化专业化。完善因突发事件影响造成监护缺失未成年人救助保护制度措施。进一步健全孤儿保障制度，建立基本生活保障标准动态调整机制。

17. 加强困境未成年人关爱服务。加强困境未成年人分类保障，分类实施困境未成年人保障政策。将符合条件的未成年人纳入最低生活保障、特困人员救助供养等社会救助范围，加强对困难家庭的重病、重残未成年人生活保障工作。合理确定事实无人抚养儿童生活补助标准，对符合条件的事实无人抚养儿童按规定落实医疗救助政策。结合实施乡村振兴战略深化农村留守儿童关爱服务，完善义务教育控辍保学工作机制。进一步落实家庭经济困难儿童教育资助政策和义务教育阶段“两免一补”政策。

18. 建设高质量教育体系。坚持教育公益性原则，推进基本公共教育服务均等化，推动义务教育优质均衡发展和城乡一体化。保障农业转移人口随迁子女平等享有基本公共教育服务。完善普惠性学前教育和特殊教育、专门教育保障机制，鼓励高中阶段学校多样化发展。办好每所学校，关心每名学生成长，坚决克服唯分数、唯升学倾向。规范校外培训，切实减轻中小学生过重校外培训负担。

19. 加强未成年人健康综合保障。完善医疗卫生和医疗保障制度，确保未成年人享有基本医疗、卫生保健服务。加强儿童早期发展服务，推动建立医疗机构对儿童视力、听力、肢体、智力残疾和儿童孤独症早期筛查、诊断、干预和政府康复救助衔接机制，深入开展重点地区儿童营养改善等项目。做好未成年人基本医疗保障工作，统筹基本医疗保险、大病保险、医疗救助三重制度，实施综合保障。鼓励有条件的地方研究将基本的治疗性康复辅助器具逐步纳入基本医疗保险支付范围。加强未成年人心理健康教育和服务。重视未成年人早期视力保护，加强综合防控儿童近视工作，及时预防和控制近视的发生与发展。加强中小学生睡眠管理工作，保证中小学生享有充足睡眠时间。切实加强未成年人肥胖防控工作。

20. 推进婴幼儿照护服务。发展普惠托育服务体系，加大对社区婴幼儿照护服务支持力度。遵循婴幼儿发展规律，完善有关政策法规体系和标准规范，促进婴幼儿照护服务专业化、规范化建设。加强托育机构监督管理，做好卫生保健、备案登记等工作，积极构建综合监管体系。加快培养婴幼儿照护服务专业人才，大力开展职业培训，增强从业人员法治意识。切实强化和落实各方面责任，确保婴幼儿安全和健康。

21. 加强和创新未成年人成长社会环境治理。构建未成年人成长社会环境治理联合执法机制，加大执法力度。落实未成年人入住旅馆、宾馆、酒店的核查与报告制度。加大对营业性歌舞娱乐场所、酒吧、互联网上网服务营业场所违规接待未成年人行为的处罚力度。落实密切接触未成年人行业违法犯罪信息准入查询制度。严格禁止向未成年人销售烟（含电子烟）、酒、彩票或者兑付彩票奖金。依法依规及时清理中小学校、幼儿园、托育机构周边设置的营业性娱乐场所、酒吧、互联网上网服务营业场所及烟（含电子烟）、酒、彩票销售网点。对部分儿童用品依法实施强制性产品认证管理，保障未成年人健康安全。加大互联网上涉及未成年人的重点应用服务的整治和查处力度，加强监管，督促企业切实落实针对未成年人保护的各项措施。督促中小学校、幼儿园、婴幼儿照护服务机构、线下教育培训机构、游乐园等未成年人集中活动场所落实安全主体责任。推进未成年人文身治理工作。做好未满十六周岁辍学学生劝返复学工作。加大对未成年人违法婚姻的治理力度，防止未成年人早婚早育现象。

（六）落实司法保护职责。

22. 依法妥善办理涉未成年人案件。坚持“教育、感化、挽救”方针和“教育为主、惩罚为辅”原则，严格落实未成年人刑事案件特别程序，依法惩戒和精准帮教相结合，促进未成年人顺利回归社会。办理未成年人遭受性侵害或者暴力伤害案件，施行“一站式取证”保护机制。对于性侵害未成年人犯罪，公安、检察部门积极主动沟通，询问被害人同步录音录像全覆盖。对涉案未成年人实施必要的心理干预、经济救助、法律援助、转学安置等保护措施，积极引导专业社会工作者参与相关保护工作。

23. 加强少年法庭建设。深化涉未成年人案件综合审判改革，将与未成年人权益保护和犯罪预防关系密切的涉及未成年人的刑事、民事及行政诉讼案件纳入少年法庭收案范围。审理涉及未成年人的案件，从有利于未成年人健康成长的角度出发，推行社会调查、社会观护、心理疏导、司法救助、诉讼教育引导等制度，依法给予未成年人特殊、优先保护。加强未成年人法律援助，积极开展司法救助，及时帮扶司法过程中陷入困境的未成年人，充分体现司法的人文关怀。

24. 深化未成年人检察法律监督。依法对涉及未成年人的诉讼活动、未成年人重新犯罪预防工作等开展法律监督。及时对未尽到未成年人教育、管理、救助、看护等保护职责的有关单位提出建议。进一步加强涉及未成年人刑事、民事、行政、公益诉讼检察业务统一集中办理工作。开展未成年人刑事案件羁押必要性审查，对涉及未成年人刑事案件立案、侦查和审判活动，以及涉及未成年人民事诉讼、行政诉讼和执行活动进行监督。开展未成年人监管及未成年人社区矫正活动监督。加大对侵犯未成年人合法权益案件督促、支持相关组织和个人代为提起诉讼的力度，涉及公共利益的依法提起公益诉讼。推动未成年人司法保护协作机制和社会支持体系建设。

25. 严厉打击涉未成年人违法犯罪行为。依法严惩利用未成年人实施黑恶势力犯罪，对拉拢、胁迫未成年人参加有组织犯罪的，从严追诉、从重量刑。加强未成年人毒品预防教育，引导未成年人从小认清毒品危害，自觉抵制毒品。依法严厉惩治引诱、纵容未成年人从事吸贩毒活动的违法犯罪分子。落实《中国反对拐卖人口行动计划（2021-2030 年）》，预防和惩治拐卖未成年人犯罪行为。预防和打击使用童工违法行为。依法查处生产、销售用于未成年人的假冒伪劣食品、药品、玩具、用具和相关设施设备违法犯罪行为。

三、保障措施

（一）加强组织领导。强化党委领导、政府负责、民政牵头、部门协同、社会参与的未成年人保护工作格局。推动各地党委和政府将未成年人保护工作纳入国民经济和社会发展规划及工作绩效评价。依法将未成年人保护工作纳入乡镇（街道）、村（社区）职责范围。将未成年人保护工作开展情况作为平安建设考核重要内容，落实落细文明城市、文明村镇、文明单位、文明家庭和文明校园创建中未成年人保护相关要求。制定实施《中国儿童发展纲要（2021-2030年）》。按有关规定组织开展未成年人保护工作表彰奖励，对有突出表现的给予表彰。

（二）加大工作保障。加强未成年人服务设施建设，建立和改善适合未成年人的活动场所和设施，支持公益性未成年人活动场所和设施的建设和运行。加强未成年人救助保护机构等场所服务设施设备建设。将未成年人保护工作相关经费纳入本级预算。将未成年人关爱服务纳入政府购买服务指导性目录，通过政府购买服务等方式引导社会工作专业服务机构、公益慈善类社会组织为留守儿童、困境儿童等特殊儿童群体提供专业服务。加强民政部本级和地方各级政府用于社会福利事业的彩票公益金对未成年人保护工作的支持。加强未成年人保护科学研究和人才培养。

（三）充实工作力量。充实基层未成年人保护工作力量，实现未成年人保护工作一线有机构负责、有专人办事、有经费保障。指导各地根据需要，通过整合相关编制资源、盘活编制存量、推动机构转型等方式加强未成年人救助保护机构建设，承担好需依法临时监护的未成年人收留、抚养等相关工作。指导乡镇（街道）设立未成年人保护工作站，及时办理未成年人保护相关事务。加强儿童督导员、儿童主任专业化建设，鼓励其考取社会工作职业资格。加强未成年人审判组织建设和审判专业化、队伍职业化建设。各级人民法院、人民检察院根据实际需要明确相应机构或者指定人员负责未成年人审判、检察工作。指导基层公安派出所加强未成年人保护工作，根据实际明确相关人员负责未成年人保护工作。

（四）深入宣传引导。深入开展未成年人保护工作和《中华人民共和国未成年人保护法》等法律法规的宣传教育，中央和地方有关新闻媒体可设置专栏，基层单位要充分利用所属网站、新媒体、宣传栏等平台，开展全方位、多角度、立体式宣传活动，贯彻落实《新时代爱国主义教育实施纲要》、《新时代公民道德建设实施纲要》，营造全社会关心支持未成年人保护工作的良好氛围。进一步规范新闻媒体对涉及未成年人相关热点事件的宣传报道，传播社会正能量。

（五）强化监督检查。加强对未成年人保护工作的监督检查，建立健全业务指导、督促检查和重大事项通报制度。各级未成年人保护工作协调机制设立专兼职相结合的未成年人权益督查专员，负责牵头对各地各部门开展未成年人保护工作情况进行督促检查，对存在的突出问题以及侵害未成年人权益的恶性案件、重大事件进行跟踪指导、挂牌督办、限时整改。

二、家庭保护

中华人民共和国家庭教育促进法

（2021年10月23日第十三届全国人民代表大会常务委员会第三十一次会议通过　2021年10月23日中华人民共和国主席令第98号公布　自2022年1月1日起施行）

目　录

第一章　总　　则

第一条　为了发扬中华民族重视家庭教育的优良传统，引导全社会注重家庭、家教、家风，增进家庭幸福与社会和谐，培养德智体美劳全面发展的社会主义建设者和接班人，制定本法。

第二条　本法所称家庭教育，是指父母或者其他监护人为促进未成年人全面健康成长，对其实施的道德品质、身体素质、生活技能、文化修养、行为习惯等方面的培育、引导和影响。

第三条　家庭教育以立德树人为根本任务，培育和践行社会主义核心价值观，弘扬中华民族优秀传统文化、革命文化、社会主义先进文化，促进未成年人健康成长。

第四条　未成年人的父母或者其他监护人负责实施家庭教育。

国家和社会为家庭教育提供指导、支持和服务。

国家工作人员应当带头树立良好家风，履行家庭教育责任。

第五条 家庭教育应当符合以下要求：

（一）尊重未成年人身心发展规律和个体差异；

（二）尊重未成年人人格尊严，保护未成年人隐私权和个人信息，保障未成年人合法权益；

（三）遵循家庭教育特点，贯彻科学的家庭教育理念和方法；

（四）家庭教育、学校教育、社会教育紧密结合、协调一致；

（五）结合实际情况采取灵活多样的措施。

第六条 各级人民政府指导家庭教育工作，建立健全家庭学校社会协同育人机制。县级以上人民政府负责妇女儿童工作的机构，组织、协调、指导、督促有关部门做好家庭教育工作。

教育行政部门、妇女联合会统筹协调社会资源，协同推进覆盖城乡的家庭教育指导服务体系建设，并按照职责分工承担家庭教育工作的日常事务。

县级以上精神文明建设部门和县级以上人民政府公安、民政、司法行政、人力资源和社会保障、文化和旅游、卫生健康、市场监督管理、广播电视、体育、新闻出版、网信等有关部门在各自的职责范围内做好家庭教育工作。

第七条 县级以上人民政府应当制定家庭教育工作专项规划，将家庭教育指导服务纳入城乡公共服务体系和政府购买服务目录，将相关经费列入财政预算，鼓励和支持以政府购买服务的方式提供家庭教育指导。

第八条 人民法院、人民检察院发挥职能作用，配合同级人民政府及其有关部门建立家庭教育工作联动机制，共同做好家庭教育工作。

第九条 工会、共产主义青年团、残疾人联合会、科学技术协会、关心下一代工作委员会以及居民委员会、村民委员会等应当结合自身工作，积极开展家庭教育工作，为家庭教育提供社会支持。

第十条 国家鼓励和支持企业事业单位、社会组织及个人依法开展公益性家庭教育服务活动。

第十一条 国家鼓励开展家庭教育研究，鼓励高等学校开设家庭教育专业课程，支持师范院校和有条件的高等学校加强家庭教育学科建设，培养家庭教育服务专业人才，开展家庭教育服务人员培训。

第十二条 国家鼓励和支持自然人、法人和非法人组织为家庭教育事业进行捐赠或者提供志愿服务，对符合条件的，依法给予税收优惠。

国家对在家庭教育工作中做出突出贡献的组织和个人，按照有关规定给予表彰、奖励。

第十三条 每年5月15日国际家庭日所在周为全国家庭教育宣传周。

第二章 家庭责任

第十四条 父母或者其他监护人应当树立家庭是第一个课堂、家长是第一任老师的责任意识，承担对未成年人实施家庭教育的主体责任，用正确思想、方法和行为教育未成年人养成良好思想、品行和习惯。

共同生活的具有完全民事行为能力的其他家庭成员应当协助和配合未成年人的父母或者其他监护人实施家庭教育。

第十五条 未成年人的父母或者其他监护人及其他家庭成员应当注重家庭建设，培育积极健康的家庭文化，树立和传承优良家风，弘扬中华民族家庭美德，共同构建文明、和睦的家庭关系，为未成年人健康成长营造良好的家庭环境。

第十六条 未成年人的父母或者其他监护人应当针对不同年龄段未成年人的身心发展特点，以下列内容为指引，开展家庭教育：

（一）教育未成年人爱党、爱国、爱人民、爱集体、爱社会主义，树立维护国家统一的观念，铸牢中华民族共同体意识，培养家国情怀；

（二）教育未成年人崇德向善、尊老爱幼、热爱家庭、勤俭节约、团结互助、诚信友爱、遵纪守法，培养其良好社会公德、家庭美德、个人品德意识和法治意识；

（三）帮助未成年人树立正确的成才观，引导其培养广泛兴趣爱好、健康审美追求和良好学习习惯，增强科学探索精神、创新意识和能力；

（四）保证未成年人营养均衡、科学运动、睡眠充足、身心愉悦，引导其养成良好生活习惯和行为习惯，促进其身心健康发展；

（五）关注未成年人心理健康，教导其珍爱生命，对其进行交通出行、健康上网和防欺凌、防溺水、防诈骗、防拐卖、防性侵等方面的安全知识教育，帮助其掌握安全知识和技能，增强其自我保护的意识和能力；

（六）帮助未成年人树立正确的劳动观念，参加力所能及的劳动，提高生活自理能力和独立生活能力，养成吃苦耐劳的优秀品格和热爱劳动的良好习惯。

第十七条 未成年人的父母或者其他监护人实施家庭教育，应当关注未成年人的生理、心理、智力发展状况，尊重其参与相关家庭事务和发表意见的权利，合理运用以下方式方法：

（一）亲自养育，加强亲子陪伴；

（二）共同参与，发挥父母双方的作用；

（三）相机而教，寓教于日常生活之中；

（四）潜移默化，言传与身教相结合；

（五）严慈相济，关心爱护与严格要求并重；

（六）尊重差异，根据年龄和个性特点进行科学引导；

（七）平等交流，予以尊重、理解和鼓励；

（八）相互促进，父母与子女共同成长；

（九）其他有益于未成年人全面发展、健康成长的方式方法。

第十八条 未成年人的父母或者其他监护人应当树立正确的家庭教育理念，自觉学习家庭教育知识，在孕期和未成年人进入婴幼儿照护服务机构、幼儿园、中小学校等重要时段进行有针对性的学习，掌握科学的家庭教育方法，提高家庭教育的能力。

第十九条 未成年人的父母或者其他监护人应当与中小学校、幼儿园、婴幼儿照护服务机构、社区密切配合，积极参加其提供的公益性家庭教育指导和实践活动，共同促进未成年人健康成长。

第二十条 未成年人的父母分居或者离异的，应当相互配合履行家庭教育责任，任何一方不得拒绝或者怠于履行；除法律另有规定外，不得阻碍另一方实施家庭教育。

第二十一条 未成年人的父母或者其他监护人依法委托他人代为照护未成年人的，应当与被委托人、未成年人保持联系，定期了解未成年人学习、生活情况和心理状况，与被委托人共同履行家庭教育责任。

第二十二条 未成年人的父母或者其他监护人应当合理安排未成年人学习、休息、娱乐和体育锻炼的时间，避免加重未成年人学习负担，预防未成年人沉迷网络。

第二十三条 未成年人的父母或者其他监护人不得因性别、身体状况、智力等歧视未成年人，不得实施家庭暴力，不得胁迫、引诱、教唆、纵容、利用未成年人从事违反法律法规和社会公德的活动。

第三章　国家支持

第二十四条　国务院应当组织有关部门制定、修订并及时颁布全国家庭教育指导大纲。

省级人民政府或者有条件的设区的市级人民政府应当组织有关部门编写或者采用适合当地实际的家庭教育指导读本，制定相应的家庭教育指导服务工作规范和评估规范。

第二十五条　省级以上人民政府应当组织有关部门统筹建设家庭教育信息化共享服务平台，开设公益性网上家长学校和网络课程，开通服务热线，提供线上家庭教育指导服务。

第二十六条　县级以上地方人民政府应当加强监督管理，减轻义务教育阶段学生作业负担和校外培训负担，畅通学校家庭沟通渠道，推进学校教育和家庭教育相互配合。

第二十七条　县级以上地方人民政府及有关部门组织建立家庭教育指导服务专业队伍，加强对专业人员的培养，鼓励社会工作者、志愿者参与家庭教育指导服务工作。

第二十八条　县级以上地方人民政府可以结合当地实际情况和需要，通过多种途径和方式确定家庭教育指导机构。

家庭教育指导机构对辖区内社区家长学校、学校家长学校及其他家庭教育指导服务站点进行指导，同时开展家庭教育研究、服务人员队伍建设和培训、公共服务产品研发。

第二十九条　家庭教育指导机构应当及时向有需求的家庭提供服务。

对于父母或者其他监护人履行家庭教育责任存在一定困难的家庭，家庭教育指导机构应当根据具体情况，与相关部门协作配合，提供有针对性的服务。

第三十条　设区的市、县、乡级人民政府应当结合当地实际采取措施，对留守未成年人和困境未成年人家庭建档立卡，提供生活帮扶、创业就业支持等关爱服务，为留守未成年人和困境未成年人的父母或者其他监护人实施家庭教育创造条件。

教育行政部门、妇女联合会应当采取有针对性的措施，为留守未成年人和困境未成年人的父母或者其他监护人实施家庭教育提供服务，引导其积极关注未成年人身心健康状况、加强亲情关爱。

第三十一条 家庭教育指导机构开展家庭教育指导服务活动，不得组织或者变相组织营利性教育培训。

第三十二条 婚姻登记机构和收养登记机构应当通过现场咨询辅导、播放宣传教育片等形式，向办理婚姻登记、收养登记的当事人宣传家庭教育知识，提供家庭教育指导。

第三十三条 儿童福利机构、未成年人救助保护机构应当对本机构安排的寄养家庭、接受救助保护的未成年人的父母或者其他监护人提供家庭教育指导。

第三十四条 人民法院在审理离婚案件时，应当对有未成年子女的夫妻双方提供家庭教育指导。

第三十五条 妇女联合会发挥妇女在弘扬中华民族家庭美德、树立良好家风等方面的独特作用，宣传普及家庭教育知识，通过家庭教育指导机构、社区家长学校、文明家庭建设等多种渠道组织开展家庭教育实践活动，提供家庭教育指导服务。

第三十六条 自然人、法人和非法人组织可以依法设立非营利性家庭教育服务机构。

县级以上地方人民政府及有关部门可以采取政府补贴、奖励激励、购买服务等扶持措施，培育家庭教育服务机构。

教育、民政、卫生健康、市场监督管理等有关部门应当在各自职责范围内，依法对家庭教育服务机构及从业人员进行指导和监督。

第三十七条 国家机关、企业事业单位、群团组织、社会组织应当将家风建设纳入单位文化建设，支持职工参加相关的家庭教育服务活动。

文明城市、文明村镇、文明单位、文明社区、文明校园和文明家庭等创建活动，应当将家庭教育情况作为重要内容。

第四章 社会协同

第三十八条 居民委员会、村民委员会可以依托城乡社区公共服务设施，设立社区家长学校等家庭教育指导服务站点，配合家庭教育指导机构组织面向居民、村民的家庭教育知识宣传，为未成年人的父母或者其他监护人提供家庭教育指导服务。

第三十九条 中小学校、幼儿园应当将家庭教育指导服务纳入工作计划，作为教师业务培训的内容。

第四十条 中小学校、幼儿园可以采取建立家长学校等方式，针对不同年龄段未成年人的特点，定期组织公益性家庭教育指导服务和实践活动，并及时联系、督促未成年人的父母或者其他监护人参加。

第四十一条 中小学校、幼儿园应当根据家长的需求，邀请有关人员传授家庭教育理念、知识和方法，组织开展家庭教育指导服务和实践活动，促进家庭与学校共同教育。

第四十二条 具备条件的中小学校、幼儿园应当在教育行政部门的指导下，为家庭教育指导服务站点开展公益性家庭教育指导服务活动提供支持。

第四十三条 中小学校发现未成年学生严重违反校规校纪的，应当及时制止、管教，告知其父母或者其他监护人，并为其父母或者其他监护人提供有针对性的家庭教育指导服务；发现未成年学生有不良行为或者严重不良行为的，按照有关法律规定处理。

第四十四条 婴幼儿照护服务机构、早期教育服务机构应当为未成年人的父母或者其他监护人提供科学养育指导等家庭教育指导服务。

第四十五条 医疗保健机构在开展婚前保健、孕产期保健、儿童保健、预防接种等服务时，应当对有关成年人、未成年人的父母或者其他监护人开展科学养育知识和婴幼儿早期发展的宣传和指导。

第四十六条 图书馆、博物馆、文化馆、纪念馆、美术馆、科技馆、体育场馆、青少年宫、儿童活动中心等公共文化服务机构和爱国主义教育基地每年应当定期开展公益性家庭教育宣传、家庭教育指导服务和实践活动，开发家庭教育类公共文化服务产品。

广播、电视、报刊、互联网等新闻媒体应当宣传正确的家庭教育知识，传播科学的家庭教育理念和方法，营造重视家庭教育的良好社会氛围。

第四十七条 家庭教育服务机构应当加强自律管理，制定家庭教育服务规范，组织从业人员培训，提高从业人员的业务素质和能力。

第五章 法律责任

第四十八条 未成年人住所地的居民委员会、村民委员会、妇女联合会，未成年人的父母或者其他监护人所在单位，以及中小学校、幼儿园等有关密切接触未成年人的单位，发现父母或者其他监护人拒绝、怠于履行家庭教育责任，或者非法阻碍其他监护人实施家庭教育的，应当予以批评教育、劝诫制止，必要时督促其接受家庭教育指导。

未成年人的父母或者其他监护人依法委托他人代为照护未成年人，有关单位发现被委托人不依法履行家庭教育责任的，适用前款规定。

第四十九条 公安机关、人民检察院、人民法院在办理案件过程中，发现未成年人存在严重不良行为或者实施犯罪行为，或者未成年人的父母或者其他监护人不正确实施家庭教育侵害未成年人合法权益的，根据情况对父母或者其他监护人予以训诫，并可以责令其接受家庭教育指导。

第五十条 负有家庭教育工作职责的政府部门、机构有下列情形之一的，由其上级机关或者主管单位责令限期改正；情节严重的，对直接负责的主管人员和其他直接责任人员依法予以处分：

（一）不履行家庭教育工作职责；

（二）截留、挤占、挪用或者虚报、冒领家庭教育工作经费；

（三）其他滥用职权、玩忽职守或者徇私舞弊的情形。

第五十一条 家庭教育指导机构、中小学校、幼儿园、婴幼儿照护服务机构、早期教育服务机构违反本法规定，不履行或者不正确履行家庭教育指导服务职责的，由主管部门责令限期改正；情节严重的，对直接负责的主管人员和其他直接责任人员依法予以处分。

第五十二条 家庭教育服务机构有下列情形之一的，由主管部门责令限期改正；拒不改正或者情节严重的，由主管部门责令停业整顿、吊销营业执照或者撤销登记：

（一）未依法办理设立手续；

（二）从事超出许可业务范围的行为或作虚假、引人误解宣传，产生不良后果；

（三）侵犯未成年人及其父母或者其他监护人合法权益。

第五十三条 未成年人的父母或者其他监护人在家庭教育过程中对未

成年人实施家庭暴力的，依照《中华人民共和国未成年人保护法》、《中华人民共和国反家庭暴力法》等法律的规定追究法律责任。

第五十四条 违反本法规定，构成违反治安管理行为的，由公安机关依法予以治安管理处罚；构成犯罪的，依法追究刑事责任。

第六章 附 则

第五十五条 本法自2022年1月1日起施行。

中华人民共和国反家庭暴力法

（2015年12月27日第十二届全国人民代表大会常务委员会第十八次会议通过 2015年12月27日中华人民共和国主席令第37号公布 自2016年3月1日起施行）

目 录

第一章 总 则

第一条 **【立法目的】**为了预防和制止家庭暴力，保护家庭成员的合法权益，维护平等、和睦、文明的家庭关系，促进家庭和谐、社会稳定，制定本法。

第二条 **【家庭暴力的界定】**本法所称家庭暴力，是指家庭成员之间以殴打、捆绑、残害、限制人身自由以及经常性谩骂、恐吓等方式实施的身体、精神等侵害行为。

第三条 **【国家、社会、家庭的反家庭暴力责任】**家庭成员之间应当互相帮助，互相关爱，和睦相处，履行家庭义务。

反家庭暴力是国家、社会和每个家庭的共同责任。

国家禁止任何形式的家庭暴力。

第四条　【相关部门和单位的反家庭暴力责任】县级以上人民政府负责妇女儿童工作的机构，负责组织、协调、指导、督促有关部门做好反家庭暴力工作。

县级以上人民政府有关部门、司法机关、人民团体、社会组织、居民委员会、村民委员会、企业事业单位，应当依照本法和有关法律规定，做好反家庭暴力工作。

各级人民政府应当对反家庭暴力工作给予必要的经费保障。

第五条　【反家庭暴力工作原则】反家庭暴力工作遵循预防为主，教育、矫治与惩处相结合原则。

反家庭暴力工作应当尊重受害人真实意愿，保护当事人隐私。

未成年人、老年人、残疾人、孕期和哺乳期的妇女、重病患者遭受家庭暴力的，应当给予特殊保护。

第二章　家庭暴力的预防

第六条　【反家庭暴力宣传教育】国家开展家庭美德宣传教育，普及反家庭暴力知识，增强公民反家庭暴力意识。

工会、共产主义青年团、妇女联合会、残疾人联合会应当在各自工作范围内，组织开展家庭美德和反家庭暴力宣传教育。

广播、电视、报刊、网络等应当开展家庭美德和反家庭暴力宣传。

学校、幼儿园应当开展家庭美德和反家庭暴力教育。

第七条　【预防和制止家庭暴力业务培训】县级以上人民政府有关部门、司法机关、妇女联合会应当将预防和制止家庭暴力纳入业务培训和统计工作。

医疗机构应当做好家庭暴力受害人的诊疗记录。

第八条　【基层组织反家庭暴力职责】乡镇人民政府、街道办事处应当组织开展家庭暴力预防工作，居民委员会、村民委员会、社会工作服务机构应当予以配合协助。

第九条　【政府支持】各级人民政府应当支持社会工作服务机构等社

会组织开展心理健康咨询、家庭关系指导、家庭暴力预防知识教育等服务。

第十条　【调解义务】人民调解组织应当依法调解家庭纠纷，预防和减少家庭暴力的发生。

第十一条　【用人单位职责】用人单位发现本单位人员有家庭暴力情况的，应当给予批评教育，并做好家庭矛盾的调解、化解工作。

第十二条　【监护人职责】未成年人的监护人应当以文明的方式进行家庭教育，依法履行监护和教育职责，不得实施家庭暴力。

第三章　家庭暴力的处置

第十三条　【救济途径】家庭暴力受害人及其法定代理人、近亲属可以向加害人或者受害人所在单位、居民委员会、村民委员会、妇女联合会等单位投诉、反映或者求助。有关单位接到家庭暴力投诉、反映或者求助后，应当给予帮助、处理。

家庭暴力受害人及其法定代理人、近亲属也可以向公安机关报案或者依法向人民法院起诉。

单位、个人发现正在发生的家庭暴力行为，有权及时劝阻。

第十四条　【强制报告制度】学校、幼儿园、医疗机构、居民委员会、村民委员会、社会工作服务机构、救助管理机构、福利机构及其工作人员在工作中发现无民事行为能力人、限制民事行为能力人遭受或者疑似遭受家庭暴力的，应当及时向公安机关报案。公安机关应当对报案人的信息予以保密。

第十五条　【紧急安置】公安机关接到家庭暴力报案后应当及时出警，制止家庭暴力，按照有关规定调查取证，协助受害人就医、鉴定伤情。

无民事行为能力人、限制民事行为能力人因家庭暴力身体受到严重伤害、面临人身安全威胁或者处于无人照料等危险状态的，公安机关应当通知并协助民政部门将其安置到临时庇护场所、救助管理机构或者福利机构。

第十六条　【告诫书的适用及内容】家庭暴力情节较轻，依法不给予治安管理处罚的，由公安机关对加害人给予批评教育或者出具告诫书。

告诫书应当包括加害人的身份信息、家庭暴力的事实陈述、禁止加害人实施家庭暴力等内容。

第十七条　【告诫书送交、通知和监督】公安机关应当将告诫书送交加害人、受害人，并通知居民委员会、村民委员会。

居民委员会、村民委员会、公安派出所应当对收到告诫书的加害人、受害人进行查访，监督加害人不再实施家庭暴力。

第十八条　【临时庇护场所】县级或者设区的市级人民政府可以单独或者依托救助管理机构设立临时庇护场所，为家庭暴力受害人提供临时生活帮助。

第十九条　【法律援助】法律援助机构应当依法为家庭暴力受害人提供法律援助。

人民法院应当依法对家庭暴力受害人缓收、减收或者免收诉讼费用。

第二十条　【家庭暴力案件证据制度】人民法院审理涉及家庭暴力的案件，可以根据公安机关出警记录、告诫书、伤情鉴定意见等证据，认定家庭暴力事实。

第二十一条　【监护人资格的撤销】监护人实施家庭暴力严重侵害被监护人合法权益的，人民法院可以根据被监护人的近亲属、居民委员会、村民委员会、县级人民政府民政部门等有关人员或者单位的申请，依法撤销其监护人资格，另行指定监护人。

被撤销监护人资格的加害人，应当继续负担相应的赡养、扶养、抚养费用。

第二十二条　【当事人的法治教育及心理辅导】工会、共产主义青年团、妇女联合会、残疾人联合会、居民委员会、村民委员会等应当对实施家庭暴力的加害人进行法治教育，必要时可以对加害人、受害人进行心理辅导。

第四章　人身安全保护令

第二十三条　【人身安全保护令申请主体】当事人因遭受家庭暴力或者面临家庭暴力的现实危险，向人民法院申请人身安全保护令的，人民法院应当受理。

当事人是无民事行为能力人、限制民事行为能力人，或者因受到强制、威吓等原因无法申请人身安全保护令的，其近亲属、公安机关、妇女联合会、居民委员会、村民委员会、救助管理机构可以代为申请。

第二十四条　【申请人身安全保护令的方式】申请人身安全保护令应

当以书面方式提出；书面申请确有困难的，可以口头申请，由人民法院记入笔录。

第二十五条　【人身安全保护令案件的管辖】人身安全保护令案件由申请人或者被申请人居住地、家庭暴力发生地的基层人民法院管辖。

第二十六条　【人身安全保护令的发出方式】人身安全保护令由人民法院以裁定形式作出。

第二十七条　【法院作出人身安全保护令的条件】作出人身安全保护令，应当具备下列条件：

（一）有明确的被申请人；

（二）有具体的请求；

（三）有遭受家庭暴力或者面临家庭暴力现实危险的情形。

第二十八条　【人身安全保护令的案件审理时限】人民法院受理申请后，应当在七十二小时内作出人身安全保护令或者驳回申请；情况紧急的，应当在二十四小时内作出。

第二十九条　【人身安全保护令的内容】人身安全保护令可以包括下列措施：

（一）禁止被申请人实施家庭暴力；

（二）禁止被申请人骚扰、跟踪、接触申请人及其相关近亲属；

（三）责令被申请人迁出申请人住所；

（四）保护申请人人身安全的其他措施。

第三十条　【人身安全保护令时效以及变更】人身安全保护令的有效期不超过六个月，自作出之日起生效。人身安全保护令失效前，人民法院可以根据申请人的申请撤销、变更或者延长。

第三十一条　【人身安全保护令救济程序】申请人对驳回申请不服或者被申请人对人身安全保护令不服的，可以自裁定生效之日起五日内向作出裁定的人民法院申请复议一次。人民法院依法作出人身安全保护令的，复议期间不停止人身安全保护令的执行。

第三十二条　【人身安全保护令送达及执行】人民法院作出人身安全保护令后，应当送达申请人、被申请人、公安机关以及居民委员会、村民委员会等有关组织。人身安全保护令由人民法院执行，公安机关以及居民委员会、村民委员会等应当协助执行。

第五章　法 律 责 任

第三十三条　【家庭暴力的行政及刑事责任】加害人实施家庭暴力，构成违反治安管理行为的，依法给予治安管理处罚；构成犯罪的，依法追究刑事责任。

第三十四条　【违反人身安全保护令的责任】被申请人违反人身安全保护令，构成犯罪的，依法追究刑事责任；尚不构成犯罪的，人民法院应当给予训诫，可以根据情节轻重处以一千元以下罚款、十五日以下拘留。

第三十五条　【强制报告义务主体法律责任】学校、幼儿园、医疗机构、居民委员会、村民委员会、社会工作服务机构、救助管理机构、福利机构及其工作人员未依照本法第十四条规定向公安机关报案，造成严重后果的，由上级主管部门或者本单位对直接负责的主管人员和其他直接责任人员依法给予处分。

第三十六条　【相关国家工作人员法律责任】负有反家庭暴力职责的国家工作人员玩忽职守、滥用职权、徇私舞弊的，依法给予处分；构成犯罪的，依法追究刑事责任。

第六章　附　　则

第三十七条　【准家庭关系暴力行为的处理】家庭成员以外共同生活的人之间实施的暴力行为，参照本法规定执行。

第三十八条　【实施日期】本法自 2016 年 3 月 1 日起施行。

家庭寄养管理办法

（2014 年 9 月 24 日民政部令第 54 号公布　自 2014 年 12 月 1 日起施行）

第一章　总　　则

第一条　为了规范家庭寄养工作，促进寄养儿童身心健康成长，根据《中华人民共和国未成年人保护法》和国家有关规定，制定本办法。

第二条 本办法所称家庭寄养，是指经过规定的程序，将民政部门监护的儿童委托在符合条件的家庭中养育的照料模式。

第三条 家庭寄养应当有利于寄养儿童的抚育、成长，保障寄养儿童的合法权益不受侵犯。

第四条 国务院民政部门负责全国家庭寄养监督管理工作。

县级以上地方人民政府民政部门负责本行政区域内家庭寄养监督管理工作。

第五条 县级以上地方人民政府民政部门设立的儿童福利机构负责家庭寄养工作的组织实施。

第六条 县级以上人民政府民政部门应当会同有关部门采取措施，鼓励、支持符合条件的家庭参与家庭寄养工作。

第二章 寄养条件

第七条 未满十八周岁、监护权在县级以上地方人民政府民政部门的孤儿、查找不到生父母的弃婴和儿童，可以被寄养。

需要长期依靠医疗康复、特殊教育等专业技术照料的重度残疾儿童，不宜安排家庭寄养。

第八条 寄养家庭应当同时具备下列条件：

（一）有儿童福利机构所在地的常住户口和固定住所。寄养儿童入住后，人均居住面积不低于当地人均居住水平；

（二）有稳定的经济收入，家庭成员人均收入在当地处于中等水平以上；

（三）家庭成员未患有传染病或者精神疾病，以及其他不利于寄养儿童抚育、成长的疾病；

（四）家庭成员无犯罪记录，无不良生活嗜好，关系和睦，与邻里关系融洽；

（五）主要照料人的年龄在三十周岁以上六十五周岁以下，身体健康，具有照料儿童的能力、经验，初中以上文化程度。

具有社会工作、医疗康复、心理健康、文化教育等专业知识的家庭和自愿无偿奉献爱心的家庭，同等条件下优先考虑。

第九条 每个寄养家庭寄养儿童的人数不得超过二人，且该家庭无未满六周岁的儿童。

第十条 寄养残疾儿童，应当优先在具备医疗、特殊教育、康复训练条件的社区中为其选择寄养家庭。

第十一条 寄养年满十周岁以上儿童的，应当征得寄养儿童的同意。

第三章 寄养关系的确立

第十二条 确立家庭寄养关系，应当经过以下程序：

（一）申请。拟开展寄养的家庭应当向儿童福利机构提出书面申请，并提供户口簿、身份证复印件，家庭经济收入和住房情况、家庭成员健康状况以及一致同意申请等证明材料；

（二）评估。儿童福利机构应当组织专业人员或者委托社会工作服务机构等第三方专业机构对提出申请的家庭进行实地调查，核实申请家庭是否具备寄养条件和抚育能力，了解其邻里关系、社会交往、有无犯罪记录、社区环境等情况，并根据调查结果提出评估意见；

（三）审核。儿童福利机构应当根据评估意见对申请家庭进行审核，确定后报主管民政部门备案；

（四）培训。儿童福利机构应当对寄养家庭主要照料人进行培训；

（五）签约。儿童福利机构应当与寄养家庭主要照料人签订寄养协议，明确寄养期限、寄养双方的权利义务、寄养家庭的主要照料人、寄养融合期限、违约责任及处理等事项。家庭寄养协议自双方签字（盖章）之日起生效。

第十三条 寄养家庭应当履行下列义务：

（一）保障寄养儿童人身安全，尊重寄养儿童人格尊严；

（二）为寄养儿童提供生活照料，满足日常营养需要，帮助其提高生活自理能力；

（三）培养寄养儿童健康的心理素质，树立良好的思想道德观念；

（四）按照国家规定安排寄养儿童接受学龄前教育和义务教育。负责与学校沟通，配合学校做好寄养儿童的学校教育；

（五）对患病的寄养儿童及时安排医治。寄养儿童发生急症、重症等情况时，应当及时进行医治，并向儿童福利机构报告；

（六）配合儿童福利机构为寄养的残疾儿童提供辅助矫治、肢体功能康复训练、聋儿语言康复训练等方面的服务；

（七）配合儿童福利机构做好寄养儿童的送养工作；

（八）定期向儿童福利机构反映寄养儿童的成长状况，并接受其探访、培训、监督和指导；

（九）及时向儿童福利机构报告家庭住所变更情况；

（十）保障寄养儿童应予保障的其他权益。

第十四条 儿童福利机构主要承担以下职责：

（一）制定家庭寄养工作计划并组织实施；

（二）负责寄养家庭的招募、调查、审核和签约；

（三）培训寄养家庭中的主要照料人，组织寄养工作经验交流活动；

（四）定期探访寄养儿童，及时处理存在的问题；

（五）监督、评估寄养家庭的养育工作；

（六）建立家庭寄养服务档案并妥善保管；

（七）根据协议规定发放寄养儿童所需款物；

（八）向主管民政部门及时反映家庭寄养工作情况并提出建议。

第十五条 寄养协议约定的主要照料人不得随意变更。确需变更的，应当经儿童福利机构同意，经培训后在家庭寄养协议主要照料人一栏中变更。

第十六条 寄养融合期的时间不得少于六十日。

第十七条 寄养家庭有协议约定的事由在短期内不能照料寄养儿童的，儿童福利机构应当为寄养儿童提供短期养育服务。短期养育服务时间一般不超过三十日。

第十八条 寄养儿童在寄养期间不办理户口迁移手续，不改变与民政部门的监护关系。

第四章 寄养关系的解除

第十九条 寄养家庭提出解除寄养关系的，应当提前一个月向儿童福利机构书面提出解除寄养关系的申请，儿童福利机构应当予以解除。但在融合期内提出解除寄养关系的除外。

第二十条 寄养家庭有下列情形之一的，儿童福利机构应当解除寄养关系：

（一）寄养家庭及其成员有歧视、虐待寄养儿童行为的；

（二）寄养家庭成员的健康、品行不符合本办法第八条第（三）和（四）项规定的；

（三）寄养家庭发生重大变故，导致无法履行寄养义务的；

（四）寄养家庭变更住所后不符合本办法第八条规定的；

（五）寄养家庭借机对外募款敛财的；

（六）寄养家庭不履行协议约定的其他情形。

第二十一条 寄养儿童有下列情形之一的，儿童福利机构应当解除寄养关系：

（一）寄养儿童与寄养家庭关系恶化，确实无法共同生活的；

（二）寄养儿童依法被收养、被亲生父母或者其他监护人认领的；

（三）寄养儿童因就医、就学等特殊原因需要解除寄养关系的。

第二十二条 解除家庭寄养关系，儿童福利机构应当以书面形式通知寄养家庭，并报其主管民政部门备案。家庭寄养关系的解除以儿童福利机构批准时间为准。

第二十三条 儿童福利机构拟送养寄养儿童时，应当在报送被送养人材料的同时通知寄养家庭。

第二十四条 家庭寄养关系解除后，儿童福利机构应当妥善安置寄养儿童，并安排社会工作、医疗康复、心理健康教育等专业技术人员对其进行辅导、照料。

第二十五条 符合收养条件、有收养意愿的寄养家庭，可以依法优先收养被寄养儿童。

第五章 监督管理

第二十六条 县级以上地方人民政府民政部门对家庭寄养工作负有以下监督管理职责：

（一）制定本地区家庭寄养工作政策；

（二）指导、检查本地区家庭寄养工作；

（三）负责寄养协议的备案，监督寄养协议的履行；

（四）协调解决儿童福利机构与寄养家庭之间的争议；

（五）与有关部门协商，及时处理家庭寄养工作中存在的问题。

第二十七条 开展跨县级或者设区的市级行政区域的家庭寄养，应当经过共同上一级人民政府民政部门同意。

不得跨省、自治区、直辖市开展家庭寄养。

第二十八条 儿童福利机构应当聘用具有社会工作、医疗康复、心理健康教育等专业知识的专职工作人员。

第二十九条 家庭寄养经费，包括寄养儿童的养育费用补贴、寄养家庭的劳务补贴和寄养工作经费等。

寄养儿童养育费用补贴按照国家有关规定列支。寄养家庭劳务补贴、寄养工作经费等由当地人民政府予以保障。

第三十条 家庭寄养经费必须专款专用，儿童福利机构不得截留或者挪用。

第三十一条 儿童福利机构可以依法通过与社会组织合作、通过接受社会捐赠获得资助。

与境外社会组织或者个人开展同家庭寄养有关的合作项目，应当按照有关规定办理手续。

第六章 法律责任

第三十二条 寄养家庭不履行本办法规定的义务，或者未经同意变更主要照料人的，儿童福利机构可以督促其改正，情节严重的，可以解除寄养协议。

寄养家庭成员侵害寄养儿童的合法权益，造成人身财产损害的，依法承担民事责任；构成犯罪的，依法追究刑事责任。

第三十三条 儿童福利机构有下列情形之一的，由设立该机构的民政部门进行批评教育，并责令改正；情节严重的，对直接负责的主管人员和其他直接责任人员依法给予处分：

（一）不按照本办法的规定承担职责的；

（二）在办理家庭寄养工作中牟取利益，损害寄养儿童权益的；

（三）玩忽职守导致寄养协议不能正常履行的；

（四）跨省、自治区、直辖市开展家庭寄养，或者未经上级部门同意擅自开展跨县级或者设区的市级行政区域家庭寄养的；

（五）未按照有关规定办理手续，擅自与境外社会组织或者个人开展家庭寄养合作项目的。

第三十四条 县级以上地方人民政府民政部门不履行家庭寄养工作职责，由上一级人民政府民政部门责令其改正。情节严重的，对直接负责的主管人员和其他直接责任人员依法给予处分。

第七章 附 则

第三十五条 对流浪乞讨等生活无着未成年人承担临时监护责任的未成年人救助保护机构开展家庭寄养，参照本办法执行。

第三十六条 尚未设立儿童福利机构的，由县级以上地方人民政府民政部门负责本行政区域内家庭寄养的组织实施，具体工作参照本办法执行。

第三十七条 本办法自2014年12月1日起施行，2003年颁布的《家庭寄养管理暂行办法》（民发〔2003〕144号）同时废止。

最高人民法院、全国妇联
关于开展家庭教育指导工作的意见

（2023年5月29日 法发〔2023〕7号）

为促进未成年人的父母或者其他监护人依法履行家庭教育职责，维护未成年人合法权益，预防未成年人违法犯罪，保障未成年人健康成长，根据《中华人民共和国未成年人保护法》、《中华人民共和国预防未成年人犯罪法》、《中华人民共和国家庭教育促进法》等法律规定，结合工作实际，制定本意见。

一、总体要求

1. 人民法院开展家庭教育指导工作，应当坚持以下原则：

（1）最有利于未成年人。尊重未成年人人格尊严，适应未成年人身心发展规律，给予未成年人特殊、优先保护，以保护未成年人健康成长为根本目标；

（2）坚持立德树人。指导未成年人的父母或者其他监护人依法履行家庭教育主体责任，传播正确家庭教育理念，培育和践行社会主义核心价值

观，促进未成年人全面发展、健康成长；

（3）支持为主、干预为辅。尊重未成年人的父母或者其他监护人的人格尊严，注重引导、帮助，耐心细致、循循善诱开展工作，促进家庭和谐、避免激化矛盾；

（4）双向指导、教帮结合。既注重对未成年人的父母或者其他监护人的教育指导，也注重对未成年人的教育引导，根据情况和需要，帮助解决未成年人家庭的实际困难；

（5）专业指导、注重实效。结合具体案件情况，有针对性地确定家庭教育指导方案，及时评估教育指导效果，并视情调整教育指导方式和内容，确保取得良好效果。

2. 人民法院在法定职责范围内参与、配合、支持家庭教育指导服务体系建设。在办理涉未成年人刑事、民事、行政、执行等各类案件过程中，根据情况和需要，依法开展家庭教育指导工作。

妇联协调社会资源，通过家庭教育指导机构、社区家长学校、文明家庭建设等多种渠道，宣传普及家庭教育知识，组织开展家庭教育实践活动，推进覆盖城乡的家庭教育指导服务体系建设。

各级人民法院、妇联应当加强协作配合，建立联动机制，共同做好家庭教育指导工作。

二、指导情形

3. 人民法院在审理离婚案件过程中，对有未成年子女的夫妻双方，应当提供家庭教育指导。

对于抚养、收养、监护权、探望权纠纷等案件，以及涉留守未成年人、困境未成年人等特殊群体的案件，人民法院可以就监护和家庭教育情况主动开展调查、评估，必要时，依法提供家庭教育指导。

4. 人民法院在办理案件过程中，发现存在下列情形的，根据情况对未成年人的父母或者其他监护人予以训诫，并可以要求其接受家庭教育指导：

（1）未成年人的父母或者其他监护人违反《中华人民共和国未成年人保护法》第十六条及《中华人民共和国家庭教育促进法》第二十一条等规定，不依法履行监护职责的；

（2）未成年人的父母或者其他监护人违反《中华人民共和国未成年人保护法》第十七条、第二十四条及《中华人民共和国家庭教育促进法》第二十条、第二十三条的规定，侵犯未成年人合法权益的；

（3）未成年人存在严重不良行为或者实施犯罪行为的；

（4）未成年人的父母或者其他监护人不依法履行监护职责或者侵犯未成年人合法权益的其他情形。

符合前款第二、第三、第四项情形，未成年人的父母或者其他监护人拒不接受家庭教育指导，或者接受家庭教育指导后仍不依法履行监护职责的，人民法院可以以决定书的形式制发家庭教育指导令，依法责令其接受家庭教育指导。

5. 在办理涉及未成年人的案件时，未成年人的父母或者其他监护人主动请求对自己进行家庭教育指导的，人民法院应当提供。

6. 居民委员会、村民委员会、中小学校、幼儿园等开展家庭教育指导服务活动过程中，申请人民法院协助开展法治宣传教育的，人民法院应当支持。

三、指导要求

7. 人民法院应当根据《中华人民共和国家庭教育促进法》第十六条、第十七条的规定，结合案件具体情况，有针对性地确定家庭教育的内容，指导未成年人的父母或者其他监护人合理运用家庭教育方式方法。

8. 人民法院在开展家庭教育指导过程中，应当结合案件具体情况，对未成年人的父母或者其他监护人开展监护职责教育：

（1）教育未成年人的父母或者其他监护人依法履行监护责任，加强亲子陪伴，不得实施遗弃、虐待、伤害、歧视等侵害未成年人的行为；

（2）委托他人代为照护未成年人的，应当与被委托人、未成年人以及未成年人所在的学校、婴幼儿照顾服务机构保持联系，定期了解未成年人学习、生活情况和心理状况，履行好家庭教育责任；

（3）未成年人的父母分居或者离异的，明确告知其在诉讼期间、分居期间或者离婚后，应当相互配合共同履行家庭教育责任，任何一方不得拒绝或者怠于履行家庭教育责任，不得以抢夺、藏匿未成年子女等方式争夺抚养权或者阻碍另一方行使监护权、探望权。

9. 人民法院在开展家庭教育指导过程中，应当结合案件具体情况，对未成年人及其父母或者其他监护人开展法治教育：

（1）教育未成年人的父母或者其他监护人树立法治意识，增强法治观念；

（2）保障适龄未成年人依法接受并完成义务教育；

（3）教育未成年人遵纪守法，增强自我保护的意识和能力；

（4）发现未成年人存在不良行为、严重不良行为或者实施犯罪行为的，责令其父母或者其他监护人履行职责、加强管教，同时注重亲情感化，并教育未成年人认识错误，积极改过自新。

10. 人民法院决定委托专业机构开展家庭教育指导的，也应当依照前两条规定，自行做好监护职责教育和法治教育工作。

四、指导方式

11. 人民法院可以在诉前调解、案件审理、判后回访等各个环节，通过法庭教育、释法说理、现场辅导、网络辅导、心理干预、制发家庭教育责任告知书等多种形式开展家庭教育指导。

根据情况和需要，人民法院可以自行开展家庭教育指导，也可以委托专业机构、专业人员开展家庭教育指导，或者与专业机构、专业人员联合开展家庭教育指导。

委托专业机构、专业人员开展家庭教育指导的，人民法院应当跟踪评估家庭教育指导效果。

12. 对于需要开展专业化、个性化家庭教育指导的，人民法院可以根据未成年人的监护状况和实际需求，书面通知妇联开展或者协助开展家庭教育指导工作。

妇联应当加强与人民法院配合，协调发挥家庭教育指导机构、家长学校、妇女儿童活动中心、妇女儿童之家等阵地作用，支持、配合人民法院做好家庭教育指导工作。

13. 责令未成年人的父母或者其他监护人接受家庭教育指导的，家庭教育指导令应当载明责令理由和接受家庭教育指导的时间、场所和频次。

开展家庭教育指导的频次，应当与未成年人的父母或者其他监护人不正确履行家庭教育责任以及未成年人不良行为或者犯罪行为的程度相适应。

14. 人民法院向未成年人的父母或者其他监护人送达家庭教育指导令时，应当耐心、细致地做好法律释明工作，告知家庭教育指导对保护未成年人健康成长的重要意义，督促其自觉接受、主动配合家庭教育指导。

15. 未成年人的父母或者其他监护人对家庭教育指导令不服的，可以自收到决定书之日起五日内向作出决定书的人民法院申请复议一次。复议期间，不停止家庭教育指导令的执行。

16. 人民法院、妇联开展家庭教育指导工作，应当依法保护未成年人及其父母或者其他监护人的隐私和个人信息。通过购买社会服务形式开展家庭教育指导的，应当要求相关机构组织及工作人员签订保密承诺书。

人民法院制发的家庭教育指导令，不在互联网公布。

17. 未成年人遭受性侵害、虐待、拐卖、暴力伤害的，人民法院、妇联在开展家庭教育指导过程中应当与有关部门、人民团体、社会组织互相配合，视情采取心理干预、法律援助、司法救助、社会救助、转学安置等保护措施。

对于未成年人存在严重不良行为或者实施犯罪行为的，在开展家庭教育指导过程中，应当对未成年人进行跟踪帮教。

五、保障措施

18. 鼓励各地人民法院、妇联结合本地实际，单独或会同有关部门建立家庭教育指导工作站，设置专门场所，配备专门人员，开展家庭教育指导工作。

鼓励各地人民法院、妇联探索组建专业化家庭教育指导队伍，加强业务指导及专业培训，聘请熟悉家庭教育规律、热爱未成年人保护事业和善于做思想教育工作的人员参与家庭教育指导。

19. 人民法院在办理涉未成年人案件过程中，发现有关单位未尽到未成年人教育、管理、救助、看护等保护职责的，应当及时向有关单位发出司法建议。

20. 人民法院应当结合涉未成年人案件的特点和规律，有针对性地开展家庭教育宣传和法治宣传教育。

全国家庭教育宣传周期间，各地人民法院应当结合本地实际，组织开展家庭教育宣传和法治宣传教育活动。

21. 人民法院、妇联应当与有关部门、人民团体、社会组织加强协作配合，推动建立家庭教育指导工作联动机制，及时研究解决家庭教育指导领域困难问题，不断提升家庭教育指导工作实效。

22. 开展家庭教育指导的工作情况，纳入人民法院绩效考核范围。

23. 人民法院开展家庭教育指导工作，不收取任何费用，所需费用纳入本单位年度经费预算。

六、附　则

24. 本意见自2023年6月1日起施行。

附件：××××人民法院决定书（家庭教育指导令）

附件

××××人民法院决定书

（家庭教育指导令）

（办理案件的案号）

……（接受责令人员信息）。

……（接受责令人员信息）。

本院在审理……（写明当事人及案由）一案中，发现×××作为未成年子女的监护人，未能依法正确履行家庭教育责任。

依照《中华人民共和国家庭教育促进法》第四十九条，决定如下：

责令×××于××年×月×日×时到×××接受家庭教育指导（责令多次接受家庭教育指导、接受网络指导等的，可对表述作出调整）。

如不服本决定，可以在收到决定书之日起五日内向本院申请复议一次，复议期间，不停止家庭教育指导令的执行。

××年××月××日

（院印）

三、学校保护

中华人民共和国教育法

（1995年3月18日第八届全国人民代表大会第三次会议通过　根据2009年8月27日第十一届全国人民代表大会常务委员会第十次会议《关于修改部分法律的决定》第一次修正　根据2015年12月27日第十二届全国人民代表大会常务委员会第十八次会议《关于修改〈中华人民共和国教育法〉的决定》第二次修正　根据2021年4月29日第十三届全国人民代表大会常务委员会第二十八次会议《关于修改〈中华人民共和国教育法〉的决定》第三次修正）

目　　录

第一章　总　　则

第一条　为了发展教育事业，提高全民族的素质，促进社会主义物质文明和精神文明建设，根据宪法，制定本法。

第二条 在中华人民共和国境内的各级各类教育，适用本法。

第三条 国家坚持中国共产党的领导，坚持以马克思列宁主义、毛泽东思想、邓小平理论、“三个代表”重要思想、科学发展观、习近平新时代中国特色社会主义思想为指导，遵循宪法确定的基本原则，发展社会主义的教育事业。

第四条 教育是社会主义现代化建设的基础，对提高人民综合素质、促进人的全面发展、增强中华民族创新创造活力、实现中华民族伟大复兴具有决定性意义，国家保障教育事业优先发展。

全社会应当关心和支持教育事业的发展。

全社会应当尊重教师。

第五条 教育必须为社会主义现代化建设服务、为人民服务，必须与生产劳动和社会实践相结合，培养德智体美劳全面发展的社会主义建设者和接班人。

第六条 教育应当坚持立德树人，对受教育者加强社会主义核心价值观教育，增强受教育者的社会责任感、创新精神和实践能力。

国家在受教育者中进行爱国主义、集体主义、中国特色社会主义的教育，进行理想、道德、纪律、法治、国防和民族团结的教育。

第七条 教育应当继承和弘扬中华优秀传统文化、革命文化、社会主义先进文化，吸收人类文明发展的一切优秀成果。

第八条 教育活动必须符合国家和社会公共利益。

国家实行教育与宗教相分离。任何组织和个人不得利用宗教进行妨碍国家教育制度的活动。

第九条 中华人民共和国公民有受教育的权利和义务。

公民不分民族、种族、性别、职业、财产状况、宗教信仰等，依法享有平等的受教育机会。

第十条 国家根据各少数民族的特点和需要，帮助各少数民族地区发展教育事业。

国家扶持边远贫困地区发展教育事业。

国家扶持和发展残疾人教育事业。

第十一条 国家适应社会主义市场经济发展和社会进步的需要，推进教育改革，推动各级各类教育协调发展、衔接融通，完善现代国民教育体系，健全终身教育体系，提高教育现代化水平。

国家采取措施促进教育公平，推动教育均衡发展。

国家支持、鼓励和组织教育科学研究，推广教育科学研究成果，促进教育质量提高。

第十二条 国家通用语言文字为学校及其他教育机构的基本教育教学语言文字，学校及其他教育机构应当使用国家通用语言文字进行教育教学。

民族自治地方以少数民族学生为主的学校及其他教育机构，从实际出发，使用国家通用语言文字和本民族或者当地民族通用的语言文字实施双语教育。

国家采取措施，为少数民族学生为主的学校及其他教育机构实施双语教育提供条件和支持。

第十三条 国家对发展教育事业做出突出贡献的组织和个人，给予奖励。

第十四条 国务院和地方各级人民政府根据分级管理、分工负责的原则，领导和管理教育工作。

中等及中等以下教育在国务院领导下，由地方人民政府管理。

高等教育由国务院和省、自治区、直辖市人民政府管理。

第十五条 国务院教育行政部门主管全国教育工作，统筹规划、协调管理全国的教育事业。

县级以上地方各级人民政府教育行政部门主管本行政区域内的教育工作。

县级以上各级人民政府其他有关部门在各自的职责范围内，负责有关的教育工作。

第十六条 国务院和县级以上地方各级人民政府应当向本级人民代表大会或者其常务委员会报告教育工作和教育经费预算、决算情况，接受监督。

第二章 教育基本制度

第十七条 国家实行学前教育、初等教育、中等教育、高等教育的学校教育制度。

国家建立科学的学制系统。学制系统内的学校和其他教育机构的设置、教育形式、修业年限、招生对象、培养目标等，由国务院或者由国务院授权教育行政部门规定。

第十八条 国家制定学前教育标准，加快普及学前教育，构建覆盖城乡，特别是农村的学前教育公共服务体系。

各级人民政府应当采取措施，为适龄儿童接受学前教育提供条件和支持。

第十九条 国家实行九年制义务教育制度。

各级人民政府采取各种措施保障适龄儿童、少年就学。

适龄儿童、少年的父母或者其他监护人以及有关社会组织和个人有义务使适龄儿童、少年接受并完成规定年限的义务教育。

第二十条 国家实行职业教育制度和继续教育制度。

各级人民政府、有关行政部门和行业组织以及企业事业组织应当采取措施，发展并保障公民接受职业学校教育或者各种形式的职业培训。

国家鼓励发展多种形式的继续教育，使公民接受适当形式的政治、经济、文化、科学、技术、业务等方面的教育，促进不同类型学习成果的互认和衔接，推动全民终身学习。

第二十一条 国家实行国家教育考试制度。

国家教育考试由国务院教育行政部门确定种类，并由国家批准的实施教育考试的机构承办。

第二十二条 国家实行学业证书制度。

经国家批准设立或者认可的学校及其他教育机构按照国家有关规定，颁发学历证书或者其他学业证书。

第二十三条 国家实行学位制度。

学位授予单位依法对达到一定学术水平或者专业技术水平的人员授予相应的学位，颁发学位证书。

第二十四条 各级人民政府、基层群众性自治组织和企业事业组织应当采取各种措施，开展扫除文盲的教育工作。

按照国家规定具有接受扫除文盲教育能力的公民，应当接受扫除文盲的教育。

第二十五条 国家实行教育督导制度和学校及其他教育机构教育评估制度。

第三章 学校及其他教育机构

第二十六条 国家制定教育发展规划，并举办学校及其他教育机构。

国家鼓励企业事业组织、社会团体、其他社会组织及公民个人依法举办学校及其他教育机构。

国家举办学校及其他教育机构，应当坚持勤俭节约的原则。

以财政性经费、捐赠资产举办或者参与举办的学校及其他教育机构不得设立为营利性组织。

第二十七条　设立学校及其他教育机构，必须具备下列基本条件：

（一）有组织机构和章程；

（二）有合格的教师；

（三）有符合规定标准的教学场所及设施、设备等；

（四）有必备的办学资金和稳定的经费来源。

第二十八条　学校及其他教育机构的设立、变更和终止，应当按照国家有关规定办理审核、批准、注册或者备案手续。

第二十九条　学校及其他教育机构行使下列权利：

（一）按照章程自主管理；

（二）组织实施教育教学活动；

（三）招收学生或者其他受教育者；

（四）对受教育者进行学籍管理，实施奖励或者处分；

（五）对受教育者颁发相应的学业证书；

（六）聘任教师及其他职工，实施奖励或者处分；

（七）管理、使用本单位的设施和经费；

（八）拒绝任何组织和个人对教育教学活动的非法干涉；

（九）法律、法规规定的其他权利。

国家保护学校及其他教育机构的合法权益不受侵犯。

第三十条　学校及其他教育机构应当履行下列义务：

（一）遵守法律、法规；

（二）贯彻国家的教育方针，执行国家教育教学标准，保证教育教学质量；

（三）维护受教育者、教师及其他职工的合法权益；

（四）以适当方式为受教育者及其监护人了解受教育者的学业成绩及其他有关情况提供便利；

（五）遵照国家有关规定收取费用并公开收费项目；

（六）依法接受监督。

第三十一条 学校及其他教育机构的举办者按照国家有关规定，确定其所举办的学校或者其他教育机构的管理体制。

学校及其他教育机构的校长或者主要行政负责人必须由具有中华人民共和国国籍、在中国境内定居、并具备国家规定任职条件的公民担任，其任免按照国家有关规定办理。学校的教学及其他行政管理，由校长负责。

学校及其他教育机构应当按照国家有关规定，通过以教师为主体的教职工代表大会等组织形式，保障教职工参与民主管理和监督。

第三十二条 学校及其他教育机构具备法人条件的，自批准设立或者登记注册之日起取得法人资格。

学校及其他教育机构在民事活动中依法享有民事权利，承担民事责任。

学校及其他教育机构中的国有资产属于国家所有。

学校及其他教育机构兴办的校办产业独立承担民事责任。

第四章 教师和其他教育工作者

第三十三条 教师享有法律规定的权利，履行法律规定的义务，忠诚于人民的教育事业。

第三十四条 国家保护教师的合法权益，改善教师的工作条件和生活条件，提高教师的社会地位。

教师的工资报酬、福利待遇，依照法律、法规的规定办理。

第三十五条 国家实行教师资格、职务、聘任制度，通过考核、奖励、培养和培训，提高教师素质，加强教师队伍建设。

第三十六条 学校及其他教育机构中的管理人员，实行教育职员制度。

学校及其他教育机构中的教学辅助人员和其他专业技术人员，实行专业技术职务聘任制度。

第五章 受 教 育 者

第三十七条 受教育者在入学、升学、就业等方面依法享有平等权利。

学校和有关行政部门应当按照国家有关规定，保障女子在入学、升学、就业、授予学位、派出留学等方面享有同男子平等的权利。

第三十八条 国家、社会对符合入学条件、家庭经济困难的儿童、少年、青年，提供各种形式的资助。

第三十九条 国家、社会、学校及其他教育机构应当根据残疾人身心特性和需要实施教育，并为其提供帮助和便利。

第四十条 国家、社会、家庭、学校及其他教育机构应当为有违法犯罪行为的未成年人接受教育创造条件。

第四十一条 从业人员有依法接受职业培训和继续教育的权利和义务。

国家机关、企业事业组织和其他社会组织，应当为本单位职工的学习和培训提供条件和便利。

第四十二条 国家鼓励学校及其他教育机构、社会组织采取措施，为公民接受终身教育创造条件。

第四十三条 受教育者享有下列权利：

（一）参加教育教学计划安排的各种活动，使用教育教学设施、设备、图书资料；

（二）按照国家有关规定获得奖学金、贷学金、助学金；

（三）在学业成绩和品行上获得公正评价，完成规定的学业后获得相应的学业证书、学位证书；

（四）对学校给予的处分不服向有关部门提出申诉，对学校、教师侵犯其人身权、财产权等合法权益，提出申诉或者依法提起诉讼；

（五）法律、法规规定的其他权利。

第四十四条 受教育者应当履行下列义务：

（一）遵守法律、法规；

（二）遵守学生行为规范，尊敬师长，养成良好的思想品德和行为习惯；

（三）努力学习，完成规定的学习任务；

（四）遵守所在学校或者其他教育机构的管理制度。

第四十五条 教育、体育、卫生行政部门和学校及其他教育机构应当完善体育、卫生保健设施，保护学生的身心健康。

第六章 教育与社会

第四十六条 国家机关、军队、企业事业组织、社会团体及其他社会组织和个人，应当依法为儿童、少年、青年学生的身心健康成长创造良好的社会环境。

第四十七条 国家鼓励企业事业组织、社会团体及其他社会组织同高等学校、中等职业学校在教学、科研、技术开发和推广等方面进行多种形式的合作。

企业事业组织、社会团体及其他社会组织和个人，可以通过适当形式，支持学校的建设，参与学校管理。

第四十八条 国家机关、军队、企业事业组织及其他社会组织应当为学校组织的学生实习、社会实践活动提供帮助和便利。

第四十九条 学校及其他教育机构在不影响正常教育教学活动的前提下，应当积极参加当地的社会公益活动。

第五十条 未成年人的父母或者其他监护人应当为其未成年子女或者其他被监护人受教育提供必要条件。

未成年人的父母或者其他监护人应当配合学校及其他教育机构，对其未成年子女或者其他被监护人进行教育。

学校、教师可以对学生家长提供家庭教育指导。

第五十一条 图书馆、博物馆、科技馆、文化馆、美术馆、体育馆（场）等社会公共文化体育设施，以及历史文化古迹和革命纪念馆（地），应当对教师、学生实行优待，为受教育者接受教育提供便利。

广播、电视台（站）应当开设教育节目，促进受教育者思想品德、文化和科学技术素质的提高。

第五十二条 国家、社会建立和发展对未成年人进行校外教育的设施。

学校及其他教育机构应当同基层群众性自治组织、企业事业组织、社会团体相互配合，加强对未成年人的校外教育工作。

第五十三条 国家鼓励社会团体、社会文化机构及其他社会组织和个人开展有益于受教育者身心健康的社会文化教育活动。

第七章　教育投入与条件保障

第五十四条 国家建立以财政拨款为主、其他多种渠道筹措教育经费为辅的体制，逐步增加对教育的投入，保证国家举办的学校教育经费的稳定来源。

企业事业组织、社会团体及其他社会组织和个人依法举办的学校及其他教育机构，办学经费由举办者负责筹措，各级人民政府可以给予适当支持。

第五十五条 国家财政性教育经费支出占国民生产总值的比例应当随着国民经济的发展和财政收入的增长逐步提高。具体比例和实施步骤由国务院规定。

全国各级财政支出总额中教育经费所占比例应当随着国民经济的发展逐步提高。

第五十六条 各级人民政府的教育经费支出，按照事权和财权相统一的原则，在财政预算中单独列项。

各级人民政府教育财政拨款的增长应当高于财政经常性收入的增长，并使按在校学生人数平均的教育费用逐步增长，保证教师工资和学生人均公用经费逐步增长。

第五十七条 国务院及县级以上地方各级人民政府应当设立教育专项资金，重点扶持边远贫困地区、少数民族地区实施义务教育。

第五十八条 税务机关依法足额征收教育费附加，由教育行政部门统筹管理，主要用于实施义务教育。

省、自治区、直辖市人民政府根据国务院的有关规定，可以决定开征用于教育的地方附加费，专款专用。

第五十九条 国家采取优惠措施，鼓励和扶持学校在不影响正常教育教学的前提下开展勤工俭学和社会服务，兴办校办产业。

第六十条 国家鼓励境内、境外社会组织和个人捐资助学。

第六十一条 国家财政性教育经费、社会组织和个人对教育的捐赠，必须用于教育，不得挪用、克扣。

第六十二条 国家鼓励运用金融、信贷手段，支持教育事业的发展。

第六十三条 各级人民政府及其教育行政部门应当加强对学校及其他教育机构教育经费的监督管理，提高教育投资效益。

第六十四条 地方各级人民政府及其有关行政部门必须把学校的基本建设纳入城乡建设规划，统筹安排学校的基本建设用地及所需物资，按照国家有关规定实行优先、优惠政策。

第六十五条 各级人民政府对教科书及教学用图书资料的出版发行，对教学仪器、设备的生产和供应，对用于学校教育教学和科学研究的图书资料、教学仪器、设备的进口，按照国家有关规定实行优先、优惠政策。

第六十六条 国家推进教育信息化，加快教育信息基础设施建设，利用信息技术促进优质教育资源普及共享，提高教育教学水平和教育管理水平。

县级以上人民政府及其有关部门应当发展教育信息技术和其他现代化教学方式，有关行政部门应当优先安排，给予扶持。

国家鼓励学校及其他教育机构推广运用现代化教学方式。

第八章 教育对外交流与合作

第六十七条 国家鼓励开展教育对外交流与合作，支持学校及其他教育机构引进优质教育资源，依法开展中外合作办学，发展国际教育服务，培养国际化人才。

教育对外交流与合作坚持独立自主、平等互利、相互尊重的原则，不得违反中国法律，不得损害国家主权、安全和社会公共利益。

第六十八条 中国境内公民出国留学、研究、进行学术交流或者任教，依照国家有关规定办理。

第六十九条 中国境外个人符合国家规定的条件并办理有关手续后，可以进入中国境内学校及其他教育机构学习、研究、进行学术交流或者任教，其合法权益受国家保护。

第七十条 中国对境外教育机构颁发的学位证书、学历证书及其他学业证书的承认，依照中华人民共和国缔结或者加入的国际条约办理，或者按照国家有关规定办理。

第九章 法律责任

第七十一条 违反国家有关规定，不按照预算核拨教育经费的，由同级人民政府限期核拨；情节严重的，对直接负责的主管人员和其他直接责任人员，依法给予处分。

违反国家财政制度、财务制度，挪用、克扣教育经费的，由上级机关责令限期归还被挪用、克扣的经费，并对直接负责的主管人员和其他直接责任人员，依法给予处分；构成犯罪的，依法追究刑事责任。

第七十二条 结伙斗殴、寻衅滋事，扰乱学校及其他教育机构教育教学秩序或者破坏校舍、场地及其他财产的，由公安机关给予治安管理处罚；构成犯罪的，依法追究刑事责任。

侵占学校及其他教育机构的校舍、场地及其他财产的，依法承担民事责任。

第七十三条 明知校舍或者教育教学设施有危险，而不采取措施，造成人员伤亡或者重大财产损失的，对直接负责的主管人员和其他直接责任人员，依法追究刑事责任。

第七十四条 违反国家有关规定，向学校或者其他教育机构收取费用的，由政府责令退还所收费用；对直接负责的主管人员和其他直接责任人员，依法给予处分。

第七十五条 违反国家有关规定，举办学校或者其他教育机构的，由教育行政部门或者其他有关行政部门予以撤销；有违法所得的，没收违法所得；对直接负责的主管人员和其他直接责任人员，依法给予处分。

第七十六条 学校或者其他教育机构违反国家有关规定招收学生的，由教育行政部门或者其他有关行政部门责令退回招收的学生，退还所收费用；对学校、其他教育机构给予警告，可以处违法所得五倍以下罚款；情节严重的，责令停止相关招生资格一年以上三年以下，直至撤销招生资格、吊销办学许可证；对直接负责的主管人员和其他直接责任人员，依法给予处分；构成犯罪的，依法追究刑事责任。

第七十七条 在招收学生工作中滥用职权、玩忽职守、徇私舞弊的，由教育行政部门或者其他有关行政部门责令退回招收的不符合入学条件的人员；对直接负责的主管人员和其他直接责任人员，依法给予处分；构成犯罪的，依法追究刑事责任。

盗用、冒用他人身份，顶替他人取得的入学资格的，由教育行政部门或者其他有关行政部门责令撤销入学资格，并责令停止参加相关国家教育考试二年以上五年以下；已经取得学位证书、学历证书或者其他学业证书的，由颁发机构撤销相关证书；已经成为公职人员的，依法给予开除处分；构成违反治安管理行为的，由公安机关依法给予治安管理处罚；构成犯罪的，依法追究刑事责任。

与他人串通，允许他人冒用本人身份，顶替本人取得的入学资格的，由教育行政部门或者其他有关行政部门责令停止参加相关国家教育考试一年以上三年以下；有违法所得的，没收违法所得；已经成为公职人员的，依法给予处分；构成违反治安管理行为的，由公安机关依法给予治安管理处罚；构成犯罪的，依法追究刑事责任。

组织、指使盗用或者冒用他人身份，顶替他人取得的入学资格的，有违法所得的，没收违法所得；属于公职人员的，依法给予处分；构成违反治安管理行为的，由公安机关依法给予治安管理处罚；构成犯罪的，依法追究刑事责任。

入学资格被顶替权利受到侵害的，可以请求恢复其入学资格。

第七十八条 学校及其他教育机构违反国家有关规定向受教育者收取费用的，由教育行政部门或者其他有关行政部门责令退还所收费用；对直接负责的主管人员和其他直接责任人员，依法给予处分。

第七十九条 考生在国家教育考试中有下列行为之一的，由组织考试的教育考试机构工作人员在考试现场采取必要措施予以制止并终止其继续参加考试；组织考试的教育考试机构可以取消其相关考试资格或者考试成绩；情节严重的，由教育行政部门责令停止参加相关国家教育考试一年以上三年以下；构成违反治安管理行为的，由公安机关依法给予治安管理处罚；构成犯罪的，依法追究刑事责任：

（一）非法获取考试试题或者答案的；

（二）携带或者使用考试作弊器材、资料的；

（三）抄袭他人答案的；

（四）让他人代替自己参加考试的；

（五）其他以不正当手段获得考试成绩的作弊行为。

第八十条 任何组织或者个人在国家教育考试中有下列行为之一，有违法所得的，由公安机关没收违法所得，并处违法所得一倍以上五倍以下罚款；情节严重的，处五日以上十五日以下拘留；构成犯罪的，依法追究刑事责任；属于国家机关工作人员的，还应当依法给予处分：

（一）组织作弊的；

（二）通过提供考试作弊器材等方式为作弊提供帮助或者便利的；

（三）代替他人参加考试的；

（四）在考试结束前泄露、传播考试试题或者答案的；

（五）其他扰乱考试秩序的行为。

第八十一条 举办国家教育考试，教育行政部门、教育考试机构疏于管理，造成考场秩序混乱、作弊情况严重的，对直接负责的主管人员和其他直接责任人员，依法给予处分；构成犯罪的，依法追究刑事责任。

第八十二条 学校或者其他教育机构违反本法规定，颁发学位证书、学历证书或者其他学业证书的，由教育行政部门或者其他有关行政部门宣布证书无效，责令收回或者予以没收；有违法所得的，没收违法所得；情节严重的，责令停止相关招生资格一年以上三年以下，直至撤销招生资格、颁发证书资格；对直接负责的主管人员和其他直接责任人员，依法给予处分。

前款规定以外的任何组织或者个人制造、销售、颁发假冒学位证书、学历证书或者其他学业证书，构成违反治安管理行为的，由公安机关依法给予治安管理处罚；构成犯罪的，依法追究刑事责任。

以作弊、剽窃、抄袭等欺诈行为或者其他不正当手段获得学位证书、学历证书或者其他学业证书的，由颁发机构撤销相关证书。购买、使用假冒学位证书、学历证书或者其他学业证书，构成违反治安管理行为的，由公安机关依法给予治安管理处罚。

第八十三条 违反本法规定，侵犯教师、受教育者、学校或者其他教育机构的合法权益，造成损失、损害的，应当依法承担民事责任。

第十章　附　　则

第八十四条 军事学校教育由中央军事委员会根据本法的原则规定。

宗教学校教育由国务院另行规定。

第八十五条 境外的组织和个人在中国境内办学和合作办学的办法，由国务院规定。

第八十六条 本法自 1995 年 9 月 1 日起施行。

中华人民共和国义务教育法

（1986年4月12日第六届全国人民代表大会第四次会议通过　2006年6月29日第十届全国人民代表大会常务委员会第二十二次会议修订　根据2015年4月24日第十二届全国人民代表大会常务委员会第十四次会议《关于修改〈中华人民共和国义务教育法〉等五部法律的决定》第一次修正　根据2018年12月29日第十三届全国人民代表大会常务委员会第七次会议《关于修改〈中华人民共和国产品质量法〉等五部法律的决定》第二次修正）

目　　录

第一章　总　　则

第一条　为了保障适龄儿童、少年接受义务教育的权利，保证义务教育的实施，提高全民族素质，根据宪法和教育法，制定本法。

第二条　国家实行九年义务教育制度。

义务教育是国家统一实施的所有适龄儿童、少年必须接受的教育，是国家必须予以保障的公益性事业。

实施义务教育，不收学费、杂费。

国家建立义务教育经费保障机制，保证义务教育制度实施。

第三条　义务教育必须贯彻国家的教育方针，实施素质教育，提高教育质量，使适龄儿童、少年在品德、智力、体质等方面全面发展，为培养有理想、有道德、有文化、有纪律的社会主义建设者和接班人奠定基础。

第四条 凡具有中华人民共和国国籍的适龄儿童、少年，不分性别、民族、种族、家庭财产状况、宗教信仰等，依法享有平等接受义务教育的权利，并履行接受义务教育的义务。

第五条 各级人民政府及其有关部门应当履行本法规定的各项职责，保障适龄儿童、少年接受义务教育的权利。

适龄儿童、少年的父母或者其他法定监护人应当依法保证其按时入学接受并完成义务教育。

依法实施义务教育的学校应当按照规定标准完成教育教学任务，保证教育教学质量。

社会组织和个人应当为适龄儿童、少年接受义务教育创造良好的环境。

第六条 国务院和县级以上地方人民政府应当合理配置教育资源，促进义务教育均衡发展，改善薄弱学校的办学条件，并采取措施，保障农村地区、民族地区实施义务教育，保障家庭经济困难的和残疾的适龄儿童、少年接受义务教育。

国家组织和鼓励经济发达地区支援经济欠发达地区实施义务教育。

第七条 义务教育实行国务院领导，省、自治区、直辖市人民政府统筹规划实施，县级人民政府为主管理的体制。

县级以上人民政府教育行政部门具体负责义务教育实施工作；县级以上人民政府其他有关部门在各自的职责范围内负责义务教育实施工作。

第八条 人民政府教育督导机构对义务教育工作执行法律法规情况、教育教学质量以及义务教育均衡发展状况等进行督导，督导报告向社会公布。

第九条 任何社会组织或者个人有权对违反本法的行为向有关国家机关提出检举或者控告。

发生违反本法的重大事件，妨碍义务教育实施，造成重大社会影响的，负有领导责任的人民政府或者人民政府教育行政部门负责人应当引咎辞职。

第十条 对在义务教育实施工作中做出突出贡献的社会组织和个人，各级人民政府及其有关部门按照有关规定给予表彰、奖励。

第二章　学　　生

第十一条　凡年满六周岁的儿童，其父母或者其他法定监护人应当送其入学接受并完成义务教育；条件不具备的地区的儿童，可以推迟到七周岁。

适龄儿童、少年因身体状况需要延缓入学或者休学的，其父母或者其他法定监护人应当提出申请，由当地乡镇人民政府或者县级人民政府教育行政部门批准。

第十二条　适龄儿童、少年免试入学。地方各级人民政府应当保障适龄儿童、少年在户籍所在地学校就近入学。

父母或者其他法定监护人在非户籍所在地工作或者居住的适龄儿童、少年，在其父母或者其他法定监护人工作或者居住地接受义务教育的，当地人民政府应当为其提供平等接受义务教育的条件。具体办法由省、自治区、直辖市规定。

县级人民政府教育行政部门对本行政区域内的军人子女接受义务教育予以保障。

第十三条　县级人民政府教育行政部门和乡镇人民政府组织和督促适龄儿童、少年入学，帮助解决适龄儿童、少年接受义务教育的困难，采取措施防止适龄儿童、少年辍学。

居民委员会和村民委员会协助政府做好工作，督促适龄儿童、少年入学。

第十四条　禁止用人单位招用应当接受义务教育的适龄儿童、少年。

根据国家有关规定经批准招收适龄儿童、少年进行文艺、体育等专业训练的社会组织，应当保证所招收的适龄儿童、少年接受义务教育；自行实施义务教育的，应当经县级人民政府教育行政部门批准。

第三章　学　　校

第十五条　县级以上地方人民政府根据本行政区域内居住的适龄儿童、少年的数量和分布状况等因素，按照国家有关规定，制定、调整学校设置规划。新建居民区需要设置学校的，应当与居民区的建设同步进行。

第十六条　学校建设，应当符合国家规定的办学标准，适应教育教学需要；应当符合国家规定的选址要求和建设标准，确保学生和教职工安全。

第十七条 县级人民政府根据需要设置寄宿制学校，保障居住分散的适龄儿童、少年入学接受义务教育。

第十八条 国务院教育行政部门和省、自治区、直辖市人民政府根据需要，在经济发达地区设置接收少数民族适龄儿童、少年的学校（班）。

第十九条 县级以上地方人民政府根据需要设置相应的实施特殊教育的学校（班），对视力残疾、听力语言残疾和智力残疾的适龄儿童、少年实施义务教育。特殊教育学校（班）应当具备适应残疾儿童、少年学习、康复、生活特点的场所和设施。

普通学校应当接收具有接受普通教育能力的残疾适龄儿童、少年随班就读，并为其学习、康复提供帮助。

第二十条 县级以上地方人民政府根据需要，为具有预防未成年人犯罪法规定的严重不良行为的适龄少年设置专门的学校实施义务教育。

第二十一条 对未完成义务教育的未成年犯和被采取强制性教育措施的未成年人应当进行义务教育，所需经费由人民政府予以保障。

第二十二条 县级以上人民政府及其教育行政部门应当促进学校均衡发展，缩小学校之间办学条件的差距，不得将学校分为重点学校和非重点学校。学校不得分设重点班和非重点班。

县级以上人民政府及其教育行政部门不得以任何名义改变或者变相改变公办学校的性质。

第二十三条 各级人民政府及其有关部门依法维护学校周边秩序，保护学生、教师、学校的合法权益，为学校提供安全保障。

第二十四条 学校应当建立、健全安全制度和应急机制，对学生进行安全教育，加强管理，及时消除隐患，预防发生事故。

县级以上地方人民政府定期对学校校舍安全进行检查；对需要维修、改造的，及时予以维修、改造。

学校不得聘用曾经因故意犯罪被依法剥夺政治权利或者其他不适合从事义务教育工作的人担任工作人员。

第二十五条 学校不得违反国家规定收取费用，不得以向学生推销或者变相推销商品、服务等方式谋取利益。

第二十六条　学校实行校长负责制。校长应当符合国家规定的任职条件。校长由县级人民政府教育行政部门依法聘任。

第二十七条　对违反学校管理制度的学生，学校应当予以批评教育，不得开除。

第四章　教　　师

第二十八条　教师享有法律规定的权利，履行法律规定的义务，应当为人师表，忠诚于人民的教育事业。

全社会应当尊重教师。

第二十九条　教师在教育教学中应当平等对待学生，关注学生的个体差异，因材施教，促进学生的充分发展。

教师应当尊重学生的人格，不得歧视学生，不得对学生实施体罚、变相体罚或者其他侮辱人格尊严的行为，不得侵犯学生合法权益。

第三十条　教师应当取得国家规定的教师资格。

国家建立统一的义务教育教师职务制度。教师职务分为初级职务、中级职务和高级职务。

第三十一条　各级人民政府保障教师工资福利和社会保险待遇，改善教师工作和生活条件；完善农村教师工资经费保障机制。

教师的平均工资水平应当不低于当地公务员的平均工资水平。

特殊教育教师享有特殊岗位补助津贴。在民族地区和边远贫困地区工作的教师享有艰苦贫困地区补助津贴。

第三十二条　县级以上人民政府应当加强教师培养工作，采取措施发展教师教育。

县级人民政府教育行政部门应当均衡配置本行政区域内学校师资力量，组织校长、教师的培训和流动，加强对薄弱学校的建设。

第三十三条　国务院和地方各级人民政府鼓励和支持城市学校教师和高等学校毕业生到农村地区、民族地区从事义务教育工作。

国家鼓励高等学校毕业生以志愿者的方式到农村地区、民族地区缺乏教师的学校任教。县级人民政府教育行政部门依法认定其教师资格，其任教时间计入工龄。

第五章 教育教学

第三十四条 教育教学工作应当符合教育规律和学生身心发展特点，面向全体学生，教书育人，将德育、智育、体育、美育等有机统一在教育教学活动中，注重培养学生独立思考能力、创新能力和实践能力，促进学生全面发展。

第三十五条 国务院教育行政部门根据适龄儿童、少年身心发展的状况和实际情况，确定教学制度、教育教学内容和课程设置，改革考试制度，并改进高级中等学校招生办法，推进实施素质教育。

学校和教师按照确定的教育教学内容和课程设置开展教育教学活动，保证达到国家规定的基本质量要求。

国家鼓励学校和教师采用启发式教育等教育教学方法，提高教育教学质量。

第三十六条 学校应当把德育放在首位，寓德育于教育教学之中，开展与学生年龄相适应的社会实践活动，形成学校、家庭、社会相互配合的思想道德教育体系，促进学生养成良好的思想品德和行为习惯。

第三十七条 学校应当保证学生的课外活动时间，组织开展文化娱乐等课外活动。社会公共文化体育设施应当为学校开展课外活动提供便利。

第三十八条 教科书根据国家教育方针和课程标准编写，内容力求精简，精选必备的基础知识、基本技能，经济实用，保证质量。

国家机关工作人员和教科书审查人员，不得参与或者变相参与教科书的编写工作。

第三十九条 国家实行教科书审定制度。教科书的审定办法由国务院教育行政部门规定。

未经审定的教科书，不得出版、选用。

第四十条 教科书价格由省、自治区、直辖市人民政府价格行政部门会同同级出版主管部门按照微利原则确定。

第四十一条 国家鼓励教科书循环使用。

第六章 经费保障

第四十二条 国家将义务教育全面纳入财政保障范围，义务教育经费由国务院和地方各级人民政府依照本法规定予以保障。

国务院和地方各级人民政府将义务教育经费纳入财政预算，按照教职工编制标准、工资标准和学校建设标准、学生人均公用经费标准等，及时足额拨付义务教育经费，确保学校的正常运转和校舍安全，确保教职工工资按照规定发放。

国务院和地方各级人民政府用于实施义务教育财政拨款的增长比例应当高于财政经常性收入的增长比例，保证按照在校学生人数平均的义务教育费用逐步增长，保证教职工工资和学生人均公用经费逐步增长。

第四十三条　学校的学生人均公用经费基本标准由国务院财政部门会同教育行政部门制定，并根据经济和社会发展状况适时调整。制定、调整学生人均公用经费基本标准，应当满足教育教学基本需要。

省、自治区、直辖市人民政府可以根据本行政区域的实际情况，制定不低于国家标准的学校学生人均公用经费标准。

特殊教育学校（班）学生人均公用经费标准应当高于普通学校学生人均公用经费标准。

第四十四条　义务教育经费投入实行国务院和地方各级人民政府根据职责共同负担，省、自治区、直辖市人民政府负责统筹落实的体制。农村义务教育所需经费，由各级人民政府根据国务院的规定分项目、按比例分担。

各级人民政府对家庭经济困难的适龄儿童、少年免费提供教科书并补助寄宿生生活费。

义务教育经费保障的具体办法由国务院规定。

第四十五条　地方各级人民政府在财政预算中将义务教育经费单列。

县级人民政府编制预算，除向农村地区学校和薄弱学校倾斜外，应当均衡安排义务教育经费。

第四十六条　国务院和省、自治区、直辖市人民政府规范财政转移支付制度，加大一般性转移支付规模和规范义务教育专项转移支付，支持和引导地方各级人民政府增加对义务教育的投入。地方各级人民政府确保将上级人民政府的义务教育转移支付资金按照规定用于义务教育。

第四十七条　国务院和县级以上地方人民政府根据实际需要，设立专项资金，扶持农村地区、民族地区实施义务教育。

第四十八条 国家鼓励社会组织和个人向义务教育捐赠，鼓励按照国家有关基金会管理的规定设立义务教育基金。

第四十九条 义务教育经费严格按照预算规定用于义务教育；任何组织和个人不得侵占、挪用义务教育经费，不得向学校非法收取或者摊派费用。

第五十条 县级以上人民政府建立健全义务教育经费的审计监督和统计公告制度。

第七章 法律责任

第五十一条 国务院有关部门和地方各级人民政府违反本法第六章的规定，未履行对义务教育经费保障职责的，由国务院或者上级地方人民政府责令限期改正；情节严重的，对直接负责的主管人员和其他直接责任人员依法给予行政处分。

第五十二条 县级以上地方人民政府有下列情形之一的，由上级人民政府责令限期改正；情节严重的，对直接负责的主管人员和其他直接责任人员依法给予行政处分：

（一）未按照国家有关规定制定、调整学校的设置规划的；

（二）学校建设不符合国家规定的办学标准、选址要求和建设标准的；

（三）未定期对学校校舍安全进行检查，并及时维修、改造的；

（四）未依照本法规定均衡安排义务教育经费的。

第五十三条 县级以上人民政府或者其教育行政部门有下列情形之一的，由上级人民政府或者其教育行政部门责令限期改正、通报批评；情节严重的，对直接负责的主管人员和其他直接责任人员依法给予行政处分：

（一）将学校分为重点学校和非重点学校的；

（二）改变或者变相改变公办学校性质的。

县级人民政府教育行政部门或者乡镇人民政府未采取措施组织适龄儿童、少年入学或者防止辍学的，依照前款规定追究法律责任。

第五十四条 有下列情形之一的，由上级人民政府或者上级人民政府教育行政部门、财政部门、价格行政部门和审计机关根据职责分工责令限期改正；情节严重的，对直接负责的主管人员和其他直接责任人员依法给予处分：

（一）侵占、挪用义务教育经费的；

（二）向学校非法收取或者摊派费用的。

第五十五条　学校或者教师在义务教育工作中违反教育法、教师法规定的，依照教育法、教师法的有关规定处罚。

第五十六条　学校违反国家规定收取费用的，由县级人民政府教育行政部门责令退还所收费用；对直接负责的主管人员和其他直接责任人员依法给予处分。

学校以向学生推销或者变相推销商品、服务等方式谋取利益的，由县级人民政府教育行政部门给予通报批评；有违法所得的，没收违法所得；对直接负责的主管人员和其他直接责任人员依法给予处分。

国家机关工作人员和教科书审查人员参与或者变相参与教科书编写的，由县级以上人民政府或者其教育行政部门根据职责权限责令限期改正，依法给予行政处分；有违法所得的，没收违法所得。

第五十七条　学校有下列情形之一的，由县级人民政府教育行政部门责令限期改正；情节严重的，对直接负责的主管人员和其他直接责任人员依法给予处分：

（一）拒绝接收具有接受普通教育能力的残疾适龄儿童、少年随班就读的；

（二）分设重点班和非重点班的；

（三）违反本法规定开除学生的；

（四）选用未经审定的教科书的。

第五十八条　适龄儿童、少年的父母或者其他法定监护人无正当理由未依照本法规定送适龄儿童、少年入学接受义务教育的，由当地乡镇人民政府或者县级人民政府教育行政部门给予批评教育，责令限期改正。

第五十九条　有下列情形之一的，依照有关法律、行政法规的规定予以处罚：

（一）胁迫或者诱骗应当接受义务教育的适龄儿童、少年失学、辍学的；

（二）非法招用应当接受义务教育的适龄儿童、少年的；

（三）出版未经依法审定的教科书的。

第六十条　违反本法规定，构成犯罪的，依法追究刑事责任。

第八章　附　　则

第六十一条　对接受义务教育的适龄儿童、少年不收杂费的实施步骤，由国务院规定。

第六十二条　社会组织或者个人依法举办的民办学校实施义务教育的，依照民办教育促进法有关规定执行；民办教育促进法未作规定的，适用本法。

第六十三条　本法自2006年9月1日起施行。

中华人民共和国民办教育促进法

（2002年12月28日第九届全国人民代表大会常务委员会第三十一次会议通过　根据2013年6月29日第十二届全国人民代表大会常务委员会第三次会议《关于修改〈中华人民共和国文物保护法〉等十二部法律的决定》第一次修正　根据2016年11月7日第十二届全国人民代表大会常务委员会第二十四次会议《关于修改〈中华人民共和国民办教育促进法〉的决定》第二次修正　根据2018年12月29日第十三届全国人民代表大会常务委员会第七次会议《关于修改〈中华人民共和国劳动法〉等七部法律的决定》第三次修正）

目　　录

第一章　总　　则

第一条　为实施科教兴国战略，促进民办教育事业的健康发展，维护民办学校和受教育者的合法权益，根据宪法和教育法制定本法。

第二条　国家机构以外的社会组织或者个人，利用非国家财政性经费，面向社会举办学校及其他教育机构的活动，适用本法。本法未作规定的，依照教育法和其他有关教育法律执行。

第三条　民办教育事业属于公益性事业，是社会主义教育事业的组成部分。

国家对民办教育实行积极鼓励、大力支持、正确引导、依法管理的方针。

各级人民政府应当将民办教育事业纳入国民经济和社会发展规划。

第四条　民办学校应当遵守法律、法规，贯彻国家的教育方针，保证教育质量，致力于培养社会主义建设事业的各类人才。

民办学校应当贯彻教育与宗教相分离的原则。任何组织和个人不得利用宗教进行妨碍国家教育制度的活动。

第五条　民办学校与公办学校具有同等的法律地位，国家保障民办学校的办学自主权。

国家保障民办学校举办者、校长、教职工和受教育者的合法权益。

第六条　国家鼓励捐资办学。

国家对为发展民办教育事业做出突出贡献的组织和个人，给予奖励和表彰。

第七条　国务院教育行政部门负责全国民办教育工作的统筹规划、综合协调和宏观管理。

国务院人力资源社会保障行政部门及其他有关部门在国务院规定的职责范围内分别负责有关的民办教育工作。

第八条　县级以上地方各级人民政府教育行政部门主管本行政区域内的民办教育工作。

县级以上地方各级人民政府人力资源社会保障行政部门及其他有关部

门在各自的职责范围内，分别负责有关的民办教育工作。

第九条 民办学校中的中国共产党基层组织，按照中国共产党章程的规定开展党的活动，加强党的建设。

第二章 设 立

第十条 举办民办学校的社会组织，应当具有法人资格。

举办民办学校的个人，应当具有政治权利和完全民事行为能力。

民办学校应当具备法人条件。

第十一条 设立民办学校应当符合当地教育发展的需求，具备教育法和其他有关法律、法规规定的条件。

民办学校的设置标准参照同级同类公办学校的设置标准执行。

第十二条 举办实施学历教育、学前教育、自学考试助学及其他文化教育的民办学校，由县级以上人民政府教育行政部门按照国家规定的权限审批；举办实施以职业技能为主的职业资格培训、职业技能培训的民办学校，由县级以上人民政府人力资源社会保障行政部门按照国家规定的权限审批，并抄送同级教育行政部门备案。

第十三条 申请筹设民办学校，举办者应当向审批机关提交下列材料：

（一）申办报告，内容应当主要包括：举办者、培养目标、办学规模、办学层次、办学形式、办学条件、内部管理体制、经费筹措与管理使用等；

（二）举办者的姓名、住址或者名称、地址；

（三）资产来源、资金数额及有效证明文件，并载明产权；

（四）属捐赠性质的校产须提交捐赠协议，载明捐赠人的姓名、所捐资产的数额、用途和管理方法及相关有效证明文件。

第十四条 审批机关应当自受理筹设民办学校的申请之日起三十日内以书面形式作出是否同意的决定。

同意筹设的，发给筹设批准书。不同意筹设的，应当说明理由。

筹设期不得超过三年。超过三年的，举办者应当重新申报。

第十五条 申请正式设立民办学校的，举办者应当向审批机关提交下列材料：

（一）筹设批准书；

（二）筹设情况报告；

（三）学校章程、首届学校理事会、董事会或者其他决策机构组成人员名单；

（四）学校资产的有效证明文件；

（五）校长、教师、财会人员的资格证明文件。

第十六条 具备办学条件，达到设置标准的，可以直接申请正式设立，并应当提交本法第十三条和第十五条（三）、（四）、（五）项规定的材料。

第十七条 申请正式设立民办学校的，审批机关应当自受理之日起三个月内以书面形式作出是否批准的决定，并送达申请人；其中申请正式设立民办高等学校的，审批机关也可以自受理之日起六个月内以书面形式作出是否批准的决定，并送达申请人。

第十八条 审批机关对批准正式设立的民办学校发给办学许可证。

审批机关对不批准正式设立的，应当说明理由。

第十九条 民办学校的举办者可以自主选择设立非营利性或者营利性民办学校。但是，不得设立实施义务教育的营利性民办学校。

非营利性民办学校的举办者不得取得办学收益，学校的办学结余全部用于办学。

营利性民办学校的举办者可以取得办学收益，学校的办学结余依照公司法等有关法律、行政法规的规定处理。

民办学校取得办学许可证后，进行法人登记，登记机关应当依法予以办理。

第三章 学校的组织与活动

第二十条 民办学校应当设立学校理事会、董事会或者其他形式的决策机构并建立相应的监督机制。

民办学校的举办者根据学校章程规定的权限和程序参与学校的办学和管理。

第二十一条 学校理事会或者董事会由举办者或者其代表、校长、教职工代表等人员组成。其中三分之一以上的理事或者董事应当具有五年以上教育教学经验。

学校理事会或者董事会由五人以上组成，设理事长或者董事长一人。理事长、理事或者董事长、董事名单报审批机关备案。

第二十二条 学校理事会或者董事会行使下列职权：

（一）聘任和解聘校长；

（二）修改学校章程和制定学校的规章制度；

（三）制定发展规划，批准年度工作计划；

（四）筹集办学经费，审核预算、决算；

（五）决定教职工的编制定额和工资标准；

（六）决定学校的分立、合并、终止；

（七）决定其他重大事项。

其他形式决策机构的职权参照本条规定执行。

第二十三条 民办学校的法定代表人由理事长、董事长或者校长担任。

第二十四条 民办学校参照同级同类公办学校校长任职的条件聘任校长，年龄可以适当放宽。

第二十五条 民办学校校长负责学校的教育教学和行政管理工作，行使下列职权：

（一）执行学校理事会、董事会或者其他形式决策机构的决定；

（二）实施发展规划，拟订年度工作计划、财务预算和学校规章制度；

（三）聘任和解聘学校工作人员，实施奖惩；

（四）组织教育教学、科学研究活动，保证教育教学质量；

（五）负责学校日常管理工作；

（六）学校理事会、董事会或者其他形式决策机构的其他授权。

第二十六条 民办学校对招收的学生，根据其类别、修业年限、学业成绩，可以根据国家有关规定发给学历证书、结业证书或者培训合格证书。

对接受职业技能培训的学生，经备案的职业技能鉴定机构鉴定合格的，可以发给国家职业资格证书。

第二十七条 民办学校依法通过以教师为主体的教职工代表大会等形式，保障教职工参与民主管理和监督。

民办学校的教师和其他工作人员，有权依照工会法，建立工会组织，维护其合法权益。

第四章 教师与受教育者

第二十八条 民办学校的教师、受教育者与公办学校的教师、受教育者具有同等的法律地位。

第二十九条 民办学校聘任的教师，应当具有国家规定的任教资格。

第三十条 民办学校应当对教师进行思想品德教育和业务培训。

第三十一条 民办学校应当依法保障教职工的工资、福利待遇和其他合法权益，并为教职工缴纳社会保险费。

国家鼓励民办学校按照国家规定为教职工办理补充养老保险。

第三十二条 民办学校教职工在业务培训、职务聘任、教龄和工龄计算、表彰奖励、社会活动等方面依法享有与公办学校教职工同等权利。

第三十三条 民办学校依法保障受教育者的合法权益。

民办学校按照国家规定建立学籍管理制度，对受教育者实施奖励或者处分。

第三十四条 民办学校的受教育者在升学、就业、社会优待以及参加先进评选等方面享有与同级同类公办学校的受教育者同等权利。

第五章 学校资产与财务管理

第三十五条 民办学校应当依法建立财务、会计制度和资产管理制度，并按照国家有关规定设置会计账簿。

第三十六条 民办学校对举办者投入民办学校的资产、国有资产、受赠的财产以及办学积累，享有法人财产权。

第三十七条 民办学校存续期间，所有资产由民办学校依法管理和使用，任何组织和个人不得侵占。

任何组织和个人都不得违反法律、法规向民办教育机构收取任何费用。

第三十八条 民办学校收取费用的项目和标准根据办学成本、市场需求等因素确定，向社会公示，并接受有关主管部门的监督。

非营利性民办学校收费的具体办法，由省、自治区、直辖市人民政府制定；营利性民办学校的收费标准，实行市场调节，由学校自主决定。

民办学校收取的费用应当主要用于教育教学活动、改善办学条件和保障教职工待遇。

第三十九条 民办学校资产的使用和财务管理受审批机关和其他有关部门的监督。

民办学校应当在每个会计年度结束时制作财务会计报告，委托会计师事务所依法进行审计，并公布审计结果。

第六章　管理与监督

第四十条　教育行政部门及有关部门应当对民办学校的教育教学工作、教师培训工作进行指导。

第四十一条　教育行政部门及有关部门依法对民办学校实行督导，建立民办学校信息公示和信用档案制度，促进提高办学质量；组织或者委托社会中介组织评估办学水平和教育质量，并将评估结果向社会公布。

第四十二条　民办学校的招生简章和广告，应当报审批机关备案。

第四十三条　民办学校侵犯受教育者的合法权益，受教育者及其亲属有权向教育行政部门和其他有关部门申诉，有关部门应当及时予以处理。

第四十四条　国家支持和鼓励社会中介组织为民办学校提供服务。

第七章　扶持与奖励

第四十五条　县级以上各级人民政府可以设立专项资金，用于资助民办学校的发展，奖励和表彰有突出贡献的集体和个人。

第四十六条　县级以上各级人民政府可以采取购买服务、助学贷款、奖助学金和出租、转让闲置的国有资产等措施对民办学校予以扶持；对非营利性民办学校还可以采取政府补贴、基金奖励、捐资激励等扶持措施。

第四十七条　民办学校享受国家规定的税收优惠政策；其中，非营利性民办学校享受与公办学校同等的税收优惠政策。

第四十八条　民办学校依照国家有关法律、法规，可以接受公民、法人或者其他组织的捐赠。

国家对向民办学校捐赠财产的公民、法人或者其他组织按照有关规定给予税收优惠，并予以表彰。

第四十九条　国家鼓励金融机构运用信贷手段，支持民办教育事业的发展。

第五十条　人民政府委托民办学校承担义务教育任务，应当按照委托协议拨付相应的教育经费。

第五十一条　新建、扩建非营利性民办学校，人民政府应当按照与公办学校同等原则，以划拨等方式给予用地优惠。新建、扩建营利性民办学校，人民政府应当按照国家规定供给土地。

教育用地不得用于其他用途。

第五十二条 国家采取措施，支持和鼓励社会组织和个人到少数民族地区、边远贫困地区举办民办学校，发展教育事业。

第八章 变更与终止

第五十三条 民办学校的分立、合并，在进行财务清算后，由学校理事会或者董事会报审批机关批准。

申请分立、合并民办学校的，审批机关应当自受理之日起三个月内以书面形式答复；其中申请分立、合并民办高等学校的，审批机关也可以自受理之日起六个月内以书面形式答复。

第五十四条 民办学校举办者的变更，须由举办者提出，在进行财务清算后，经学校理事会或者董事会同意，报审批机关核准。

第五十五条 民办学校名称、层次、类别的变更，由学校理事会或者董事会报审批机关批准。

申请变更为其他民办学校，审批机关应当自受理之日起三个月内以书面形式答复；其中申请变更为民办高等学校的，审批机关也可以自受理之日起六个月内以书面形式答复。

第五十六条 民办学校有下列情形之一的，应当终止：

（一）根据学校章程规定要求终止，并经审批机关批准的；

（二）被吊销办学许可证的；

（三）因资不抵债无法继续办学的。

第五十七条 民办学校终止时，应当妥善安置在校学生。实施义务教育的民办学校终止时，审批机关应当协助学校安排学生继续就学。

第五十八条 民办学校终止时，应当依法进行财务清算。

民办学校自己要求终止的，由民办学校组织清算；被审批机关依法撤销的，由审批机关组织清算；因资不抵债无法继续办学而被终止的，由人民法院组织清算。

第五十九条 对民办学校的财产按照下列顺序清偿：

（一）应退受教育者学费、杂费和其他费用；

（二）应发教职工的工资及应缴纳的社会保险费用；

（三）偿还其他债务。

非营利性民办学校清偿上述债务后的剩余财产继续用于其他非营利性学校办学；营利性民办学校清偿上述债务后的剩余财产，依照公司法的有关规定处理。

第六十条 终止的民办学校，由审批机关收回办学许可证和销毁印章，并注销登记。

第九章 法律责任

第六十一条 民办学校在教育活动中违反教育法、教师法规定的，依照教育法、教师法的有关规定给予处罚。

第六十二条 民办学校有下列行为之一的，由县级以上人民政府教育行政部门、人力资源社会保障行政部门或者其他有关部门责令限期改正，并予以警告；有违法所得的，退还所收费用后没收违法所得；情节严重的，责令停止招生、吊销办学许可证；构成犯罪的，依法追究刑事责任：

（一）擅自分立、合并民办学校的；

（二）擅自改变民办学校名称、层次、类别和举办者的；

（三）发布虚假招生简章或者广告，骗取钱财的；

（四）非法颁发或者伪造学历证书、结业证书、培训证书、职业资格证书的；

（五）管理混乱严重影响教育教学，产生恶劣社会影响的；

（六）提交虚假证明文件或者采取其他欺诈手段隐瞒重要事实骗取办学许可证的；

（七）伪造、变造、买卖、出租、出借办学许可证的；

（八）恶意终止办学、抽逃资金或者挪用办学经费的。

第六十三条 县级以上人民政府教育行政部门、人力资源社会保障行政部门或者其他有关部门有下列行为之一的，由上级机关责令其改正；情节严重的，对直接负责的主管人员和其他直接责任人员，依法给予处分；造成经济损失的，依法承担赔偿责任；构成犯罪的，依法追究刑事责任：

（一）已受理设立申请，逾期不予答复的；

（二）批准不符合本法规定条件申请的；

（三）疏于管理，造成严重后果的；

（四）违反国家有关规定收取费用的；

（五）侵犯民办学校合法权益的；

（六）其他滥用职权、徇私舞弊的。

第六十四条 违反国家有关规定擅自举办民办学校的，由所在地县级以上地方人民政府教育行政部门或者人力资源社会保障行政部门会同同级公安、民政或者市场监督管理等有关部门责令停止办学、退还所收费用，并对举办者处违法所得一倍以上五倍以下罚款；构成违反治安管理行为的，由公安机关依法给予治安管理处罚；构成犯罪的，依法追究刑事责任。

第十章 附 则

第六十五条 本法所称的民办学校包括依法举办的其他民办教育机构。

本法所称的校长包括其他民办教育机构的主要行政负责人。

第六十六条 境外的组织和个人在中国境内合作办学的办法，由国务院规定。

第六十七条 本法自2003年9月1日起施行。1997年7月31日国务院颁布的《社会力量办学条例》同时废止。

中华人民共和国民办教育促进法实施条例

（2004年3月5日中华人民共和国国务院令第399号公布
2021年4月7日中华人民共和国国务院令第741号修订）

第一章 总 则

第一条 根据《中华人民共和国民办教育促进法》（以下简称民办教育促进法），制定本条例。

第二条 国家机构以外的社会组织或者个人可以利用非国家财政性经费举办各级各类民办学校；但是，不得举办实施军事、警察、政治等特殊性质教育的民办学校。

民办教育促进法和本条例所称国家财政性经费，是指财政拨款、依法取得并应当上缴国库或者财政专户的财政性资金。

第三条 各级人民政府应当依法支持和规范社会力量举办民办教育，保障民办学校依法办学、自主管理，鼓励、引导民办学校提高质量、办出特色，满足多样化教育需求。

对于举办民办学校表现突出或者为发展民办教育事业做出突出贡献的社会组织或者个人，按照国家有关规定给予奖励和表彰。

第四条 民办学校应当坚持中国共产党的领导，坚持社会主义办学方向，坚持教育公益性，对受教育者加强社会主义核心价值观教育，落实立德树人根本任务。

民办学校中的中国共产党基层组织贯彻党的方针政策，依照法律、行政法规和国家有关规定参与学校重大决策并实施监督。

第二章　民办学校的设立

第五条 国家机构以外的社会组织或者个人可以单独或者联合举办民办学校。联合举办民办学校的，应当签订联合办学协议，明确合作方式、各方权利义务和争议解决方式等。

国家鼓励以捐资、设立基金会等方式依法举办民办学校。以捐资等方式举办民办学校，无举办者的，其办学过程中的举办者权责由发起人履行。

在中国境内设立的外商投资企业以及外方为实际控制人的社会组织不得举办、参与举办或者实际控制实施义务教育的民办学校；举办其他类型民办学校的，应当符合国家有关外商投资的规定。

第六条 举办民办学校的社会组织或者个人应当有良好的信用状况。举办民办学校可以用货币出资，也可以用实物、建设用地使用权、知识产权等可以用货币估价并可以依法转让的非货币财产作价出资；但是，法律、行政法规规定不得作为出资的财产除外。

第七条 实施义务教育的公办学校不得举办或者参与举办民办学校，也不得转为民办学校。其他公办学校不得举办或者参与举办营利性民办学校。但是，实施职业教育的公办学校可以吸引企业的资本、技术、管理等要素，举办或者参与举办实施职业教育的营利性民办学校。

公办学校举办或者参与举办民办学校，不得利用国家财政性经费，不得影响公办学校教学活动，不得仅以品牌输出方式参与办学，并应当经其主管部门批准。公办学校举办或者参与举办非营利性民办学校，不得以管理费等方式取得或者变相取得办学收益。

公办学校举办或者参与举办的民办学校应当具有独立的法人资格，具有与公办学校相分离的校园、基本教育教学设施和独立的专任教师队伍，按照国家统一的会计制度独立进行会计核算，独立招生，独立颁发学业证书。

举办或者参与举办民办学校的公办学校依法享有举办者权益，依法履行国有资产管理义务。

第八条 地方人民政府不得利用国有企业、公办教育资源举办或者参与举办实施义务教育的民办学校。

以国有资产参与举办民办学校的，应当根据国家有关国有资产监督管理的规定，聘请具有评估资格的中介机构依法进行评估，根据评估结果合理确定出资额，并报对该国有资产负有监管职责的机构备案。

第九条 国家鼓励企业以独资、合资、合作等方式依法举办或者参与举办实施职业教育的民办学校。

第十条 举办民办学校，应当按时、足额履行出资义务。民办学校存续期间，举办者不得抽逃出资，不得挪用办学经费。

举办者可以依法募集资金举办营利性民办学校，所募集资金应当主要用于办学，不得擅自改变用途，并按规定履行信息披露义务。民办学校及其举办者不得以赞助费等名目向学生、学生家长收取或者变相收取与入学关联的费用。

第十一条 举办者依法制定学校章程，负责推选民办学校首届理事会、董事会或者其他形式决策机构的组成人员。

举办者可以依据法律、法规和学校章程规定的程序和要求参加或者委派代表参加理事会、董事会或者其他形式决策机构，并依据学校章程规定的权限行使相应的决策权、管理权。

第十二条 民办学校举办者变更的，应当签订变更协议，但不得涉及学校的法人财产，也不得影响学校发展，不得损害师生权益；现有民办学校的举办者变更的，可以根据其依法享有的合法权益与继任举办者协议约定变更收益。

民办学校的举办者不再具备法定条件的，应当在6个月内向审批机关提出变更；逾期不变更的，由审批机关责令变更。

举办者为法人的，其控股股东和实际控制人应当符合法律、行政法规规定的举办民办学校的条件，控股股东和实际控制人变更的，应当报主管部门备案并公示。

举办者变更，符合法定条件的，审批机关应当在规定的期限内予以办理。

第十三条 同时举办或者实际控制多所民办学校的，举办者或者实际控制人应当具备与其所开展办学活动相适应的资金、人员、组织机构等条件与能力，并对所举办民办学校承担管理和监督职责。

同时举办或者实际控制多所民办学校的举办者或者实际控制人向所举办或者实际控制的民办学校提供教材、课程、技术支持等服务以及组织教育教学活动，应当符合国家有关规定并建立相应的质量标准和保障机制。

同时举办或者实际控制多所民办学校的，应当保障所举办或者实际控制的民办学校依法独立开展办学活动，存续期间所有资产由学校依法管理和使用；不得改变所举办或者实际控制的非营利性民办学校的性质，直接或者间接取得办学收益；也不得滥用市场支配地位，排除、限制竞争。

任何社会组织和个人不得通过兼并收购、协议控制等方式控制实施义务教育的民办学校、实施学前教育的非营利性民办学校。

第十四条 实施国家认可的教育考试、职业资格考试和职业技能等级考试等考试的机构，举办或者参与举办与其所实施的考试相关的民办学校应当符合国家有关规定。

第十五条 设立民办学校的审批权限，依照有关法律、法规的规定执行。

地方人民政府及其有关部门应当依法履行实施义务教育的职责。设立实施义务教育的民办学校，应当符合当地义务教育发展规划。

第十六条 国家鼓励民办学校利用互联网技术在线实施教育活动。

利用互联网技术在线实施教育活动应当符合国家互联网管理有关法律、行政法规的规定。利用互联网技术在线实施教育活动的民办学校应当取得相应的办学许可。

民办学校利用互联网技术在线实施教育活动，应当依法建立并落实互联网安全管理制度和安全保护技术措施，发现法律、行政法规禁止发布或者传输的信息的，应当立即停止传输，采取消除等处置措施，防止信息扩散，保存有关记录，并向有关主管部门报告。

外籍人员利用互联网技术在线实施教育活动，应当遵守教育和外国人在华工作管理等有关法律、行政法规的规定。

第十七条 民办学校的举办者在获得筹设批准书之日起 3 年内完成筹设的，可以提出正式设立申请。

民办学校在筹设期内不得招生。

第十八条 申请正式设立实施学历教育的民办学校的，审批机关受理申请后，应当组织专家委员会评议，由专家委员会提出咨询意见。

第十九条 民办学校的章程应当规定下列主要事项：

（一）学校的名称、住所、办学地址、法人属性；

（二）举办者的权利义务，举办者变更、权益转让的办法；

（三）办学宗旨、发展定位、层次、类型、规模、形式等；

（四）学校开办资金、注册资本，资产的来源、性质等；

（五）理事会、董事会或者其他形式决策机构和监督机构的产生方法、人员构成、任期、议事规则等；

（六）学校党组织负责人或者代表进入学校决策机构和监督机构的程序；

（七）学校的法定代表人；

（八）学校自行终止的事由，剩余资产处置的办法与程序；

（九）章程修改程序。

民办学校应当将章程向社会公示，修订章程应当事先公告，征求利益相关方意见。完成修订后，报主管部门备案或者核准。

第二十条 民办学校只能使用一个名称。

民办学校的名称应当符合有关法律、行政法规的规定，不得损害社会公共利益，不得含有可能引发歧义的文字或者含有可能误导公众的其他法人名称。营利性民办学校可以在学校牌匾、成绩单、毕业证书、结业证书、学位证书及相关证明、招生广告和简章上使用经审批机关批准的法人简称。

第二十一条 民办学校开办资金、注册资本应当与学校类型、层次、办学规模相适应。民办学校正式设立时，开办资金、注册资本应当缴足。

第二十二条 对批准正式设立的民办学校，审批机关应当颁发办学许可证，并向社会公告。

办学许可的期限应当与民办学校的办学层次和类型相适应。民办学校在许可期限内无违法违规行为的，有效期届满可以自动延续、换领新证。

民办学校办学许可证的管理办法由国务院教育行政部门、人力资源社会保障行政部门依据职责分工分别制定。

第二十三条 民办学校增设校区应当向审批机关申请地址变更；设立分校应当向分校所在地审批机关单独申请办学许可，并报原审批机关备案。

第二十四条 民办学校依照有关法律、行政法规的规定申请法人登记，登记机关应当依法予以办理。

第三章 民办学校的组织与活动

第二十五条 民办学校理事会、董事会或者其他形式决策机构的负责人应当具有中华人民共和国国籍，具有政治权利和完全民事行为能力，在中国境内定居，品行良好，无故意犯罪记录或者教育领域不良从业记录。

民办学校法定代表人应当由民办学校决策机构负责人或者校长担任。

第二十六条 民办学校的理事会、董事会或者其他形式决策机构应当由举办者或者其代表、校长、党组织负责人、教职工代表等共同组成。鼓励民办学校理事会、董事会或者其他形式决策机构吸收社会公众代表，根据需要设独立理事或者独立董事。实施义务教育的民办学校理事会、董事会或者其他形式决策机构组成人员应当具有中华人民共和国国籍，且应当有审批机关委派的代表。

民办学校的理事会、董事会或者其他形式决策机构每年至少召开2次会议。经1/3以上组成人员提议，可以召开理事会、董事会或者其他形式决策机构临时会议。讨论下列重大事项，应当经2/3以上组成人员同意方可通过：

（一）变更举办者；

（二）聘任、解聘校长；

（三）修改学校章程；

（四）制定发展规划；

（五）审核预算、决算；

（六）决定学校的分立、合并、终止；

（七）学校章程规定的其他重大事项。

第二十七条 民办学校应当设立监督机构。监督机构应当有党的基层组织代表，且教职工代表不少于1/3。教职工人数少于20人的民办学校可以只设1至2名监事。

监督机构依据国家有关规定和学校章程对学校办学行为进行监督。监督机构负责人或者监事应当列席学校决策机构会议。

理事会、董事会或者其他形式决策机构组成人员及其近亲属不得兼任、担任监督机构组成人员或者监事。

第二十八条 民办学校校长依法独立行使教育教学和行政管理职权。

民办学校内部组织机构的设置方案由校长提出，报理事会、董事会或者其他形式决策机构批准。

第二十九条 民办学校依照法律、行政法规和国家有关规定，自主开展教育教学活动；使用境外教材的，应当符合国家有关规定。

实施高等教育和中等职业技术学历教育的民办学校，可以按照办学宗旨和培养目标自主设置专业、开设课程、选用教材。

实施普通高中教育、义务教育的民办学校可以基于国家课程标准自主开设有特色的课程，实施教育教学创新，自主设置的课程应当报主管教育行政部门备案。实施义务教育的民办学校不得使用境外教材。

实施学前教育的民办学校开展保育和教育活动，应当遵循儿童身心发展规律，设置、开发以游戏、活动为主要形式的课程。

实施以职业技能为主的职业资格培训、职业技能培训的民办学校可以按照与培训专业（职业、工种）相对应的国家职业标准及相关职业培训要求开展培训活动，不得教唆、组织学员规避监管，以不正当手段获取职业资格证书、成绩证明等。

第三十条 民办学校应当按照招生简章或者招生广告的承诺，开设相应课程，开展教育教学活动，保证教育教学质量。

民办学校应当提供符合标准的校舍和教育教学设施设备。

第三十一条 实施学前教育、学历教育的民办学校享有与同级同类公办学校同等的招生权，可以在审批机关核定的办学规模内，自主确定招生的标准和方式，与公办学校同期招生。

实施义务教育的民办学校应当在审批机关管辖的区域内招生，纳入审批机关所在地统一管理。实施普通高中教育的民办学校应当主要在学校所在设区的市范围内招生，符合省、自治区、直辖市人民政府教育行政部门有关规定的可以跨区域招生。招收接受高等学历教育学生的应当遵守国家有关规定。

县级以上地方人民政府教育行政部门、人力资源社会保障行政部门应当为外地的民办学校在本地招生提供平等待遇，不得设置跨区域招生障碍实行地区封锁。

民办学校招收学生应当遵守招生规则，维护招生秩序，公开公平公正录取学生。实施义务教育的民办学校不得组织或者变相组织学科知识类入学考试，不得提前招生。

民办学校招收境外学生，按照国家有关规定执行。

第三十二条 实施高等学历教育的民办学校符合学位授予条件的，依照有关法律、行政法规的规定经审批同意后，可以获得相应的学位授予资格。

第四章 教师与受教育者

第三十三条 民办学校聘任的教师或者教学人员应当具备相应的教师资格或者其他相应的专业资格、资质。

民办学校应当有一定数量的专任教师；其中，实施学前教育、学历教育的民办学校应当按照国家有关规定配备专任教师。

鼓励民办学校创新教师聘任方式，利用信息技术等手段提高教学效率和水平。

第三十四条 民办学校自主招聘教师和其他工作人员，并应当与所招聘人员依法签订劳动或者聘用合同，明确双方的权利义务等。

民办学校聘任专任教师，在合同中除依法约定必备条款外，还应当对教师岗位及其职责要求、师德和业务考核办法、福利待遇、培训和继续教育等事项作出约定。

公办学校教师未经所在学校同意不得在民办学校兼职。

民办学校聘任外籍人员，按照国家有关规定执行。

第三十五条 民办学校应当建立教师培训制度，为受聘教师接受相应的思想政治培训和业务培训提供条件。

第三十六条 民办学校应当依法保障教职工待遇，按照学校登记的法人类型，按时足额支付工资，足额缴纳社会保险费和住房公积金。国家鼓励民办学校按照有关规定为教职工建立职业年金或者企业年金等补充养老保险。

实施学前教育、学历教育的民办学校应当从学费收入中提取一定比例建立专项资金或者基金，由学校管理，用于教职工职业激励或者增加待遇保障。

第三十七条 教育行政部门应当会同有关部门建立民办幼儿园、中小学专任教师劳动、聘用合同备案制度，建立统一档案，记录教师的教龄、工龄，在培训、考核、专业技术职务评聘、表彰奖励、权利保护等方面，统筹规划、统一管理，与公办幼儿园、中小学聘任的教师平等对待。

民办职业学校、高等学校按照国家有关规定自主开展教师专业技术职务评聘。

教育行政部门应当会同有关部门完善管理制度，保证教师在公办学校和民办学校之间的合理流动；指导和监督民办学校建立健全教职工代表大会制度。

第三十八条 实施学历教育的民办学校应当依法建立学籍和教学管理制度，并报主管部门备案。

第三十九条 民办学校及其教师、职员、受教育者申请政府设立的有关科研项目、课题等，享有与同级同类公办学校及其教师、职员、受教育者同等的权利。相关项目管理部门应当按规定及时足额拨付科研项目、课题资金。

各级人民政府应当保障民办学校的受教育者在升学、就业、社会优待、参加先进评选，以及获得助学贷款、奖助学金等国家资助等方面，享有与同级同类公办学校的受教育者同等的权利。

实施学历教育的民办学校应当建立学生资助、奖励制度，并按照不低于当地同级同类公办学校的标准，从学费收入中提取相应资金用于资助、奖励学生。

第四十条 教育行政部门、人力资源社会保障行政部门和其他有关部门，组织有关的评奖评优、文艺体育活动和课题、项目招标，应当为民办学校及其教师、职员、受教育者提供同等的机会。

第五章 民办学校的资产与财务管理

第四十一条 民办学校应当依照《中华人民共和国会计法》和国家统一的会计制度进行会计核算，编制财务会计报告。

第四十二条 民办学校应当建立办学成本核算制度，基于办学成本和市场需求等因素，遵循公平、合法和诚实信用原则，考虑经济效益与社会效益，合理确定收费项目和标准。对公办学校参与举办、使用国有资产或者接受政府生均经费补助的非营利性民办学校，省、自治区、直辖市人民政府可以对其收费制定最高限价。

第四十三条 民办学校资产中的国有资产的监督、管理，按照国家有关规定执行。

民办学校依法接受的捐赠财产的使用和管理，依照有关法律、行政法规执行。

第四十四条 非营利性民办学校收取费用、开展活动的资金往来，应当使用在有关主管部门备案的账户。有关主管部门应当对该账户实施监督。

营利性民办学校收入应当全部纳入学校开设的银行结算账户，办学结余分配应当在年度财务结算后进行。

第四十五条 实施义务教育的民办学校不得与利益关联方进行交易。其他民办学校与利益关联方进行交易的，应当遵循公开、公平、公允的原则，合理定价、规范决策，不得损害国家利益、学校利益和师生权益。

民办学校应当建立利益关联方交易的信息披露制度。教育、人力资源社会保障以及财政等有关部门应当加强对非营利性民办学校与利益关联方签订协议的监管，并按年度对关联交易进行审查。

前款所称利益关联方是指民办学校的举办者、实际控制人、校长、理事、董事、监事、财务负责人等以及与上述组织或者个人之间存在互相控制和影响关系、可能导致民办学校利益被转移的组织或者个人。

第四十六条 在每个会计年度结束时，民办学校应当委托会计师事务所对年度财务报告进行审计。非营利性民办学校应当从经审计的年度非限定性净资产增加额中，营利性民办学校应当从经审计的年度净收益中，按不低于年度非限定性净资产增加额或者净收益的10%的比例提取发展基金，用于学校的发展。

第六章　管理与监督

第四十七条　县级以上地方人民政府应当建立民办教育工作联席会议制度。教育、人力资源社会保障、民政、市场监督管理等部门应当根据职责会同有关部门建立民办学校年度检查和年度报告制度，健全日常监管机制。

教育行政部门、人力资源社会保障行政部门及有关部门应当建立民办学校信用档案和举办者、校长执业信用制度，对民办学校进行执法监督的情况和处罚、处理结果应当予以记录，由执法、监督人员签字后归档，并依法依规公开执法监督结果。相关信用档案和信用记录依法纳入全国信用信息共享平台、国家企业信用信息公示系统。

第四十八条　审批机关应当及时公开民办学校举办者情况、办学条件等审批信息。

教育行政部门、人力资源社会保障行政部门应当依据职责分工，定期组织或者委托第三方机构对民办学校的办学水平和教育质量进行评估，评估结果应当向社会公开。

第四十九条　教育行政部门及有关部门应当制定实施学前教育、学历教育民办学校的信息公示清单，监督民办学校定期向社会公开办学条件、教育质量等有关信息。

营利性民办学校应当通过全国信用信息共享平台、国家企业信用信息公示系统公示相关信息。

有关部门应当支持和鼓励民办学校依法建立行业组织，研究制定相应的质量标准，建立认证体系，制定推广反映行业规律和特色要求的合同示范文本。

第五十条　民办学校终止的，应当交回办学许可证，向登记机关办理注销登记，并向社会公告。

民办学校自己要求终止的，应当提前6个月发布拟终止公告，依法依章程制定终止方案。

民办学校无实际招生、办学行为的，办学许可证到期后自然废止，由审批机关予以公告。民办学校自行组织清算后，向登记机关办理注销登记。

对于因资不抵债无法继续办学而被终止的民办学校，应当向人民法院申请破产清算。

第五十一条 国务院教育督导机构及省、自治区、直辖市人民政府负责教育督导的机构应当对县级以上地方人民政府及其有关部门落实支持和规范民办教育发展法定职责的情况进行督导、检查。

县级以上人民政府负责教育督导的机构依法对民办学校进行督导并公布督导结果，建立民办中小学、幼儿园责任督学制度。

第七章 支持与奖励

第五十二条 各级人民政府及有关部门应当依法健全对民办学校的支持政策，优先扶持办学质量高、特色明显、社会效益显著的民办学校。

县级以上地方人民政府可以参照同级同类公办学校生均经费等相关经费标准和支持政策，对非营利性民办学校给予适当补助。

地方人民政府出租、转让闲置的国有资产应当优先扶持非营利性民办学校。

第五十三条 民办学校可以依法以捐赠者的姓名、名称命名学校的校舍或者其他教育教学设施、生活设施。捐赠者对民办学校发展做出特殊贡献的，实施高等学历教育的民办学校经国务院教育行政部门按照国家规定的条件批准，其他民办学校经省、自治区、直辖市人民政府教育行政部门或者人力资源社会保障行政部门按照国家规定的条件批准，可以以捐赠者的姓名或者名称作为学校校名。

第五十四条 民办学校享受国家规定的税收优惠政策；其中，非营利性民办学校享受与公办学校同等的税收优惠政策。

第五十五条 地方人民政府在制定闲置校园综合利用方案时，应当考虑当地民办教育发展需求。

新建、扩建非营利性民办学校，地方人民政府应当按照与公办学校同等原则，以划拨等方式给予用地优惠。

实施学前教育、学历教育的民办学校使用土地，地方人民政府可以依法以协议、招标、拍卖等方式供应土地，也可以采取长期租赁、先租后让、租让结合的方式供应土地，土地出让价款和租金可以在规定期限内按合同约定分期缴纳。

第五十六条 在西部地区、边远地区和少数民族地区举办的民办学校申请贷款用于学校自身发展的，享受国家相关的信贷优惠政策。

第五十七条 县级以上地方人民政府可以根据本行政区域的具体情况，设立民办教育发展专项资金，用于支持民办学校提高教育质量和办学水平、奖励举办者等。

国家鼓励社会力量依法设立民办教育发展方面的基金会或者专项基金，用于支持民办教育发展。

第五十八条 县级人民政府根据本行政区域实施学前教育、义务教育或者其他公共教育服务的需要，可以与民办学校签订协议，以购买服务等方式，委托其承担相应教育任务。

委托民办学校承担普惠性学前教育、义务教育或者其他公共教育任务的，应当根据当地相关教育阶段的委托协议，拨付相应的教育经费。

第五十九条 县级以上地方人民政府可以采取政府补贴、以奖代补等方式鼓励、支持非营利性民办学校保障教师待遇。

第六十条 国家鼓励、支持保险机构设立适合民办学校的保险产品，探索建立行业互助保险等机制，为民办学校重大事故处理、终止善后、教职工权益保障等事项提供风险保障。

金融机构可以在风险可控前提下开发适合民办学校特点的金融产品。民办学校可以以未来经营收入、知识产权等进行融资。

第六十一条 除民办教育促进法和本条例规定的支持与奖励措施外，省、自治区、直辖市人民政府还可以根据实际情况，制定本地区促进民办教育发展的支持与奖励措施。

各级人民政府及有关部门在对现有民办学校实施分类管理改革时，应当充分考虑有关历史和现实情况，保障受教育者、教职工和举办者的合法权益，确保民办学校分类管理改革平稳有序推进。

第八章 法律责任

第六十二条 民办学校举办者及实际控制人、决策机构或者监督机构组成人员有下列情形之一的，由县级以上人民政府教育行政部门、人力资源社会保障行政部门或者其他有关部门依据职责分工责令限期改正，有违法所得的，退还所收费用后没收违法所得；情节严重的，1至5年内不得新成为民办学校举办者或实际控制人、决策机构或者监督机构组成人员；情节特别严重、社会影响恶劣的，永久不得新成为民办学校举办者或实际控制人、决策机构或者监督机构组成人员；构成违反治安管理行为的，由公安机关依法给予治安管理处罚；构成犯罪的，依法追究刑事责任：

（一）利用办学非法集资，或者收取与入学关联的费用的；

（二）未按时、足额履行出资义务，或者抽逃出资、挪用办学经费的；

（三）侵占学校法人财产或者非法从学校获取利益的；

（四）与实施义务教育的民办学校进行关联交易，或者与其他民办学校进行关联交易损害国家利益、学校利益和师生权益的；

（五）伪造、变造、买卖、出租、出借办学许可证的；

（六）干扰学校办学秩序或者非法干预学校决策、管理的；

（七）擅自变更学校名称、层次、类型和举办者的；

（八）有其他危害学校稳定和安全、侵犯学校法人权利或者损害教职工、受教育者权益的行为的。

第六十三条 民办学校有下列情形之一的，依照民办教育促进法第六十二条规定给予处罚：

（一）违背国家教育方针，偏离社会主义办学方向，或者未保障学校党组织履行职责的；

（二）违反法律、行政法规和国家有关规定开展教育教学活动的；

（三）理事会、董事会或者其他形式决策机构未依法履行职责的；

（四）教学条件明显不能满足教学要求、教育教学质量低下，未及时采取措施的；

（五）校舍、其他教育教学设施设备存在重大安全隐患，未及时采取措施的；

（六）侵犯受教育者的合法权益，产生恶劣社会影响的；

（七）违反国家规定聘任、解聘教师，或者未依法保障教职工待遇的；

（八）违反规定招生，或者在招生过程中弄虚作假的；

（九）超出办学许可范围，擅自改变办学地址或者设立分校的；

（十）未依法履行公示办学条件和教育质量有关材料、财务状况等信息披露义务，或者公示的材料不真实的；

（十一）未按照国家统一的会计制度进行会计核算、编制财务会计报告，财务、资产管理混乱，或者违反法律、法规增加收费项目、提高收费标准的；

（十二）有其他管理混乱严重影响教育教学的行为的。

法律、行政法规对前款规定情形的处罚另有规定的，从其规定。

第六十四条 民办学校有民办教育促进法第六十二条或者本条例第六十三条规定的违法情形的，由县级以上人民政府教育行政部门、人力资源社会保障行政部门或者其他有关部门依据职责分工对学校决策机构负责人、校长及直接责任人予以警告；情节严重的，1至5年内不得新成为民办学校决策机构负责人或者校长；情节特别严重、社会影响恶劣的，永久不得新成为民办学校决策机构负责人或者校长。

同时举办或者实际控制多所民办学校的举办者或者实际控制人违反本条例规定，对所举办或者实际控制的民办学校疏于管理，造成恶劣影响的，由县级以上教育行政部门、人力资源社会保障行政部门或者其他有关部门依据职责分工责令限期整顿；拒不整改或者整改后仍发生同类问题的，1至5年内不得举办新的民办学校，情节严重的，10年内不得举办新的民办学校。

第六十五条 违反本条例规定举办、参与举办民办学校或者在民办学校筹设期内招生的，依照民办教育促进法第六十四条规定给予处罚。

第九章 附 则

第六十六条 本条例所称现有民办学校，是指2016年11月7日《全国人民代表大会常务委员会关于修改〈中华人民共和国民办教育促进法〉的决定》公布前设立的民办学校。

第六十七条 本条例规定的支持与奖励措施适用于中外合作办学机构。

第六十八条 本条例自2021年9月1日起施行。

中华人民共和国教师法

（1993年10月31日第八届全国人民代表大会常务委员会第四次会议通过　根据2009年8月27日第十一届全国人民代表大会常务委员会第十次会议《关于修改部分法律的决定》修正）

目　　录

第一章　总　　则

第一条　为了保障教师的合法权益，建设具有良好思想品德修养和业务素质的教师队伍，促进社会主义教育事业的发展，制定本法。

第二条　本法适用于在各级各类学校和其他教育机构中专门从事教育教学工作的教师。

第三条　教师是履行教育教学职责的专业人员，承担教书育人，培养社会主义事业建设者和接班人、提高民族素质的使命。教师应当忠诚于人民的教育事业。

第四条　各级人民政府应当采取措施，加强教师的思想政治教育和业务培训，改善教师的工作条件和生活条件，保障教师的合法权益，提高教师的社会地位。

全社会都应当尊重教师。

第五条 国务院教育行政部门主管全国的教师工作。

国务院有关部门在各自职权范围内负责有关的教师工作。

学校和其他教育机构根据国家规定，自主进行教师管理工作。

第六条 每年9月10日为教师节。

第二章 权利和义务

第七条 教师享有下列权利：

（一）进行教育教学活动，开展教育教学改革和实验；

（二）从事科学研究、学术交流，参加专业的学术团体，在学术活动中充分发表意见；

（三）指导学生的学习和发展，评定学生的品行和学业成绩；

（四）按时获取工资报酬，享受国家规定的福利待遇以及寒暑假期的带薪休假；

（五）对学校教育教学、管理工作和教育行政部门的工作提出意见和建议，通过教职工代表大会或者其他形式，参与学校的民主管理；

（六）参加进修或者其他方式的培训。

第八条 教师应当履行下列义务：

（一）遵守宪法、法律和职业道德，为人师表；

（二）贯彻国家的教育方针，遵守规章制度，执行学校的教学计划，履行教师聘约，完成教育教学工作任务；

（三）对学生进行宪法所确定的基本原则的教育和爱国主义、民族团结的教育，法制教育以及思想品德、文化、科学技术教育，组织、带领学生开展有益的社会活动；

（四）关心、爱护全体学生，尊重学生人格，促进学生在品德、智力、体质等方面全面发展；

（五）制止有害于学生的行为或者其他侵犯学生合法权益的行为，批评和抵制有害于学生健康成长的现象；

（六）不断提高思想政治觉悟和教育教学业务水平。

第九条 为保障教师完成教育教学任务，各级人民政府、教育行政部门、有关部门、学校和其他教育机构应当履行下列职责：

（一）提供符合国家安全标准的教育教学设施和设备；

（二）提供必需的图书、资料及其他教育教学用品；

（三）对教师在教育教学、科学研究中的创造性工作给以鼓励和帮助；

（四）支持教师制止有害于学生的行为或者其他侵犯学生合法权益的行为。

第三章 资格和任用

第十条 国家实行教师资格制度。

中国公民凡遵守宪法和法律，热爱教育事业，具有良好的思想品德，具备本法规定的学历或者经国家教师资格考试合格，有教育教学能力，经认定合格的，可以取得教师资格。

第十一条 取得教师资格应当具备的相应学历是：

（一）取得幼儿园教师资格，应当具备幼儿师范学校毕业及其以上学历；

（二）取得小学教师资格，应当具备中等师范学校毕业及其以上学历；

（三）取得初级中学教师、初级职业学校文化、专业课教师资格，应当具备高等师范专科学校或者其他大学专科毕业及其以上学历；

（四）取得高级中学教师资格和中等专业学校、技工学校、职业高中文化课、专业课教师资格，应当具备高等师范院校本科或者其他大学本科毕业及其以上学历；取得中等专业学校、技工学校和职业高中学生实习指导教师资格应当具备的学历，由国务院教育行政部门规定；

（五）取得高等学校教师资格，应当具备研究生或者大学本科毕业学历；

（六）取得成人教育教师资格，应当按照成人教育的层次、类别，分别具备高等、中等学校毕业及其以上学历。

不具备本法规定的教师资格学历的公民，申请获取教师资格，必须通过国家教师资格考试。国家教师资格考试制度由国务院规定。

第十二条 本法实施前已经在学校或者其他教育机构中任教的教师，未具备本法规定学历的，由国务院教育行政部门规定教师资格过渡办法。

第十三条 中小学教师资格由县级以上地方人民政府教育行政部门认定。中等专业学校、技工学校的教师资格由县级以上地方人民政府教育行政部门组织有关主管部门认定。普通高等学校的教师资格由国务院或者省、自治区、直辖市教育行政部门或者由其委托的学校认定。

具备本法规定的学历或者经国家教师资格考试合格的公民，要求有关部门认定其教师资格的，有关部门应当依照本法规定的条件予以认定。

取得教师资格的人员首次任教时，应当有试用期。

第十四条 受到剥夺政治权利或者故意犯罪受到有期徒刑以上刑事处罚的，不能取得教师资格；已经取得教师资格的，丧失教师资格。

第十五条 各级师范学校毕业生，应当按照国家有关规定从事教育教学工作。

国家鼓励非师范高等学校毕业生到中小学或者职业学校任教。

第十六条 国家实行教师职务制度，具体办法由国务院规定。

第十七条 学校和其他教育机构应当逐步实行教师聘任制。教师的聘任应当遵循双方地位平等的原则，由学校和教师签订聘任合同，明确规定双方的权利、义务和责任。

实施教师聘任制的步骤、办法由国务院教育行政部门规定。

第四章 培养和培训

第十八条 各级人民政府和有关部门应当办好师范教育，并采取措施，鼓励优秀青年进入各级师范学校学习。各级教师进修学校承担培训中小学教师的任务。

非师范学校应当承担培养和培训中小学教师的任务。

各级师范学校学生享受专业奖学金。

第十九条 各级人民政府教育行政部门、学校主管部门和学校应当制定教师培训规划，对教师进行多种形式的思想政治、业务培训。

第二十条 国家机关、企业事业单位和其他社会组织应当为教师的社会调查和社会实践提供方便，给予协助。

第二十一条 各级人民政府应当采取措施，为少数民族地区和边远贫困地区培养、培训教师。

第五章 考 核

第二十二条 学校或者其他教育机构应当对教师的政治思想、业务水平、工作态度和工作成绩进行考核。

教育行政部门对教师的考核工作进行指导、监督。

第二十三条 考核应当客观、公正、准确，充分听取教师本人、其他教师以及学生的意见。

第二十四条 教师考核结果是受聘任教、晋升工资、实施奖惩的依据。

第六章 待 遇

第二十五条 教师的平均工资水平应当不低于或者高于国家公务员的平均工资水平，并逐步提高。建立正常晋级增薪制度。具体办法由国务院规定。

第二十六条 中小学教师和职业学校教师享受教龄津贴和其他津贴，具体办法由国务院教育行政部门会同有关部门制定。

第二十七条 地方各级人民政府对教师以及具有中专以上学历的毕业生到少数民族地区和边远贫困地区从事教育教学工作的，应当予以补贴。

第二十八条 地方各级人民政府和国务院有关部门，对城市教师住房的建设、租赁、出售实行优先、优惠。

县、乡两级人民政府应当为农村中小学教师解决住房提供方便。

第二十九条 教师的医疗同当地国家公务员享受同等的待遇；定期对教师进行身体健康检查，并因地制宜安排教师进行休养。

医疗机构应当对当地教师的医疗提供方便。

第三十条 教师退休或者退职后，享受国家规定的退休或者退职待遇。

县级以上地方人民政府可以适当提高长期从事教育教学工作的中小学退休教师的退休金比例。

第三十一条 各级人民政府应当采取措施，改善国家补助、集体支付工资的中小学教师的待遇，逐步做到在工资收入上与国家支付工资的教师同工同酬，具体办法由地方各级人民政府根据本地区的实际情况规定。

第三十二条 社会力量所办学校的教师的待遇，由举办者自行确定并予以保障。

第七章 奖 励

第三十三条 教师在教育教学、培养人才、科学研究、教学改革、学校建设、社会服务、勤工俭学等方面成绩优异的，由所在学校予以表彰、奖励。

国务院和地方各级人民政府及其有关部门对有突出贡献的教师，应当予以表彰、奖励。

对有重大贡献的教师，依照国家有关规定授予荣誉称号。

第三十四条 国家支持和鼓励社会组织或者个人向依法成立的奖励教师的基金组织捐助资金，对教师进行奖励。

第八章 法律责任

第三十五条 侮辱、殴打教师的，根据不同情况，分别给予行政处分或者行政处罚；造成损害的，责令赔偿损失；情节严重，构成犯罪的，依法追究刑事责任。

第三十六条 对依法提出申诉、控告、检举的教师进行打击报复的，由其所在单位或者上级机关责令改正；情节严重的，可以根据具体情况给予行政处分。

国家工作人员对教师打击报复构成犯罪的，依照刑法有关规定追究刑事责任。

第三十七条 教师有下列情形之一的，由所在学校、其他教育机构或者教育行政部门给予行政处分或者解聘：

（一）故意不完成教育教学任务给教育教学工作造成损失的；

（二）体罚学生，经教育不改的；

（三）品行不良、侮辱学生，影响恶劣的。

教师有前款第（二）项、第（三）项所列情形之一，情节严重，构成犯罪的，依法追究刑事责任。

第三十八条 地方人民政府对违反本法规定，拖欠教师工资或者侵犯教师其他合法权益的，应当责令其限期改正。

违反国家财政制度、财务制度，挪用国家财政用于教育的经费，严重妨碍教育教学工作，拖欠教师工资，损害教师合法权益的，由上级机关责令限期归还被挪用的经费，并对直接责任人员给予行政处分；情节严重，构成犯罪的，依法追究刑事责任。

第三十九条 教师对学校或者其他教育机构侵犯其合法权益的，或者对学校或者其他教育机构作出的处理不服的，可以向教育行政部门提出申诉，教育行政部门应当在接到申诉的三十日内，作出处理。

教师认为当地人民政府有关行政部门侵犯其根据本法规定享有的权利的，可以向同级人民政府或者上一级人民政府有关部门提出申诉，同级人民政府或者上一级人民政府有关部门应当作出处理。

第九章　附　　则

第四十条　本法下列用语的含义是：

（一）各级各类学校，是指实施学前教育、普通初等教育、普通中等教育、职业教育、普通高等教育以及特殊教育、成人教育的学校。

（二）其他教育机构，是指少年宫以及地方教研室、电化教育机构等。

（三）中小学教师，是指幼儿园、特殊教育机构、普通中小学、成人初等中等教育机构、职业中学以及其他教育机构的教师。

第四十一条　学校和其他教育机构中的教育教学辅助人员，其他类型的学校的教师和教育教学辅助人员，可以根据实际情况参照本法的有关规定执行。

军队所属院校的教师和教育教学辅助人员，由中央军事委员会依照本法制定有关规定。

第四十二条　外籍教师的聘任办法由国务院教育行政部门规定。

第四十三条　本法自 1994 年 1 月 1 日起施行。

禁止妨碍义务教育实施的若干规定

（2019 年 4 月 1 日　教基厅〔2019〕2 号）

一、校外培训机构必须按照教育行政部门审批、市场监管部门登记的业务范围从事培训业务，不得违法招收义务教育阶段适龄儿童、少年开展全日制培训，替代实施义务教育。

二、校外培训机构不得发布虚假招生简章或广告，不得诱导家长将适龄儿童、少年送入培训机构，替代接受义务教育。

三、校外培训机构不得有违反党的教育方针和社会主义核心价值观的培训内容，不得以“国学”为名，传授“三从四德”、占卜、风水、算命等封建糟粕，不得利用宗教进行妨碍国家教育制度的活动。

四、适龄儿童、少年的父母或者其他法定监护人要切实履行监护人职责，除送入依法实施义务教育的学校或经县级教育行政部门批准可自行实施义务教育的相关社会组织外，不得以其他方式组织学习替代接受义务教育。

五、适龄残疾儿童、少年因身体原因无法到校接受义务教育的，家长或其他法定监护人不得擅自决定是否接受义务教育及具体方式，应当向当地教育行政部门提出申请，教育行政部门可委托残疾人教育专家委员会对其身体状况、接受教育和适应学校学习生活的能力进行评估，确定适合其身心特点的教育安置方式。

未成年人学校保护规定

（2021年6月1日教育部令第50号公布　自2021年9月1日起施行）

第一章　总　　则

第一条　为了落实学校保护职责，保障未成年人合法权益，促进未成年人德智体美劳全面发展、健康成长，根据《中华人民共和国教育法》《中华人民共和国未成年人保护法》等法律法规，制定本规定。

第二条　普通中小学、中等职业学校（以下简称学校）对本校未成年人（以下统称学生）在校学习、生活期间合法权益的保护，适用本规定。

第三条　学校应当全面贯彻国家教育方针，落实立德树人根本任务，弘扬社会主义核心价值观，依法办学、依法治校，履行学生权益保护法定职责，健全保护制度，完善保护机制。

第四条　学校学生保护工作应当坚持最有利于未成年人的原则，注重保护和教育相结合，适应学生身心健康发展的规律和特点；关心爱护每个学生，尊重学生权利，听取学生意见。

第五条　教育行政部门应当落实工作职责，会同有关部门健全学校学生保护的支持措施、服务体系，加强对学校学生保护工作的支持、指导、监督和评价。

第二章　一般保护

第六条　学校应当平等对待每个学生，不得因学生及其父母或者其他监护人（以下统称家长）的民族、种族、性别、户籍、职业、宗教信仰、教育程度、家庭状况、身心健康情况等歧视学生或者对学生进行区别对待。

第七条　学校应当落实安全管理职责，保护学生在校期间人身安全。学校不得组织、安排学生从事抢险救灾、参与危险性工作，不得安排学生参加商业性活动及其他不宜学生参加的活动。

学生在校内或者本校组织的校外活动中发生人身伤害事故的，学校应当依据有关规定妥善处理，及时通知学生家长；情形严重的，应当按规定向有关部门报告。

第八条　学校不得设置侵犯学生人身自由的管理措施，不得对学生在课间及其他非教学时间的正当交流、游戏、出教室活动等言行自由设置不必要的约束。

第九条　学校应当尊重和保护学生的人格尊严，尊重学生名誉，保护和培育学生的荣誉感、责任感，表彰、奖励学生做到公开、公平、公正；在教育、管理中不得使用任何贬损、侮辱学生及其家长或者所属特定群体的言行、方式。

第十条　学校采集学生个人信息，应当告知学生及其家长，并对所获得的学生及其家庭信息负有管理、保密义务，不得毁弃以及非法删除、泄露、公开、买卖。

学校在奖励、资助、申请贫困救助等工作中，不得泄露学生个人及其家庭隐私；学生的考试成绩、名次等学业信息，学校应当便利学生本人和家长知晓，但不得公开，不得宣传升学情况；除因法定事由，不得查阅学生的信件、日记、电子邮件或者其他网络通讯内容。

第十一条　学校应当尊重和保护学生的受教育权利，保障学生平等使用教育教学设施设备、参加教育教学计划安排的各种活动，并在学业成绩和品行上获得公正评价。

对身心有障碍的学生，应当提供合理便利，实施融合教育，给予特别支持；对学习困难、行为异常的学生，应当以适当方式教育、帮助，必要时，可以通过安排教师或者专业人员课后辅导等方式给予帮助或者支持。

学校应当建立留守学生、困境学生档案，配合政府有关部门做好关爱帮扶工作，避免学生因家庭因素失学、辍学。

第十二条 义务教育学校不得开除或者变相开除学生，不得以长期停课、劝退等方式，剥夺学生在校接受并完成义务教育的权利；对转入专门学校的学生，应当保留学籍，原决定机关决定转回的学生，不得拒绝接收。

义务教育学校应当落实学籍管理制度，健全辍学或者休学、长期请假学生的报告备案制度，对辍学学生应当及时进行劝返，劝返无效的，应当报告有关主管部门。

第十三条 学校应当按规定科学合理安排学生在校作息时间，保证学生有休息、参加文娱活动和体育锻炼的机会和时间，不得统一要求学生在规定的上课时间前到校参加课程教学活动。

义务教育学校不得占用国家法定节假日、休息日及寒暑假，组织学生集体补课；不得以集体补课等形式侵占学生休息时间。

第十四条 学校不得采用毁坏财物的方式对学生进行教育管理，对学生携带进入校园的违法违规物品，按规定予以暂扣的，应当统一管理，并依照有关规定予以处理。

学校不得违反规定向学生收费，不得强制要求或者设置条件要求学生及家长捐款捐物、购买商品或者服务，或者要求家长提供物质帮助、需支付费用的服务等。

第十五条 学校以发布、汇编、出版等方式使用学生作品，对外宣传或者公开使用学生个体肖像的，应当取得学生及其家长许可，并依法保护学生的权利。

第十六条 学校应当尊重学生的参与权和表达权，指导、支持学生参与学校章程、校规校纪、班级公约的制定，处理与学生权益相关的事务时，应当以适当方式听取学生意见。

第十七条 学校对学生实施教育惩戒或者处分学生的，应当依据有关规定，听取学生的陈述、申辩，遵循审慎、公平、公正的原则作出决定。

除开除学籍处分以外，处分学生应当设置期限，对受到处分的学生应当跟踪观察、有针对性地实施教育，确有改正的，到期应当予以解除。解除处分后，学生获得表彰、奖励及其他权益，不再受原处分影响。

第三章　专项保护

第十八条　学校应当落实法律规定建立学生欺凌防控和预防性侵害、性骚扰等专项制度，建立对学生欺凌、性侵害、性骚扰行为的零容忍处理机制和受伤害学生的关爱、帮扶机制。

第十九条　学校应当成立由校内相关人员、法治副校长、法律顾问、有关专家、家长代表、学生代表等参与的学生欺凌治理组织，负责学生欺凌行为的预防和宣传教育、组织认定、实施矫治、提供援助等。

学校应当定期针对全体学生开展防治欺凌专项调查，对学校是否存在欺凌等情形进行评估。

第二十条　学校应当教育、引导学生建立平等、友善、互助的同学关系，组织教职工学习预防、处理学生欺凌的相关政策、措施和方法，对学生开展相应的专题教育，并且应当根据情况给予相关学生家长必要的家庭教育指导。

第二十一条　教职工发现学生实施下列行为的，应当及时制止：

（一）殴打、脚踢、掌掴、抓咬、推撞、拉扯等侵犯他人身体或者恐吓威胁他人；

（二）以辱骂、讥讽、嘲弄、挖苦、起侮辱性绰号等方式侵犯他人人格尊严；

（三）抢夺、强拿硬要或者故意毁坏他人财物；

（四）恶意排斥、孤立他人，影响他人参加学校活动或者社会交往；

（五）通过网络或者其他信息传播方式捏造事实诽谤他人、散布谣言或者错误信息诋毁他人、恶意传播他人隐私。

学生之间，在年龄、身体或者人数等方面占优势的一方蓄意或者恶意对另一方实施前款行为，或者以其他方式欺压、侮辱另一方，造成人身伤害、财产损失或者精神损害的，可以认定为构成欺凌。

第二十二条　教职工应当关注因身体条件、家庭背景或者学习成绩等可能处于弱势或者特殊地位的学生，发现学生存在被孤立、排挤等情形的，应当及时干预。

教职工发现学生有明显的情绪反常、身体损伤等情形，应当及时沟通了解情况，可能存在被欺凌情形的，应当及时向学校报告。

学校应当教育、支持学生主动、及时报告所发现的欺凌情形，保护自身和他人的合法权益。

第二十三条 学校接到关于学生欺凌报告的，应当立即开展调查，认为可能构成欺凌的，应当及时提交学生欺凌治理组织认定和处置，并通知相关学生的家长参与欺凌行为的认定和处理。认定构成欺凌的，应当对实施或者参与欺凌行为的学生作出教育惩戒或者纪律处分，并对其家长提出加强管教的要求，必要时，可以由法治副校长、辅导员对学生及其家长进行训导、教育。

对违反治安管理或者涉嫌犯罪等严重欺凌行为，学校不得隐瞒，应当及时向公安机关、教育行政部门报告，并配合相关部门依法处理。

不同学校学生之间发生的学生欺凌事件，应当在主管教育行政部门的指导下建立联合调查机制，进行认定和处理。

第二十四条 学校应当建立健全教职工与学生交往行为准则、学生宿舍安全管理规定、视频监控管理规定等制度，建立预防、报告、处置性侵害、性骚扰工作机制。

学校应当采取必要措施预防并制止教职工以及其他进入校园的人员实施以下行为：

（一）与学生发生恋爱关系、性关系；

（二）抚摸、故意触碰学生身体特定部位等猥亵行为；

（三）对学生作出调戏、挑逗或者具有性暗示的言行；

（四）向学生展示传播包含色情、淫秽内容的信息、书刊、影片、音像、图片或者其他淫秽物品；

（五）持有包含淫秽、色情内容的视听、图文资料；

（六）其他构成性骚扰、性侵害的违法犯罪行为。

第四章　管理要求

第二十五条 学校应当制定规范教职工、学生行为的校规校纪。校规校纪应当内容合法、合理，制定程序完备，向学生及其家长公开，并按照要求报学校主管部门备案。

第二十六条 学校应当严格执行国家课程方案，按照要求开齐开足课程、选用教材和教学辅助资料。学校开发的校本课程或者引进的课程应当经过科学论证，并报主管教育行政部门备案。

学校不得与校外培训机构合作向学生提供有偿的课程或者课程辅导。

第二十七条 学校应当加强作业管理，指导和监督教师按照规定科学适度布置家庭作业，不得超出规定增加作业量，加重学生学习负担。

第二十八条 学校应当按照规定设置图书馆、班级图书角，配备适合学生认知特点、内容积极向上的课外读物，营造良好阅读环境，培养学生阅读习惯，提升阅读质量。

学校应当加强读物和校园文化环境管理，禁止含有淫秽、色情、暴力、邪教、迷信、赌博、恐怖主义、分裂主义、极端主义等危害未成年人身心健康内容的读物、图片、视听作品等，以及商业广告、有悖于社会主义核心价值观的文化现象进入校园。

第二十九条 学校应当建立健全安全风险防控体系，按照有关规定完善安全、卫生、食品等管理制度，提供符合标准的教育教学设施、设备等，制定自然灾害、突发事件、极端天气和意外伤害应急预案，配备相应设施并定期组织必要的演练。

学生在校期间学校应当对校园实行封闭管理，禁止无关人员进入校园。

第三十条 学校应当以适当方式教育、提醒学生及家长，避免学生使用兴奋剂或者镇静催眠药、镇痛剂等成瘾性药物；发现学生使用的，应当予以制止、向主管部门或者公安机关报告，并应当及时通知家长，但学生因治疗需要并经执业医师诊断同意使用的除外。

第三十一条 学校应当建立学生体质监测制度，发现学生出现营养不良、近视、肥胖、龋齿等倾向或者有导致体质下降的不良行为习惯，应当进行必要的管理、干预，并通知家长，督促、指导家长实施矫治。

学校应当完善管理制度，保障学生在课间、课后使用学校的体育运动场地、设施开展体育锻炼；在周末和节假日期间，按规定向学生和周边未成年人免费或者优惠开放。

第三十二条 学校应当建立学生心理健康教育管理制度，建立学生心理健康问题的早期发现和及时干预机制，按照规定配备专职或者兼职心理健康教育教师、建设心理辅导室，或者通过购买专业社工服务等多种方式为学生提供专业化、个性化的指导和服务。

有条件的学校，可以定期组织教职工进行心理健康状况测评，指导、帮助教职工以积极、乐观的心态对待学生。

第三十三条 学校可以禁止学生携带手机等智能终端产品进入学校或者在校园内使用；对经允许带入的，应当统一管理，除教学需要外，禁止带入课堂。

第三十四条 学校应当将科学、文明、安全、合理使用网络纳入课程内容，对学生进行网络安全、网络文明和防止沉迷网络的教育，预防和干预学生过度使用网络。

学校为学生提供的上网设施，应当安装未成年人上网保护软件或者采取其他安全保护技术措施，避免学生接触不适宜未成年人接触的信息；发现网络产品、服务、信息有危害学生身心健康内容的，或者学生利用网络实施违法活动的，应当立即采取措施并向有关主管部门报告。

第三十五条 任何人不得在校园内吸烟、饮酒。学校应当设置明显的禁止吸烟、饮酒的标识，并不得以烟草制品、酒精饮料的品牌冠名学校、教学楼、设施设备及各类教学、竞赛活动。

第三十六条 学校应当严格执行入职报告和准入查询制度，不得聘用有下列情形的人员：

（一）受到剥夺政治权利或者因故意犯罪受到有期徒刑以上刑事处罚的；

（二）因卖淫、嫖娼、吸毒、赌博等违法行为受到治安管理处罚的；

（三）因虐待、性骚扰、体罚或者侮辱学生等情形被开除或者解聘的；

（四）实施其他被纳入教育领域从业禁止范围的行为的。

学校在聘用教职工或引入志愿者、社工等校外人员时，应当要求相关人员提交承诺书；对在聘人员应当按照规定定期开展核查，发现存在前款规定情形的人员应当及时解聘。

第三十七条 学校发现拟聘人员或者在职教职工存在下列情形的，应当对有关人员是否符合相应岗位要求进行评估，必要时可以安排有专业资质的第三方机构进行评估，并将相关结论作为是否聘用或者调整工作岗位、解聘的依据：

（一）有精神病史的；

（二）有严重酗酒、滥用精神类药物史的；

（三）有其他可能危害未成年人身心健康或者可能造成不良影响的身心疾病的。

第三十八条 学校应当加强对教职工的管理，预防和制止教职工实施法律、法规、规章以及师德规范禁止的行为。学校及教职工不得实施下列行为：

（一）利用管理学生的职务便利或者招生考试、评奖评优、推荐评价等机会，以任何形式向学生及其家长索取、收受财物或者接受宴请、其他利益；

（二）以牟取利益为目的，向学生推销或者要求、指定学生购买特定辅导书、练习册等教辅材料或者其他商品、服务；

（三）组织、要求学生参加校外有偿补课，或者与校外机构、个人合作向学生提供其他有偿服务；

（四）诱导、组织或者要求学生及其家长登录特定经营性网站，参与视频直播、网络购物、网络投票、刷票等活动；

（五）非法提供、泄露学生信息或者利用所掌握的学生信息牟取利益；

（六）其他利用管理学生的职权牟取不正当利益的行为。

第三十九条 学校根据《校车安全管理条例》配备、使用校车的，应当依法建立健全校车安全管理制度，向学生讲解校车安全乘坐知识，培养学生校车安全事故应急处理技能。

第四十条 学校应当定期巡查校园及周边环境，发现存在法律禁止在学校周边设立的营业场所、销售网点的，应当及时采取应对措施，并报告主管教育部门或者其他有关主管部门。

学校及其教职工不得安排或者诱导、组织学生进入营业性娱乐场所、互联网上网服务营业场所、电子游戏场所、酒吧等不适宜未成年人活动的场所；发现学生进入上述场所的，应当及时予以制止、教育，并向上述场所的主管部门反映。

第五章 保护机制

第四十一条 校长是学生学校保护的第一责任人。学校应当指定一名校领导直接负责学生保护工作，并明确具体的工作机构，有条件的，可以设立学生保护专员开展学生保护工作。学校应当为从事学生保护工作的人员接受相关法律、理论和技能的培训提供条件和支持，对教职工开展未成年人保护专项培训。

有条件的学校可以整合欺凌防治、纪律处分等组织、工作机制，组建学生保护委员会，统筹负责学生权益保护及相关制度建设。

第四十二条 学校要树立以生命关怀为核心的教育理念，利用安全教育、心理健康教育、环境保护教育、健康教育、禁毒和预防艾滋病教育等专题教育，引导学生热爱生命、尊重生命；要有针对性地开展青春期教育、性教育，使学生了解生理健康知识，提高防范性侵害、性骚扰的自我保护意识和能力。

第四十三条 学校应当结合相关课程要求，根据学生的身心特点和成长需求开展以宪法教育为核心、以权利与义务教育为重点的法治教育，培养学生树立正确的权利观念，并开展有针对性的预防犯罪教育。

第四十四条 学校可以根据实际组成由学校相关负责人、教师、法治副校长（辅导员）、司法和心理等方面专业人员参加的专业辅导工作机制，对有不良行为的学生进行矫治和帮扶；对有严重不良行为的学生，学校应当配合有关部门进行管教，无力管教或者管教无效的，可以依法向教育行政部门提出申请送专门学校接受专门教育。

第四十五条 学校在作出与学生权益有关的决定前，应当告知学生及其家长，听取意见并酌情采纳。

学校应当发挥学生会、少代会、共青团等学生组织的作用，指导、支持学生参与权益保护，对于情节轻微的学生纠纷或者其他侵害学生权益的情形，可以安排学生代表参与调解。

第四十六条 学校应当建立与家长有效联系机制，利用家访、家长课堂、家长会等多种方式与学生家长建立日常沟通。

学校应当建立学生重大生理、心理疾病报告制度，向家长及时告知学生身体及心理健康状况；学校发现学生身体状况或者情绪反应明显异常、突发疾病或者受到伤害的，应当及时通知学生家长。

第四十七条 学校和教职工发现学生遭受或疑似遭受家庭暴力、虐待、遗弃、长期无人照料、失踪等不法侵害以及面临不法侵害危险的，应当依照规定及时向公安、民政、教育等有关部门报告。学校应当积极参与、配合有关部门做好侵害学生权利案件的调查处理工作。

第四十八条 教职员工发现学生权益受到侵害，属于本职工作范围的，应当及时处理；不属于本职工作范围或者不能处理的，应当及时报告班主任或学校负责人；必要时可以直接向主管教育行政部门或者公安机关报告。

第四十九条 学生因遭受遗弃、虐待向学校请求保护的，学校不得拒绝、推诿，需要采取救助措施的，应当先行救助。

学校应当关心爱护学生，为身体或者心理受到伤害的学生提供相应的心理健康辅导、帮扶教育。对因欺凌造成身体或者心理伤害，无法在原班级就读的学生，学生家长提出调整班级请求，学校经评估认为有必要的，应当予以支持。

第六章　支持与监督

第五十条 教育行政部门应当积极探索与人民检察院、人民法院、公安、司法、民政、应急管理等部门以及从事未成年人保护工作的相关群团组织的协同机制，加强对学校学生保护工作的指导与监督。

第五十一条 教育行政部门应当会同有关部门健全教职工从业禁止人员名单和查询机制，指导、监督学校健全准入和定期查询制度。

第五十二条 教育行政部门可以通过政府购买服务的方式，组织具有相应资质的社会组织、专业机构及其他社会力量，为学校提供法律咨询、心理辅导、行为矫正等专业服务，为预防和处理学生权益受侵害的案件提供支持。

教育行政部门、学校在与有关部门、机构、社会组织及个人合作进行学生保护专业服务与支持过程中，应当与相关人员签订保密协议，保护学生个人及家庭隐私。

第五十三条 教育行政部门应当指定专门机构或者人员承担学生保护的监督职责，有条件的，可以设立学生保护专兼职监察员负责学生保护工作，处理或者指导处理学生欺凌、性侵害、性骚扰以及其他侵害学生权益的事件，会同有关部门落实学校安全区域制度，健全依法处理涉校纠纷的工作机制。

负责学生保护职责的人员应当接受专门业务培训，具备学生保护的必要知识与能力。

第五十四条 教育行政部门应当通过建立投诉举报电话、邮箱或其他途径，受理对学校或者教职工违反本规定或者其他法律法规、侵害学生权利的投诉、举报；处理过程中发现有关人员行为涉嫌违法犯罪的，应当及时向公安机关报案或者移送司法机关。

第五十五条 县级教育行政部门应当会同民政部门，推动设立未成年人保护社会组织，协助受理涉及学生权益的投诉举报、开展侵害学生权益案件的调查和处理，指导、支持学校、教职工、家长开展学生保护工作。

第五十六条 地方教育行政部门应当建立学生保护工作评估制度，定期组织或者委托第三方对管辖区域内学校履行保护学生法定职责情况进行评估，评估结果作为学校管理水平评价、校长考评考核的依据。

各级教育督导机构应当将学校学生保护工作情况纳入政府履行教育职责评价和学校督导评估的内容。

第七章 责任与处理

第五十七条 学校未履行未成年人保护法规定的职责，违反本规定侵犯学生合法权利的，主管教育行政部门应当责令改正，并视情节和后果，依照有关规定和权限分别对学校的主要负责人、直接责任人或者其他责任人员进行诫勉谈话、通报批评、给予处分或者责令学校给予处分；同时，可以给予学校1至3年不得参与相应评奖评优，不得获评各类示范、标兵单位等荣誉的处理。

第五十八条 学校未履行对教职工的管理、监督责任，致使发生教职工严重侵害学生身心健康的违法犯罪行为，或者有包庇、隐瞒不报，威胁、阻拦报案，妨碍调查、对学生打击报复等行为的，主管教育部门应当对主要负责人和直接责任人给予处分或者责令学校给予处分；情节严重的，应当移送有关部门查处，构成违法犯罪的，依法追究相应法律责任。因监管不力、造成严重后果而承担领导责任的校长，5年内不得再担任校长职务。

第五十九条 学校未按本规定建立学生权利保护机制，或者制定的校规违反法律法规和本规定，由主管教育部门责令限期改正、给予通报批评；情节严重、影响较大或者逾期不改正的，可以对学校主要负责人和直接负责人给予处分或者责令学校给予处分。

第六十条 教职工违反本规定的，由学校或者主管教育部门依照事业单位人员管理、中小学教师管理的规定予以处理。

教职工实施第二十四条第二款禁止行为的，应当依法予以开除或者解聘；有教师资格的，由主管教育行政部门撤销教师资格，纳入从业禁止人员名单；涉嫌犯罪的，移送有关部门依法追究责任。

教职工违反第三十八条规定牟取不当利益的，应当责令退还所收费用或者所获利益，给学生造成经济损失的，应当依法予以赔偿，并视情节给予处分，涉嫌违法犯罪的移送有关部门依法追究责任。

学校应当根据实际，建立健全校内其他工作人员聘用和管理制度，对其他人员违反本规定的，根据情节轻重予以校内纪律处分直至予以解聘，涉嫌违反治安管理或者犯罪的，移送有关部门依法追究责任。

第六十一条 教育行政部门未履行对学校的指导、监督职责，管辖区域内学校出现严重侵害学生权益情形的，由上级教育行政部门、教育督导机构责令改正、予以通报批评，情节严重的依法追究主要负责人或者直接责任人的责任。

第八章 附 则

第六十二条 幼儿园、特殊教育学校应当根据未成年人身心特点，依据本规定有针对性地加强在园、在校未成年人合法权益的保护，并参照本规定、结合实际建立保护制度。

幼儿园、特殊教育学校及其教职工违反保护职责，侵害在园、在校未成年人合法权益的，应当适用本规定从重处理。

第六十三条 本规定自2021年9月1日起施行。

学生伤害事故处理办法

（2002年6月25日教育部令第12号发布 2010年12月13日教育部令第30号修订）

第一章 总 则

第一条 为积极预防、妥善处理在校学生伤害事故，保护学生、学校的合法权益，根据《中华人民共和国教育法》、《中华人民共和国未成年人保护法》和其他相关法律、行政法规及有关规定，制定本办法。

第二条 在学校实施的教育教学活动或者学校组织的校外活动中，以及在学校负有管理责任的校舍、场地、其他教育教学设施、生活设施内发生的，造成在校学生人身损害后果的事故的处理，适用本办法。

第三条 学生伤害事故应当遵循依法、客观公正、合理适当的原则，及时、妥善地处理。

第四条 学校的举办者应当提供符合安全标准的校舍、场地、其他教育教学设施和生活设施。

教育行政部门应当加强学校安全工作，指导学校落实预防学生伤害事故的措施，指导、协助学校妥善处理学生伤害事故，维护学校正常的教育教学秩序。

第五条 学校应当对在校学生进行必要的安全教育和自护自救教育；应当按照规定，建立健全安全制度，采取相应的管理措施，预防和消除教育教学环境中存在的安全隐患；当发生伤害事故时，应当及时采取措施救助受伤害学生。

学校对学生进行安全教育、管理和保护，应当针对学生年龄、认知能力和法律行为能力的不同，采用相应的内容和预防措施。

第六条 学生应当遵守学校的规章制度和纪律；在不同的受教育阶段，应当根据自身的年龄、认知能力和法律行为能力，避免和消除相应的危险。

第七条 未成年学生的父母或者其他监护人（以下称为监护人）应当依法履行监护职责，配合学校对学生进行安全教育、管理和保护工作。

学校对未成年学生不承担监护职责，但法律有规定的或者学校依法接受委托承担相应监护职责的情形除外。

第二章 事故与责任

第八条 发生学生伤害事故，造成学生人身损害的，学校应当按照《中华人民共和国侵权责任法》及相关法律、法规的规定，承担相应的事故责任。

第九条 因下列情形之一造成的学生伤害事故，学校应当依法承担相应的责任：

（一）学校的校舍、场地、其他公共设施，以及学校提供给学生使用的学具、教育教学和生活设施、设备不符合国家规定的标准，或者有明显不安全因素的；

（二）学校的安全保卫、消防、设施设备管理等安全管理制度有明显疏漏，或者管理混乱，存在重大安全隐患，而未及时采取措施的；

（三）学校向学生提供的药品、食品、饮用水等不符合国家或者行业的有关标准、要求的；

（四）学校组织学生参加教育教学活动或者校外活动，未对学生进行相应的安全教育，并未在可预见的范围内采取必要的安全措施的；

（五）学校知道教师或者其他工作人员患有不适宜担任教育教学工作的疾病，但未采取必要措施的；

（六）学校违反有关规定，组织或者安排未成年学生从事不宜未成年人参加的劳动、体育运动或者其他活动的；

（七）学生有特异体质或者特定疾病，不宜参加某种教育教学活动，学校知道或者应当知道，但未予以必要的注意的；

（八）学生在校期间突发疾病或者受到伤害，学校发现，但未根据实际情况及时采取相应措施，导致不良后果加重的；

（九）学校教师或者其他工作人员体罚或者变相体罚学生，或者在履行职责过程中违反工作要求、操作规程、职业道德或者其他有关规定的；

（十）学校教师或者其他工作人员在负有组织、管理未成年学生的职责期间，发现学生行为具有危险性，但未进行必要的管理、告诫或者制止的；

（十一）对未成年学生擅自离校等与学生人身安全直接相关的信息，学校发现或者知道，但未及时告知未成年学生的监护人，导致未成年学生因脱离监护人的保护而发生伤害的；

（十二）学校有未依法履行职责的其他情形的。

第十条 学生或者未成年学生监护人由于过错，有下列情形之一，造成学生伤害事故，应当依法承担相应的责任：

（一）学生违反法律法规的规定，违反社会公共行为准则、学校的规章制度或者纪律，实施按其年龄和认知能力应当知道具有危险或者可能危及他人的行为的；

（二）学生行为具有危险性，学校、教师已经告诫、纠正，但学生不听劝阻、拒不改正的；

（三）学生或者其监护人知道学生有特异体质，或者患有特定疾病，但未告知学校的；

（四）未成年学生的身体状况、行为、情绪等有异常情况，监护人知道或者已被学校告知，但未履行相应监护职责的；

（五）学生或者未成年学生监护人有其他过错的。

第十一条 学校安排学生参加活动，因提供场地、设备、交通工具、食品及其他消费与服务的经营者，或者学校以外的活动组织者的过错造成的学生伤害事故，有过错的当事人应当依法承担相应的责任。

第十二条 因下列情形之一造成的学生伤害事故，学校已履行了相应职责，行为并无不当的，无法律责任：

（一）地震、雷击、台风、洪水等不可抗的自然因素造成的；

（二）来自学校外部的突发性、偶发性侵害造成的；

（三）学生有特异体质、特定疾病或者异常心理状态，学校不知道或者难于知道的；

（四）学生自杀、自伤的；

（五）在对抗性或者具有风险性的体育竞赛活动中发生意外伤害的；

（六）其他意外因素造成的。

第十三条 下列情形下发生的造成学生人身损害后果的事故，学校行为并无不当的，不承担事故责任；事故责任应当按有关法律法规或者其他有关规定认定：

（一）在学生自行上学、放学、返校、离校途中发生的；

（二）在学生自行外出或者擅自离校期间发生的；

（三）在放学后、节假日或者假期等学校工作时间以外，学生自行滞留学校或者自行到校发生的；

（四）其他在学校管理职责范围外发生的。

第十四条 因学校教师或者其他工作人员与其职务无关的个人行为，或者因学生、教师及其他个人故意实施的违法犯罪行为，造成学生人身损害的，由致害人依法承担相应的责任。

第三章 事故处理程序

第十五条 发生学生伤害事故，学校应当及时救助受伤害学生，并应当及时告知未成年学生的监护人；有条件的，应当采取紧急救援等方式救助。

第十六条 发生学生伤害事故，情形严重的，学校应当及时向主管教育行政部门及有关部门报告；属于重大伤亡事故的，教育行政部门应当按照有关规定及时向同级人民政府和上一级教育行政部门报告。

第十七条 学校的主管教育行政部门应学校要求或者认为必要，可以指导、协助学校进行事故的处理工作，尽快恢复学校正常的教育教学秩序。

第十八条 发生学生伤害事故，学校与受伤害学生或者学生家长可以通过协商方式解决；双方自愿，可以书面请求主管教育行政部门进行调解。

成年学生或者未成年学生的监护人也可以依法直接提起诉讼。

第十九条 教育行政部门收到调解申请，认为必要的，可以指定专门人员进行调解，并应当在受理申请之日起60日内完成调解。

第二十条 经教育行政部门调解，双方就事故处理达成一致意见的，应当在调解人员的见证下签订调解协议，结束调解；在调解期限内，双方不能达成一致意见，或者调解过程中一方提起诉讼，人民法院已经受理的，应当终止调解。

调解结束或者终止，教育行政部门应当书面通知当事人。

第二十一条 对经调解达成的协议，一方当事人不履行或者反悔的，双方可以依法提起诉讼。

第二十二条 事故处理结束，学校应当将事故处理结果书面报告主管的教育行政部门；重大伤亡事故的处理结果，学校主管的教育行政部门应当向同级人民政府和上一级教育行政部门报告。

第四章 事故损害的赔偿

第二十三条 对发生学生伤害事故负有责任的组织或者个人，应当按照法律法规的有关规定，承担相应的损害赔偿责任。

第二十四条 学生伤害事故赔偿的范围与标准，按照有关行政法规、地方性法规或者最高人民法院司法解释中的有关规定确定。

教育行政部门进行调解时，认为学校有责任的，可以依照有关法律法规及国家有关规定，提出相应的调解方案。

第二十五条 对受伤害学生的伤残程度存在争议的，可以委托当地具有相应鉴定资格的医院或者有关机构，依据国家规定的人体伤残标准进行鉴定。

第二十六条 学校对学生伤害事故负有责任的，根据责任大小，适当予以经济赔偿，但不承担解决户口、住房、就业等与救助受伤害学生、赔偿相应经济损失无直接关系的其他事项。

学校无责任的，如果有条件，可以根据实际情况，本着自愿和可能的原则，对受伤害学生给予适当的帮助。

第二十七条 因学校教师或者其他工作人员在履行职务中的故意或者重大过失造成的学生伤害事故，学校予以赔偿后，可以向有关责任人员追偿。

第二十八条 未成年学生对学生伤害事故负有责任的，由其监护人依法承担相应的赔偿责任。

学生的行为侵害学校教师及其他工作人员以及其他组织、个人的合法权益，造成损失的，成年学生或者未成年学生的监护人应当依法予以赔偿。

第二十九条 根据双方达成的协议、经调解形成的协议或者人民法院的生效判决，应当由学校负担的赔偿金，学校应当负责筹措；学校无力完全筹措的，由学校的主管部门或者举办者协助筹措。

第三十条 县级以上人民政府教育行政部门或者学校举办者有条件的，可以通过设立学生伤害赔偿准备金等多种形式，依法筹措伤害赔偿金。

第三十一条 学校有条件的，应当依据保险法的有关规定，参加学校责任保险。

教育行政部门可以根据实际情况，鼓励中小学参加学校责任保险。

提倡学生自愿参加意外伤害保险。在尊重学生意愿的前提下，学校可以为学生参加意外伤害保险创造便利条件，但不得从中收取任何费用。

第五章 事故责任者的处理

第三十二条 发生学生伤害事故，学校负有责任且情节严重的，教育行政部门应当根据有关规定，对学校的直接负责的主管人员和其他直接责任人员，分别给予相应的行政处分；有关责任人的行为触犯刑律的，应当移送司法机关依法追究刑事责任。

第三十三条 学校管理混乱，存在重大安全隐患的，主管的教育行政部门或者其他有关部门应当责令其限期整顿；对情节严重或者拒不改正的，应当依据法律法规的有关规定，给予相应的行政处罚。

第三十四条 教育行政部门未履行相应职责，对学生伤害事故的发生负有责任的，由有关部门对直接负责的主管人员和其他直接责任人员分别给予相应的行政处分；有关责任人的行为触犯刑律的，应当移送司法机关依法追究刑事责任。

第三十五条 违反学校纪律，对造成学生伤害事故负有责任的学生，学校可以给予相应的处分；触犯刑律的，由司法机关依法追究刑事责任。

第三十六条 受伤害学生的监护人、亲属或者其他有关人员，在事故处理过程中无理取闹，扰乱学校正常教育教学秩序，或者侵犯学校、学校教师或者其他工作人员的合法权益的，学校应当报告公安机关依法处理；造成损失的，可以依法要求赔偿。

第六章 附 则

第三十七条 本办法所称学校，是指国家或者社会力量举办的全日制的中小学（含特殊教育学校）、各类中等职业学校、高等学校。

本办法所称学生是指在上述学校中全日制就读的受教育者。

第三十八条 幼儿园发生的幼儿伤害事故，应当根据幼儿为完全无行为能力人的特点，参照本办法处理。

第三十九条 其他教育机构发生的学生伤害事故，参照本办法处理。

在学校注册的其他受教育者在学校管理范围内发生的伤害事故，参照本办法处理。

第四十条 本办法自2002年9月1日起实施，原国家教委、教育部颁布的与学生人身安全事故处理有关的规定，与本办法不符的，以本办法为准。

在本办法实施之前已处理完毕的学生伤害事故不再重新处理。

幼儿园教师违反职业道德行为处理办法

（2018 年 11 月 8 日　教师〔2018〕19 号）

第一条　为规范幼儿园教师职业行为，保障教师、幼儿的合法权益，根据《中华人民共和国教育法》《中华人民共和国未成年人保护法》《中华人民共和国教师法》《教师资格条例》和《新时代幼儿园教师职业行为十项准则》等法律法规和制度规范，制定本办法。

第二条　本办法所称幼儿园教师包括公办幼儿园、民办幼儿园的教师。

第三条　本办法所称处理包括处分和其他处理。处分包括警告、记过、降低岗位等级或撤职、开除。警告期限为 6 个月，记过期限为 12 个月，降低岗位等级或撤职期限为 24 个月。是中共党员的，同时给予党纪处分。

其他处理包括给予批评教育、诫勉谈话、责令检查、通报批评，以及取消在评奖评优、职务晋升、职称评定、岗位聘用、工资晋级、申报人才计划等方面的资格。取消相关资格的处理执行期限不得少于 24 个月。

教师涉嫌违法犯罪的，及时移送司法机关依法处理。

第四条　应予处理的教师违反职业道德行为如下：

（一）在保教活动中及其他场合有损害党中央权威和违背党的路线方针政策的言行。

（二）损害国家利益、社会公共利益，或违背社会公序良俗。

（三）通过保教活动、论坛、讲座、信息网络及其他渠道发表、转发错误观点，或编造散布虚假信息、不良信息。

（四）在工作期间玩忽职守、消极怠工，或空岗、未经批准找人替班，利用职务之便兼职兼薪。

（五）在保教活动中遇突发事件、面临危险时，不顾幼儿安危，擅离职守，自行逃离。

（六）体罚和变相体罚幼儿，歧视、侮辱幼儿，猥亵、虐待、伤害幼儿。

（七）采用学校教育方式提前教授小学内容，组织有碍幼儿身心健康的活动。

（八）在入园招生、绩效考核、岗位聘用、职称评聘、评优评奖等工作中徇私舞弊、弄虚作假。

（九）索要、收受幼儿家长财物或参加由家长付费的宴请、旅游、娱乐休闲等活动，推销幼儿读物、社会保险或利用家长资源谋取私利。

（十）组织幼儿参加以营利为目的的表演、竞赛活动，或泄露幼儿与家长的信息。

（十一）其他违反职业道德的行为。

第五条 幼儿园及幼儿园主管部门发现教师存在第四条列举行为的，应当及时组织调查核实，视情节轻重给予相应处理。作出处理决定前，应当听取教师的陈述和申辩，调查了解幼儿情况，听取其他教师、家长委员会或者家长代表意见，并告知教师有要求举行听证的权利。对于拟给予降低岗位等级以上的处分，教师要求听证的，拟作出处理决定的部门应当组织听证。

第六条 给予教师处理，应当坚持公平公正、教育与惩处相结合的原则；应当与其违反职业道德行为的性质、情节、危害程度相适应；应当事实清楚、证据确凿、定性准确、处理恰当、程序合法、手续完备。

第七条 给予教师处理按照以下权限决定：

（一）警告和记过处分，公办幼儿园教师由所在幼儿园提出建议，幼儿园主管部门决定。民办幼儿园教师由所在幼儿园提出建议，幼儿园举办者做出决定，并报主管部门备案。

（二）降低岗位等级或撤职处分，公办幼儿园由教师所在幼儿园提出建议，幼儿园主管部门决定并报同级人事部门备案。民办幼儿园教师由所在幼儿园提出建议，幼儿园举办者做出决定，并报主管部门备案。

（三）开除处分，公办幼儿园在编教师由所在幼儿园提出建议，幼儿园主管部门决定并报同级人事部门备案。未纳入编制管理的教师由所在幼儿园决定并解除其聘任合同，报主管部门备案。民办幼儿园教师由所在幼儿园提出建议，幼儿园举办者做出决定并解除其聘任合同，报主管部门备案。

（四）给予批评教育、诫勉谈话、责令检查、通报批评，以及取消在评奖评优、职务晋升、职称评定、岗位聘用、工资晋级、申报人才计划等方面资格的其他处理，按照管理权限，由教师所在幼儿园或主管部门视其情节轻重作出决定。

第八条 处理决定应当书面通知教师本人并载明认定的事实、理由、依据、期限及申诉途径等内容。

第九条 教师不服处理决定的，可以向幼儿园主管部门申请复核。对复核结果不服的，可以向幼儿园主管部门的上一级行政部门提出申诉。

对教师的处理，在期满后根据悔改表现予以延期或解除，处理决定和处理解除决定都应完整存入人事档案及教师管理信息系统。

第十条 教师受到处分的，符合《教师资格条例》第十九条规定的，由县级以上教育行政部门依法撤销其教师资格。

教师受处分期间暂缓教师资格定期注册。依据《中华人民共和国教师法》第十四条规定丧失教师资格的，不能重新取得教师资格。

教师受记过以上处分期间不能参加专业技术职务任职资格评审。

第十一条 教师被依法判处刑罚的，依据《事业单位工作人员处分暂行规定》给予降低岗位等级或者撤职以上处分。其中，被依法判处有期徒刑以上刑罚的，给予开除处分。教师受到剥夺政治权利或者故意犯罪受到有期徒刑以上刑事处罚的，丧失教师资格。

第十二条 公办幼儿园、民办幼儿园举办者及主管部门不履行或不正确履行师德师风建设管理职责，有下列情形的，上一级行政部门应当视情节轻重采取约谈、诫勉谈话、通报批评、纪律处分和组织处理等方式严肃追究主要负责人、分管负责人和直接责任人的责任：

（一）师德师风长效机制建设、日常教育督导不到位；

（二）师德失范问题排查发现不及时；

（三）对已发现的师德失范行为处置不力、方式不当或拒不处分、拖延处分、推诿隐瞒的；

（四）已作出的师德失范行为处理决定落实不到位，师德失范行为整改不彻底；

（五）多次出现师德失范问题或因师德失范行为引起不良社会影响；

（六）其他应当问责的失职失责情形。

第十三条 省级教育行政部门应当结合当地实际情况制定实施细则，并报国务院教育行政部门备案。

第十四条 本办法自发布之日起施行。

中小学教师违反职业道德行为处理办法

（2018年11月8日　教师〔2018〕18号）

第一条　为规范教师职业行为，保障教师、学生的合法权益，根据《中华人民共和国教育法》《中华人民共和国未成年人保护法》《中华人民共和国教师法》《教师资格条例》和《新时代中小学教师职业行为十项准则》等法律法规和制度规范，制定本办法。

第二条　本办法所称中小学教师是指普通中小学、中等职业学校（含技工学校）、特殊教育机构、少年宫以及地方教研室、电化教育等机构的教师。

前款所称中小学教师包括民办学校教师。

第三条　本办法所称处理包括处分和其他处理。处分包括警告、记过、降低岗位等级或撤职、开除。警告期限为6个月，记过期限为12个月，降低岗位等级或撤职期限为24个月。是中共党员的，同时给予党纪处分。

其他处理包括给予批评教育、诫勉谈话、责令检查、通报批评，以及取消在评奖评优、职务晋升、职称评定、岗位聘用、工资晋级、申报人才计划等方面的资格。取消相关资格的处理执行期限不得少于24个月。

教师涉嫌违法犯罪的，及时移送司法机关依法处理。

第四条　应予处理的教师违反职业道德行为如下：

（一）在教育教学活动中及其他场合有损害党中央权威、违背党的路线方针政策的言行。

（二）损害国家利益、社会公共利益，或违背社会公序良俗。

（三）通过课堂、论坛、讲座、信息网络及其他渠道发表、转发错误观点，或编造散布虚假信息、不良信息。

（四）违反教学纪律，敷衍教学，或擅自从事影响教育教学本职工作的兼职兼薪行为。

（五）歧视、侮辱学生，虐待、伤害学生。

（六）在教育教学活动中遇突发事件、面临危险时，不顾学生安危，擅离职守，自行逃离。

（七）与学生发生不正当关系，有任何形式的猥亵、性骚扰行为。

（八）在招生、考试、推优、保送及绩效考核、岗位聘用、职称评聘、评优评奖等工作中徇私舞弊、弄虚作假。

（九）索要、收受学生及家长财物或参加由学生及家长付费的宴请、旅游、娱乐休闲等活动，向学生推销图书报刊、教辅材料、社会保险或利用家长资源谋取私利。

（十）组织、参与有偿补课，或为校外培训机构和他人介绍生源、提供相关信息。

（十一）其他违反职业道德的行为。

第五条 学校及学校主管教育部门发现教师存在违反第四条列举行为的，应当及时组织调查核实，视情节轻重给予相应处理。作出处理决定前，应当听取教师的陈述和申辩，听取学生、其他教师、家长委员会或者家长代表意见，并告知教师有要求举行听证的权利。对于拟给予降低岗位等级以上的处分，教师要求听证的，拟作出处理决定的部门应当组织听证。

第六条 给予教师处理，应当坚持公平公正、教育与惩处相结合的原则；应当与其违反职业道德行为的性质、情节、危害程度相适应；应当事实清楚、证据确凿、定性准确、处理恰当、程序合法、手续完备。

第七条 给予教师处理按照以下权限决定：

（一）警告和记过处分，公办学校教师由所在学校提出建议，学校主管教育部门决定。民办学校教师由所在学校决定，报主管教育部门备案。

（二）降低岗位等级或撤职处分，由教师所在学校提出建议，学校主管教育部门决定并报同级人事部门备案。

（三）开除处分，公办学校教师由所在学校提出建议，学校主管教育部门决定并报同级人事部门备案。民办学校教师或者未纳入人事编制管理的教师由所在学校决定并解除其聘任合同，报主管教育部门备案。

（四）给予批评教育、诫勉谈话、责令检查、通报批评，以及取消在评奖评优、职务晋升、职称评定、岗位聘用、工资晋级、申报人才计划等方面资格的其他处理，按照管理权限，由教师所在学校或主管部门视其情节轻重作出决定。

第八条 处理决定应当书面通知教师本人并载明认定的事实、理由、依据、期限及申诉途径等内容。

第九条 教师不服处理决定的，可以向学校主管教育部门申请复核。对复核结果不服的，可以向学校主管教育部门的上一级行政部门提出申诉。

对教师的处理，在期满后根据悔改表现予以延期或解除，处理决定和处理解除决定都应完整存入人事档案及教师管理信息系统。

第十条 教师受到处分的，符合《教师资格条例》第十九条规定的，由县级以上教育行政部门依法撤销其教师资格。

教师受处分期间暂缓教师资格定期注册。依据《中华人民共和国教师法》第十四条规定丧失教师资格的，不能重新取得教师资格。

教师受记过以上处分期间不能参加专业技术职务任职资格评审。

第十一条 教师被依法判处刑罚的，依据《事业单位工作人员处分暂行规定》给予降低岗位等级或者撤职以上处分。其中，被依法判处有期徒刑以上刑罚的，给予开除处分。教师受到剥夺政治权利或者故意犯罪受到有期徒刑以上刑事处罚的，丧失教师资格。

第十二条 学校及主管教育部门不履行或不正确履行师德师风建设管理职责，有下列情形的，上一级行政部门应当视情节轻重采取约谈、诫勉谈话、通报批评、纪律处分和组织处理等方式严肃追究主要负责人、分管负责人和直接责任人的责任：

（一）师德师风长效机制建设、日常教育督导不到位；

（二）师德失范问题排查发现不及时；

（三）对已发现的师德失范行为处置不力、方式不当或拒不处分、拖延处分、推诿隐瞒的；

（四）已作出的师德失范行为处理决定落实不到位，师德失范行为整改不彻底；

（五）多次出现师德失范问题或因师德失范行为引起不良社会影响；

（六）其他应当问责的失职失责情形。

第十三条 省级教育行政部门应当结合当地实际情况制定实施细则，并报国务院教育行政部门备案。

第十四条 本办法自发布之日起施行。

中小学幼儿园安全管理办法

（2006年6月30日教育部、公安部、司法部、建设部、交通部、文化部、卫生部、国家工商行政管理总局、国家质量监督检验检疫总局、新闻出版总署令第23号公布　自2006年9月1日起施行）

第一章　总　　则

第一条　为加强中小学、幼儿园安全管理，保障学校及其学生和教职工的人身、财产安全，维护中小学、幼儿园正常的教育教学秩序，根据《中华人民共和国教育法》等法律法规，制定本办法。

第二条　普通中小学、中等职业学校、幼儿园（班）、特殊教育学校、工读学校（以下统称学校）的安全管理适用本办法。

第三条　学校安全管理遵循积极预防、依法管理、社会参与、各负其责的方针。

第四条　学校安全管理工作主要包括：

（一）构建学校安全工作保障体系，全面落实安全工作责任制和事故责任追究制，保障学校安全工作规范、有序进行；

（二）健全学校安全预警机制，制定突发事件应急预案，完善事故预防措施，及时排除安全隐患，不断提高学校安全工作管理水平；

（三）建立校园周边整治协调工作机制，维护校园及周边环境安全；

（四）加强安全宣传教育培训，提高师生安全意识和防护能力；

（五）事故发生后启动应急预案、对伤亡人员实施救治和责任追究等。

第五条　各级教育、公安、司法行政、建设、交通、文化、卫生、工商、质检、新闻出版等部门在本级人民政府的领导下，依法履行学校周边治理和学校安全的监督与管理职责。

学校应当按照本办法履行安全管理和安全教育职责。

社会团体、企业事业单位、其他社会组织和个人应当积极参与和支持学校安全工作，依法维护学校安全。

第二章 安全管理职责

第六条 地方各级人民政府及其教育、公安、司法行政、建设、交通、文化、卫生、工商、质检、新闻出版等部门应当按照职责分工，依法负责学校安全工作，履行学校安全管理职责。

第七条 教育行政部门对学校安全工作履行下列职责：

（一）全面掌握学校安全工作状况，制定学校安全工作考核目标，加强对学校安全工作的检查指导，督促学校建立健全并落实安全管理制度；

（二）建立安全工作责任制和事故责任追究制，及时消除安全隐患，指导学校妥善处理学生伤害事故；

（三）及时了解学校安全教育情况，组织学校有针对性地开展学生安全教育，不断提高教育实效；

（四）制定校园安全的应急预案，指导、监督下级教育行政部门和学校开展安全工作；

（五）协调政府其他相关职能部门共同做好学校安全管理工作，协助当地人民政府组织对学校安全事故的救援和调查处理。

教育督导机构应当组织学校安全工作的专项督导。

第八条 公安机关对学校安全工作履行下列职责：

（一）了解掌握学校及周边治安状况，指导学校做好校园保卫工作，及时依法查处扰乱校园秩序、侵害师生人身、财产安全的案件；

（二）指导和监督学校做好消防安全工作；

（三）协助学校处理校园突发事件。

第九条 卫生部门对学校安全工作履行下列职责：

（一）检查、指导学校卫生防疫和卫生保健工作，落实疾病预防控制措施；

（二）监督、检查学校食堂、学校饮用水和游泳池的卫生状况。

第十条 建设部门对学校安全工作履行下列职责：

（一）加强对学校建筑、燃气设施设备安全状况的监管，发现安全事故隐患的，应当依法责令立即排除；

（二）指导校舍安全检查鉴定工作；

（三）加强对学校工程建设各环节的监督管理，发现校舍、楼梯护栏及其他教学、生活设施违反工程建设强制性标准的，应责令纠正；

（四）依法督促学校定期检验、维修和更新学校相关设施设备。

第十一条 质量技术监督部门应当定期检查学校特种设备及相关设施的安全状况。

第十二条 公安、卫生、交通、建设等部门应当定期向教育行政部门和学校通报与学校安全管理相关的社会治安、疾病防治、交通等情况，提出具体预防要求。

第十三条 文化、新闻出版、工商等部门应当对校园周边的有关经营服务场所加强管理和监督，依法查处违法经营者，维护有利于青少年成长的良好环境。

司法行政、公安等部门应当按照有关规定履行学校安全教育职责。

第十四条 举办学校的地方人民政府、企业事业组织、社会团体和公民个人，应当对学校安全工作履行下列职责：

（一）保证学校符合基本办学标准，保证学校围墙、校舍、场地、教学设施、教学用具、生活设施和饮用水源等办学条件符合国家安全质量标准；

（二）配置紧急照明装置和消防设施与器材，保证学校教学楼、图书馆、实验室、师生宿舍等场所的照明、消防条件符合国家安全规定；

（三）定期对校舍安全进行检查，对需要维修的，及时予以维修；对确认的危房，及时予以改造。

举办学校的地方人民政府应当依法维护学校周边秩序，保障师生和学校的合法权益，为学校提供安全保障。

有条件的，学校举办者应当为学校购买责任保险。

第三章 校内安全管理制度

第十五条 学校应当遵守有关安全工作的法律、法规和规章，建立健全校内各项安全管理制度和安全应急机制，及时消除隐患，预防发生事故。

第十六条 学校应当建立校内安全工作领导机构，实行校长负责制；应当设立保卫机构，配备专职或者兼职安全保卫人员，明确其安全保卫职责。

第十七条 学校应当健全门卫制度，建立校外人员入校的登记或者验证制度，禁止无关人员和校外机动车入内，禁止将非教学用易燃易爆物品、有毒物品、动物和管制器具等危险物品带入校园。

学校门卫应当由专职保安或者其他能够切实履行职责的人员担任。

第十八条 学校应当建立校内安全定期检查制度和危房报告制度，按照国家有关规定安排对学校建筑物、构筑物、设备、设施进行安全检查、检验；发现存在安全隐患的，应当停止使用，及时维修或者更换；维修、更换前应当采取必要的防护措施或者设置警示标志。学校无力解决或者无法排除的重大安全隐患，应当及时书面报告主管部门和其他相关部门。

学校应当在校内高地、水池、楼梯等易发生危险的地方设置警示标志或者采取防护设施。

第十九条 学校应当落实消防安全制度和消防工作责任制，对于政府保障配备的消防设施和器材加强日常维护，保证其能够有效使用，并设置消防安全标志，保证疏散通道、安全出口和消防车通道畅通。

第二十条 学校应当建立用水、用电、用气等相关设施设备的安全管理制度，定期进行检查或者按照规定接受有关主管部门的定期检查，发现老化或者损毁的，及时进行维修或者更换。

第二十一条 学校应当严格执行《学校食堂与学生集体用餐卫生管理规定》、《餐饮业和学生集体用餐配送单位卫生规范》，严格遵守卫生操作规范。建立食堂物资定点采购和索证、登记制度与饭菜留验和记录制度，检查饮用水的卫生安全状况，保障师生饮食卫生安全。

第二十二条 学校应当建立实验室安全管理制度，并将安全管理制度和操作规程置于实验室显著位置。

学校应当严格建立危险化学品、放射物质的购买、保管、使用、登记、注销等制度，保证将危险化学品、放射物质存放在安全地点。

第二十三条 学校应当按照国家有关规定配备具有从业资格的专职医务（保健）人员或者兼职卫生保健教师，购置必需的急救器材和药品，保障对学生常见病的治疗，并负责学校传染病疫情及其他突发公共卫生事件的报告。有条件的学校，应当设立卫生（保健）室。

新生入学应当提交体检证明。托幼机构与小学在入托、入学时应当查验预防接种证。学校应当建立学生健康档案，组织学生定期体检。

第二十四条 学校应当建立学生安全信息通报制度，将学校规定的学生到校和放学时间、学生非正常缺席或者擅自离校情况、以及学生身体和心理的异常状况等关系学生安全的信息，及时告知其监护人。

对有特异体质、特定疾病或者其他生理、心理状况异常以及有吸毒行为的学生，学校应当做好安全信息记录，妥善保管学生的健康与安全信息资料，依法保护学生的个人隐私。

第二十五条 有寄宿生的学校应当建立住宿学生安全管理制度，配备专人负责住宿学生的生活管理和安全保卫工作。

学校应当对学生宿舍实行夜间巡查、值班制度，并针对女生宿舍安全工作的特点，加强对女生宿舍的安全管理。

学校应当采取有效措施，保证学生宿舍的消防安全。

第二十六条 学校购买或者租用机动车专门用于接送学生的，应当建立车辆管理制度，并及时到公安机关交通管理部门备案。接送学生的车辆必须检验合格，并定期维护和检测。

接送学生专用校车应当粘贴统一标识。标识样式由省级公安机关交通管理部门和教育行政部门制定。

学校不得租用拼装车、报废车和个人机动车接送学生。

接送学生的机动车驾驶员应当身体健康，具备相应准驾车型 3 年以上安全驾驶经历，最近 3 年内任一记分周期没有记满 12 分记录，无致人伤亡的交通责任事故。

第二十七条 学校应当建立安全工作档案，记录日常安全工作、安全责任落实、安全检查、安全隐患消除等情况。

安全档案作为实施安全工作目标考核、责任追究和事故处理的重要依据。

第四章　日常安全管理

第二十八条 学校在日常的教育教学活动中应当遵循教学规范，落实安全管理要求，合理预见、积极防范可能发生的风险。

学校组织学生参加的集体劳动、教学实习或者社会实践活动，应当符合学生的心理、生理特点和身体健康状况。

学校以及接受学生参加教育教学活动的单位必须采取有效措施，为学生活动提供安全保障。

第二十九条 学校组织学生参加大型集体活动，应当采取下列安全措施：

（一）成立临时的安全管理组织机构；

（二）有针对性地对学生进行安全教育；

（三）安排必要的管理人员，明确所负担的安全职责；

（四）制定安全应急预案，配备相应设施。

第三十条 学校应当按照《学校体育工作条例》和教学计划组织体育教学和体育活动，并根据教学要求采取必要的保护和帮助措施。

学校组织学生开展体育活动，应当避开主要街道和交通要道；开展大型体育活动以及其他大型学生活动，必须经过主要街道和交通要道的，应当事先与公安机关交通管理部门共同研究并落实安全措施。

第三十一条 小学、幼儿园应当建立低年级学生、幼儿上下学时接送的交接制度，不得将晚离学校的低年级学生、幼儿交与无关人员。

第三十二条 学生在教学楼进行教学活动和晚自习时，学校应当合理安排学生疏散时间和楼道上下顺序，同时安排人员巡查，防止发生拥挤踩踏伤害事故。

晚自习学生没有离校之前，学校应当有负责人和教师值班、巡查。

第三十三条 学校不得组织学生参加抢险等应当由专业人员或者成人从事的活动，不得组织学生参与制作烟花爆竹、有毒化学品等具有危险性的活动，不得组织学生参加商业性活动。

第三十四条 学校不得将场地出租给他人从事易燃、易爆、有毒、有害等危险品的生产、经营活动。

学校不得出租校园内场地停放校外机动车辆；不得利用学校用地建设对社会开放的停车场。

第三十五条 学校教职工应当符合相应任职资格和条件要求。学校不得聘用因故意犯罪而受到刑事处罚的人，或者有精神病史的人担任教职工。

学校教师应当遵守职业道德规范和工作纪律，不得侮辱、殴打、体罚或者变相体罚学生；发现学生行为具有危险性的，应当及时告诫、制止，并与学生监护人沟通。

第三十六条 学生在校学习和生活期间，应当遵守学校纪律和规章制度，服从学校的安全教育和管理，不得从事危及自身或者他人安全的活动。

第三十七条 监护人发现被监护人有特异体质、特定疾病或者异常心理状况的，应当及时告知学校。

学校对已知的有特异体质、特定疾病或者异常心理状况的学生，应当给予适当关注和照顾。生理、心理状况异常不宜在校学习的学生，应当休学，由监护人安排治疗、休养。

第五章　安全教育

第三十八条　学校应当按照国家课程标准和地方课程设置要求，将安全教育纳入教学内容，对学生开展安全教育，培养学生的安全意识，提高学生的自我防护能力。

第三十九条　学校应当在开学初、放假前，有针对性地对学生集中开展安全教育。新生入校后，学校应当帮助学生及时了解相关的学校安全制度和安全规定。

第四十条　学校应当针对不同课程实验课的特点与要求，对学生进行实验用品的防毒、防爆、防辐射、防污染等的安全防护教育。

学校应当对学生进行用水、用电的安全教育，对寄宿学生进行防火、防盗和人身防护等方面的安全教育。

第四十一条　学校应当对学生开展安全防范教育，使学生掌握基本的自我保护技能，应对不法侵害。

学校应当对学生开展交通安全教育，使学生掌握基本的交通规则和行为规范。

学校应当对学生开展消防安全教育，有条件的可以组织学生到当地消防站参观和体验，使学生掌握基本的消防安全知识，提高防火意识和逃生自救的能力。

学校应当根据当地实际情况，有针对性地对学生开展到江河湖海、水库等地方戏水、游泳的安全卫生教育。

第四十二条　学校可根据当地实际情况，组织师生开展多种形式的事故预防演练。

学校应当每学期至少开展一次针对洪水、地震、火灾等灾害事故的紧急疏散演练，使师生掌握避险、逃生、自救的方法。

第四十三条　教育行政部门按照有关规定，与人民法院、人民检察院和公安、司法行政等部门以及高等学校协商，选聘优秀的法律工作者担任学校的兼职法制副校长或者法制辅导员。

兼职法制副校长或者法制辅导员应当协助学校检查落实安全制度和安全事故处理、定期对师生进行法制教育等，其工作成果纳入派出单位的工作考核内容。

第四十四条 教育行政部门应当组织负责安全管理的主管人员、学校校长、幼儿园园长和学校负责安全保卫工作的人员，定期接受有关安全管理培训。

第四十五条 学校应当制定教职工安全教育培训计划，通过多种途径和方法，使教职工熟悉安全规章制度、掌握安全救护常识，学会指导学生预防事故、自救、逃生、紧急避险的方法和手段。

第四十六条 学生监护人应当与学校互相配合，在日常生活中加强对被监护人的各项安全教育。

学校鼓励和提倡监护人自愿为学生购买意外伤害保险。

第六章 校园周边安全管理

第四十七条 教育、公安、司法行政、建设、交通、文化、卫生、工商、质检、新闻出版等部门应当建立联席会议制度，定期研究部署学校安全管理工作，依法维护学校周边秩序；通过多种途径和方式，听取学校和社会各界关于学校安全管理工作的意见和建议。

第四十八条 建设、公安等部门应当加强对学校周边建设工程的执法检查，禁止任何单位或者个人违反有关法律、法规、规章、标准，在学校围墙或者建筑物边建设工程，在校园周边设立易燃易爆、剧毒、放射性、腐蚀性等危险物品的生产、经营、储存、使用场所或者设施以及其他可能影响学校安全的场所或者设施。

第四十九条 公安机关应当把学校周边地区作为重点治安巡逻区域，在治安情况复杂的学校周边地区增设治安岗亭和报警点，及时发现和消除各类安全隐患，处置扰乱学校秩序和侵害学生人身、财产安全的违法犯罪行为。

第五十条 公安、建设和交通部门应当依法在学校门前道路设置规范的交通警示标志，施划人行横线，根据需要设置交通信号灯、减速带、过街天桥等设施。

在地处交通复杂路段的学校上下学时间，公安机关应当根据需要部署警力或者交通协管人员维护道路交通秩序。

第五十一条 公安机关和交通部门应当依法加强对农村地区交通工具的监督管理，禁止没有资质的车船搭载学生。

第五十二条 文化部门依法禁止在中学、小学校园周围200米范围内设立互联网上网服务营业场所，并依法查处接纳未成年人进入的互联网上网服务营业场所。工商行政管理部门依法查处取缔擅自设立的互联网上网服务营业场所。

第五十三条 新闻出版、公安、工商行政管理等部门应当依法取缔学校周边兜售非法出版物的游商和无证照摊点，查处学校周边制售含有淫秽色情、凶杀暴力等内容的出版物的单位和个人。

第五十四条 卫生、工商行政管理部门应当对校园周边饮食单位的卫生状况进行监督，取缔非法经营的小卖部、饮食摊点。

第七章　安全事故处理

第五十五条 在发生地震、洪水、泥石流、台风等自然灾害和重大治安、公共卫生突发事件时，教育等部门应当立即启动应急预案，及时转移、疏散学生，或者采取其他必要防护措施，保障学校安全和师生人身财产安全。

第五十六条 校园内发生火灾、食物中毒、重大治安等突发安全事故以及自然灾害时，学校应当启动应急预案，及时组织教职工参与抢险、救助和防护，保障学生身体健康和人身、财产安全。

第五十七条 发生学生伤亡事故时，学校应当按照《学生伤害事故处理办法》规定的原则和程序等，及时实施救助，并进行妥善处理。

第五十八条 发生教职工和学生伤亡等安全事故的，学校应当及时报告主管教育行政部门和政府有关部门；属于重大事故的，教育行政部门应当按照有关规定及时逐级上报。

第五十九条 省级教育行政部门应当在每年1月31日前向国务院教育行政部门书面报告上一年度学校安全工作和学生伤亡事故情况。

第八章　奖励与责任

第六十条 教育、公安、司法行政、建设、交通、文化、卫生、工商、质检、新闻出版等部门，对在学校安全工作中成绩显著或者做出突出贡献的单位和个人，应当视情况联合或者分别给予表彰、奖励。

第六十一条 教育、公安、司法行政、建设、交通、文化、卫生、工商、质检、新闻出版等部门，不依法履行学校安全监督与管理职责的，由上级部门给予批评；对直接责任人员由上级部门和所在单位视情节轻重，给予批评教育或者行政处分；构成犯罪的，依法追究刑事责任。

第六十二条 学校不履行安全管理和安全教育职责，对重大安全隐患未及时采取措施的，有关主管部门应当责令其限期改正；拒不改正或者有下列情形之一的，教育行政部门应当对学校负责人和其他直接责任人员给予行政处分；构成犯罪的，依法追究刑事责任：

（一）发生重大安全事故、造成学生和教职工伤亡的；

（二）发生事故后未及时采取适当措施、造成严重后果的；

（三）瞒报、谎报或者缓报重大事故的；

（四）妨碍事故调查或者提供虚假情况的；

（五）拒绝或者不配合有关部门依法实施安全监督管理职责的。

《中华人民共和国民办教育促进法》及其实施条例另有规定的，依其规定执行。

第六十三条 校外单位或者人员违反治安管理规定、引发学校安全事故的，或者在学校安全事故处理过程中，扰乱学校正常教育教学秩序、违反治安管理规定的，由公安机关依法处理；构成犯罪的，依法追究其刑事责任；造成学校财产损失的，依法承担赔偿责任。

第六十四条 学生人身伤害事故的赔偿，依据有关法律法规、国家有关规定以及《学生伤害事故处理办法》处理。

第九章 附 则

第六十五条 中等职业学校学生实习劳动的安全管理办法另行制定。

第六十六条 本办法自 2006 年 9 月 1 日起施行。

中小学（幼儿园）安全工作专项督导暂行办法

（2016年11月30日　国教督办〔2016〕4号）

第一章　总　　则

第一条　为贯彻落实党中央、国务院关于切实加强学校安全工作的总体要求，督促各地认真做好中小学（幼儿园）（以下简称学校）安全管理工作，根据《教育督导条例》及国家相关政策法规，制定本办法。

第二条　学校安全工作专项督导是促进地方政府及相关职能部门、学校建立科学化、规范化、制度化的安全保障体系和运行机制，提高学校安全风险防控能力的重要举措。

第三条　国务院教育督导委员会办公室负责对省级学校安全工作进行专项督导，省、市、县级人民政府教育督导机构负责对下一级及辖区内的学校安全工作进行专项督导。

第四条　实施学校安全工作专项督导应坚持以下原则：

（一）统一领导。切实加强组织领导和统筹协调，把学校安全工作作为公共安全和社会治安综合治理的重要内容，定期开展督导检查。

（二）注重实效。完善学校安全工作专项督导形式、内容和方法，因地制宜，确保学校安全工作专项督导取得实效。

（三）公开透明。坚持标准与方法公开、组织与人员公开、过程与结果公开，主动接受社会监督。

第二章　督导内容

第五条　组织管理

（一）省级人民政府建立健全学校安全工作组织管理体系，督促市、县级政府落实学校安全工作管理与监督责任情况。

（二）相关职能部门落实学校安全工作资金与资源，开展安全管理培训与指导，监督学校建立健全安全管理机构、落实岗位安全职责，配备安全保卫人员情况。

第六条 制度建设

（一）省级人民政府贯彻落实国家有关学校安全工作的法律法规、规章制度和标准规范，建立健全学校安全工作治理机制，制定完善本地方学校安全标准体系，开展学校安全事项认证情况。

（二）相关职能部门各司其职、齐抓共管，完善落实学校安全工作监督、管理，加强学校及周边安全综合治理，建立学生安全区域情况。

（三）学校建立健全安全管理制度和安全应急机制，按照《中小学幼儿园安全防范工作规范（试行）》要求，落实人防、物防、技防“三防”建设和安全管理各环节、岗位职责情况。

第七条 预警防范

（一）相关职能部门建立隐患排查与整治的学校安全预警机制，及时发布安全预警公告情况。

（二）相关职能部门制定学校安全风险清单，开展学校安全检查与动态监测，及时分析和评估安全风险，提出预警信息情况。

（三）学校建立健全及落实安全教育、日常管理、体育运动、校外活动、公共安全事件、校车安全、食品安全、卫生防疫、自然灾害风险评估和预防情况。

第八条 教育演练

（一）教育部门按照《中小学公共安全教育指导纲要》指导学校加强安全教育，落实安全教育进课堂，保障安全教育所需资金、教学资源和师资情况。

（二）相关职能部门指导和参与学校安全教育，开展安全防范进校园活动情况。

（三）学校按照《中小学幼儿园应急疏散演练指南》开展安全教育，定期组织地震、火灾等应急疏散演练情况。

第九条 重点治理

（一）相关职能部门加强溺水、事故、学生欺凌和暴力行为等重点问题预防与应对，及时做好专项报告和统计分析，指导学校履行教育和管理职责情况。

（二）教育部门会同公安等部门及时打击涉及学校、学生安全的违法犯罪行为，维护正常教育教学秩序，建设平安校园情况。

（三）教育部门及学校健全未成年学生权利保护制度，防范、调查、处理侵害未成年学生身心健康事件，开展心理、行为咨询和矫治活动情况。

第十条 事故处理

（一）省级人民政府建立健全学校安全事故应对、处理与责任追究机制情况。

（二）相关职能部门及时组织实施救援，落实事故调查、责任认定和善后处理，追究事故相关单位及责任人行政、刑事责任情况。

（三）教育部门及学校妥善处理安全事故纠纷，维护学校正常教育教学秩序情况。

第三章 组织实施

第十一条 日常监督。充分发挥责任督学作用，强化日常检查，促进学校安全工作有序进行。

第十二条 地方自查。省级人民政府及相关职能部门根据指标体系进行自查，并将自查报告在当地政府及省级教育行政部门网站上公示，公示期满后报送国务院教育督导委员会办公室。

第十三条 实地督导。国务院教育督导委员会办公室根据日常监督与地方自查情况，编制实地督导实施细则，随机抽取督学和专家组成督导组，随机确定督导对象，采取听取汇报、查阅材料、重点检查、随机抽查、个别访谈等方式开展实地督导。

第十四条 发布报告。国务院教育督导委员会办公室根据各省（区、市）自评和实地督导结果，形成专项督导意见和督导报告，督导报告向社会发布。

第十五条 整改落实。被督导省（区、市）在接到督导组督导意见后，按照整改要求和建议积极进行整改，并在3个月内向国务院教育督导委员会办公室书面报告整改情况。需要立即整改的重大安全隐患，则要在1个月内向国务院教育督导委员会办公室报告整改情况。

第四章 结果运用

第十六条 国务院教育督导委员会办公室建立工作问责机制，把专项督导结果作为评价政府教育工作成效的重要内容，对职责落实不到位的地区给予通报批评，对学校安全工作不力或出现严重问题的地区进行问责。

第十七条 对学校安全工作中出现的特大、重大学校安全责任事故，严重违法、违纪、违规问题，按照法律法规和有关规定开展调查处理。对违纪问题线索，交由纪检监察机关进行调查，严肃追究相关单位和责任人的责任。涉嫌犯罪的，移送司法机关依法处理。

第五章 附 则

第十八条 省级人民政府依据本办法制定本省份学校安全工作专项督导实施方案。

第十九条 本办法自发布之日起施行。

附件：中小学（幼儿园）安全工作专项督导评估指标体系（略）

校车安全管理条例

（2012年3月28日国务院第197次常务会议通过 2012年4月5日中华人民共和国国务院令第617号公布 自公布之日起施行）

第一章 总 则

第一条 为了加强校车安全管理，保障乘坐校车学生的人身安全，制定本条例。

第二条 本条例所称校车，是指依照本条例取得使用许可，用于接送接受义务教育的学生上下学的7座以上的载客汽车。

接送小学生的校车应当是按照专用校车国家标准设计和制造的小学生专用校车。

第三条 县级以上地方人民政府应当根据本行政区域的学生数量和分布状况等因素，依法制定、调整学校设置规划，保障学生就近入学或者在寄宿制学校入学，减少学生上下学的交通风险。实施义务教育的学校及其教学点的设置、调整，应当充分听取学生家长等有关方面的意见。

县级以上地方人民政府应当采取措施，发展城市和农村的公共交通，合理规划、设置公共交通线路和站点，为需要乘车上下学的学生提供方便。

对确实难以保障就近入学，并且公共交通不能满足学生上下学需要的农村地区，县级以上地方人民政府应当采取措施，保障接受义务教育的学生获得校车服务。

国家建立多渠道筹措校车经费的机制，并通过财政资助、税收优惠、鼓励社会捐赠等多种方式，按照规定支持使用校车接送学生的服务。支持校车服务所需的财政资金由中央财政和地方财政分担，具体办法由国务院财政部门制定。支持校车服务的税收优惠办法，依照法律、行政法规规定的税收管理权限制定。

第四条 国务院教育、公安、交通运输以及工业和信息化、质量监督检验检疫、安全生产监督管理等部门依照法律、行政法规和国务院的规定，负责校车安全管理的有关工作。国务院教育、公安部门会同国务院有关部门建立校车安全管理工作协调机制，统筹协调校车安全管理工作中的重大事项，共同做好校车安全管理工作。

第五条 县级以上地方人民政府对本行政区域的校车安全管理工作负总责，组织有关部门制定并实施与当地经济发展水平和校车服务需求相适应的校车服务方案，统一领导、组织、协调有关部门履行校车安全管理职责。

县级以上地方人民政府教育、公安、交通运输、安全生产监督管理等有关部门依照本条例以及本级人民政府的规定，履行校车安全管理的相关职责。有关部门应当建立健全校车安全管理信息共享机制。

第六条 国务院标准化主管部门会同国务院工业和信息化、公安、交通运输等部门，按照保障安全、经济适用的要求，制定并及时修订校车安全国家标准。

生产校车的企业应当建立健全产品质量保证体系，保证所生产（包括改装，下同）的校车符合校车安全国家标准；不符合标准的，不得出厂、销售。

第七条 保障学生上下学交通安全是政府、学校、社会和家庭的共同责任。社会各方面应当为校车通行提供便利，协助保障校车通行安全。

第八条 县级和设区的市级人民政府教育、公安、交通运输、安全生产监督管理部门应当设立并公布举报电话、举报网络平台，方便群众举报违反校车安全管理规定的行为。

接到举报的部门应当及时依法处理；对不属于本部门管理职责的举报，应当及时移送有关部门处理。

第二章　学校和校车服务提供者

第九条　学校可以配备校车。依法设立的道路旅客运输经营企业、城市公共交通企业，以及根据县级以上地方人民政府规定设立的校车运营单位，可以提供校车服务。

县级以上地方人民政府根据本地区实际情况，可以制定管理办法，组织依法取得道路旅客运输经营许可的个体经营者提供校车服务。

第十条　配备校车的学校和校车服务提供者应当建立健全校车安全管理制度，配备安全管理人员，加强校车的安全维护，定期对校车驾驶人进行安全教育，组织校车驾驶人学习道路交通安全法律法规以及安全防范、应急处置和应急救援知识，保障学生乘坐校车安全。

第十一条　由校车服务提供者提供校车服务的，学校应当与校车服务提供者签订校车安全管理责任书，明确各自的安全管理责任，落实校车运行安全管理措施。

学校应当将校车安全管理责任书报县级或者设区的市级人民政府教育行政部门备案。

第十二条　学校应当对教师、学生及其监护人进行交通安全教育，向学生讲解校车安全乘坐知识和校车安全事故应急处理技能，并定期组织校车安全事故应急处理演练。

学生的监护人应当履行监护义务，配合学校或者校车服务提供者的校车安全管理工作。学生的监护人应当拒绝使用不符合安全要求的车辆接送学生上下学。

第十三条　县级以上地方人民政府教育行政部门应当指导、监督学校建立健全校车安全管理制度，落实校车安全管理责任，组织学校开展交通安全教育。公安机关交通管理部门应当配合教育行政部门组织学校开展交通安全教育。

第三章　校车使用许可

第十四条　使用校车应当依照本条例的规定取得许可。

取得校车使用许可应当符合下列条件：

（一）车辆符合校车安全国家标准，取得机动车检验合格证明，并已经在公安机关交通管理部门办理注册登记；

（二）有取得校车驾驶资格的驾驶人；

（三）有包括行驶线路、开行时间和停靠站点的合理可行的校车运行方案；

（四）有健全的安全管理制度；

（五）已经投保机动车承运人责任保险。

第十五条 学校或者校车服务提供者申请取得校车使用许可，应当向县级或者设区的市级人民政府教育行政部门提交书面申请和证明其符合本条例第十四条规定条件的材料。教育行政部门应当自收到申请材料之日起3个工作日内，分别送同级公安机关交通管理部门、交通运输部门征求意见，公安机关交通管理部门和交通运输部门应当在3个工作日内回复意见。教育行政部门应当自收到回复意见之日起5个工作日内提出审查意见，报本级人民政府。本级人民政府决定批准的，由公安机关交通管理部门发给校车标牌，并在机动车行驶证上签注校车类型和核载人数；不予批准的，书面说明理由。

第十六条 校车标牌应当载明本车的号牌号码、车辆的所有人、驾驶人、行驶线路、开行时间、停靠站点以及校车标牌发牌单位、有效期等事项。

第十七条 取得校车标牌的车辆应当配备统一的校车标志灯和停车指示标志。

校车未运载学生上道路行驶的，不得使用校车标牌、校车标志灯和停车指示标志。

第十八条 禁止使用未取得校车标牌的车辆提供校车服务。

第十九条 取得校车标牌的车辆达到报废标准或者不再作为校车使用的，学校或者校车服务提供者应当将校车标牌交回公安机关交通管理部门。

第二十条 校车应当每半年进行一次机动车安全技术检验。

第二十一条 校车应当配备逃生锤、干粉灭火器、急救箱等安全设备。安全设备应当放置在便于取用的位置，并确保性能良好、有效适用。

校车应当按照规定配备具有行驶记录功能的卫星定位装置。

第二十二条 配备校车的学校和校车服务提供者应当按照国家规定做好校车的安全维护，建立安全维护档案，保证校车处于良好技术状态。不符合安全技术条件的校车，应当停运维修，消除安全隐患。

校车应当由依法取得相应资质的维修企业维修。承接校车维修业务的企业应当按照规定的维修技术规范维修校车，并按照国务院交通运输主管部门的规定对所维修的校车实行质量保证期制度，在质量保证期内对校车的维修质量负责。

第四章 校车驾驶人

第二十三条 校车驾驶人应当依照本条例的规定取得校车驾驶资格。

取得校车驾驶资格应当符合下列条件：

（一）取得相应准驾车型驾驶证并具有3年以上驾驶经历，年龄在25周岁以上、不超过60周岁；

（二）最近连续3个记分周期内没有被记满分记录；

（三）无致人死亡或者重伤的交通事故责任记录；

（四）无饮酒后驾驶或者醉酒驾驶机动车记录，最近1年内无驾驶客运车辆超员、超速等严重交通违法行为记录；

（五）无犯罪记录；

（六）身心健康，无传染性疾病，无癫痫、精神病等可能危及行车安全的疾病病史，无酗酒、吸毒行为记录。

第二十四条 机动车驾驶人申请取得校车驾驶资格，应当向县级或者设区的市级人民政府公安机关交通管理部门提交书面申请和证明其符合本条例第二十三条规定条件的材料。公安机关交通管理部门应当自收到申请材料之日起5个工作日内审查完毕，对符合条件的，在机动车驾驶证上签注准许驾驶校车；不符合条件的，书面说明理由。

第二十五条 机动车驾驶人未取得校车驾驶资格，不得驾驶校车。禁止聘用未取得校车驾驶资格的机动车驾驶人驾驶校车。

第二十六条 校车驾驶人应当每年接受公安机关交通管理部门的审验。

第二十七条 校车驾驶人应当遵守道路交通安全法律法规，严格按照机动车道路通行规则和驾驶操作规范安全驾驶、文明驾驶。

第五章　校车通行安全

第二十八条　校车行驶线路应当尽量避开急弯、陡坡、临崖、临水的危险路段；确实无法避开的，道路或者交通设施的管理、养护单位应当按照标准对上述危险路段设置安全防护设施、限速标志、警告标牌。

第二十九条　校车经过的道路出现不符合安全通行条件的状况或者存在交通安全隐患的，当地人民政府应当组织有关部门及时改善道路安全通行条件、消除安全隐患。

第三十条　校车运载学生，应当按照国务院公安部门规定的位置放置校车标牌，开启校车标志灯。

校车运载学生，应当按照经审核确定的线路行驶，遇有交通管制、道路施工以及自然灾害、恶劣气象条件或者重大交通事故等影响道路通行情形的除外。

第三十一条　公安机关交通管理部门应当加强对校车行驶线路的道路交通秩序管理。遇交通拥堵的，交通警察应当指挥疏导运载学生的校车优先通行。

校车运载学生，可以在公共交通专用车道以及其他禁止社会车辆通行但允许公共交通车辆通行的路段行驶。

第三十二条　校车上下学生，应当在校车停靠站点停靠；未设校车停靠站点的路段可以在公共交通站台停靠。

道路或者交通设施的管理、养护单位应当按照标准设置校车停靠站点预告标识和校车停靠站点标牌，施划校车停靠站点标线。

第三十三条　校车在道路上停车上下学生，应当靠道路右侧停靠，开启危险报警闪光灯，打开停车指示标志。校车在同方向只有一条机动车道的道路上停靠时，后方车辆应当停车等待，不得超越。校车在同方向有两条以上机动车道的道路上停靠时，校车停靠车道后方和相邻机动车道上的机动车应当停车等待，其他机动车道上的机动车应当减速通过。校车后方停车等待的机动车不得鸣喇叭或者使用灯光催促校车。

第三十四条　校车载人不得超过核定的人数，不得以任何理由超员。

学校和校车服务提供者不得要求校车驾驶人超员、超速驾驶校车。

第三十五条　载有学生的校车在高速公路上行驶的最高时速不得超过

80公里，在其他道路上行驶的最高时速不得超过60公里。

道路交通安全法律法规规定或者道路上限速标志、标线标明的最高时速低于前款规定的，从其规定。

载有学生的校车在急弯、陡坡、窄路、窄桥以及冰雪、泥泞的道路上行驶，或者遇有雾、雨、雪、沙尘、冰雹等低能见度气象条件时，最高时速不得超过20公里。

第三十六条 交通警察对违反道路交通安全法律法规的校车，可以在消除违法行为的前提下先予放行，待校车完成接送学生任务后再对校车驾驶人进行处罚。

第三十七条 公安机关交通管理部门应当加强对校车运行情况的监督检查，依法查处校车道路交通安全违法行为，定期将校车驾驶人的道路交通安全违法行为和交通事故信息抄送其所属单位和教育行政部门。

第六章 校车乘车安全

第三十八条 配备校车的学校、校车服务提供者应当指派照管人员随校车全程照管乘车学生。校车服务提供者为学校提供校车服务的，双方可以约定由学校指派随车照管人员。

学校和校车服务提供者应当定期对随车照管人员进行安全教育，组织随车照管人员学习道路交通安全法律法规、应急处置和应急救援知识。

第三十九条 随车照管人员应当履行下列职责：

（一）学生上下车时，在车下引导、指挥，维护上下车秩序；

（二）发现驾驶人无校车驾驶资格，饮酒、醉酒后驾驶，或者身体严重不适以及校车超员等明显妨碍行车安全情形的，制止校车开行；

（三）清点乘车学生人数，帮助、指导学生安全落座、系好安全带，确认车门关闭后示意驾驶人启动校车；

（四）制止学生在校车行驶过程中离开座位等危险行为；

（五）核实学生下车人数，确认乘车学生已经全部离车后本人方可离车。

第四十条 校车的副驾驶座位不得安排学生乘坐。

校车运载学生过程中，禁止除驾驶人、随车照管人员以外的人员乘坐。

第四十一条 校车驾驶人驾驶校车上道路行驶前，应当对校车的制动、转向、外部照明、轮胎、安全门、座椅、安全带等车况是否符合安全技术要求进行检查，不得驾驶存在安全隐患的校车上道路行驶。

校车驾驶人不得在校车载有学生时给车辆加油，不得在校车发动机引擎熄灭前离开驾驶座位。

第四十二条 校车发生交通事故，驾驶人、随车照管人员应当立即报警，设置警示标志。乘车学生继续留在校车内有危险的，随车照管人员应当将学生撤离到安全区域，并及时与学校、校车服务提供者、学生的监护人联系处理后续事宜。

第七章 法律责任

第四十三条 生产、销售不符合校车安全国家标准的校车的，依照道路交通安全、产品质量管理的法律、行政法规的规定处罚。

第四十四条 使用拼装或者达到报废标准的机动车接送学生的，由公安机关交通管理部门收缴并强制报废机动车；对驾驶人处2000元以上5000元以下的罚款，吊销其机动车驾驶证；对车辆所有人处8万元以上10万元以下的罚款，有违法所得的予以没收。

第四十五条 使用未取得校车标牌的车辆提供校车服务，或者使用未取得校车驾驶资格的人员驾驶校车的，由公安机关交通管理部门扣留该机动车，处1万元以上2万元以下的罚款，有违法所得的予以没收。

取得道路运输经营许可的企业或者个体经营者有前款规定的违法行为，除依照前款规定处罚外，情节严重的，由交通运输主管部门吊销其经营许可证件。

伪造、变造或者使用伪造、变造的校车标牌的，由公安机关交通管理部门收缴伪造、变造的校车标牌，扣留该机动车，处2000元以上5000元以下的罚款。

第四十六条 不按照规定为校车配备安全设备，或者不按照规定对校车进行安全维护的，由公安机关交通管理部门责令改正，处1000元以上3000元以下的罚款。

第四十七条 机动车驾驶人未取得校车驾驶资格驾驶校车的，由公安机关交通管理部门处1000元以上3000元以下的罚款，情节严重的，可以并处吊销机动车驾驶证。

第四十八条 校车驾驶人有下列情形之一的，由公安机关交通管理部门责令改正，可以处200元罚款：

（一）驾驶校车运载学生，不按照规定放置校车标牌、开启校车标志灯，或者不按照经审核确定的线路行驶；

（二）校车上下学生，不按照规定在校车停靠站点停靠；

（三）校车未运载学生上道路行驶，使用校车标牌、校车标志灯和停车指示标志；

（四）驾驶校车上道路行驶前，未对校车车况是否符合安全技术要求进行检查，或者驾驶存在安全隐患的校车上道路行驶；

（五）在校车载有学生时给车辆加油，或者在校车发动机引擎熄灭前离开驾驶座位。

校车驾驶人违反道路交通安全法律法规关于道路通行规定的，由公安机关交通管理部门依法从重处罚。

第四十九条 校车驾驶人违反道路交通安全法律法规被依法处罚或者发生道路交通事故，不再符合本条例规定的校车驾驶人条件的，由公安机关交通管理部门取消校车驾驶资格，并在机动车驾驶证上签注。

第五十条 校车载人超过核定人数的，由公安机关交通管理部门扣留车辆至违法状态消除，并依照道路交通安全法律法规的规定从重处罚。

第五十一条 公安机关交通管理部门查处校车道路交通安全违法行为，依法扣留车辆的，应当通知相关学校或者校车服务提供者转运学生，并在违法状态消除后立即发还被扣留车辆。

第五十二条 机动车驾驶人违反本条例规定，不避让校车的，由公安机关交通管理部门处200元罚款。

第五十三条 未依照本条例规定指派照管人员随校车全程照管乘车学生的，由公安机关责令改正，可以处500元罚款。

随车照管人员未履行本条例规定的职责的，由学校或者校车服务提供者责令改正；拒不改正的，给予处分或者予以解聘。

第五十四条 取得校车使用许可的学校、校车服务提供者违反本条例规定，情节严重的，原作出许可决定的地方人民政府可以吊销其校车使用许可，由公安机关交通管理部门收回校车标牌。

第五十五条 学校违反本条例规定的，除依照本条例有关规定予以处罚外，由教育行政部门给予通报批评；导致发生学生伤亡事故的，对政府举办的学校的负有责任的领导人员和直接责任人员依法给予处分；对民办学校由审批机关责令暂停招生，情节严重的，吊销其办学许可证，并由教育行政部门责令负有责任的领导人员和直接责任人员5年内不得从事学校管理事务。

第五十六条 县级以上地方人民政府不依法履行校车安全管理职责，致使本行政区域发生校车安全重大事故的，对负有责任的领导人员和直接责任人员依法给予处分。

第五十七条 教育、公安、交通运输、工业和信息化、质量监督检验检疫、安全生产监督管理等有关部门及其工作人员不依法履行校车安全管理职责的，对负有责任的领导人员和直接责任人员依法给予处分。

第五十八条 违反本条例的规定，构成违反治安管理行为的，由公安机关依法给予治安管理处罚；构成犯罪的，依法追究刑事责任。

第五十九条 发生校车安全事故，造成人身伤亡或者财产损失的，依法承担赔偿责任。

第八章 附 则

第六十条 县级以上地方人民政府应当合理规划幼儿园布局，方便幼儿就近入园。

入园幼儿应当由监护人或者其委托的成年人接送。对确因特殊情况不能由监护人或者其委托的成年人接送，需要使用车辆集中接送的，应当使用按照专用校车国家标准设计和制造的幼儿专用校车，遵守本条例校车安全管理的规定。

第六十一条 省、自治区、直辖市人民政府应当结合本地区实际情况，制定本条例的实施办法。

第六十二条 本条例自公布之日起施行。

本条例施行前已经配备校车的学校和校车服务提供者及其聘用的校车驾驶人应当自本条例施行之日起90日内，依照本条例的规定申请取得校车使用许可、校车驾驶资格。

本条例施行后，用于接送小学生、幼儿的专用校车不能满足需求的，在省、自治区、直辖市人民政府规定的过渡期限内可以使用取得校车标牌的其他载客汽车。

义务教育学校管理标准

（2017 年 12 月 4 日　教基〔2017〕9 号）

为全面贯彻党的教育方针，促进义务教育学校（以下简称学校）不断提升治理能力和治理水平，逐步形成“标准引领、管理规范、内涵发展、富有特色”的良好局面，全面提高义务教育质量，促进教育公平，加快教育现代化，着力解决人民日益增长的美好生活需要和学校发展不平衡不充分问题，根据《教育法》《义务教育法》等有关法律法规，制定本标准。

一、基本理念

（一）育人为本　全面发展

全面贯彻党的教育方针，坚持教育为人民服务、为中国共产党治国理政服务、为巩固和发展新时代中国特色社会主义制度服务、为改革开放和社会主义现代化建设服务，落实立德树人根本任务，发展素质教育，培育和践行社会主义核心价值观，全面改进德育、智育、体育、美育，培养德智体美全面发展的社会主义建设者和接班人。

（二）促进公平　提高质量

树立公平的教育观和正确的质量观，提高办学水平，强化学生认知、合作、创新等关键能力和职业意识培养，面向每一名学生，教好每一名学生，切实保障学生平等的受教育权利。建设适合学生发展的课程，实施以学生发展为本的教学；加强教师队伍建设，提高教师整体素质；建立科学合理的评价体系，提高教育教学质量。

（三）和谐美丽　充满活力

建设安全卫生的学校基础设施，完善切实可行的安全、健康管理制度，开展以生活技能和自护、自救技能为基础的安全与健康教育。加强校园文化建设，创建平安校园、文明校园、和谐校园、美丽校园，为师生创造安定有序、和谐融洽、充满活力的工作、学习和生活环境。

（四）依法办学　科学治理

建设依法办学、自主管理、民主监督、社会参与的现代学校制度。落实学校办学自主权，提升校长依法科学治理能力，发挥中小学校党组织的政治核心和战斗堡垒作用，拓宽师生、家长和社会参与学校治理的渠道，建立健全学校民主管理制度，构建和谐的学校、家庭、社区合作关系，推动学校可持续发展。

二、基本内容

（包括：保障学生平等权益、促进学生全面发展、引领教师专业进步、提升教育教学水平、营造和谐美丽环境、建设现代学校制度等6大管理职责、22项管理任务、88条具体内容，详见列表）

管理职责	管理任务	管理内容
一、保障学生平等权益	1.1 维护学生平等入学权利	1. 根据国家法律法规和教育行政部门相关规定，落实招生入学方案，公开范围、程序、时间、结果，保障适龄儿童少年平等接受义务教育的权利。按照教育行政部门统一安排，做好进城务工人员随迁子女就学工作。 2. 坚持免试就近入学原则，不举办任何形式的入学或升学考试，不以各类竞赛、考级、奖励证书作为学生入学或升学的依据。不得提前招生、提前录取。 3. 实行均衡编班，不分重点班与非重点班。编班过程邀请相关人员参加，接受各方监督。 4. 实行收费公示制度，严格执行国家关于义务教育免费的规定。
	1.2 建立控辍保学工作机制	5. 执行国家学籍管理相关规定，利用中小学生学籍信息管理系统做好辍学学生标注登记工作，并确保学籍系统信息与实际一致。防止空挂学籍和中途辍学。 6. 严格执行学生考勤制度，建立和完善辍学学生劝返复学、登记与书面报告制度，加强家校联系，配合政府部门做好辍学学生劝返复学工作。 7. 把对学习困难学生的帮扶作为控辍保学的重点任务，建立健全学习帮扶制度。
	1.3 满足需要关注学生需求	8. 制定保障教育公平的制度，通过各种途径广泛宣传，不让一名学生受到歧视或欺凌。 9. 坚持合理便利原则满足适龄残疾儿童随班就读需要，并为其学习、生活提供帮助。创造条件为有特殊学习需要的学生建立资源教室，配备专兼职教师。 10. 为需要帮助的儿童提供情感关怀，优先满足留守儿童寄宿、乘坐校车、营养改善需求，寄宿制学校应按政府购买服务的有关规定配备服务人员。

续表

管理职责	管理任务	管理内容
二、促进学生全面发展	2.1 提升学生道德品质	11. 推动习近平新时代中国特色社会主义思想进校园、进课堂、进头脑，落实《中小学德育工作指南》《中小学生守则》，坚持立德树人，引导学生养成良好思想素质、道德品质和行为习惯，形成积极健康的人格和良好的心理品质，促进学生核心素养提升和全面发展。 12. 教育学生爱党爱国爱人民，让学生熟记并践行社会主义核心价值观，积极开展理想信念教育、社会主义核心价值观教育、中华优秀传统文化教育、生态文明教育和心理健康教育。 13. 统筹德育资源，创新德育形式，探索课程育人、文化育人、活动育人、实践育人、管理育人、协同育人等多种途径，努力形成全员育人、全程育人、全方位育人的德育工作格局。 14. 把学生思想品德发展状况纳入综合素质评价体系，认真组织开展评价工作。 15. 建立党组织主导、校长负责、群团组织参与、家庭社会联动的德育工作机制。将德育工作经费纳入经费年度预算，优化德育队伍结构，提供德育工作必须的场所、设施。 16. 根据《青少年法治教育大纲》，依据相关学科课程标准，落实多学科协同开展法治教育，培养法治精神，树立法治信仰。
	2.2 帮助学生学会学习	17. 营造良好的学习环境与氛围，激发和保护学生的学习兴趣，培养学生的学习自信心。 18. 遵循教育规律和学生身心发展规律，帮助学生掌握科学的学习方法，养成良好的学习习惯。 19. 落实学生主体地位，引导学生独立思考和主动探究，培养学生良好思维品质。 20. 尊重学生个体差异，采用灵活多样的教学方法，因材施教，培养学生自主学习和终身学习能力。
	2.3 增进学生身心健康	21. 落实《中小学心理健康教育指导纲要》，将心理健康教育贯穿于教育教学全过程。按照建设指南建立心理辅导室，配备专兼职心理健康教育教师，科学开展心理辅导。 22. 确保学生每天锻炼1小时，开足并上好体育课，开展大课间体育活动，使每个学生掌握至少两项体育运动技能，养成体育锻炼习惯。配齐体育教师，加强科学锻炼指导和体育安全管理。保障并有效利用体育场地和设施器材，满足学生体育锻炼需要。 23. 建立常态化的校园体育竞赛机制，经常开展班级、年级体育比赛，每年举办全员参与的运动会。

续表

管理职责	管理任务	管理内容
二、促进学生全面发展	2.3 增进学生身心健康	24. 落实《国家学生体质健康标准》，定期开展学生体检和体质健康监测，重点监测学生的视力、营养状况和体质健康达标状况，及时向家长反馈。建立学生健康档案，将学生参加体育活动及体质体能健康状况等纳入学生综合素质评价。 25. 科学合理安排学校作息时间，确保学生课间和必要的课后自由活动时间，整体规划并控制各学科课后作业量。家校配合保证每天小学生 10 小时、初中生 9 小时睡眠时间。 26. 保障室内采光、照明、通风、课桌椅、黑板等设施达到规定标准，端正学生坐姿，做好眼保健操，降低学生近视新发率。
	2.4 提高学生艺术素养	27. 按照国家要求开齐开足音乐、美术课，开设书法课。利用当地教育资源，开发具有民族、地域特色的艺术教育选修课程，培养学生艺术爱好，让每个学生至少学习掌握一项艺术特长。 28. 按照国家课程方案规定的课时数和学校班级数配备艺术教师，设置艺术教室和艺术活动室，并按照国家标准配备艺术课程教学和艺术活动器材，满足艺术教育基本需求。 29. 面向全体学生组织开展艺术活动，因地制宜建立学生艺术社团或兴趣小组。 30. 充分利用社会艺术教育资源，利用当地文化艺术场地资源开展艺术教学和实践活动，有条件的学校可与社会艺术团体及社区建立合作关系。
	2.5 培养学生生活本领	31. 贯彻《关于加强中小学劳动教育的意见》，为学生提供劳动机会，家校合作使学生养成家务劳动习惯，掌握基本生活技能，培养学生吃苦耐劳精神。 32. 开齐开足综合实践活动课程，充分利用各类综合实践基地，多渠道、多种形式开展综合实践活动。寒暑假布置与劳动或社会实践相关的作业。 33. 指导学生利用学校资源、社区和地方资源完成个性化作业和实践性作业。

续表

管理职责	管理任务	管理内容
三、引领教师专业进步	3.1 加强教师管理和职业道德建设	34. 坚持用习近平新时代中国特色社会主义思想武装教师头脑，加强教师思想政治教育和师德建设，建立健全师德建设长效机制，促进教师牢固树立和自觉践行社会主义核心价值观，严格遵守《中小学教师职业道德规范》，增强教师立德树人的荣誉感和责任感，做有理想信念、道德情操、扎实学识、仁爱之心的好老师和学生锤炼品格、学习知识、创新思维、奉献祖国的引路人。 35. 教师语言规范健康，举止文明礼貌，衣着整洁得体。 36. 严格要求教师尊重学生人格，不讽刺、挖苦、歧视学生，不体罚或变相体罚学生，不收受学生或家长礼品，不从事有偿补课。 37. 健全教师管理制度，完善教师岗位设置、职称评聘、考核评价和待遇保障机制。落实班主任工作量计算、津贴等待遇。保障教师合法权益，激发教师的积极性和创造性。 38. 关心教师生活状况和身心健康，做好教师后勤服务，丰富教师精神文化生活，减缓教师工作压力，定期安排教师体检。
	3.2 提高教师教育教学能力	39. 组织教师认真学习课程标准，熟练掌握学科教学的基本要求。 40. 针对教学过程中的实际问题开展校本教研，定期开展集体备课、听课、说课、评课等活动，提高教师专业水平和教学能力。 41. 落实《中小学班主任工作规定》，制订班主任队伍培训计划，定期组织班主任学习、交流、培训和基本功比赛，提高班主任组织管理和教育能力。 42. 推动教师阅读工作，引导教师学习经典，加强教师教育技能和教学基本功训练，提升教师普通话水平，规范汉字书写，增强学科教学能力。 43. 提高教师信息技术和现代教育装备应用能力，强化实验教学，促进现代科技与教育教学的深度融合。
	3.3 建立教师专业发展支持体系	44. 完善教师培训制度，制订教师培训规划，指导教师制订专业发展计划，建立教师专业发展档案。 45. 按规定将培训经费列入学校预算，支持教师参加必要的培训，落实每位教师五年不少于360学时的培训要求。 46. 引进优质培训资源，定期开展专题培训，促进教研、科研与培训有机结合，发挥校本研修基础作用。 47. 鼓励教师利用网络学习平台开展教研活动，建设教师学习共同体。

续表

管理职责	管理任务	管理内容
四、提升教育教学水平	4.1 建设适合学生发展的课程	48. 落实国家义务教育课程方案和课程标准，严格遵守国家关于教材、教辅管理的相关规定，确保国家课程全面实施。不拔高教学要求，不加快教学进度。 49. 根据学生发展需要和地方、学校、社区资源条件，科学规范开设地方课程和校本课程，编制课程纲要，加强课程实施和管理。 50. 落实综合实践活动课程要求，通过考察探究、社会服务、设计制作、职业体验等方式培养学生创新精神和实践能力。每学期组织一次综合实践交流活动。 51. 创新各学科课程实施方式，强化实践育人环节，引导学生动手解决实际问题。 52. 定期开展学生学习心理研究，研究学生的学习兴趣、动机和个别化学习需要，采取有针对性的措施，改进课程实施和教学效果。
	4.2 实施以学生发展为本的教学	53. 定期开展教学质量分析，建立基于过程的学校教学质量保障机制，统筹课程、教材、教学、评价等环节，主动收集学生反馈意见，及时改进教学。 54. 采取启发式、讨论式、合作式、探究式等多种教学方式，提高学生参与课堂学习的主动性和积极性。 55. 创新作业方式，避免布置重复机械的练习，多布置科学探究式作业。可根据学生掌握情况布置分层作业。不得布置超越学生能力的作业，不得以增加作业量的方式惩罚学生。
	4.3 建立促进学生发展的评价体系	56. 对照中小学教育质量综合评价改革指标体系，进行监测，改进教育教学。 57. 实施综合素质评价，重点考察学生的思想品德、学业水平、身心健康、艺术素养、社会实践等方面的发展情况。建立学生综合素质档案，做好学生成长记录，真实反映学生发展状况。 58. 控制考试次数，探索实施等级加评语的评价方式。依据课程标准的规定和要求确定考试内容，对相关科目的实验操作考试提出要求。命题应紧密联系社会实际和学生生活经验，注重加强对能力的考察。考试成绩不进行公开排名，不以分数作为评价学生的唯一标准。
	4.4 提供便利实用的教学资源	59. 按照规定配置教学资源和设施设备，指定专人负责，建立资产台账，定期维护保养。 60. 落实《中小学图书馆（室）规程》，加强图书馆建设与应用，提升服务教育教学能力。建立实验室、功能教室等的使用管理制度，面向学生充分开放，提高使用效益。

续表

管理职责	管理任务	管理内容
五、营造和谐美丽环境	5.1 建立切实可行的安全与健康管理制度	61. 积极借助政府部门、社会力量、专业组织，构建学校安全风险管理体系，形成以校方责任险为核心的校园保险体系。组织教职工学习有关安全工作的法律法规，落实《中小学校岗位安全工作指南》。 62. 落实《国务院办公厅关于加强中小学幼儿园安全风险防控体系建设的意见》《中小学幼儿园安全管理办法》，建立健全学校安全卫生管理制度和工作机制，采取切实措施，确保学校师生人身安全、食品饮水安全、设施安全和活动安全。使用校车的学校严格执行国家校车安全管理制度。 63. 制订突发事件应急预案，预防和应对不法分子入侵、自然灾害和公共卫生事件，落实防治校园欺凌和暴力的有关要求。
	5.2 建设安全卫生的学校基础设施	64. 配备保障学生安全与健康的基本设施和设备，落实人防、物防和技防等相关要求。学校教育、教学及生活所用的设施、设备、场所要经权威部门检测、符合国家环保、安全等标准后方可使用。 65. 定期开展校舍及其他基础设施安全隐患排查和整治工作。校舍安全隐患要及时向主管部门书面报告。 66. 设立卫生室或保健室，按要求配备专兼职卫生技术人员，落实日常卫生保健制度。 67. 设置安全警示标识和安全、卫生教育宣传橱窗，定期更换宣传内容。
	5.3 开展以生活技能为基础的安全健康教育	68. 落实《中小学公共安全教育指导纲要》，突出强化预防溺水和交通安全教育，有计划地开展国家安全、社会安全、公共卫生、意外伤害、网络、信息安全、自然灾害以及影响学生安全的其他事故或事件教育，了解保障安全的方法并掌握一定技能。 69. 落实《中小学健康教育指导纲要》，普及疾病预防、营养与食品安全以及生长发育、青春期保健知识和技能，提升师生健康素养。 70. 落实《中小学幼儿园应急疏散演练指南》，定期开展应急演练，提高师生应对突发事件和自救自护能力。
	5.4 营造健康向上的学校文化	71. 立足学校实际和文化积淀，结合区域特点，建设体现学校办学理念和思想的学校文化，发展办学特色，引领学校内涵发展。 72. 做好校园净化、绿化、美化工作，合理设计和布置校园，有效利用空间和墙面，建设生态校园、文化校园、书香校园，发挥环境育人功能。 73. 每年通过科技节、艺术节、体育节、读书节等形式，因地制宜组织丰富多彩的学校活动。

续表

管理职责	管理任务	管理内容
六、建设现代学校制度	6.1 提升依法科学管理能力	74. 每年组织教职员工学习《宪法》《教育法》《义务教育法》《教师法》和《未成年人保护法》等法律，增强法治观念，提升依法治教、依法治校能力。 75. 依法制定和修订学校章程，健全完善章程执行和监督机制，规范学校办学行为，提升学校治理水平。 76. 制定学校发展规划，确定年度实施方案，客观评估办学绩效。 77. 健全管理制度，建立便捷规范的办事程序，完善内部机构组织规则、议事规则等。 78. 认真落实《中小学校财务制度》，做好财务管理和内审工作。 79. 指定专人负责学校法制事务，建立学校法律顾问制度，充分运用法律手段维护学校合法权益。
	6.2 建立健全民主管理制度	80. 贯彻《关于加强中小学校党的建设工作的意见》，以提升组织力为重点，突出政治功能，把学校党组织建设成领导改革发展的坚强战斗堡垒，充分发挥党员教师的先锋模范作用。 81. 坚持民主集中制，定期召开校务会议，健全学校教职工（代表）大会制度，将涉及教职工切身利益及学校发展的重要事项，提交教职工（代表）大会讨论通过。 82. 设置信息公告栏，公开校务信息，公示收费项目、标准、依据等，保证教职工、学生、相关社会公众对学校重大事项、重要制度的知情权。 83. 建立问题协商机制，听取学生、教职工和家长的意见和建议，有效化解相关矛盾。 84. 发挥少先队、共青团、学生会、学生社团的作用，引导学生自我管理或参与学校治理。
	6.3 构建和谐的家庭、学校、社区合作关系	85. 健全和完善家长委员会制度，建立家长学校，设立学校开放日，提高家长在学校治理中的参与度，形成育人合力。 86. 引入社会和利益相关者的监督，密切学校与社区联系，促进社区代表参与学校治理。 87. 主动争取社会资源和社会力量支持学校改革发展。 88. 有条件的学校可将体育文化设施在课后和节假日对本校师生和所在社区居民有序开放。

三、实施要求

（一）本标准是对学校管理的基本要求，适用于全国所有义务教育学校。鉴于全国各地区的差异，各省、自治区、直辖市教育行政部门可以依据本标准和本地实际提出具体实施意见，细化标准要求。在实施过程中要因地制宜、分类指导，分步实施、逐步完善，促进当地学校提升治理水平。

（二）本标准是义务教育学校工作的重要依据。各级教育行政部门和教师培训机构要将本标准作为校长和教师培训的重要内容，结合当地情况，开展有针对性的培训，使广大校长和教师充分了解基本要求，掌握精神实质，指导具体工作。

（三）义务教育学校要将本标准作为学校治理的基本依据，强化对标研判，整改提高，树立先进的治理理念，建立健全各项管理制度，完善工作机制。校长和教师要按照本标准规范管理和教育教学行为，把标准的各项要求落到实处。

（四）教育督导部门应按照本标准修订完善义务教育学校督导评估指标体系和标准，一校一案，对标研判、依标整改，开展督导评估工作，促进学校规范办学、科学管理，提高教育质量和办学水平。

中小学教育惩戒规则（试行）

（2020 年 12 月 23 日教育部令第 49 号公布　自 2021 年 3 月 1 日起施行）

第一条　为落实立德树人根本任务，保障和规范学校、教师依法履行教育教学和管理职责，保护学生合法权益，促进学生健康成长、全面发展，根据教育法、教师法、未成年人保护法、预防未成年人犯罪法等法律法规和国家有关规定，制定本规则。

第二条　普通中小学校、中等职业学校（以下称学校）及其教师在教育教学和管理过程中对学生实施教育惩戒，适用本规则。

本规则所称教育惩戒，是指学校、教师基于教育目的，对违规违纪学生进行管理、训导或者以规定方式予以矫治，促使学生引以为戒、认识和改正错误的教育行为。

第三条 学校、教师应当遵循教育规律，依法履行职责，通过积极管教和教育惩戒的实施，及时纠正学生错误言行，培养学生的规则意识、责任意识。

教育行政部门应当支持、指导、监督学校及其教师依法依规实施教育惩戒。

第四条 实施教育惩戒应当符合教育规律，注重育人效果；遵循法治原则，做到客观公正；选择适当措施，与学生过错程度相适应。

第五条 学校应当结合本校学生特点，依法制定、完善校规校纪，明确学生行为规范，健全实施教育惩戒的具体情形和规则。

学校制定校规校纪，应当广泛征求教职工、学生和学生父母或者其他监护人（以下称家长）的意见；有条件的，可以组织有学生、家长及有关方面代表参加的听证。校规校纪应当提交家长委员会、教职工代表大会讨论，经校长办公会议审议通过后施行，并报主管教育部门备案。

教师可以组织学生、家长以民主讨论形式共同制定班规或者班级公约，报学校备案后施行。

第六条 学校应当利用入学教育、班会以及其他适当方式，向学生和家长宣传讲解校规校纪。未经公布的校规校纪不得施行。

学校可以根据情况建立校规校纪执行委员会等组织机构，吸收教师、学生及家长、社会有关方面代表参加，负责确定可适用的教育惩戒措施，监督教育惩戒的实施，开展相关宣传教育等。

第七条 学生有下列情形之一，学校及其教师应当予以制止并进行批评教育，确有必要的，可以实施教育惩戒：

（一）故意不完成教学任务要求或者不服从教育、管理的；

（二）扰乱课堂秩序、学校教育教学秩序的；

（三）吸烟、饮酒，或者言行失范违反学生守则的；

（四）实施有害自己或者他人身心健康的危险行为的；

（五）打骂同学、老师，欺凌同学或者侵害他人合法权益的；

（六）其他违反校规校纪的行为。

学生实施属于预防未成年人犯罪法规定的不良行为或者严重不良行为的，学校、教师应当予以制止并实施教育惩戒，加强管教；构成违法犯罪的，依法移送公安机关处理。

第八条 教师在课堂教学、日常管理中，对违规违纪情节较为轻微的学生，可以当场实施以下教育惩戒：

（一）点名批评；

（二）责令赔礼道歉、做口头或者书面检讨；

（三）适当增加额外的教学或者班级公益服务任务；

（四）一节课堂教学时间内的教室内站立；

（五）课后教导；

（六）学校校规校纪或者班规、班级公约规定的其他适当措施。

教师对学生实施前款措施后，可以以适当方式告知学生家长。

第九条 学生违反校规校纪，情节较重或者经当场教育惩戒拒不改正的，学校可以实施以下教育惩戒，并应当及时告知家长：

（一）由学校德育工作负责人予以训导；

（二）承担校内公益服务任务；

（三）安排接受专门的校规校纪、行为规则教育；

（四）暂停或者限制学生参加游览、校外集体活动以及其他外出集体活动；

（五）学校校规校纪规定的其他适当措施。

第十条 小学高年级、初中和高中阶段的学生违规违纪情节严重或者影响恶劣的，学校可以实施以下教育惩戒，并应当事先告知家长：

（一）给予不超过一周的停课或者停学，要求家长在家进行教育、管教；

（二）由法治副校长或者法治辅导员予以训诫；

（三）安排专门的课程或者教育场所，由社会工作者或者其他专业人员进行心理辅导、行为干预。

对违规违纪情节严重，或者经多次教育惩戒仍不改正的学生，学校可以给予警告、严重警告、记过或者留校察看的纪律处分。对高中阶段学生，还可以给予开除学籍的纪律处分。

对有严重不良行为的学生，学校可以按照法定程序，配合家长、有关部门将其转入专门学校教育矫治。

第十一条 学生扰乱课堂或者教育教学秩序，影响他人或者可能对自己及他人造成伤害的，教师可以采取必要措施，将学生带离教室或者教学现场，并予以教育管理。

教师、学校发现学生携带、使用违规物品或者行为具有危险性的，应当采取必要措施予以制止；发现学生藏匿违法、危险物品的，应当责令学生交出并可以对可能藏匿物品的课桌、储物柜等进行检查。

教师、学校对学生的违规物品可以予以暂扣并妥善保管，在适当时候交还学生家长；属于违法、危险物品的，应当及时报告公安机关、应急管理部门等有关部门依法处理。

第十二条　教师在教育教学管理、实施教育惩戒过程中，不得有下列行为：

（一）以击打、刺扎等方式直接造成身体痛苦的体罚；

（二）超过正常限度的罚站、反复抄写，强制做不适的动作或者姿势，以及刻意孤立等间接伤害身体、心理的变相体罚；

（三）辱骂或者以歧视性、侮辱性的言行侵犯学生人格尊严；

（四）因个人或者少数人违规违纪行为而惩罚全体学生；

（五）因学业成绩而教育惩戒学生；

（六）因个人情绪、好恶实施或者选择性实施教育惩戒；

（七）指派学生对其他学生实施教育惩戒；

（八）其他侵害学生权利的。

第十三条　教师对学生实施教育惩戒后，应当注重与学生的沟通和帮扶，对改正错误的学生及时予以表扬、鼓励。

学校可以根据实际和需要，建立学生教育保护辅导工作机制，由学校分管负责人、德育工作机构负责人、教师以及法治副校长（辅导员）、法律以及心理、社会工作等方面的专业人员组成辅导小组，对有需要的学生进行专门的心理辅导、行为矫治。

第十四条　学校拟对学生实施本规则第十条所列教育惩戒和纪律处分的，应当听取学生的陈述和申辩。学生或者家长申请听证的，学校应当组织听证。

学生受到教育惩戒或者纪律处分后，能够诚恳认错、积极改正的，可以提前解除教育惩戒或者纪律处分。

第十五条　学校应当支持、监督教师正当履行职务。教师因实施教育惩戒与学生及其家长发生纠纷，学校应当及时进行处理，教师无过错的，不得因教师实施教育惩戒而给予其处分或者其他不利处理。

教师违反本规则第十二条，情节轻微的，学校应当予以批评教育；情节严重的，应当暂停履行职责或者依法依规给予处分；给学生身心造成伤害，构成违法犯罪的，由公安机关依法处理。

第十六条 学校、教师应当重视家校协作，积极与家长沟通，使家长理解、支持和配合实施教育惩戒，形成合力。家长应当履行对子女的教育职责，尊重教师的教育权利，配合教师、学校对违规违纪学生进行管教。

家长对教师实施的教育惩戒有异议或者认为教师行为违反本规则第十二条规定的，可以向学校或者主管教育行政部门投诉、举报。学校、教育行政部门应当按照师德师风建设管理的有关要求，及时予以调查、处理。家长威胁、侮辱、伤害教师的，学校、教育行政部门应当依法保护教师人身安全、维护教师合法权益；情形严重的，应当及时向公安机关报告并配合公安机关、司法机关追究责任。

第十七条 学生及其家长对学校依据本规则第十条实施的教育惩戒或者给予的纪律处分不服的，可以在教育惩戒或者纪律处分作出后 15 个工作日内向学校提起申诉。

学校应当成立由学校相关负责人、教师、学生以及家长、法治副校长等校外有关方面代表组成的学生申诉委员会，受理申诉申请，组织复查。学校应当明确学生申诉委员会的人员构成、受理范围及处理程序等并向学生及家长公布。

学生申诉委员会应当对学生申诉的事实、理由等进行全面审查，作出维持、变更或者撤销原教育惩戒或者纪律处分的决定。

第十八条 学生或者家长对学生申诉处理决定不服的，可以向学校主管教育部门申请复核；对复核决定不服的，可以依法提起行政复议或者行政诉讼。

第十九条 学校应当有针对性地加强对教师的培训，促进教师更新教育理念、改进教育方式方法，提高教师正确履行职责的意识与能力。

每学期末，学校应当将学生受到本规则第十条所列教育惩戒和纪律处分的信息报主管教育行政部门备案。

第二十条 本规则自 2021 年 3 月 1 日起施行。

各地可以结合本地实际，制定本地方实施细则或者指导学校制定实施细则。

防范中小学生欺凌专项治理行动工作方案

（2021年1月20日　教基厅函〔2021〕5号）

为进一步防范和遏制中小学生欺凌事件发生，切实保护中小学生身心健康，努力把校园打造成最安全、最阳光的地方，现就深入开展防范中小学生欺凌专项治理行动，制定如下工作方案。

一、工作目标

通过深入开展防范中小学生欺凌专项治理行动，切实加强中小学生思想品德教育、法治教育和心理健康教育，集中查处通报一批情节恶劣、社会影响大的恶性事件，指导各地进一步摸排工作死角，织牢联动网络，健全长效机制，建设平安校园、和谐校园，促进学生健康快乐成长。

二、工作任务

（一）全面排查欺凌事件。各地教育部门要围绕学生欺凌防治工作机制、制度措施、队伍建设、责任落实、宣传引导、教育惩戒、条件保障等方面，对行政区域内所有中小学校开展全面排查，确保全覆盖、无遗漏。学校要对全校学生开展全面梳理排查，与家长进行深入沟通交流，了解掌握学生心理状况、思想情绪和同学关系状况，及时查找发生欺凌事件的苗头迹象或隐患点，对可能发生的欺凌行为做到早发现、早预防、早控制。

（二）及时消除隐患问题。对排查发现的苗头迹象或隐患点，学校要及时向上级教育主管部门报告，与家长进行沟通，调查了解原因，采取必要的干预措施，做好疏导化解工作，并举一反三，及时完善有关规章制度、加强日常管理、压实工作责任、完善工作流程、细化工作举措、防控化解风险、营造良好氛围，切实防止学生欺凌事件发生。要对近年来发生过学生欺凌事件的学校和地区，进行“回头看”，确保整改落实到位。

（三）依法依规严肃处置。各地教育部门要依据相关政策法规和《中小学教育惩戒规则（试行）》有关要求，指导学校进一步完善校规校纪，健全教育惩戒工作机制。对实施欺凌的学生，情节轻微的，学校和家长要进行严肃的批评教育和警示谈话。情节较重的，学校可给予纪律处分，并邀请公安机关参与警示教育或予以训诫。对实施暴力、情节严重、屡教不改的，应将其表现记入学生综合素质评价，必要时依法转入专门学校就读。涉嫌违法犯罪的，由公安机关、人民法院、人民检察院依法处置。对遭受欺凌的学生，学校要给予相应的心理辅导。

（四）规范欺凌报告制度。各地教育部门和学校要建立健全学生欺凌报告制度。学校全体教师、员工要进一步增强责任感，一旦发现学生遭受欺凌，都应主动予以制止，并及时向学校报告；学校和家长要相互通知，及时进行调查处理。对情节严重的欺凌事件，要向上级教育主管部门报告，并迅速联络公安机关介入处置，配合相关部门依法处理。对舆论高度关注、社会影响广泛的欺凌事件，要及时报送教育部业务主管部门。报告的主要内容包括事件基本情况（时间、地点、起因、过程、涉及人员等）和已采取的措施等。报告内容要准确、客观、详实，不得迟报、谎报、瞒报和漏报。事件情况发生变化后，要及时续报。

（五）切实加强教育引导。各地教育部门和学校要结合学生身心发展规律和思想状况，加强新修订的《中华人民共和国未成年人保护法》《中华人民共和国预防未成年人犯罪法》等法律宣传解读，深入开展思想道德教育、法治教育、心理健康教育，引导学生养成良好思想品德和行为习惯。要将防治学生欺凌专题培训纳入教育行政干部和校长、教师在职培训内容，提高防治学生欺凌的意识和能力。要进一步加大家庭教育力度，密切家校沟通交流，引导学生家长掌握科学家庭教育理念，依法落实监护责任。要教育引导学生正确使用网络，自觉抵制不良网络信息、影视节目、网络游戏等侵蚀影响。

（六）健全长效工作机制。发生学生欺凌事件的地方，要认真反思，深入总结经验教训，全面提高防治工作水平。其他地区要引以为鉴，警钟长鸣，防患未然。各地都要进一步健全责任机制，制订学生欺凌防治工作责任清单，明确省市县各级各部门职责，压实学校校长、班主任、学科教师和教职工各岗位责任。进一步强化预防机制，制订学校或年（班）级反欺凌公约，建立师生联系、同学互助、紧急求救制度，积极探索在班级设置学生安全员，发挥法治副校长作用。进一步完善考评机制，将学生欺凌防治情况纳入教育质量评价和教育行政、学校校长、班主任、学科教师及相关岗位教职工工作考评，作为评优评先先决条件。进一步健全问责机制，对学生欺凌问题突出的地区和单位进行督导检查、通报约谈，并向社会公开通报恶性欺凌事件处置情况。对失职渎职的，严肃追责问责。

三、组织实施

专项治理行动分三个阶段进行。

第一阶段，部署摸底。各地进行全面部署，集中开展排查摸底工作，摸清当前学生欺凌防治工作中存在的问题，建立台账，明确整改措施。2021 年 3 月底前完成。

第二阶段，集中整治。针对摸排结果，对发现的问题开展集中治理，依法依规做好欺凌事件的调查处置工作，健全完善防治工作机制和制度措施。2021 年 6 月底前完成。

第三阶段，督导检查。国务院教育督导委员会办公室对各地治理行动开展情况进行抽查，及时向社会通报有关情况。2021 年 7 月底前完成。

四、工作要求

（一）加强组织，周密部署。各地要把做好学生欺凌防治工作作为建设高质量教育体系的重要内容，作为学生成长成才的底线要求，作为学校教育教学工作的重要任务，切实予以高度重视，加强组织领导，细化工作方案，明确工作要求，压实工作责任，确保治理行动取得实效。

（二）部门联动，强化协作。各地要在属地党委和政府领导下，与法院、检察、公安、民政、司法等部门和共青团、妇联等群团组织加强协同配合，健全部门联动机制，明确任务分工，强化工作职责，完善防治办法，积极构建综合防治体系，切实形成工作合力。

（三）深入宣传，营造氛围。各地要及时向社会公布专项治理的重要举措、工作进展，深入总结本地治理情况和典型工作经验，对工作不力的，予以通报曝光。要引导媒体加强正面宣传，做好舆情引导，防止过度渲染细节，保护受害学生隐私，营造良好治理氛围。

（四）开展督查，确保落实。各地教育督导机构要将学生欺凌防治工作纳入责任督学挂牌督导范围。要会同检察、公安等相关部门对区域和学校专项治理行动开展情况进行联合检查，指导学校不断改进防治措施，确保各项工作落实到位。

幼儿园工作规程

（2016年1月5日教育部令第39号公布　自2016年3月1日起施行）

第一章　总　　则

第一条　为了加强幼儿园的科学管理，规范办园行为，提高保育和教育质量，促进幼儿身心健康，依据《中华人民共和国教育法》等法律法规，制定本规程。

第二条　幼儿园是对3周岁以上学龄前幼儿实施保育和教育的机构。幼儿园教育是基础教育的重要组成部分，是学校教育制度的基础阶段。

第三条　幼儿园的任务是：贯彻国家的教育方针，按照保育与教育相结合的原则，遵循幼儿身心发展特点和规律，实施德、智、体、美等方面全面发展的教育，促进幼儿身心和谐发展。

幼儿园同时面向幼儿家长提供科学育儿指导。

第四条　幼儿园适龄幼儿一般为3周岁至6周岁。

幼儿园一般为三年制。

第五条　幼儿园保育和教育的主要目标是：

（一）促进幼儿身体正常发育和机能的协调发展，增强体质，促进心理健康，培养良好的生活习惯、卫生习惯和参加体育活动的兴趣。

（二）发展幼儿智力，培养正确运用感官和运用语言交往的基本能力，增进对环境的认识，培养有益的兴趣和求知欲望，培养初步的动手探究能力。

（三）萌发幼儿爱祖国、爱家乡、爱集体、爱劳动、爱科学的情感，培养诚实、自信、友爱、勇敢、勤学、好问、爱护公物、克服困难、讲礼貌、守纪律等良好的品德行为和习惯，以及活泼开朗的性格。

（四）培养幼儿初步感受美和表现美的情趣和能力。

第六条　幼儿园教职工应当尊重、爱护幼儿，严禁虐待、歧视、体罚和变相体罚、侮辱幼儿人格等损害幼儿身心健康的行为。

第七条 幼儿园可分为全日制、半日制、定时制、季节制和寄宿制等。上述形式可分别设置，也可混合设置。

第二章 幼儿入园和编班

第八条 幼儿园每年秋季招生。平时如有缺额，可随时补招。

幼儿园对烈士子女、家中无人照顾的残疾人子女、孤儿、家庭经济困难幼儿、具有接受普通教育能力的残疾儿童等入园，按照国家和地方的有关规定予以照顾。

第九条 企业、事业单位和机关、团体、部队设置的幼儿园，除招收本单位工作人员的子女外，应当积极创造条件向社会开放，招收附近居民子女入园。

第十条 幼儿入园前，应当按照卫生部门制定的卫生保健制度进行健康检查，合格者方可入园。

幼儿入园除进行健康检查外，禁止任何形式的考试或测查。

第十一条 幼儿园规模应当有利于幼儿身心健康，便于管理，一般不超过360人。

幼儿园每班幼儿人数一般为：小班（3周岁至4周岁）25人，中班（4周岁至5周岁）30人，大班（5周岁至6周岁）35人，混合班30人。寄宿制幼儿园每班幼儿人数酌减。

幼儿园可以按年龄分别编班，也可以混合编班。

第三章 幼儿园的安全

第十二条 幼儿园应当严格执行国家和地方幼儿园安全管理的相关规定，建立健全门卫、房屋、设备、消防、交通、食品、药物、幼儿接送交接、活动组织和幼儿就寝值守等安全防护和检查制度，建立安全责任制和应急预案。

第十三条 幼儿园的园舍应当符合国家和地方的建设标准，以及相关安全、卫生等方面的规范，定期检查维护，保障安全。幼儿园不得设置在污染区和危险区，不得使用危房。

幼儿园的设备设施、装修装饰材料、用品用具和玩教具材料等，应当符合国家相关的安全质量标准和环保要求。

入园幼儿应当由监护人或者其委托的成年人接送。

第十四条 幼儿园应当严格执行国家有关食品药品安全的法律法规，保障饮食饮水卫生安全。

第十五条 幼儿园教职工必须具有安全意识，掌握基本急救常识和防范、避险、逃生、自救的基本方法，在紧急情况下应当优先保护幼儿的人身安全。

幼儿园应当把安全教育融入一日生活，并定期组织开展多种形式的安全教育和事故预防演练。

幼儿园应当结合幼儿年龄特点和接受能力开展反家庭暴力教育，发现幼儿遭受或者疑似遭受家庭暴力的，应当依法及时向公安机关报案。

第十六条 幼儿园应当投保校方责任险。

第四章　幼儿园的卫生保健

第十七条 幼儿园必须切实做好幼儿生理和心理卫生保健工作。

幼儿园应当严格执行《托儿所幼儿园卫生保健管理办法》以及其他有关卫生保健的法规、规章和制度。

第十八条 幼儿园应当制定合理的幼儿一日生活作息制度。正餐间隔时间为3.5-4小时。在正常情况下，幼儿户外活动时间（包括户外体育活动时间）每天不得少于2小时，寄宿制幼儿园不得少于3小时；高寒、高温地区可酌情增减。

第十九条 幼儿园应当建立幼儿健康检查制度和幼儿健康卡或档案。每年体检一次，每半年测身高、视力一次，每季度量体重一次；注意幼儿口腔卫生，保护幼儿视力。

幼儿园对幼儿健康发展状况定期进行分析、评价，及时向家长反馈结果。

幼儿园应当关注幼儿心理健康，注重满足幼儿的发展需要，保持幼儿积极的情绪状态，让幼儿感受到尊重和接纳。

第二十条 幼儿园应当建立卫生消毒、晨检、午检制度和病儿隔离制度，配合卫生部门做好计划免疫工作。

幼儿园应当建立传染病预防和管理制度，制定突发传染病应急预案，认真做好疾病防控工作。

幼儿园应当建立患病幼儿用药的委托交接制度，未经监护人委托或者同意，幼儿园不得给幼儿用药。幼儿园应当妥善管理药品，保证幼儿用药安全。

幼儿园内禁止吸烟、饮酒。

第二十一条 供给膳食的幼儿园应当为幼儿提供安全卫生的食品，编制营养平衡的幼儿食谱，定期计算和分析幼儿的进食量和营养素摄取量，保证幼儿合理膳食。

幼儿园应当每周向家长公示幼儿食谱，并按照相关规定进行食品留样。

第二十二条 幼儿园应当配备必要的设备设施，及时为幼儿提供安全卫生的饮用水。

幼儿园应当培养幼儿良好的大小便习惯，不得限制幼儿便溺的次数、时间等。

第二十三条 幼儿园应当积极开展适合幼儿的体育活动，充分利用日光、空气、水等自然因素以及本地自然环境，有计划地锻炼幼儿肌体，增强身体的适应和抵抗能力。正常情况下，每日户外体育活动不得少于1小时。

幼儿园在开展体育活动时，应当对体弱或有残疾的幼儿予以特殊照顾。

第二十四条 幼儿园夏季要做好防暑降温工作，冬季要做好防寒保暖工作，防止中暑和冻伤。

第五章 幼儿园的教育

第二十五条 幼儿园教育应当贯彻以下原则和要求：

（一）德、智、体、美等方面的教育应当互相渗透，有机结合。

（二）遵循幼儿身心发展规律，符合幼儿年龄特点，注重个体差异，因人施教，引导幼儿个性健康发展。

（三）面向全体幼儿，热爱幼儿，坚持积极鼓励、启发引导的正面教育。

（四）综合组织健康、语言、社会、科学、艺术各领域的教育内容，渗透于幼儿一日生活的各项活动中，充分发挥各种教育手段的交互作用。

（五）以游戏为基本活动，寓教育于各项活动之中。

（六）创设与教育相适应的良好环境，为幼儿提供活动和表现能力的机会与条件。

第二十六条 幼儿一日活动的组织应当动静交替，注重幼儿的直接感知、实际操作和亲身体验，保证幼儿愉快的、有益的自由活动。

第二十七条 幼儿园日常生活组织，应当从实际出发，建立必要、合理的常规，坚持一贯性和灵活性相结合，培养幼儿的良好习惯和初步的生活自理能力。

第二十八条 幼儿园应当为幼儿提供丰富多样的教育活动。

教育活动内容应当根据教育目标、幼儿的实际水平和兴趣确定，以循序渐进为原则，有计划地选择和组织。

教育活动的组织应当灵活地运用集体、小组和个别活动等形式，为每个幼儿提供充分参与的机会，满足幼儿多方面发展的需要，促进每个幼儿在不同水平上得到发展。

教育活动的过程应注重支持幼儿的主动探索、操作实践、合作交流和表达表现，不应片面追求活动结果。

第二十九条 幼儿园应当将游戏作为对幼儿进行全面发展教育的重要形式。

幼儿园应当因地制宜创设游戏条件，提供丰富、适宜的游戏材料，保证充足的游戏时间，开展多种游戏。

幼儿园应当根据幼儿的年龄特点指导游戏，鼓励和支持幼儿根据自身兴趣、需要和经验水平，自主选择游戏内容、游戏材料和伙伴，使幼儿在游戏过程中获得积极的情绪情感，促进幼儿能力和个性的全面发展。

第三十条 幼儿园应当将环境作为重要的教育资源，合理利用室内外环境，创设开放的、多样的区域活动空间，提供适合幼儿年龄特点的丰富的玩具、操作材料和幼儿读物，支持幼儿自主选择和主动学习，激发幼儿学习的兴趣与探究的愿望。

幼儿园应当营造尊重、接纳和关爱的氛围，建立良好的同伴和师生关系。

幼儿园应当充分利用家庭和社区的有利条件，丰富和拓展幼儿园的教育资源。

第三十一条 幼儿园的品德教育应当以情感教育和培养良好行为习惯为主，注重潜移默化的影响，并贯穿于幼儿生活以及各项活动之中。

第三十二条 幼儿园应当充分尊重幼儿的个体差异，根据幼儿不同的心理发展水平，研究有效的活动形式和方法，注重培养幼儿良好的个性心理品质。

幼儿园应当为在园残疾儿童提供更多的帮助和指导。

第三十三条 幼儿园和小学应当密切联系，互相配合，注意两个阶段教育的相互衔接。

幼儿园不得提前教授小学教育内容，不得开展任何违背幼儿身心发展规律的活动。

第六章 幼儿园的园舍、设备

第三十四条 幼儿园应当按照国家的相关规定设活动室、寝室、卫生间、保健室、综合活动室、厨房和办公用房等，并达到相应的建设标准。有条件的幼儿园应当优先扩大幼儿游戏和活动空间。

寄宿制幼儿园应当增设隔离室、浴室和教职工值班室等。

第三十五条 幼儿园应当有与其规模相适应的户外活动场地，配备必要的游戏和体育活动设施，创造条件开辟沙地、水池、种植园地等，并根据幼儿活动的需要绿化、美化园地。

第三十六条 幼儿园应当配备适合幼儿特点的桌椅、玩具架、盥洗卫生用具，以及必要的玩教具、图书和乐器等。

玩教具应当具有教育意义并符合安全、卫生要求。幼儿园应当因地制宜，就地取材，自制玩教具。

第三十七条 幼儿园的建筑规划面积、建筑设计和功能要求，以及设施设备、玩教具配备，按照国家和地方的相关规定执行。

第七章 幼儿园的教职工

第三十八条 幼儿园按照国家相关规定设园长、副园长、教师、保育员、卫生保健人员、炊事员和其他工作人员等岗位，配足配齐教职工。

第三十九条 幼儿园教职工应当贯彻国家教育方针，具有良好品德，热爱教育事业，尊重和爱护幼儿，具有专业知识和技能以及相应的文化和专业素养，为人师表，忠于职责，身心健康。

幼儿园教职工患传染病期间暂停在幼儿园的工作。有犯罪、吸毒记录和精神病史者不得在幼儿园工作。

第四十条 幼儿园园长应当符合本规程第三十九条规定，并应当具有《教师资格条例》规定的教师资格、具备大专以上学历、有三年以上幼儿园工作经历和一定的组织管理能力，并取得幼儿园园长岗位培训合格证书。

幼儿园园长由举办者任命或者聘任，并报当地主管的教育行政部门备案。

幼儿园园长负责幼儿园的全面工作，主要职责如下：

（一）贯彻执行国家的有关法律、法规、方针、政策和地方的相关规定，负责建立并组织执行幼儿园的各项规章制度；

（二）负责保育教育、卫生保健、安全保卫工作；

（三）负责按照有关规定聘任、调配教职工，指导、检查和评估教师以及其他工作人员的工作，并给予奖惩；

（四）负责教职工的思想工作，组织业务学习，并为他们的学习、进修、教育研究创造必要的条件；

（五）关心教职工的身心健康，维护他们的合法权益，改善他们的工作条件；

（六）组织管理园舍、设备和经费；

（七）组织和指导家长工作；

（八）负责与社区的联系和合作。

第四十一条 幼儿园教师必须具有《教师资格条例》规定的幼儿园教师资格，并符合本规程第三十九条规定。

幼儿园教师实行聘任制。

幼儿园教师对本班工作全面负责，其主要职责如下：

（一）观察了解幼儿，依据国家有关规定，结合本班幼儿的发展水平和兴趣需要，制订和执行教育工作计划，合理安排幼儿一日生活；

（二）创设良好的教育环境，合理组织教育内容，提供丰富的玩具和游戏材料，开展适宜的教育活动；

（三）严格执行幼儿园安全、卫生保健制度，指导并配合保育员管理本班幼儿生活，做好卫生保健工作；

（四）与家长保持经常联系，了解幼儿家庭的教育环境，商讨符合幼儿特点的教育措施，相互配合共同完成教育任务；

（五）参加业务学习和保育教育研究活动；

（六）定期总结评估保教工作实效，接受园长的指导和检查。

第四十二条 幼儿园保育员应当符合本规程第三十九条规定，并应当具备高中毕业以上学历，受过幼儿保育职业培训。

幼儿园保育员的主要职责如下：

（一）负责本班房舍、设备、环境的清洁卫生和消毒工作；

（二）在教师指导下，科学照料和管理幼儿生活，并配合本班教师组织教育活动；

（三）在卫生保健人员和本班教师指导下，严格执行幼儿园安全、卫生保健制度；

（四）妥善保管幼儿衣物和本班的设备、用具。

第四十三条 幼儿园卫生保健人员除符合本规程第三十九条规定外，医师应当取得卫生行政部门颁发的《医师执业证书》；护士应当取得《护士执业证书》；保健员应当具有高中毕业以上学历，并经过当地妇幼保健机构组织的卫生保健专业知识培训。

幼儿园卫生保健人员对全园幼儿身体健康负责，其主要职责如下：

（一）协助园长组织实施有关卫生保健方面的法规、规章和制度，并监督执行；

（二）负责指导调配幼儿膳食，检查食品、饮水和环境卫生；

（三）负责晨检、午检和健康观察，做好幼儿营养、生长发育的监测和评价；定期组织幼儿健康体检，做好幼儿健康档案管理；

（四）密切与当地卫生保健机构的联系，协助做好疾病防控和计划免疫工作；

（五）向幼儿园教职工和家长进行卫生保健宣传和指导。

（六）妥善管理医疗器械、消毒用具和药品。

第四十四条 幼儿园其他工作人员的资格和职责，按照国家和地方的有关规定执行。

第四十五条 对认真履行职责、成绩优良的幼儿园教职工，应当按照有关规定给予奖励。

对不履行职责的幼儿园教职工，应当视情节轻重，依法依规给予相应处分。

第八章　幼儿园的经费

第四十六条　幼儿园的经费由举办者依法筹措，保障有必备的办园资金和稳定的经费来源。

按照国家和地方相关规定接受财政扶持的提供普惠性服务的国有企事业单位办园、集体办园和民办园等幼儿园，应当接受财务、审计等有关部门的监督检查。

第四十七条　幼儿园收费按照国家和地方的有关规定执行。

幼儿园实行收费公示制度，收费项目和标准向家长公示，接受社会监督，不得以任何名义收取与新生入园相挂钩的赞助费。

幼儿园不得以培养幼儿某种专项技能、组织或参与竞赛等为由，另外收取费用；不得以营利为目的组织幼儿表演、竞赛等活动。

第四十八条　幼儿园的经费应当按照规定的使用范围合理开支，坚持专款专用，不得挪作他用。

第四十九条　幼儿园举办者筹措的经费，应当保证保育和教育的需要，有一定比例用于改善办园条件和开展教职工培训。

第五十条　幼儿膳食费应当实行民主管理制度，保证全部用于幼儿膳食，每月向家长公布账目。

第五十一条　幼儿园应当建立经费预算和决算审核制度，经费预算和决算应当提交园务委员会审议，并接受财务和审计部门的监督检查。

幼儿园应当依法建立资产配置、使用、处置、产权登记、信息管理等管理制度，严格执行有关财务制度。

第九章　幼儿园、家庭和社区

第五十二条　幼儿园应当主动与幼儿家庭沟通合作，为家长提供科学育儿宣传指导，帮助家长创设良好的家庭教育环境，共同担负教育幼儿的任务。

第五十三条　幼儿园应当建立幼儿园与家长联系的制度。幼儿园可采取多种形式，指导家长正确了解幼儿园保育和教育的内容、方法，定期召开家长会议，并接待家长的来访和咨询。

幼儿园应当认真分析、吸收家长对幼儿园教育与管理工作的意见与建议。

幼儿园应当建立家长开放日制度。

第五十四条 幼儿园应当成立家长委员会。

家长委员会的主要任务是：对幼儿园重要决策和事关幼儿切身利益的事项提出意见和建议；发挥家长的专业和资源优势，支持幼儿园保育教育工作；帮助家长了解幼儿园工作计划和要求，协助幼儿园开展家庭教育指导和交流。

家长委员会在幼儿园园长指导下工作。

第五十五条 幼儿园应当加强与社区的联系与合作，面向社区宣传科学育儿知识，开展灵活多样的公益性早期教育服务，争取社区对幼儿园的多方面支持。

第十章 幼儿园的管理

第五十六条 幼儿园实行园长负责制。

幼儿园应当建立园务委员会。园务委员会由园长、副园长、党组织负责人和保教、卫生保健、财会等方面工作人员的代表以及幼儿家长代表组成。园长任园务委员会主任。

园长定期召开园务委员会会议，遇重大问题可临时召集，对规章制度的建立、修改、废除，全园工作计划，工作总结，人员奖惩，财务预算和决算方案，以及其他涉及全园工作的重要问题进行审议。

第五十七条 幼儿园应当加强党组织建设，充分发挥党组织政治核心作用、战斗堡垒作用。幼儿园应当为工会、共青团等其他组织开展工作创造有利条件，充分发挥其在幼儿园工作中的作用。

第五十八条 幼儿园应当建立教职工大会制度或者教职工代表大会制度，依法加强民主管理和监督。

第五十九条 幼儿园应当建立教研制度，研究解决保教工作中的实际问题。

第六十条 幼儿园应当制订年度工作计划，定期部署、总结和报告工作。每学年年末应当向教育等行政主管部门报告工作，必要时随时报告。

第六十一条 幼儿园应当接受上级教育、卫生、公安、消防等部门的检查、监督和指导，如实报告工作和反映情况。

幼儿园应当依法接受教育督导部门的督导。

第六十二条 幼儿园应当建立业务档案、财务管理、园务会议、人员奖惩、安全管理以及与家庭、小学联系等制度。

幼儿园应当建立信息管理制度，按照规定采集、更新、报送幼儿园管理信息系统的相关信息，每年向主管教育行政部门报送统计信息。

第六十三条 幼儿园教师依法享受寒暑假期的带薪休假。幼儿园应当创造条件，在寒暑假期间，安排工作人员轮流休假。具体办法由举办者制定。

第十一章 附 则

第六十四条 本规程适用于城乡各类幼儿园。

第六十五条 省、自治区、直辖市教育行政部门可根据本规程，制订具体实施办法。

第六十六条 本规程自2016年3月1日起施行。1996年3月9日由原国家教育委员会令第25号发布的《幼儿园工作规程》同时废止。

关于建立中小学校党组织领导的校长负责制的意见（试行）

（2022年1月26日）

为全面贯彻新时代党的组织路线和党的教育方针，坚持和加强党对中小学校的全面领导，根据党章和有关党内法规、国家法律，现就建立中小学校党组织领导的校长负责制提出如下意见。

一、发挥中小学校党组织领导作用

（一）中小学校党组织全面领导学校工作，履行把方向、管大局、作决策、抓班子、带队伍、保落实的领导职责。

1. 坚持以习近平新时代中国特色社会主义思想为指导，增强“四个意识”、坚定“四个自信”、做到“两个维护”，贯彻党的基本理论、基本路线、基本方略，坚持为党育人、为国育才，确保党的教育方针和党中央决策部署在中小学校得到切实贯彻落实。

2. 坚持把政治标准和政治要求贯穿办学治校、教书育人全过程各方面，坚持社会主义办学方向，落实立德树人根本任务，团结带领全校教职工推动学校改革发展，培养德智体美劳全面发展的社会主义建设者和接班人。

3. 讨论决定事关学校改革发展稳定及教育教学、行政管理中的“三重一大”事项和学校章程等基本管理制度，支持和保证校长依法依规行使职权。

4. 坚持党管干部原则，按照有关规定和干部管理权限，负责干部的教育、培训、选拔、考核和监督。讨论决定学校内部组织机构的设置及其负责人的人选，协助上级党组织做好学校领导人员的教育管理监督等工作。

5. 坚持党管人才原则，按照有关规定做好教师等人才的培养、招聘、使用、管理、服务和职称评审、奖惩等相关工作。

6. 开展社会主义核心价值观教育，抓好学生德育工作，做好教职工思想政治工作和学校意识形态工作，加强师德师风建设和学校精神文明建设，推动形成良好校风教风学风。

7. 加强学校各级党组织建设和党员队伍建设工作，严格执行“三会一课”等党的组织生活制度，发挥基层党组织战斗堡垒作用和党员先锋模范作用。

8. 坚持全面从严治党，领导学校党的纪律检查工作，落实党风廉政建设主体责任。

9. 领导工会、共青团、妇女组织、少先队等群团组织和教职工大会（教职工代表大会），强化党建带团建、队建，加强学生会和学生社团管理，做好统一战线工作。

10. 讨论决定学校其他重要事项。

（二）学校党组织实行集体领导和个人分工负责相结合的制度。凡属重大问题都要按照集体领导、民主集中、个别酝酿、会议决定的原则，由党组织会议集体讨论作出决定。党组织班子成员根据集体的决定和分工，切实履行职责。

（三）学校党组织书记主持党组织全面工作，负责组织党组织重要活动，督促检查党组织决议贯彻落实，督促党组织班子成员履行职责、发挥作用。

二、支持和保证校长行使职权

（四）校长在学校党组织领导下，依法依规行使职权，按照学校党组织有关决议，全面负责学校的教育教学和行政管理等工作。

1. 研究拟订和执行学校发展规划、基本管理制度、内部教育教学管理组织机构设置方案。研究拟订和执行具体规章制度、年度工作计划。

2. 组织开展教学活动和教育教学研究，加强教育教学管理，深化教育教学改革，负责招生、就业和学生学籍管理。

3. 加强学生德育、体育、美育、劳动教育和心理健康教育，提高学校思政课教学质量。组织开展学校文化活动和科学普及活动，建设文明校园。

4. 研究拟订和执行学校重大建设项目、重要资产处置、重要办学资源配置方案，管理和保护学校资产。

5. 研究拟订和执行学校年度预算、大额度支出，加强财务管理和审计监督。

6. 加强教师等各类人才日常教育管理服务工作，依据有关规定与教师以及内部其他工作人员订立、解除或终止聘用合同。

7. 做好学校安全稳定和后勤保障工作。

8. 组织开展学校对外交流与合作，加强学校与社会、家庭的联系，形成育人合力。

9. 向学校党组织报告重大决议执行情况，向教职工大会（教职工代表大会）报告工作，支持群团组织开展工作，依法保障师生员工合法权益。

10. 履行法律法规和学校章程规定的其他职权。

三、建立健全议事决策制度

（五）学校党组织会议讨论决定学校重大问题。党组织会议由党组织书记召集并主持，不是党组织班子成员的行政班子成员根据工作需要可列席会议。会议议题由学校领导班子成员提出，党组织书记确定。会议应当有半数以上党组织班子成员到会方能召开；讨论决定干部任免等重要事项时，必须有三分之二以上党组织班子成员到会。

（六）校长办公会议（校务会议）是学校行政议事决策机构，研究提出拟由学校党组织讨论决定的重要事项方案，具体部署落实党组织决议的有关措施，研究处理教育教学、行政管理等工作。会议由校长召集并主持。会议成员一般为学校行政班子成员，不是行政班子成员的党组织班子成员可参加会议。会议议题由学校领导班子成员提出，校长确定。会议应当有半数以上行政班子成员到会方能召开。校长应当在广泛听取与会人员意见基础上，对讨论研究的事项作出决定。

（七）学校党组织会议和校长办公会议（校务会议）要坚持科学决策、民主决策、依法决策。讨论决定学校重大问题，应当在调查研究基础上提出建议方案，经学校领导班子成员特别是党组织书记与校长充分沟通且无重大分歧后提交会议讨论决定。对涉及干部工作的方案，在提交党组织会议讨论决定前，应当在一定范围内进行充分酝酿。对事关师生员工切身利益的重要事项，应当通过教职工大会（教职工代表大会）或其他方式，广泛听取师生员工的意见和建议。对专业性、技术性较强的重要事项，应当经过专家评估及技术、政策、法律咨询。会议决定的事项如需变更、调整，应当按照决策程序进行复议。

中小学校要结合实际，制定学校党组织会议、校长办公会议（校务会议）的会议制度和议事规则，并按管理权限报教育主管部门审查和备案。

四、完善协调运行机制

（八）实行中小学校党组织领导的校长负责制，必须发挥党组织领导作用，保证校长依法依规行使职权，建立健全党组织统一领导、党政分工合作、协调运行的工作机制。合理确定学校领导班子成员分工，明确工作职责。学校领导班子成员要认真执行集体决定，按照分工积极主动开展工作。

（九）建立学校党组织书记和校长定期沟通制度。党组织书记和校长要及时交流思想、工作情况，带头维护班子团结。学校党组织会议、校长办公会议（校务会议）的重要议题，党组织书记、校长应当在会前听取对方意见，意见不一致的议题暂缓上会，待进一步交换意见、取得共识后再提交会议讨论。集体决定重大问题前，党组织书记、校长和有关领导班子成员要个别酝酿、充分沟通。

（十）学校领导班子成员应当经常沟通情况、协调工作。学校党组织书记、校长要发扬民主，充分听取和尊重班子成员的意见，支持他们的工作。学校领导班子成员要相互理解、相互支持，对职责分工交叉的工作，注意协调配合，努力营造团结共事的和谐氛围。

（十一）发挥教职工大会（教职工代表大会）和群团组织作用，健全师生员工参与民主管理和监督的工作机制。按照规定实行党务公开和校务公开，及时向师生员工、群团组织等通报学校工作情况。

五、加强组织领导

（十二）选好配强学校领导班子特别是党组织书记和校长。上级党组织要认真履行领导和把关作用，按照有关规定，严格标准条件和程序，精准科学选人用人，注重选拔党性强、懂教育、会管理、有威信、善于做思想政治工作的优秀党员干部担任学校党组织书记，着力培养政治过硬、品德高尚、业务精湛、治校有方的校长队伍。党组织设置为党委、党总支的中小学校，党组织书记、校长一般应当分设，党组织书记一般不兼任行政领导职务，校长是中共党员的应当同时担任党组织副书记；党组织设置为党支部的中小学校，党组织书记、校长一般由一人担任，同时应当设 1 名专职副书记；学校行政班子副职中的党员一般应当进入党组织班子。加强学校领导班子思想政治建设，完善培养选拔、教育培训、考核评价、激励保障机制，加强任期考核，推动学校领导人员履职尽责、潜心育人、清正廉洁。

（十三）加强学校基层党组织和党员队伍建设。以提升组织力为重点，突出政治功能，优化基层党组织设置、创新活动方式，严格党员教育管理、严肃党的组织生活，推动党建工作与教育教学、德育和思想政治工作深度融合。加强对优秀教师的政治引领和政治吸纳，健全“双培养”机制。开展党组织书记抓基层党建工作述职评议考核。建立与中小学校党组织领导的校长负责制相适应的保障机制，健全党务工作机构，充实党务工作力量，落实党务工作队伍激励保障措施。集团化办学等类型的中小学校党组织要按照党组织隶属关系和办学实际，加强对成员学校、分支机构党建工作的领导和指导。

（十四）建立和落实中小学校党组织领导的校长负责制执行情况报告制度，学校党组织要结合年度考核向上级党组织报告执行情况，学校领导班子成员要在民主生活会、述职评议、年度工作总结中报告个人执行情况。上级党组织和有关部门要将学校贯彻执行党组织领导的校长负责制情况作为巡察监督、教育督导的重要内容和对学校领导班子、领导人员考核评价的重要参考，对违反民主集中制原则，不执行学校党组织决议，或因班子内部不团结而严重影响工作的，按照有关规定追究相关人员责任，必要时对班子进行调整。

（十五）地方各级党委要认真履行主体责任，党委组织、教育工作等部门要各司其职、密切配合，坚持分类指导、分步实施，稳慎推进建立中小学校党组织领导的校长负责制。针对不同类型、不同规模的学校，统筹领导班子调整、制度机制配套和学校章程修订等相关工作，在做好思想准备、组织准备、工作准备的前提下，成熟一个调整一个。通过教育培训、经验交流等方式，加强对中小学校贯彻执行党组织领导的校长负责制的工作指导，及时研究解决工作中出现的问题。

本意见适用于具有独立法人资格且设立党的基层委员会、总支部委员会、支部委员会的公办中小学校（含中等职业学校），公办幼儿园参照执行，民办中小学校党的工作按照有关规定执行。不具有独立法人资格或未单独设立党的支部委员会的中小学校，党组织发挥战斗堡垒作用，履行党章和有关规定明确的职责任务。

关于进一步减轻义务教育阶段学生作业负担和校外培训负担的意见

（2021年7月24日）

为深入贯彻党的十九大和十九届五中全会精神，切实提升学校育人水平，持续规范校外培训（包括线上培训和线下培训），有效减轻义务教育阶段学生过重作业负担和校外培训负担（以下简称“双减”），现提出如下意见。

一、总体要求

1. 指导思想。坚持以习近平新时代中国特色社会主义思想为指导，全面贯彻党的教育方针，落实立德树人根本任务，着眼建设高质量教育体系，强化学校教育主阵地作用，深化校外培训机构治理，坚决防止侵害群众利益行为，构建教育良好生态，有效缓解家长焦虑情绪，促进学生全面发展、健康成长。

2. 工作原则。坚持学生为本、回应关切，遵循教育规律，着眼学生身心健康成长，保障学生休息权利，整体提升学校教育教学质量，积极回应社会关切与期盼，减轻家长负担；坚持依法治理、标本兼治，严格执行义务教育法、未成年人保护法等法律规定，加强源头治理、系统治理、综合治理；坚持政府主导、多方联动，强化政府统筹，落实部门职责，发挥学校主体作用，健全保障政策，明确家校社协同责任；坚持统筹推进、稳步实施，全面落实国家关于减轻学生过重学业负担有关规定，对重点难点问题先行试点，积极推广典型经验，确保“双减”工作平稳有序。

3. 工作目标。学校教育教学质量和服务水平进一步提升，作业布置更加科学合理，学校课后服务基本满足学生需要，学生学习更好回归校园，校外培训机构培训行为全面规范。学生过重作业负担和校外培训负担、家庭教育支出和家长相应精力负担 1 年内有效减轻、3 年内成效显著，人民群众教育满意度明显提升。

二、全面压减作业总量和时长，减轻学生过重作业负担

4. 健全作业管理机制。学校要完善作业管理办法，加强学科组、年级组作业统筹，合理调控作业结构，确保难度不超国家课标。建立作业校内公示制度，加强质量监督。严禁给家长布置或变相布置作业，严禁要求家长检查、批改作业。

5. 分类明确作业总量。学校要确保小学一、二年级不布置家庭书面作业，可在校内适当安排巩固练习；小学三至六年级书面作业平均完成时间不超过 60 分钟，初中书面作业平均完成时间不超过 90 分钟。

6. 提高作业设计质量。发挥作业诊断、巩固、学情分析等功能，将作业设计纳入教研体系，系统设计符合年龄特点和学习规律、体现素质教育导向的基础性作业。鼓励布置分层、弹性和个性化作业，坚决克服机械、无效作业，杜绝重复性、惩罚性作业。

7. 加强作业完成指导。教师要指导小学生在校内基本完成书面作业，初中生在校内完成大部分书面作业。教师要认真批改作业，及时做好反馈，加强面批讲解，认真分析学情，做好答疑辅导。不得要求学生自批自改作业。

8. 科学利用课余时间。学校和家长要引导学生放学回家后完成剩余书面作业，进行必要的课业学习，从事力所能及的家务劳动，开展适宜的体育锻炼，开展阅读和文艺活动。个别学生经努力仍完不成书面作业的，也应按时就寝。引导学生合理使用电子产品，控制使用时长，保护视力健康，防止网络沉迷。家长要积极与孩子沟通，关注孩子心理情绪，帮助其养成良好学习生活习惯。寄宿制学校要统筹安排好课余学习生活。

三、提升学校课后服务水平，满足学生多样化需求

9. 保证课后服务时间。学校要充分利用资源优势，有效实施各种课后育人活动，在校内满足学生多样化学习需求。引导学生自愿参加课后服务。课后服务结束时间原则上不早于当地正常下班时间；对有特殊需要的学生，学校应提供延时托管服务；初中学校工作日晚上可开设自习班。学校可统筹安排教师实行“弹性上下班制”。

10. 提高课后服务质量。学校要制定课后服务实施方案，增强课后服务的吸引力。充分用好课后服务时间，指导学生认真完成作业，对学习有困难的学生进行补习辅导与答疑，为学有余力的学生拓展学习空间，开展丰富多彩的科普、文体、艺术、劳动、阅读、兴趣小组及社团活动。不得利用课后服务时间讲新课。

11. 拓展课后服务渠道。课后服务一般由本校教师承担，也可聘请退休教师、具备资质的社会专业人员或志愿者提供。教育部门可组织区域内优秀教师到师资力量薄弱的学校开展课后服务。依法依规严肃查处教师校外有偿补课行为，直至撤销教师资格。充分利用社会资源，发挥好少年宫、青少年活动中心等校外活动场所在课后服务中的作用。

12. 做强做优免费线上学习服务。教育部门要征集、开发丰富优质的线上教育教学资源，利用国家和各地教育教学资源平台以及优质学校网络平台，免费向学生提供高质量专题教育资源和覆盖各年级各学科的学习资源，推动教育资源均衡发展，促进教育公平。各地要积极创造条件，组织优秀教师开展免费在线互动交流答疑。各地各校要加大宣传推广使用力度，引导学生用好免费线上优质教育资源。

四、坚持从严治理，全面规范校外培训行为

13. 坚持从严审批机构。各地不再审批新的面向义务教育阶段学生的学科类校外培训机构，现有学科类培训机构统一登记为非营利性机构。对原备案的线上学科类培训机构，改为审批制。各省（自治区、直辖市）要对已备案的线上学科类培训机构全面排查，并按标准重新办理审批手续。未通过审批的，取消原有备案登记和互联网信息服务业务经营许可证

（ICP）。对非学科类培训机构，各地要区分体育、文化艺术、科技等类别，明确相应主管部门，分类制定标准、严格审批。依法依规严肃查处不具备相应资质条件、未经审批多址开展培训的校外培训机构。学科类培训机构一律不得上市融资，严禁资本化运作；上市公司不得通过股票市场融资投资学科类培训机构，不得通过发行股份或支付现金等方式购买学科类培训机构资产；外资不得通过兼并收购、受托经营、加盟连锁、利用可变利益实体等方式控股或参股学科类培训机构。已违规的，要进行清理整治。

14. 规范培训服务行为。建立培训内容备案与监督制度，制定出台校外培训机构培训材料管理办法。严禁超标超前培训，严禁非学科类培训机构从事学科类培训，严禁提供境外教育课程。依法依规坚决查处超范围培训、培训质量良莠不齐、内容低俗违法、盗版侵权等突出问题。严格执行未成年人保护法有关规定，校外培训机构不得占用国家法定节假日、休息日及寒暑假期组织学科类培训。培训机构不得高薪挖抢学校教师；从事学科类培训的人员必须具备相应教师资格，并将教师资格信息在培训机构场所及网站显著位置公布；不得泄露家长和学生个人信息。根据市场需求、培训成本等因素确定培训机构收费项目和标准，向社会公示、接受监督。全面使用《中小学生校外培训服务合同（示范文本）》。进一步健全常态化排查机制，及时掌握校外培训机构情况及信息，完善“黑白名单”制度。

15. 强化常态运营监管。严格控制资本过度涌入培训机构，培训机构融资及收费应主要用于培训业务经营，坚决禁止为推销业务以虚构原价、虚假折扣、虚假宣传等方式进行不正当竞争，依法依规坚决查处行业垄断行为。线上培训要注重保护学生视力，每课时不超过 30 分钟，课程间隔不少于 10 分钟，培训结束时间不晚于 21 点。积极探索利用人工智能技术合理控制学生连续线上培训时间。线上培训机构不得提供和传播“拍照搜题”等惰化学生思维能力、影响学生独立思考、违背教育教学规律的不良学习方法。聘请在境内的外籍人员要符合国家有关规定，严禁聘请在境外的外籍人员开展培训活动。

五、大力提升教育教学质量，确保学生在校内学足学好

16. 促进义务教育优质均衡发展。各地要巩固义务教育基本均衡成果，积极开展义务教育优质均衡创建工作，促进新优质学校成长，扩大优质教育资源。积极推进集团化办学、学区化治理和城乡学校共同体建设，充分激发办学活力，整体提升学校办学水平，加快缩小城乡、区域、学校间教育水平差距。

17. 提升课堂教学质量。教育部门要指导学校健全教学管理规程，优化教学方式，强化教学管理，提升学生在校学习效率。学校要开齐开足开好国家规定课程，积极推进幼小科学衔接，帮助学生做好入学准备，严格按课程标准零起点教学，做到应教尽教，确保学生达到国家规定的学业质量标准。学校不得随意增减课时、提高难度、加快进度；降低考试压力，改进考试方法，不得有提前结课备考、违规统考、考题超标、考试排名等行为；考试成绩呈现实行等级制，坚决克服唯分数的倾向。

18. 深化高中招生改革。各地要积极完善基于初中学业水平考试成绩、结合综合素质评价的高中阶段学校招生录取模式，依据不同科目特点，完善考试方式和成绩呈现方式。坚持以学定考，进一步提升中考命题质量，防止偏题、怪题、超过课程标准的难题。逐步提高优质普通高中招生指标分配到区域内初中的比例，规范普通高中招生秩序，杜绝违规招生、恶性竞争。

19. 纳入质量评价体系。地方各级党委和政府要树立正确政绩观，严禁下达升学指标或片面以升学率评价学校和教师。认真落实义务教育质量评价指南，将“双减”工作成效纳入县域和学校义务教育质量评价，把学生参加课后服务、校外培训及培训费用支出减少等情况作为重要评价内容。

六、强化配套治理，提升支撑保障能力

20. 保障学校课后服务条件。各地要根据学生规模和中小学教职工编制标准，统筹核定编制，配足配齐教师。省级政府要制定学校课后服务经费保障办法，明确相关标准，采取财政补贴、服务性收费或代收费等方式，确保经费筹措到位。课后服务经费主要用于参与课后服务教师和相关人员的补助，有关部门在核定绩效工资总量时，应考虑教师参与课后服务的因素，把用于教师课后服务补助的经费额度，作为增量纳入绩效工资并设立相应项目，不作为次年正常核定绩效工资总量的基数；对聘请校外人员提供课后服务的，课后服务补助可按劳务费管理。教师参加课后服务的表现应作为职称评聘、表彰奖励和绩效工资分配的重要参考。

21. 完善家校社协同机制。进一步明晰家校育人责任，密切家校沟通，创新协同方式，推进协同育人共同体建设。教育部门要会同妇联等部门，办好家长学校或网上家庭教育指导平台，推动社区家庭教育指导中心、服务站点建设，引导家长树立科学育儿观念，理性确定孩子成长预期，努力形成减负共识。

22. 做好培训广告管控。中央有关部门、地方各级党委和政府要加强校外培训广告管理，确保主流媒体、新媒体、公共场所、居民区各类广告牌和网络平台等不刊登、不播发校外培训广告。不得在中小学校、幼儿园内开展商业广告活动，不得利用中小学和幼儿园的教材、教辅材料、练习册、文具、教具、校服、校车等发布或变相发布广告。依法依规严肃查处各种夸大培训效果、误导公众教育观念、制造家长焦虑的校外培训违法违规广告行为。

七、扎实做好试点探索，确保治理工作稳妥推进

23. 明确试点工作要求。在全面开展治理工作的同时，确定北京市、上海市、沈阳市、广州市、成都市、郑州市、长治市、威海市、南通市为全国试点，其他省份至少选择 1 个地市开展试点，试点内容为第 24、25、26 条所列内容。

24. 坚决压减学科类校外培训。对现有学科类培训机构重新审核登记，逐步大大压减，解决过多过滥问题；依法依规严肃查处存在不符合资质、管理混乱、借机敛财、虚假宣传、与学校勾连牟利等严重问题的机构。

25. 合理利用校内外资源。鼓励有条件的学校在课余时间向学生提供兴趣类课后服务活动，供学生自主选择参加。课后服务不能满足部分学生发展兴趣特长等特殊需要的，可适当引进非学科类校外培训机构参与课后服务，由教育部门负责组织遴选，供学校选择使用，并建立评估退出机制，对出现服务水平低下、恶意在校招揽生源、不按规定提供服务、扰乱学校教育教学和招生秩序等问题的培训机构，坚决取消培训资质。

26. 强化培训收费监管。坚持校外培训公益属性，充分考虑其涉及重大民生的特点，将义务教育阶段学科类校外培训收费纳入政府指导价管理，科学合理确定计价办法，明确收费标准，坚决遏制过高收费和过度逐利行为。通过第三方托管、风险储备金等方式，对校外培训机构预收费进行风险管控，加强对培训领域贷款的监管，有效预防“退费难”、“卷钱跑路”等问题发生。

八、精心组织实施，务求取得实效

27. 全面系统做好部署。加强党对“双减”工作的领导，各省（自治区、直辖市）党委和政府要把“双减”工作作为重大民生工程，列入重要议事日程，纳入省（自治区、直辖市）党委教育工作领导小组重点任务，结合本地实际细化完善措施，确保“双减”工作落实落地。学校党组织要认真做好教师思想工作，充分调动广大教师积极性、创造性。校外培训机构要加强自身党建工作，发挥党组织战斗堡垒作用。

28. 明确部门工作责任。教育部门要抓好统筹协调，会同有关部门加强对校外培训机构日常监管，指导学校做好“双减”有关工作；宣传、网信部门要加强舆论宣传引导，网信部门要配合教育、工业和信息化部门做好线上校外培训监管工作；机构编制部门要及时为中小学校补齐补足教师编制；发展改革部门要会同财政、教育等部门制定学校课后服务性或代收费标准，会同教育等部门制定试点地区校外培训机构收费指导政策；财政部门要加强学校课后服务经费保障；人力资源社会保障部门要做好教师绩效工资核定有关工作；民政部门要做好学科类培训机构登记工作；市场监管部门要做好非学科类培训机构登记工作和校外培训机构收费、广告、反垄断等方面监管工作，加大执法检查力度，会同教育部门依法依规严肃查处违法违规培训行为；政法部门要做好相关维护和谐稳定工作；公安部门要依法加强治安管理，联动开展情报信息搜集研判和预警预防，做好相关涉稳事件应急处置工作；人民银行、银保监、证监部门负责指导银行等机构做好校外培训机构预收费风险管控工作，清理整顿培训机构融资、上市等行为；其他相关部门按照各自职责负起责任、抓好落实。

29. 联合开展专项治理行动。建立“双减”工作专门协调机制，集中组织开展专项治理行动。在教育部设立协调机制专门工作机构，做好统筹协调，加强对各地工作指导。各省（自治区、直辖市）要完善工作机制，建立专门工作机构，按照“双减”工作目标任务，明确专项治理行动的路线图、时间表和责任人。突出工作重点、关键环节、薄弱地区、重点对象等，开展全面排查整治。对违法违规行为要依法依规严惩重罚，形成警示震慑。

30. 强化督促检查和宣传引导。将落实“双减”工作情况及实际成效，作为督查督办、漠视群众利益专项整治和政府履行教育职责督导评价的重要内容。建立责任追究机制，对责任不落实、措施不到位的地方、部门、学校及相关责任人要依法依规严肃追究责任。各地要设立监管平台和专门举报电话，畅通群众监督举报途径。各省（自治区、直辖市）要及时总结“双减”工作中的好经验好做法，并做好宣传推广。新闻媒体要坚持正确舆论导向，营造良好社会氛围。

各地在做好义务教育阶段学生“双减”工作的同时，还要统筹做好面向3至6岁学龄前儿童和普通高中学生的校外培训治理工作，不得开展面向学龄前儿童的线上培训，严禁以学前班、幼小衔接班、思维训练班等名义面向学龄前儿童开展线下学科类（含外语）培训。不再审批新的面向学龄前儿童的校外培训机构和面向普通高中学生的学科类校外培训机构。对面向普通高中学生的学科类培训机构的管理，参照本意见有关规定执行。

最高人民检察院、教育部、公安部关于建立教职员工准入查询性侵违法犯罪信息制度的意见

（2020年8月20日）

第一章　总　　则

第一条　为贯彻未成年人特殊、优先保护原则，加强对学校教职员工的管理，预防利用职业便利实施的性侵未成年人违法犯罪，根据《中华人民共和国刑法》《中华人民共和国刑事诉讼法》《中华人民共和国未成年人保护法》《中华人民共和国治安管理处罚法》《中华人民共和国教师法》《中华人民共和国劳动合同法》等法律，制定本意见。

第二条　最高人民检察院、教育部与公安部联合建立信息共享工作机制。教育部统筹、指导各级教育行政部门及教师资格认定机构实施教职员工准入查询制度。公安部协助教育部开展信息查询工作。最高人民检察院对相关工作情况开展法律监督。

第三条　本意见所称的学校，是指中小学校（含中等职业学校和特殊教育学校）、幼儿园。

第二章　内容与方式

第四条　本意见所称的性侵违法犯罪信息，是指符合下列条件的违法犯罪信息，公安部根据本条规定建立性侵违法犯罪人员信息库：

（一）因触犯刑法第二百三十六条、第二百三十七条规定的强奸，强制猥亵，猥亵儿童犯罪行为被人民法院依法作出有罪判决的人员信息；

（二）因触犯刑法第二百三十六条、第二百三十七条规定的强奸，强制猥亵，猥亵儿童犯罪行为被人民检察院根据刑事诉讼法第一百七十七条第二款之规定作出不起诉决定的人员信息；

（三）因触犯治安管理处罚法第四十四条规定的猥亵行为被行政处罚的人员信息。

符合刑事诉讼法第二百八十六条规定的未成年人犯罪记录封存条件的信息除外。

第五条　学校新招录教师、行政人员、勤杂人员、安保人员等在校园内工作的教职员工，在入职前应当进行性侵违法犯罪信息查询。

在认定教师资格前，教师资格认定机构应当对申请人员进行性侵违法犯罪信息查询。

第六条　教育行政部门应当做好在职教职员工性侵违法犯罪信息的筛查。

第三章　查询与异议

第七条　教育部建立统一的信息查询平台，与公安部部门间信息共享与服务平台对接，实现性侵违法犯罪人员信息核查，面向地方教育行政部门提供教职员工准入查询服务。

地方教育行政部门主管本行政区内的教职员工准入查询。

根据属地化管理原则，县级及以上教育行政部门根据拟聘人员和在职教职员工的授权，对其性侵违法犯罪信息进行查询。

对教师资格申请人员的查询，由受理申请的教师资格认定机构组织开展。

第八条　公安部根据教育部提供的最终查询用户身份信息和查询业务类别，向教育部信息查询平台反馈被查询人是否有性侵违法犯罪信息。

第九条　查询结果只反映查询时性侵违法犯罪人员信息库里录入和存

在的信息。

第十条 查询结果告知的内容包括：

（一）有无性侵违法犯罪信息；

（二）有性侵违法犯罪信息的，应当根据本意见第四条规定标注信息类型；

（三）其他需要告知的内容。

第十一条 被查询人对查询结果有异议的，可以向其授权的教育行政部门提出复查申请，由教育行政部门通过信息查询平台提交申请，由教育部统一提请公安部复查。

第四章 执行与责任

第十二条 学校拟聘用人员应当在入职前进行查询。对经查询发现有性侵违法犯罪信息的，教育行政部门或学校不得录用。在职教职员工经查询发现有性侵违法犯罪信息的，应当立即停止其工作，按照规定及时解除聘用合同。

教师资格申请人员取得教师资格前应当进行教师资格准入查询。对经查询发现有性侵违法犯罪信息的，应当不予认定。已经认定的按照法律法规和国家有关规定处理。

第十三条 地方教育行政部门未对教职员工性侵违法犯罪信息进行查询，或者经查询有相关违法犯罪信息，地方教育行政部门或学校仍予以录用的，由上级教育行政部门责令改正，并追究相关教育行政部门和学校相关人员责任。

教师资格认定机构未对申请教师资格人员性侵违法犯罪信息进行查询，或者未依法依规对经查询有相关违法犯罪信息的人员予以处理的，由上级教育行政部门予以纠正，并报主管部门依法依规追究相关人员责任。

第十四条 有关单位和个人应当严格按照本意见规定的程序和内容开展查询，并对查询获悉的有关性侵违法犯罪信息保密，不得散布或者用于其他用途。违反规定的，依法追究相应责任。

第五章 其 他 规 定

第十五条 最高人民检察院、教育部、公安部应当建立沟通联系机制，及时总结工作情况，研究解决存在的问题，指导地方相关部门及学校开展具体工作，促进学校安全建设和保护未成年人健康成长。

第十六条 教师因对学生实施性骚扰等行为，被用人单位解除聘用关系或者开除，但其行为不属于本意见第四条规定情形的，具体处理办法由教育部另行规定。

第十七条 对高校教职员工以及面向未成年人的校外培训机构工作人员的性侵违法犯罪信息查询，参照本意见执行。

第十八条 各地正在开展的其他密切接触未成年人行业入职查询工作，可以按照原有方式继续实施。

四、社会保护

中华人民共和国公共文化服务保障法

（2016 年 12 月 25 日第十二届全国人民代表大会常务委员会第二十五次会议通过　2016 年 12 月 25 日中华人民共和国主席令第 60 号公布　自 2017 年 3 月 1 日起施行）

目　　录

第一章　总　　则

第一条　为了加强公共文化服务体系建设，丰富人民群众精神文化生活，传承中华优秀传统文化，弘扬社会主义核心价值观，增强文化自信，促进中国特色社会主义文化繁荣发展，提高全民族文明素质，制定本法。

第二条　本法所称公共文化服务，是指由政府主导、社会力量参与，以满足公民基本文化需求为主要目的而提供的公共文化设施、文化产品、文化活动以及其他相关服务。

第三条　公共文化服务应当坚持社会主义先进文化前进方向，坚持以人民为中心，坚持以社会主义核心价值观为引领；应当按照“百花齐放、百家争鸣”的方针，支持优秀公共文化产品的创作生产，丰富公共文化服务内容。

第四条　县级以上人民政府应当将公共文化服务纳入本级国民经济和

社会发展规划，按照公益性、基本性、均等性、便利性的要求，加强公共文化设施建设，完善公共文化服务体系，提高公共文化服务效能。

第五条 国务院根据公民基本文化需求和经济社会发展水平，制定并调整国家基本公共文化服务指导标准。

省、自治区、直辖市人民政府根据国家基本公共文化服务指导标准，结合当地实际需求、财政能力和文化特色，制定并调整本行政区域的基本公共文化服务实施标准。

第六条 国务院建立公共文化服务综合协调机制，指导、协调、推动全国公共文化服务工作。国务院文化主管部门承担综合协调具体职责。

地方各级人民政府应当加强对公共文化服务的统筹协调，推动实现共建共享。

第七条 国务院文化主管部门、新闻出版广电主管部门依照本法和国务院规定的职责负责全国的公共文化服务工作；国务院其他有关部门在各自职责范围内负责相关公共文化服务工作。

县级以上地方人民政府文化、新闻出版广电主管部门根据其职责负责本行政区域内的公共文化服务工作；县级以上地方人民政府其他有关部门在各自职责范围内负责相关公共文化服务工作。

第八条 国家扶助革命老区、民族地区、边疆地区、贫困地区的公共文化服务，促进公共文化服务均衡协调发展。

第九条 各级人民政府应当根据未成年人、老年人、残疾人和流动人口等群体的特点与需求，提供相应的公共文化服务。

第十条 国家鼓励和支持公共文化服务与学校教育相结合，充分发挥公共文化服务的社会教育功能，提高青少年思想道德和科学文化素质。

第十一条 国家鼓励和支持发挥科技在公共文化服务中的作用，推动运用现代信息技术和传播技术，提高公众的科学素养和公共文化服务水平。

第十二条 国家鼓励和支持在公共文化服务领域开展国际合作与交流。

第十三条 国家鼓励和支持公民、法人和其他组织参与公共文化服务。

对在公共文化服务中作出突出贡献的公民、法人和其他组织，依法给予表彰和奖励。

第二章 公共文化设施建设与管理

第十四条 本法所称公共文化设施是指用于提供公共文化服务的建筑物、场地和设备，主要包括图书馆、博物馆、文化馆（站）、美术馆、科技馆、纪念馆、体育场馆、工人文化宫、青少年宫、妇女儿童活动中心、老年人活动中心、乡镇（街道）和村（社区）基层综合性文化服务中心、农家（职工）书屋、公共阅报栏（屏）、广播电视播出传输覆盖设施、公共数字文化服务点等。

县级以上地方人民政府应当将本行政区域内的公共文化设施目录及有关信息予以公布。

第十五条 县级以上地方人民政府应当将公共文化设施建设纳入本级城乡规划，根据国家基本公共文化服务指导标准、省级基本公共文化服务实施标准，结合当地经济社会发展水平、人口状况、环境条件、文化特色，合理确定公共文化设施的种类、数量、规模以及布局，形成场馆服务、流动服务和数字服务相结合的公共文化设施网络。

公共文化设施的选址，应当征求公众意见，符合公共文化设施的功能和特点，有利于发挥其作用。

第十六条 公共文化设施的建设用地，应当符合土地利用总体规划和城乡规划，并依照法定程序审批。

任何单位和个人不得侵占公共文化设施建设用地或者擅自改变其用途。因特殊情况需要调整公共文化设施建设用地的，应当重新确定建设用地。调整后的公共文化设施建设用地不得少于原有面积。

新建、改建、扩建居民住宅区，应当按照有关规定、标准，规划和建设配套的公共文化设施。

第十七条 公共文化设施的设计和建设，应当符合实用、安全、科学、美观、环保、节约的要求和国家规定的标准，并配置无障碍设施设备。

第十八条 地方各级人民政府可以采取新建、改建、扩建、合建、租赁、利用现有公共设施等多种方式，加强乡镇（街道）、村（社区）基层综合性文化服务中心建设，推动基层有关公共设施的统一管理、综合利用，并保障其正常运行。

第十九条 任何单位和个人不得擅自拆除公共文化设施，不得擅自改变公共文化设施的功能、用途或者妨碍其正常运行，不得侵占、挪用公共文化设施，不得将公共文化设施用于与公共文化服务无关的商业经营活动。

因城乡建设确需拆除公共文化设施，或者改变其功能、用途的，应当依照有关法律、行政法规的规定重建、改建，并坚持先建设后拆除或者建设拆除同时进行的原则。重建、改建的公共文化设施的设施配置标准、建筑面积等不得降低。

第二十条 公共文化设施管理单位应当按照国家规定的标准，配置和更新必需的服务内容和设备，加强公共文化设施经常性维护管理工作，保障公共文化设施的正常使用和运转。

第二十一条 公共文化设施管理单位应当建立健全管理制度和服务规范，建立公共文化设施资产统计报告制度和公共文化服务开展情况的年报制度。

第二十二条 公共文化设施管理单位应当建立健全安全管理制度，开展公共文化设施及公众活动的安全评价，依法配备安全保护设备和人员，保障公共文化设施和公众活动安全。

第二十三条 各级人民政府应当建立有公众参与的公共文化设施使用效能考核评价制度，公共文化设施管理单位应当根据评价结果改进工作，提高服务质量。

第二十四条 国家推动公共图书馆、博物馆、文化馆等公共文化设施管理单位根据其功能定位建立健全法人治理结构，吸收有关方面代表、专业人士和公众参与管理。

第二十五条 国家鼓励和支持公民、法人和其他组织兴建、捐建或者与政府部门合作建设公共文化设施，鼓励公民、法人和其他组织依法参与公共文化设施的运营和管理。

第二十六条 公众在使用公共文化设施时，应当遵守公共秩序，爱护公共设施，不得损坏公共设施设备和物品。

第三章 公共文化服务提供

第二十七条 各级人民政府应当充分利用公共文化设施，促进优秀公共文化产品的提供和传播，支持开展全民阅读、全民普法、全民健身、全民科普和艺术普及、优秀传统文化传承活动。

第二十八条 设区的市级、县级地方人民政府应当根据国家基本公共文化服务指导标准和省、自治区、直辖市基本公共文化服务实施标准，结合当地实际，制定公布本行政区域公共文化服务目录并组织实施。

第二十九条 公益性文化单位应当完善服务项目、丰富服务内容，创造条件向公众提供免费或者优惠的文艺演出、陈列展览、电影放映、广播电视节目收听收看、阅读服务、艺术培训等，并为公众开展文化活动提供支持和帮助。

国家鼓励经营性文化单位提供免费或者优惠的公共文化产品和文化活动。

第三十条 基层综合性文化服务中心应当加强资源整合，建立完善公共文化服务网络，充分发挥统筹服务功能，为公众提供书报阅读、影视观赏、戏曲表演、普法教育、艺术普及、科学普及、广播播送、互联网上网和群众性文化体育活动等公共文化服务，并根据其功能特点，因地制宜提供其他公共服务。

第三十一条 公共文化设施应当根据其功能、特点，按照国家有关规定，向公众免费或者优惠开放。

公共文化设施开放收取费用的，应当每月定期向中小学生免费开放。

公共文化设施开放或者提供培训服务等收取费用的，应当报经县级以上人民政府有关部门批准；收取的费用，应当用于公共文化设施的维护、管理和事业发展，不得挪作他用。

公共文化设施管理单位应当公示服务项目和开放时间；临时停止开放的，应当及时公告。

第三十二条 国家鼓励和支持机关、学校、企业事业单位的文化体育设施向公众开放。

第三十三条 国家统筹规划公共数字文化建设，构建标准统一、互联互通的公共数字文化服务网络，建设公共文化信息资源库，实现基层网络服务共建共享。

国家支持开发数字文化产品，推动利用宽带互联网、移动互联网、广播电视网和卫星网络提供公共文化服务。

地方各级人民政府应当加强基层公共文化设施的数字化和网络建设，提高数字化和网络服务能力。

第三十四条 地方各级人民政府应当采取多种方式，因地制宜提供流动文化服务。

第三十五条 国家重点增加农村地区图书、报刊、戏曲、电影、广播电视节目、网络信息内容、节庆活动、体育健身活动等公共文化产品供给，促进城乡公共文化服务均等化。

面向农村提供的图书、报刊、电影等公共文化产品应当符合农村特点和需求，提高针对性和时效性。

第三十六条 地方各级人民政府应当根据当地实际情况，在人员流动量较大的公共场所、务工人员较为集中的区域以及留守妇女儿童较为集中的农村地区，配备必要的设施，采取多种形式，提供便利可及的公共文化服务。

第三十七条 国家鼓励公民主动参与公共文化服务，自主开展健康文明的群众性文化体育活动；地方各级人民政府应当给予必要的指导、支持和帮助。

居民委员会、村民委员会应当根据居民的需求开展群众性文化体育活动，并协助当地人民政府有关部门开展公共文化服务相关工作。

国家机关、社会组织、企业事业单位应当结合自身特点和需要，组织开展群众性文化体育活动，丰富职工文化生活。

第三十八条 地方各级人民政府应当加强面向在校学生的公共文化服务，支持学校开展适合在校学生特点的文化体育活动，促进德智体美教育。

第三十九条 地方各级人民政府应当支持军队基层文化建设，丰富军营文化体育活动，加强军民文化融合。

第四十条 国家加强民族语言文字文化产品的供给，加强优秀公共文化产品的民族语言文字译制及其在民族地区的传播，鼓励和扶助民族文化产品的创作生产，支持开展具有民族特色的群众性文化体育活动。

第四十一条 国务院和省、自治区、直辖市人民政府制定政府购买公共文化服务的指导性意见和目录。国务院有关部门和县级以上地方人民政府应当根据指导性意见和目录，结合实际情况，确定购买的具体项目和内容，及时向社会公布。

第四十二条 国家鼓励和支持公民、法人和其他组织通过兴办实体、资助项目、赞助活动、提供设施、捐赠产品等方式，参与提供公共文化服务。

第四十三条 国家倡导和鼓励公民、法人和其他组织参与文化志愿服务。

公共文化设施管理单位应当建立文化志愿服务机制，组织开展文化志愿服务活动。

县级以上地方人民政府有关部门应当对文化志愿活动给予必要的指导和支持，并建立管理评价、教育培训和激励保障机制。

第四十四条 任何组织和个人不得利用公共文化设施、文化产品、文化活动以及其他相关服务，从事危害国家安全、损害社会公共利益和其他违反法律法规的活动。

第四章 保障措施

第四十五条 国务院和地方各级人民政府应当根据公共文化服务的事权和支出责任，将公共文化服务经费纳入本级预算，安排公共文化服务所需资金。

第四十六条 国务院和省、自治区、直辖市人民政府应当增加投入，通过转移支付等方式，重点扶助革命老区、民族地区、边疆地区、贫困地区开展公共文化服务。

国家鼓励和支持经济发达地区对革命老区、民族地区、边疆地区、贫困地区的公共文化服务提供援助。

第四十七条 免费或者优惠开放的公共文化设施，按照国家规定享受补助。

第四十八条 国家鼓励社会资本依法投入公共文化服务，拓宽公共文化服务资金来源渠道。

第四十九条 国家采取政府购买服务等措施，支持公民、法人和其他组织参与提供公共文化服务。

第五十条 公民、法人和其他组织通过公益性社会团体或者县级以上人民政府及其部门，捐赠财产用于公共文化服务的，依法享受税收优惠。

国家鼓励通过捐赠等方式设立公共文化服务基金，专门用于公共文化服务。

第五十一条 地方各级人民政府应当按照公共文化设施的功能、任务和服务人口规模，合理设置公共文化服务岗位，配备相应专业人员。

第五十二条 国家鼓励和支持文化专业人员、高校毕业生和志愿者到基层从事公共文化服务工作。

第五十三条 国家鼓励和支持公民、法人和其他组织依法成立公共文化服务领域的社会组织，推动公共文化服务社会化、专业化发展。

第五十四条 国家支持公共文化服务理论研究，加强多层次专业人才教育和培训。

第五十五条 县级以上人民政府应当建立健全公共文化服务资金使用的监督和统计公告制度，加强绩效考评，确保资金用于公共文化服务。任何单位和个人不得侵占、挪用公共文化服务资金。

审计机关应当依法加强对公共文化服务资金的审计监督。

第五十六条 各级人民政府应当加强对公共文化服务工作的监督检查，建立反映公众文化需求的征询反馈制度和有公众参与的公共文化服务考核评价制度，并将考核评价结果作为确定补贴或者奖励的依据。

第五十七条 各级人民政府及有关部门应当及时公开公共文化服务信息，主动接受社会监督。

新闻媒体应当积极开展公共文化服务的宣传报道，并加强舆论监督。

第五章 法律责任

第五十八条 违反本法规定，地方各级人民政府和县级以上人民政府有关部门未履行公共文化服务保障职责的，由其上级机关或者监察机关责令限期改正；情节严重的，对直接负责的主管人员和其他直接责任人员依法给予处分。

第五十九条 违反本法规定，地方各级人民政府和县级以上人民政府有关部门，有下列行为之一的，由其上级机关或者监察机关责令限期改正；情节严重的，对直接负责的主管人员和其他直接责任人员依法给予处分：

（一）侵占、挪用公共文化服务资金的；

（二）擅自拆除、侵占、挪用公共文化设施，或者改变其功能、用途，或者妨碍其正常运行的；

（三）未依照本法规定重建公共文化设施的；

（四）滥用职权、玩忽职守、徇私舞弊的。

第六十条 违反本法规定，侵占公共文化设施的建设用地或者擅自改变其用途的，由县级以上地方人民政府土地主管部门、城乡规划主管部门依据各自职责责令限期改正；逾期不改正的，由作出决定的机关依法强制执行，或者依法申请人民法院强制执行。

第六十一条 违反本法规定，公共文化设施管理单位有下列情形之一的，由其主管部门责令限期改正；造成严重后果的，对直接负责的主管人员和其他直接责任人员，依法给予处分：

（一）未按照规定对公众开放的；

（二）未公示服务项目、开放时间等事项的；

（三）未建立安全管理制度的；

（四）因管理不善造成损失的。

第六十二条 违反本法规定，公共文化设施管理单位有下列行为之一的，由其主管部门或者价格主管部门责令限期改正，没收违法所得，违法所得五千元以上的，并处违法所得两倍以上五倍以下罚款；没有违法所得或者违法所得五千元以下的，可以处一万元以下的罚款；对直接负责的主管人员和其他直接责任人员，依法给予处分：

（一）开展与公共文化设施功能、用途不符的服务活动的；

（二）对应当免费开放的公共文化设施收费或者变相收费的；

（三）收取费用未用于公共文化设施的维护、管理和事业发展，挪作他用的。

第六十三条 违反本法规定，损害他人民事权益的，依法承担民事责任；构成违反治安管理行为的，由公安机关依法给予治安管理处罚；构成犯罪的，依法追究刑事责任。

第六章　附　　则

第六十四条 境外自然人、法人和其他组织在中国境内从事公共文化服务的，应当符合相关法律、行政法规的规定。

第六十五条 本法自 2017 年 3 月 1 日起施行。

公共文化体育设施条例

（2003年6月18日国务院第12次常务会议通过　2003年6月26日中华人民共和国国务院令第382号公布　自2003年8月1日起施行）

第一章　总　　则

第一条　为了促进公共文化体育设施的建设，加强对公共文化体育设施的管理和保护，充分发挥公共文化体育设施的功能，繁荣文化体育事业，满足人民群众开展文化体育活动的基本需求，制定本条例。

第二条　本条例所称公共文化体育设施，是指由各级人民政府举办或者社会力量举办的，向公众开放用于开展文化体育活动的公益性的图书馆、博物馆、纪念馆、美术馆、文化馆（站）、体育场（馆）、青少年宫、工人文化宫等的建筑物、场地和设备。

本条例所称公共文化体育设施管理单位，是指负责公共文化体育设施的维护，为公众开展文化体育活动提供服务的社会公共文化体育机构。

第三条　公共文化体育设施管理单位必须坚持为人民服务、为社会主义服务的方向，充分利用公共文化体育设施，传播有益于提高民族素质、有益于经济发展和社会进步的科学技术和文化知识，开展文明、健康的文化体育活动。

任何单位和个人不得利用公共文化体育设施从事危害公共利益的活动。

第四条　国家有计划地建设公共文化体育设施。对少数民族地区、边远贫困地区和农村地区的公共文化体育设施的建设予以扶持。

第五条　各级人民政府举办的公共文化体育设施的建设、维修、管理资金，应当列入本级人民政府基本建设投资计划和财政预算。

第六条　国家鼓励企业、事业单位、社会团体和个人等社会力量举办公共文化体育设施。

国家鼓励通过自愿捐赠等方式建立公共文化体育设施社会基金，并鼓励依法向人民政府、社会公益性机构或者公共文化体育设施管理单位捐赠财产。捐赠人可以按照税法的有关规定享受优惠。

国家鼓励机关、学校等单位内部的文化体育设施向公众开放。

第七条 国务院文化行政主管部门、体育行政主管部门依据国务院规定的职责负责全国的公共文化体育设施的监督管理。

县级以上地方人民政府文化行政主管部门、体育行政主管部门依据本级人民政府规定的职责，负责本行政区域内的公共文化体育设施的监督管理。

第八条 对在公共文化体育设施的建设、管理和保护工作中做出突出贡献的单位和个人，由县级以上地方人民政府或者有关部门给予奖励。

第二章 规划和建设

第九条 国务院发展和改革行政主管部门应当会同国务院文化行政主管部门、体育行政主管部门，将全国公共文化体育设施的建设纳入国民经济和社会发展计划。

县级以上地方人民政府应当将本行政区域内的公共文化体育设施的建设纳入当地国民经济和社会发展计划。

第十条 公共文化体育设施的数量、种类、规模以及布局，应当根据国民经济和社会发展水平、人口结构、环境条件以及文化体育事业发展的需要，统筹兼顾，优化配置，并符合国家关于城乡公共文化体育设施用地定额指标的规定。

公共文化体育设施用地定额指标，由国务院土地行政主管部门、建设行政主管部门分别会同国务院文化行政主管部门、体育行政主管部门制定。

第十一条 公共文化体育设施的建设选址，应当符合人口集中、交通便利的原则。

第十二条 公共文化体育设施的设计，应当符合实用、安全、科学、美观等要求，并采取无障碍措施，方便残疾人使用。具体设计规范由国务院建设行政主管部门会同国务院文化行政主管部门、体育行政主管部门制定。

第十三条 建设公共文化体育设施使用国有土地的，经依法批准可以以划拨方式取得。

第十四条 公共文化体育设施的建设预留地，由县级以上地方人民政府土地行政主管部门、城乡规划行政主管部门按照国家有关用地定额指标，纳入土地利用总体规划和城乡规划，并依照法定程序审批。任何单位或者个人不得侵占公共文化体育设施建设预留地或者改变其用途。

因特殊情况需要调整公共文化体育设施建设预留地的，应当依法调整城乡规划，并依照前款规定重新确定建设预留地。重新确定的公共文化体育设施建设预留地不得少于原有面积。

第十五条 新建、改建、扩建居民住宅区，应当按照国家有关规定规划和建设相应的文化体育设施。

居民住宅区配套建设的文化体育设施，应当与居民住宅区的主体工程同时设计、同时施工、同时投入使用。任何单位或者个人不得擅自改变文化体育设施的建设项目和功能，不得缩小其建设规模和降低其用地指标。

第三章 使用和服务

第十六条 公共文化体育设施管理单位应当完善服务条件，建立、健全服务规范，开展与公共文化体育设施功能、特点相适应的服务，保障公共文化体育设施用于开展文明、健康的文化体育活动。

第十七条 公共文化体育设施应当根据其功能、特点向公众开放，开放时间应当与当地公众的工作时间、学习时间适当错开。

公共文化体育设施的开放时间，不得少于省、自治区、直辖市规定的最低时限。国家法定节假日和学校寒暑假期间，应当适当延长开放时间。

学校寒暑假期间，公共文化体育设施管理单位应当增设适合学生特点的文化体育活动。

第十八条 公共文化体育设施管理单位应当向公众公示其服务内容和开放时间。公共文化体育设施因维修等原因需要暂时停止开放的，应当提前7日向公众公示。

第十九条 公共文化体育设施管理单位应当在醒目位置标明设施的使用方法和注意事项。

第二十条 公共文化体育设施管理单位提供服务可以适当收取费用，收费项目和标准应当经县级以上人民政府有关部门批准。

第二十一条 需要收取费用的公共文化体育设施管理单位，应当根据设施的功能、特点对学生、老年人、残疾人等免费或者优惠开放，具体办法由省、自治区、直辖市制定。

第二十二条 公共文化设施管理单位可以将设施出租用于举办文物展览、美术展览、艺术培训等文化活动。

公共体育设施管理单位不得将设施的主体部分用于非体育活动。但是，因举办公益性活动或者大型文化活动等特殊情况临时出租的除外。临时出租时间一般不得超过10日；租用期满，租用者应当恢复原状，不得影响该设施的功能、用途。

第二十三条 公众在使用公共文化体育设施时，应当遵守公共秩序，爱护公共文化体育设施。任何单位或者个人不得损坏公共文化体育设施。

第四章 管理和保护

第二十四条 公共文化体育设施管理单位应当将公共文化体育设施的名称、地址、服务项目等内容报所在地县级人民政府文化行政主管部门、体育行政主管部门备案。

县级人民政府文化行政主管部门、体育行政主管部门应当向公众公布公共文化体育设施名录。

第二十五条 公共文化体育设施管理单位应当建立、健全安全管理制度，依法配备安全保护设施、人员，保证公共文化体育设施的完好，确保公众安全。

公共体育设施内设置的专业性强、技术要求高的体育项目，应当符合国家规定的安全服务技术要求。

第二十六条 公共文化体育设施管理单位的各项收入，应当用于公共文化体育设施的维护、管理和事业发展，不得挪作他用。

文化行政主管部门、体育行政主管部门、财政部门和其他有关部门，应当依法加强对公共文化体育设施管理单位收支的监督管理。

第二十七条 因城乡建设确需拆除公共文化体育设施或者改变其功能、用途的，有关地方人民政府在作出决定前，应当组织专家论证，并征得上一级人民政府文化行政主管部门、体育行政主管部门同意，报上一级人民政府批准。

涉及大型公共文化体育设施的，上一级人民政府在批准前，应当举行听证会，听取公众意见。

经批准拆除公共文化体育设施或者改变其功能、用途的，应当依照国家有关法律、行政法规的规定择地重建。重新建设的公共文化体育设施，应当符合规划要求，一般不得小于原有规模。迁建工作应当坚持先建设后拆除或者建设拆除同时进行的原则。迁建所需费用由造成迁建的单位承担。

第五章　法律责任

第二十八条　文化、体育、城乡规划、建设、土地等有关行政主管部门及其工作人员，不依法履行职责或者发现违法行为不予依法查处的，对负有责任的主管人员和其他直接责任人员，依法给予行政处分；构成犯罪的，依法追究刑事责任。

第二十九条　侵占公共文化体育设施建设预留地或者改变其用途的，由土地行政主管部门、城乡规划行政主管部门依据各自职责责令限期改正；逾期不改正的，由作出决定的机关依法申请人民法院强制执行。

第三十条　公共文化体育设施管理单位有下列行为之一的，由文化行政主管部门、体育行政主管部门依据各自职责责令限期改正；造成严重后果的，对负有责任的主管人员和其他直接责任人员，依法给予行政处分：

（一）未按照规定的最低时限对公众开放的；

（二）未公示其服务项目、开放时间等事项的；

（三）未在醒目位置标明设施的使用方法或者注意事项的；

（四）未建立、健全公共文化体育设施的安全管理制度的；

（五）未将公共文化体育设施的名称、地址、服务项目等内容报文化行政主管部门、体育行政主管部门备案的。

第三十一条　公共文化体育设施管理单位，有下列行为之一的，由文化行政主管部门、体育行政主管部门依据各自职责责令限期改正，没收违法所得，违法所得5000元以上的，并处违法所得2倍以上5倍以下的罚款；没有违法所得或者违法所得5000元以下的，可以处1万元以下的罚款；对负有责任的主管人员和其他直接责任人员，依法给予行政处分：

（一）开展与公共文化体育设施功能、用途不相适应的服务活动的；

（二）违反本条例规定出租公共文化体育设施的。

第三十二条　公共文化体育设施管理单位及其工作人员违反本条例规定，挪用公共文化体育设施管理单位的各项收入或者有条件维护而不履行维护义务的，由文化行政主管部门、体育行政主管部门依据各自职责责令限期改正；对负有责任的主管人员和其他直接责任人员，依法给予行政处分；构成犯罪的，依法追究刑事责任。

第六章　附　　则

第三十三条　国家机关、学校等单位内部的文化体育设施向公众开放的，由国务院文化行政主管部门、体育行政主管部门会同有关部门依据本条例的原则另行制定管理办法。

第三十四条　本条例自2003年8月1日起施行。

禁止使用童工规定

（2002年9月18日国务院第63次常务会议通过　2002年10月1日中华人民共和国国务院令第364号公布　自2002年12月1日起施行）

第一条　为保护未成年人的身心健康，促进义务教育制度的实施，维护未成年人的合法权益，根据宪法和劳动法、未成年人保护法，制定本规定。

第二条　国家机关、社会团体、企业事业单位、民办非企业单位或者个体工商户（以下统称用人单位）均不得招用不满16周岁的未成年人（招用不满16周岁的未成年人，以下统称使用童工）。

禁止任何单位或者个人为不满16周岁的未成年人介绍就业。

禁止不满16周岁的未成年人开业从事个体经营活动。

第三条　不满16周岁的未成年人的父母或者其他监护人应当保护其身心健康，保障其接受义务教育的权利，不得允许其被用人单位非法招用。

不满16周岁的未成年人的父母或者其他监护人允许其被用人单位非法招用的，所在地的乡（镇）人民政府、城市街道办事处以及村民委员会、居民委员会应当给予批评教育。

第四条　用人单位招用人员时，必须核查被招用人员的身份证；对不满16周岁的未成年人，一律不得录用。用人单位录用人员的录用登记、核查材料应当妥善保管。

第五条 县级以上各级人民政府劳动保障行政部门负责本规定执行情况的监督检查。

县级以上各级人民政府公安、工商行政管理、教育、卫生等行政部门在各自职责范围内对本规定的执行情况进行监督检查，并对劳动保障行政部门的监督检查给予配合。

工会、共青团、妇联等群众组织应当依法维护未成年人的合法权益。

任何单位或者个人发现使用童工的，均有权向县级以上人民政府劳动保障行政部门举报。

第六条 用人单位使用童工的，由劳动保障行政部门按照每使用一名童工每月处5000元罚款的标准给予处罚；在使用有毒物品的作业场所使用童工的，按照《使用有毒物品作业场所劳动保护条例》规定的罚款幅度，或者按照每使用一名童工每月处5000元罚款的标准，从重处罚。劳动保障行政部门并应当责令用人单位限期将童工送回原居住地交其父母或者其他监护人，所需交通和食宿费用全部由用人单位承担。

用人单位经劳动保障行政部门依照前款规定责令限期改正，逾期仍不将童工送交其父母或者其他监护人的，从责令限期改正之日起，由劳动保障行政部门按照每使用一名童工每月处1万元罚款的标准处罚，并由工商行政管理部门吊销其营业执照或者由民政部门撤销民办非企业单位登记；用人单位是国家机关、事业单位的，由有关单位依法对直接负责的主管人员和其他直接责任人员给予降级或者撤职的行政处分或者纪律处分。

第七条 单位或者个人为不满16周岁的未成年人介绍就业的，由劳动保障行政部门按照每介绍一人处5000元罚款的标准给予处罚；职业中介机构为不满16周岁的未成年人介绍就业的，并由劳动保障行政部门吊销其职业介绍许可证。

第八条 用人单位未按照本规定第四条的规定保存录用登记材料，或者伪造录用登记材料的，由劳动保障行政部门处1万元的罚款。

第九条 无营业执照、被依法吊销营业执照的单位以及未依法登记、备案的单位使用童工或者介绍童工就业的，依照本规定第六条、第七条、第八条规定的标准加一倍罚款，该非法单位由有关的行政主管部门予以取缔。

第十条 童工患病或者受伤的，用人单位应当负责送到医疗机构治疗，并负担治疗期间的全部医疗和生活费用。

童工伤残或者死亡的，用人单位由工商行政管理部门吊销营业执照或者由民政部门撤销民办非企业单位登记；用人单位是国家机关、事业单位的，由有关单位依法对直接负责的主管人员和其他直接责任人员给予降级或者撤职的行政处分或者纪律处分；用人单位还应当一次性地对伤残的童工、死亡童工的直系亲属给予赔偿，赔偿金额按照国家工伤保险的有关规定计算。

第十一条 拐骗童工，强迫童工劳动，使用童工从事高空、井下、放射性、高毒、易燃易爆以及国家规定的第四级体力劳动强度的劳动，使用不满 14 周岁的童工，或者造成童工死亡或者严重伤残的，依照刑法关于拐卖儿童罪、强迫劳动罪或者其他罪的规定，依法追究刑事责任。

第十二条 国家行政机关工作人员有下列行为之一的，依法给予记大过或者降级的行政处分；情节严重的，依法给予撤职或者开除的行政处分；构成犯罪的，依照刑法关于滥用职权罪、玩忽职守罪或者其他罪的规定，依法追究刑事责任：

（一）劳动保障等有关部门工作人员在禁止使用童工的监督检查工作中发现使用童工的情况，不予制止、纠正、查处的；

（二）公安机关的人民警察违反规定发放身份证或者在身份证上登录虚假出生年月的；

（三）工商行政管理部门工作人员发现申请人是不满 16 周岁的未成年人，仍然为其从事个体经营发放营业执照的。

第十三条 文艺、体育单位经未成年人的父母或者其他监护人同意，可以招用不满 16 周岁的专业文艺工作者、运动员。用人单位应当保障被招用的不满 16 周岁的未成年人的身心健康，保障其接受义务教育的权利。文艺、体育单位招用不满 16 周岁的专业文艺工作者、运动员的办法，由国务院劳动保障行政部门会同国务院文化、体育行政部门制定。

学校、其他教育机构以及职业培训机构按照国家有关规定组织不满 16 周岁的未成年人进行不影响其人身安全和身心健康的教育实践劳动、职业技能培训劳动，不属于使用童工。

第十四条 本规定自 2002 年 12 月 1 日起施行。1991 年 4 月 15 日国务院发布的《禁止使用童工规定》同时废止。

未成年工特殊保护规定

（1994年12月9日　劳部发〔1994〕498号）

第一条　为维护未成年工的合法权益，保护其在生产劳动中的健康，根据《中华人民共和国劳动法》的有关规定，制定本规定。

第二条　未成年工是指年满16周岁，未满18周岁的劳动者。

未成年工的特殊保护是针对未成年工处于生长发育期的特点，以及接受义务教育的需要，采取的特殊劳动保护措施。

第三条　用人单位不得安排未成年工从事以下范围的劳动：

（一）《生产性粉尘作业危害程度分级》国家标准中第一级以上的接尘作业；

（二）《有毒作业分级》国家标准中第一级以上的有毒作业；

（三）《高处作业分级》国家标准中第二级以上的高处作业；

（四）《冷水作业分级》国家标准中第二级以上的冷水作业；

（五）《高温作业分级》国家标准中第三级以上的高温作业；

（六）《低温作业分级》国家标准中第三级以上的低温作业；

（七）《体力劳动强度分级》国家标准中第四级体力劳动强度的作业；

（八）矿山井下及矿山地面采石作业；

（九）森林业中的伐木、流放及守林作业；

（十）工作场所接触放射性物质的作业；

（十一）有易燃易爆、化学性烧伤和热烧伤等危险性大的作业；

（十二）地质勘探和资源勘探的野外作业；

（十三）潜水、涵洞、涵道作业和海拔3000米以上的高原作业（不包括世居高原者）；

（十四）连续负重每小时在6次以上并每次超过20公斤，间断负重每次超过25公斤的作业；

（十五）使用凿岩机、捣固机、气镐、气铲、铆钉机、电锤的作业；

（十六）工作中需要长时间保持低头、弯腰、上举、下蹲等强迫体位和动作频率每分钟大于50次的流水线作业；

（十七）锅炉司炉。

第四条 未成年工患有某种疾病或具有某些生理缺陷（非残疾型）时，用人单位不得安排其从事以下范围的劳动：

（一）《高处作业分级》国家标准中第一级以上的高处作业；

（二）《低温作业分级》国家标准中第二级以上的低温作业；

（三）《高温作业分级》国家标准中第二级以上的高温作业；

（四）《体力劳动强度分级》国家标准中第三级以上体力劳动强度的作业；

（五）接触铅、苯、汞、甲醛、二硫化碳等易引起过敏反应的作业。

第五条 患有某种疾病或具有某些生理缺陷（非残疾型）的未成年工，是指有以下一种或一种以上情况者：

（一）心血管系统

1. 先天性心脏病；

2. 克山病；

3. 收缩期或舒张期二级以上心脏杂音。

（二）呼吸系统

1. 中度以上气管炎或支气管哮喘；

2. 呼吸音明显减弱；

3. 各类结核病；

4. 体弱儿，呼吸道反复感染者。

（三）消化系统

1. 各类肝炎；

2. 肝、脾肿大；

3. 胃、十二指肠溃疡；

4. 各种消化道疝。

（四）泌尿系统

1. 急、慢性肾炎；

2. 泌尿系感染。

（五）内分泌系统

1. 甲状腺机能亢进；

2. 中度以上糖尿病。

（六）精神神经系统

1. 智力明显低下；

2. 精神忧郁或狂暴。

（七）肌肉、骨骼运动系统

1. 身高和体重低于同龄人标准；

2. 一个及一个以上肢体存在明显功能障碍；

3. 躯干1/4以上部位活动受限，包括僵直或不能旋转。

（八）其他

1. 结核性胸膜炎；

2. 各类重度关节炎；

3. 血吸虫病；

4. 严重贫血，其血色素每升低于95克（<9.5g/dl）。

第六条 用人单位应按下列要求对未成年工定期进行健康检查：

（一）安排工作岗位之前；

（二）工作满1年；

（三）年满18周岁，距前一次的体检时间已超过半年。

第七条 未成年工的健康检查，应按本规定所附《未成年工健康检查表》列出的项目进行。

第八条 用人单位应根据未成年工的健康检查结果安排其从事适合的劳动，对不能胜任原劳动岗位的，应根据医务部门的证明，予以减轻劳动量或安排其他劳动。

第九条 对未成年工的使用和特殊保护实行登记制度。

（一）用人单位招收使用未成年工，除符合一般用工要求外，还须向所在地的县级以上劳动行政部门办理登记。劳动行政部门根据《未成年工健康检查表》、《未成年工登记表》，核发《未成年工登记证》。

（二）各级劳动行政部门须按本规定第三、四、五、七条的有关规定，审核体检情况和拟安排的劳动范围。

（三）未成年工须持《未成年工登记证》上岗。

（四）《未成年工登记证》由国务院劳动行政部门统一印制。

第十条 未成年工上岗前用人单位应对其进行有关的职业安全卫生教

育、培训；未成年工体检和登记，由用人单位统一办理和承担费用。

第十一条 县级以上劳动行政部门对用人单位执行本规定的情况进行监督检查，对违犯本规定的行为依照有关法规进行处罚。

各级工会组织对本规定的执行情况进行监督。

第十二条 省、自治区、直辖市劳动行政部门可以根据本规定制定实施办法。

第十三条 本规定自1995年1月1日起施行。

未成年人节目管理规定

（2019年3月29日国家广播电视总局令第3号公布　根据2021年10月8日《国家广播电视总局关于第三批修改的部门规章的决定》修订）

第一章　总　　则

第一条 为了规范未成年人节目，保护未成年人身心健康，保障未成年人合法权益，教育引导未成年人，培育和弘扬社会主义核心价值观，根据《中华人民共和国未成年人保护法》《广播电视管理条例》等法律、行政法规，制定本规定。

第二条 从事未成年人节目的制作、传播活动，适用本规定。

本规定所称未成年人节目，包括未成年人作为主要参与者或者以未成年人为主要接收对象的广播电视节目和网络视听节目。

第三条 从事未成年人节目制作、传播活动，应当以培养能够担当民族复兴大任的时代新人为着眼点，以培育和弘扬社会主义核心价值观为根本任务，弘扬中华优秀传统文化、革命文化和社会主义先进文化，坚持创新发展，增强原创能力，自觉保护未成年人合法权益，尊重未成年人发展和成长规律，促进未成年人健康成长。

第四条 未成年人节目管理工作应当坚持正确导向，注重保护尊重未成年人的隐私和人格尊严等合法权益，坚持教育保护并重，实行社会共治，防止未成年人节目出现商业化、成人化和过度娱乐化倾向。

第五条 国务院广播电视主管部门负责全国未成年人节目的监督管理工作。

县级以上地方人民政府广播电视主管部门负责本行政区域内未成年人节目的监督管理工作。

第六条 广播电视和网络视听行业组织应当结合行业特点，依法制定未成年人节目行业自律规范，加强职业道德教育，切实履行社会责任，促进业务交流，维护成员合法权益。

第七条 广播电视主管部门对在培育和弘扬社会主义核心价值观、强化正面教育、贴近现实生活、创新内容形式、产生良好社会效果等方面表现突出的未成年人节目，以及在未成年人节目制作、传播活动中做出突出贡献的组织、个人，按照有关规定予以表彰、奖励。

第二章　节目规范

第八条 国家支持、鼓励含有下列内容的未成年人节目的制作、传播：

（一）培育和弘扬社会主义核心价值观；

（二）弘扬中华优秀传统文化、革命文化和社会主义先进文化；

（三）引导树立正确的世界观、人生观、价值观；

（四）发扬中华民族传统家庭美德，树立优良家风；

（五）符合未成年人身心发展规律和特点；

（六）保护未成年人合法权益和情感，体现人文关怀；

（七）反映未成年人健康生活和积极向上的精神面貌；

（八）普及自然和社会科学知识；

（九）其他符合国家支持、鼓励政策的内容。

第九条 未成年人节目不得含有下列内容：

（一）渲染暴力、血腥、恐怖，教唆犯罪或者传授犯罪方法；

（二）除健康、科学的性教育之外的涉性话题、画面；

（三）肯定、赞许未成年人早恋；

（四）诋毁、歪曲或者以不当方式表现中华优秀传统文化、革命文化、社会主义先进文化；

（五）歪曲民族历史或者民族历史人物，歪曲、丑化、亵渎、否定英雄烈士事迹和精神；

（六）宣扬、美化、崇拜曾经对我国发动侵略战争和实施殖民统治的国家、事件、人物；

（七）宣扬邪教、迷信或者消极颓废的思想观念；

（八）宣扬或者肯定不良的家庭观、婚恋观、利益观；

（九）过分强调或者过度表现财富、家庭背景、社会地位；

（十）介绍或者展示自杀、自残和其他易被未成年人模仿的危险行为及游戏项目等；

（十一）表现吸毒、滥用麻醉药品、精神药品和其他违禁药物；

（十二）表现吸烟、售烟和酗酒；

（十三）表现违反社会公共道德、扰乱社会秩序等不良举止行为；

（十四）渲染帮会、黑社会组织的各类仪式；

（十五）宣传、介绍不利于未成年人身心健康的网络游戏；

（十六）法律、行政法规禁止的其他内容。

以科普、教育、警示为目的，制作、传播的节目中确有必要出现上述内容的，应当根据节目内容采取明显图像或者声音等方式予以提示，在显著位置设置明确提醒，并对相应画面、声音进行技术处理，避免过分展示。

第十条 不得制作、传播利用未成年人或者未成年人角色进行商业宣传的非广告类节目。

制作、传播未成年人参与的歌唱类选拔节目、真人秀节目、访谈脱口秀节目应当符合国务院广播电视主管部门的要求。

第十一条 广播电视播出机构、网络视听节目服务机构、节目制作机构应当根据不同年龄段未成年人身心发展状况，制作、传播相应的未成年人节目，并采取明显图像或者声音等方式予以提示。

第十二条 邀请未成年人参与节目制作，应当事先经其法定监护人同意。不得以恐吓、诱骗或者收买等方式迫使、引诱未成年人参与节目制作。

制作未成年人节目应当保障参与制作的未成年人人身和财产安全，以及充足的学习和休息时间。

第十三条 未成年人节目制作过程中，不得泄露或者质问、引诱未成年人泄露个人及其近亲属的隐私信息，不得要求未成年人表达超过其判断能力的观点。

对确需报道的未成年人违法犯罪案件，不得披露犯罪案件中未成年人当事人的姓名、住所、照片、图像等个人信息，以及可能推断出未成年人当事人身份的资料。对于不可避免含有上述内容的画面和声音，应当采取技术处理，达到不可识别的标准。

第十四条 邀请未成年人参与节目制作，其服饰、表演应当符合未成年人年龄特征和时代特点，不得诱导未成年人谈论名利、情爱等话题。

未成年人节目不得宣扬童星效应或者包装、炒作明星子女。

第十五条 未成年人节目应当严格控制设置竞赛排名，不得设置过高物质奖励，不得诱导未成年人现场拉票或者询问未成年人失败退出的感受。

情感故事类、矛盾调解类等节目应当尊重和保护未成年人情感，不得就家庭矛盾纠纷采访未成年人，不得要求未成年人参与节目录制和现场调解，避免未成年人亲眼目睹家庭矛盾冲突和情感纠纷。

未成年人节目不得以任何方式对未成年人进行品行、道德方面的测试，放大不良现象和非理性情绪。

第十六条 未成年人节目的主持人应当依法取得职业资格，言行妆容不得引起未成年人心理不适，并在节目中切实履行引导把控职责。

未成年人节目设置嘉宾，应当按照国务院广播电视主管部门的规定，将道德品行作为首要标准，严格遴选、加强培训，不得选用因丑闻劣迹、违法犯罪等行为造成不良社会影响的人员，并提高基层群众作为节目嘉宾的比重。

第十七条 国产原创未成年人节目应当积极体现中华文化元素，使用外国的人名、地名、服装、形象、背景等应当符合剧情需要。

未成年人节目中的用语用字应当符合有关通用语言文字的法律规定。

第十八条 未成年人节目前后播出广告或者播出过程中插播广告，应当遵守以下规定：

（一）未成年人专门频率、频道、专区、链接、页面不得播出医疗、药品、保健食品、医疗器械、化妆品、酒类、美容广告、不利于未成年人身心健康的网络游戏广告，以及其他不适宜未成年人观看的广告，其他未成年人节目前后不得播出上述广告；

（二）针对不满十四周岁的未成年人的商品或者服务的广告，不得含有劝诱其要求家长购买广告商品或者服务、可能引发其模仿不安全行为的内容；

（三）不得利用不满十周岁的未成年人作为广告代言人；

（四）未成年人广播电视节目每小时播放广告不得超过 12 分钟；

（五）未成年人网络视听节目播出或者暂停播出过程中，不得插播、展示广告，内容切换过程中的广告时长不得超过 30 秒。

第三章 传播规范

第十九条 未成年人专门频率、频道应当通过自制、外购、节目交流等多种方式，提高制作、播出未成年人节目的能力，提升节目质量和频率、频道专业化水平，满足未成年人收听收看需求。

网络视听节目服务机构应当以显著方式在显著位置对所传播的未成年人节目建立专区，专门播放适宜未成年人收听收看的节目。

未成年人专门频率频道、网络专区不得播出未成年人不宜收听收看的节目。

第二十条 广播电视播出机构、网络视听节目服务机构对所播出的录播或者用户上传的未成年人节目，应当按照有关规定履行播前审查义务；对直播节目，应当采取直播延时、备用节目替换等必要的技术手段，确保所播出的未成年人节目中不得含有本规定第九条第一款禁止内容。

第二十一条 广播电视播出机构、网络视听节目服务机构应当建立未成年人保护专员制度，安排具有未成年人保护工作经验或者教育背景的人员专门负责未成年人节目、广告的播前审查，并对不适合未成年人收听收看的节目、广告提出调整播出时段或者暂缓播出的建议，暂缓播出的建议由有关节目审查部门组织专家论证后实施。

第二十二条 广播电视播出机构、网络视听节目服务机构在未成年人节目播出过程中，应当至少每隔 30 分钟在显著位置发送易于辨认的休息提示信息。

第二十三条 广播电视播出机构在法定节假日和学校寒暑假每日 8：00 至 23：00，以及法定节假日和学校寒暑假之外时间每日 15：00 至 22：00，播出的节目应当适宜所有人群收听收看。

未成年人专门频率频道全天播出未成年人节目的比例应当符合国务院广播电视主管部门的要求，在每日 17：00-22：00 之间应当播出国产动画片或者其他未成年人节目，不得播出影视剧以及引进节目，确需在这一时段播出优秀未成年人影视剧的，应当符合国务院广播电视主管部门的要求。

未成年人专门频率频道、网络专区每日播出或者可供点播的国产动画片和引进动画片的比例应当符合国务院广播电视主管部门的规定。

第二十四条 网络用户上传含有未成年人形象、信息的节目且未经未成年人法定监护人同意的，未成年人的法定监护人有权通知网络视听节目服务机构采取删除、屏蔽、断开链接等必要措施。网络视听节目服务机构接到通知并确认其身份后应当及时采取相关措施。

第二十五条 网络视听节目服务机构应当对网络用户上传的未成年人节目建立公众监督举报制度。在接到公众书面举报后经审查发现节目含有本规定第九条第一款禁止内容或者属于第十条第一款禁止节目类型的，网络视听节目服务机构应当及时采取删除、屏蔽、断开链接等必要措施。

第二十六条 广播电视播出机构、网络视听节目服务机构应当建立由未成年人保护专家、家长代表、教师代表等组成的未成年人节目评估委员会，定期对未成年人节目、广告进行播前、播中、播后评估。必要时，可以邀请未成年人参加评估。评估意见应当作为节目继续播出或者调整的重要依据，有关节目审查部门应当对是否采纳评估意见作出书面说明。

第二十七条 广播电视播出机构、网络视听节目服务机构应当建立未成年人节目社会评价制度，并以适当方式及时公布所评价节目的改进情况。

第二十八条 广播电视播出机构、网络视听节目服务机构应当就未成年人保护情况每年度向当地人民政府广播电视主管部门提交书面年度报告。

评估委员会工作情况、未成年人保护专员履职情况和社会评价情况应当作为年度报告的重要内容。

第四章 监督管理

第二十九条 广播电视主管部门应当建立健全未成年人节目监听监看制度，运用日常监听监看、专项检查、实地抽查等方式，加强对未成年人节目的监督管理。

第三十条 广播电视主管部门应当设立未成年人节目违法行为举报制度，公布举报电话、邮箱等联系方式。

任何单位或者个人有权举报违反本规定的未成年人节目。广播电视主管部门接到举报，应当记录并及时依法调查、处理；对不属于本部门职责范围的，应当及时移送有关部门。

第三十一条 全国性广播电视、网络视听行业组织应当依据本规定，制定未成年人节目内容审核具体行业标准，加强从业人员培训，并就培训情况向国务院广播电视主管部门提交书面年度报告。

第五章 法律责任

第三十二条 违反本规定，制作、传播含有本规定第九条第一款禁止内容的未成年人节目的，或者在以科普、教育、警示为目的制作的节目中，包含本规定第九条第一款禁止内容但未设置明确提醒、进行技术处理的，或者制作、传播本规定第十条禁止的未成年人节目类型的，依照《广播电视管理条例》第四十九条的规定予以处罚。

第三十三条 违反本规定，播放、播出广告的时间超过规定或者播出国产动画片和引进动画片的比例不符合国务院广播电视主管部门规定的，依照《广播电视管理条例》第五十条的规定予以处罚。

第三十四条 违反本规定第十一条至第十七条、第十九条至第二十二条、第二十三条第一款和第二款、第二十四条至第二十八条的规定，由县级以上人民政府广播电视主管部门责令限期改正，给予警告，可以并处三万元以下的罚款。

违反第十八条第一项至第三项的规定，由有关部门依法予以处罚。

第三十五条 广播电视节目制作经营机构、广播电视播出机构、网络视听节目服务机构违反本规定，其主管部门或者有权处理单位，应当依法对负有责任的主管人员或者直接责任人员给予处分、处理；造成严重社会影响的，广播电视主管部门可以向被处罚单位的主管部门或者有权处理单位通报情况，提出对负有责任的主管人员或者直接责任人员的处分、处理建议，并可函询后续处分、处理结果。

第三十六条 广播电视主管部门工作人员滥用职权、玩忽职守、徇私舞弊或者未依照本规定履行职责的，对负有责任的主管人员和直接责任人员依法给予处分。

第六章 附 则

第三十七条 本规定所称网络视听节目服务机构，是指互联网视听节目服务机构和专网及定向传播视听节目服务机构。

本规定所称学校寒暑假是指广播电视播出机构所在地、网络视听节目服务机构注册地教育行政部门规定的时间段。

第三十八条 未构成本规定所称未成年人节目，但节目中含有未成年人形象、信息等内容，有关内容规范和法律责任参照本规定执行。

第三十九条 本规定自2019年4月30日起施行。

未成年人文身治理工作办法

（2022年6月6日 国未保办发〔2022〕6号）

第一条 为深入贯彻落实《中华人民共和国民法典》和《中华人民共和国未成年人保护法》，坚持最有利于未成年人的原则，全面加强未成年人文身治理，保护未成年人合法权益，促进未成年人健康成长，制定本办法。

第二条 国家、社会、学校和家庭应当教育和帮助未成年人树立和践行社会主义核心价值观，充分认识文身可能产生的危害，增强自我保护的意识和能力，理性拒绝文身。

第三条 未成年人的父母或者其他监护人应当依法履行监护职责，教育引导未成年人进行有益身心健康的活动，对未成年人产生文身动机和行为的，应当及时劝阻，不得放任未成年人文身。

第四条 任何企业、组织和个人不得向未成年人提供文身服务，不得胁迫、引诱、教唆未成年人文身。

第五条 文身服务提供者应当在显著位置标明不向未成年人提供文身服务。对难以判明是否是未成年人的，应当要求其出示身份证件。

本办法所称文身服务提供者，主要是指专业文身机构、提供文身服务的医疗卫生机构（含医疗美容机构）和美容美发机构等各类主体，也包括提供文身服务的社会组织。

第六条 各相关部门应当按照“谁审批、谁监管，谁主管、谁监管”的原则，健全工作机制，强化源头管控。

卫生健康部门不得审批同意医疗卫生机构（含医疗美容机构）开展未

成年人文身服务项目。加大指导监管力度，指导医疗卫生机构（含医疗美容机构）不向未成年人开展文身服务，并对有意愿“去除文身”的未成年人提供规范医疗美容服务。

市场监管部门在办理市场主体登记注册时，对于经营范围中包含文身服务活动的市场主体，应当在其营业执照相关经营范围后明确标注“除面向未成年人”，并指导其自觉依规经营。

商务部门应当配合相关部门，指导行业协会督促美容经营者不得向未成年人提供文身服务。

民政部门应当加强社会组织登记管理，不得审批同意社会组织开展未成年人文身服务，指导从事文身服务的社会组织不向未成年人提供文身服务。

第七条 各相关部门应当履行部门职责，发挥部门优势，加强对未成年人文身治理的支持和配合，形成整体合力。

人民法院对向未成年人提供文身服务或者胁迫、引诱、教唆未成年人文身，侵害未成年人合法权益的案件，应当依法审理。

人民检察院对因文身导致未成年人合法权益受到侵犯，相关组织和个人未代为提起诉讼的，可以督促、支持其提起诉讼；涉及公共利益的，有权提起公益诉讼。

教育部门应当将未成年人文身危害相关知识纳入学校教育内容，组织开展警示教育，加强文明礼仪教育，提高在校学生对文身危害性的认识。

公安机关应当依法调查处理因胁迫、引诱、教唆未成年人文身引发的违反治安管理行为或者涉嫌犯罪案件。

司法行政部门应当加强未成年人文身法治宣传教育，支持和指导有关部门开展行政执法，完善有关投诉举报制度。

共青团组织应当加强青少年思想道德引领，组织针对性的教育引导和心理辅导，让未成年人认识到文身可能造成的伤害和不良影响。

妇联组织应当将未成年人文身危害纳入家庭教育重要内容，指导和支持未成年人父母或者其他监护人切实履行责任。

宣传、网信、广播电视主管部门应当加强未成年人文身危害宣传和舆论监督。

各级未成年人保护工作领导小组（委员会）应当做好统筹、协调、督促和指导工作。

第八条 任何企业、组织和个人出版、发布、传播的图书、报刊、电影、广播电视节目、舞台艺术作品、音像制品、电子出版物或者网络信息，不得含有诱导未成年人文身的内容。

第九条 任何企业、组织和个人不得刊登、播放、张贴或者散发含有诱导未成年人文身、危害未成年人身心健康内容的广告；不得在学校、幼儿园播放、张贴或者散发文身商业广告。

第十条 任何企业、组织和个人发现向未成年人提供文身服务的，可以向民政、商务、卫生健康、市场监管等部门报告，接到报告的有关部门应当及时受理、处置。

第十一条 各地各相关部门要加强监督检查，加大查处力度。文身服务提供者违反规定向未成年人提供文身服务的，有关部门依照有关规定予以处理。其他市场主体未依法取得营业执照向未成年人提供文身服务的，依照《无证无照经营查处办法》等规定进行查处。个人违反规定擅自向未成年人提供文身服务的，依法追究其法律责任。

第十二条 各地各相关部门可依据本办法，结合工作实际制定具体措施。

第十三条 本办法自印发之日起施行。

五、网络保护

中华人民共和国网络安全法

（2016年11月7日第十二届全国人民代表大会常务委员会第二十四次会议通过　2016年11月7日中华人民共和国主席令第53号公布　自2017年6月1日起施行）

目　　录

第一章　总　　则

第一条　为了保障网络安全，维护网络空间主权和国家安全、社会公共利益，保护公民、法人和其他组织的合法权益，促进经济社会信息化健康发展，制定本法。

第二条　在中华人民共和国境内建设、运营、维护和使用网络，以及网络安全的监督管理，适用本法。

第三条　国家坚持网络安全与信息化发展并重，遵循积极利用、科学发展、依法管理、确保安全的方针，推进网络基础设施建设和互联互通，鼓励网络技术创新和应用，支持培养网络安全人才，建立健全网络安全保障体系，提高网络安全保护能力。

第四条 国家制定并不断完善网络安全战略，明确保障网络安全的基本要求和主要目标，提出重点领域的网络安全政策、工作任务和措施。

第五条 国家采取措施，监测、防御、处置来源于中华人民共和国境内外的网络安全风险和威胁，保护关键信息基础设施免受攻击、侵入、干扰和破坏，依法惩治网络违法犯罪活动，维护网络空间安全和秩序。

第六条 国家倡导诚实守信、健康文明的网络行为，推动传播社会主义核心价值观，采取措施提高全社会的网络安全意识和水平，形成全社会共同参与促进网络安全的良好环境。

第七条 国家积极开展网络空间治理、网络技术研发和标准制定、打击网络违法犯罪等方面的国际交流与合作，推动构建和平、安全、开放、合作的网络空间，建立多边、民主、透明的网络治理体系。

第八条 国家网信部门负责统筹协调网络安全工作和相关监督管理工作。国务院电信主管部门、公安部门和其他有关机关依照本法和有关法律、行政法规的规定，在各自职责范围内负责网络安全保护和监督管理工作。

县级以上地方人民政府有关部门的网络安全保护和监督管理职责，按照国家有关规定确定。

第九条 网络运营者开展经营和服务活动，必须遵守法律、行政法规，尊重社会公德，遵守商业道德，诚实信用，履行网络安全保护义务，接受政府和社会的监督，承担社会责任。

第十条 建设、运营网络或者通过网络提供服务，应当依照法律、行政法规的规定和国家标准的强制性要求，采取技术措施和其他必要措施，保障网络安全、稳定运行，有效应对网络安全事件，防范网络违法犯罪活动，维护网络数据的完整性、保密性和可用性。

第十一条 网络相关行业组织按照章程，加强行业自律，制定网络安全行为规范，指导会员加强网络安全保护，提高网络安全保护水平，促进行业健康发展。

第十二条 国家保护公民、法人和其他组织依法使用网络的权利，促进网络接入普及，提升网络服务水平，为社会提供安全、便利的网络服务，保障网络信息依法有序自由流动。

任何个人和组织使用网络应当遵守宪法法律，遵守公共秩序，尊重社会公德，不得危害网络安全，不得利用网络从事危害国家安全、荣誉和利益，煽动颠覆国家政权、推翻社会主义制度，煽动分裂国家、破坏国家统一，宣扬恐怖主义、极端主义，宣扬民族仇恨、民族歧视，传播暴力、淫秽色情信息，编造、传播虚假信息扰乱经济秩序和社会秩序，以及侵害他人名誉、隐私、知识产权和其他合法权益等活动。

第十三条 国家支持研究开发有利于未成年人健康成长的网络产品和服务，依法惩治利用网络从事危害未成年人身心健康的活动，为未成年人提供安全、健康的网络环境。

第十四条 任何个人和组织有权对危害网络安全的行为向网信、电信、公安等部门举报。收到举报的部门应当及时依法作出处理；不属于本部门职责的，应当及时移送有权处理的部门。

有关部门应当对举报人的相关信息予以保密，保护举报人的合法权益。

第二章 网络安全支持与促进

第十五条 国家建立和完善网络安全标准体系。国务院标准化行政主管部门和国务院其他有关部门根据各自的职责，组织制定并适时修订有关网络安全管理以及网络产品、服务和运行安全的国家标准、行业标准。

国家支持企业、研究机构、高等学校、网络相关行业组织参与网络安全国家标准、行业标准的制定。

第十六条 国务院和省、自治区、直辖市人民政府应当统筹规划，加大投入，扶持重点网络安全技术产业和项目，支持网络安全技术的研究开发和应用，推广安全可信的网络产品和服务，保护网络技术知识产权，支持企业、研究机构和高等学校等参与国家网络安全技术创新项目。

第十七条 国家推进网络安全社会化服务体系建设，鼓励有关企业、机构开展网络安全认证、检测和风险评估等安全服务。

第十八条 国家鼓励开发网络数据安全保护和利用技术，促进公共数据资源开放，推动技术创新和经济社会发展。

国家支持创新网络安全管理方式，运用网络新技术，提升网络安全保护水平。

第十九条 各级人民政府及其有关部门应当组织开展经常性的网络安全宣传教育，并指导、督促有关单位做好网络安全宣传教育工作。

大众传播媒介应当有针对性地面向社会进行网络安全宣传教育。

第二十条 国家支持企业和高等学校、职业学校等教育培训机构开展网络安全相关教育与培训，采取多种方式培养网络安全人才，促进网络安全人才交流。

第三章 网络运行安全

第一节 一般规定

第二十一条 国家实行网络安全等级保护制度。网络运营者应当按照网络安全等级保护制度的要求，履行下列安全保护义务，保障网络免受干扰、破坏或者未经授权的访问，防止网络数据泄露或者被窃取、篡改：

（一）制定内部安全管理制度和操作规程，确定网络安全负责人，落实网络安全保护责任；

（二）采取防范计算机病毒和网络攻击、网络侵入等危害网络安全行为的技术措施；

（三）采取监测、记录网络运行状态、网络安全事件的技术措施，并按照规定留存相关的网络日志不少于六个月；

（四）采取数据分类、重要数据备份和加密等措施；

（五）法律、行政法规规定的其他义务。

第二十二条 网络产品、服务应当符合相关国家标准的强制性要求。网络产品、服务的提供者不得设置恶意程序；发现其网络产品、服务存在安全缺陷、漏洞等风险时，应当立即采取补救措施，按照规定及时告知用户并向有关主管部门报告。

网络产品、服务的提供者应当为其产品、服务持续提供安全维护；在规定或者当事人约定的期限内，不得终止提供安全维护。

网络产品、服务具有收集用户信息功能的，其提供者应当向用户明示并取得同意；涉及用户个人信息的，还应当遵守本法和有关法律、行政法规关于个人信息保护的规定。

第二十三条 网络关键设备和网络安全专用产品应当按照相关国家标准的强制性要求，由具备资格的机构安全认证合格或者安全检测符合要求后，方可销售或者提供。国家网信部门会同国务院有关部门制定、公布网络关键设备和网络安全专用产品目录，并推动安全认证和安全检测结果互认，避免重复认证、检测。

第二十四条 网络运营者为用户办理网络接入、域名注册服务，办理固定电话、移动电话等入网手续，或者为用户提供信息发布、即时通讯等服务，在与用户签订协议或者确认提供服务时，应当要求用户提供真实身份信息。用户不提供真实身份信息的，网络运营者不得为其提供相关服务。

国家实施网络可信身份战略，支持研究开发安全、方便的电子身份认证技术，推动不同电子身份认证之间的互认。

第二十五条 网络运营者应当制定网络安全事件应急预案，及时处置系统漏洞、计算机病毒、网络攻击、网络侵入等安全风险；在发生危害网络安全的事件时，立即启动应急预案，采取相应的补救措施，并按照规定向有关主管部门报告。

第二十六条 开展网络安全认证、检测、风险评估等活动，向社会发布系统漏洞、计算机病毒、网络攻击、网络侵入等网络安全信息，应当遵守国家有关规定。

第二十七条 任何个人和组织不得从事非法侵入他人网络、干扰他人网络正常功能、窃取网络数据等危害网络安全的活动；不得提供专门用于从事侵入网络、干扰网络正常功能及防护措施、窃取网络数据等危害网络安全活动的程序、工具；明知他人从事危害网络安全的活动的，不得为其提供技术支持、广告推广、支付结算等帮助。

第二十八条 网络运营者应当为公安机关、国家安全机关依法维护国家安全和侦查犯罪的活动提供技术支持和协助。

第二十九条 国家支持网络运营者之间在网络安全信息收集、分析、通报和应急处置等方面进行合作，提高网络运营者的安全保障能力。

有关行业组织建立健全本行业的网络安全保护规范和协作机制，加强对网络安全风险的分析评估，定期向会员进行风险警示，支持、协助会员应对网络安全风险。

第三十条 网信部门和有关部门在履行网络安全保护职责中获取的信息，只能用于维护网络安全的需要，不得用于其他用途。

第二节　关键信息基础设施的运行安全

第三十一条　国家对公共通信和信息服务、能源、交通、水利、金融、公共服务、电子政务等重要行业和领域，以及其他一旦遭到破坏、丧失功能或者数据泄露，可能严重危害国家安全、国计民生、公共利益的关键信息基础设施，在网络安全等级保护制度的基础上，实行重点保护。关键信息基础设施的具体范围和安全保护办法由国务院制定。

国家鼓励关键信息基础设施以外的网络运营者自愿参与关键信息基础设施保护体系。

第三十二条　按照国务院规定的职责分工，负责关键信息基础设施安全保护工作的部门分别编制并组织实施本行业、本领域的关键信息基础设施安全规划，指导和监督关键信息基础设施运行安全保护工作。

第三十三条　建设关键信息基础设施应当确保其具有支持业务稳定、持续运行的性能，并保证安全技术措施同步规划、同步建设、同步使用。

第三十四条　除本法第二十一条的规定外，关键信息基础设施的运营者还应当履行下列安全保护义务：

（一）设置专门安全管理机构和安全管理负责人，并对该负责人和关键岗位的人员进行安全背景审查；

（二）定期对从业人员进行网络安全教育、技术培训和技能考核；

（三）对重要系统和数据库进行容灾备份；

（四）制定网络安全事件应急预案，并定期进行演练；

（五）法律、行政法规规定的其他义务。

第三十五条　关键信息基础设施的运营者采购网络产品和服务，可能影响国家安全的，应当通过国家网信部门会同国务院有关部门组织的国家安全审查。

第三十六条　关键信息基础设施的运营者采购网络产品和服务，应当按照规定与提供者签订安全保密协议，明确安全和保密义务与责任。

第三十七条　关键信息基础设施的运营者在中华人民共和国境内运营中收集和产生的个人信息和重要数据应当在境内存储。因业务需要，确需向境外提供的，应当按照国家网信部门会同国务院有关部门制定的办法进行安全评估；法律、行政法规另有规定的，依照其规定。

第三十八条 关键信息基础设施的运营者应当自行或者委托网络安全服务机构对其网络的安全性和可能存在的风险每年至少进行一次检测评估，并将检测评估情况和改进措施报送相关负责关键信息基础设施安全保护工作的部门。

第三十九条 国家网信部门应当统筹协调有关部门对关键信息基础设施的安全保护采取下列措施：

（一）对关键信息基础设施的安全风险进行抽查检测，提出改进措施，必要时可以委托网络安全服务机构对网络存在的安全风险进行检测评估；

（二）定期组织关键信息基础设施的运营者进行网络安全应急演练，提高应对网络安全事件的水平和协同配合能力；

（三）促进有关部门、关键信息基础设施的运营者以及有关研究机构、网络安全服务机构等之间的网络安全信息共享；

（四）对网络安全事件的应急处置与网络功能的恢复等，提供技术支持和协助。

第四章　网络信息安全

第四十条 网络运营者应当对其收集的用户信息严格保密，并建立健全用户信息保护制度。

第四十一条 网络运营者收集、使用个人信息，应当遵循合法、正当、必要的原则，公开收集、使用规则，明示收集、使用信息的目的、方式和范围，并经被收集者同意。

网络运营者不得收集与其提供的服务无关的个人信息，不得违反法律、行政法规的规定和双方的约定收集、使用个人信息，并应当依照法律、行政法规的规定和与用户的约定，处理其保存的个人信息。

第四十二条 网络运营者不得泄露、篡改、毁损其收集的个人信息；未经被收集者同意，不得向他人提供个人信息。但是，经过处理无法识别特定个人且不能复原的除外。

网络运营者应当采取技术措施和其他必要措施，确保其收集的个人信息安全，防止信息泄露、毁损、丢失。在发生或者可能发生个人信息泄露、毁损、丢失的情况时，应当立即采取补救措施，按照规定及时告知用户并向有关主管部门报告。

第四十三条 个人发现网络运营者违反法律、行政法规的规定或者双方的约定收集、使用其个人信息的，有权要求网络运营者删除其个人信息；发现网络运营者收集、存储的其个人信息有错误的，有权要求网络运营者予以更正。网络运营者应当采取措施予以删除或者更正。

第四十四条 任何个人和组织不得窃取或者以其他非法方式获取个人信息，不得非法出售或者非法向他人提供个人信息。

第四十五条 依法负有网络安全监督管理职责的部门及其工作人员，必须对在履行职责中知悉的个人信息、隐私和商业秘密严格保密，不得泄露、出售或者非法向他人提供。

第四十六条 任何个人和组织应当对其使用网络的行为负责，不得设立用于实施诈骗，传授犯罪方法，制作或者销售违禁物品、管制物品等违法犯罪活动的网站、通讯群组，不得利用网络发布涉及实施诈骗，制作或者销售违禁物品、管制物品以及其他违法犯罪活动的信息。

第四十七条 网络运营者应当加强对其用户发布的信息的管理，发现法律、行政法规禁止发布或者传输的信息的，应当立即停止传输该信息，采取消除等处置措施，防止信息扩散，保存有关记录，并向有关主管部门报告。

第四十八条 任何个人和组织发送的电子信息、提供的应用软件，不得设置恶意程序，不得含有法律、行政法规禁止发布或者传输的信息。

电子信息发送服务提供者和应用软件下载服务提供者，应当履行安全管理义务，知道其用户有前款规定行为的，应当停止提供服务，采取消除等处置措施，保存有关记录，并向有关主管部门报告。

第四十九条 网络运营者应当建立网络信息安全投诉、举报制度，公布投诉、举报方式等信息，及时受理并处理有关网络信息安全的投诉和举报。

网络运营者对网信部门和有关部门依法实施的监督检查，应当予以配合。

第五十条 国家网信部门和有关部门依法履行网络信息安全监督管理职责，发现法律、行政法规禁止发布或者传输的信息的，应当要求网络运营者停止传输，采取消除等处置措施，保存有关记录；对来源于中华人民共和国境外的上述信息，应当通知有关机构采取技术措施和其他必要措施阻断传播。

第五章　监测预警与应急处置

第五十一条　国家建立网络安全监测预警和信息通报制度。国家网信部门应当统筹协调有关部门加强网络安全信息收集、分析和通报工作，按照规定统一发布网络安全监测预警信息。

第五十二条　负责关键信息基础设施安全保护工作的部门，应当建立健全本行业、本领域的网络安全监测预警和信息通报制度，并按照规定报送网络安全监测预警信息。

第五十三条　国家网信部门协调有关部门建立健全网络安全风险评估和应急工作机制，制定网络安全事件应急预案，并定期组织演练。

负责关键信息基础设施安全保护工作的部门应当制定本行业、本领域的网络安全事件应急预案，并定期组织演练。

网络安全事件应急预案应当按照事件发生后的危害程度、影响范围等因素对网络安全事件进行分级，并规定相应的应急处置措施。

第五十四条　网络安全事件发生的风险增大时，省级以上人民政府有关部门应当按照规定的权限和程序，并根据网络安全风险的特点和可能造成的危害，采取下列措施：

（一）要求有关部门、机构和人员及时收集、报告有关信息，加强对网络安全风险的监测；

（二）组织有关部门、机构和专业人员，对网络安全风险信息进行分析评估，预测事件发生的可能性、影响范围和危害程度；

（三）向社会发布网络安全风险预警，发布避免、减轻危害的措施。

第五十五条　发生网络安全事件，应当立即启动网络安全事件应急预案，对网络安全事件进行调查和评估，要求网络运营者采取技术措施和其他必要措施，消除安全隐患，防止危害扩大，并及时向社会发布与公众有关的警示信息。

第五十六条　省级以上人民政府有关部门在履行网络安全监督管理职责中，发现网络存在较大安全风险或者发生安全事件的，可以按照规定的权限和程序对该网络的运营者的法定代表人或者主要负责人进行约谈。网络运营者应当按照要求采取措施，进行整改，消除隐患。

第五十七条　因网络安全事件，发生突发事件或者生产安全事故的，应当依照《中华人民共和国突发事件应对法》、《中华人民共和国安全生产法》等有关法律、行政法规的规定处置。

第五十八条 因维护国家安全和社会公共秩序，处置重大突发社会安全事件的需要，经国务院决定或者批准，可以在特定区域对网络通信采取限制等临时措施。

第六章 法律责任

第五十九条 网络运营者不履行本法第二十一条、第二十五条规定的网络安全保护义务的，由有关主管部门责令改正，给予警告；拒不改正或者导致危害网络安全等后果的，处一万元以上十万元以下罚款，对直接负责的主管人员处五千元以上五万元以下罚款。

关键信息基础设施的运营者不履行本法第三十三条、第三十四条、第三十六条、第三十八条规定的网络安全保护义务的，由有关主管部门责令改正，给予警告；拒不改正或者导致危害网络安全等后果的，处十万元以上一百万元以下罚款，对直接负责的主管人员处一万元以上十万元以下罚款。

第六十条 违反本法第二十二条第一款、第二款和第四十八条第一款规定，有下列行为之一的，由有关主管部门责令改正，给予警告；拒不改正或者导致危害网络安全等后果的，处五万元以上五十万元以下罚款，对直接负责的主管人员处一万元以上十万元以下罚款：

（一）设置恶意程序的；

（二）对其产品、服务存在的安全缺陷、漏洞等风险未立即采取补救措施，或者未按照规定及时告知用户并向有关主管部门报告的；

（三）擅自终止为其产品、服务提供安全维护的。

第六十一条 网络运营者违反本法第二十四条第一款规定，未要求用户提供真实身份信息，或者对不提供真实身份信息的用户提供相关服务的，由有关主管部门责令改正；拒不改正或者情节严重的，处五万元以上五十万元以下罚款，并可以由有关主管部门责令暂停相关业务、停业整顿、关闭网站、吊销相关业务许可证或者吊销营业执照，对直接负责的主管人员和其他直接责任人员处一万元以上十万元以下罚款。

第六十二条 违反本法第二十六条规定，开展网络安全认证、检测、风险评估等活动，或者向社会发布系统漏洞、计算机病毒、网络攻击、网络侵入等网络安全信息的，由有关主管部门责令改正，给予警告；拒不改正或者情节严重的，处一万元以上十万元以下罚款，并可以由有关主管部门责令暂停相关业务、停业整顿、关闭网站、吊销相关业务许可证或者吊销营业执照，对直接负责的主管人员和其他直接责任人员处五千元以上五万元以下罚款。

第六十三条　违反本法第二十七条规定，从事危害网络安全的活动，或者提供专门用于从事危害网络安全活动的程序、工具，或者为他人从事危害网络安全的活动提供技术支持、广告推广、支付结算等帮助，尚不构成犯罪的，由公安机关没收违法所得，处五日以下拘留，可以并处五万元以上五十万元以下罚款；情节较重的，处五日以上十五日以下拘留，可以并处十万元以上一百万元以下罚款。

单位有前款行为的，由公安机关没收违法所得，处十万元以上一百万元以下罚款，并对直接负责的主管人员和其他直接责任人员依照前款规定处罚。

违反本法第二十七条规定，受到治安管理处罚的人员，五年内不得从事网络安全管理和网络运营关键岗位的工作；受到刑事处罚的人员，终身不得从事网络安全管理和网络运营关键岗位的工作。

第六十四条　网络运营者、网络产品或者服务的提供者违反本法第二十二条第三款、第四十一条至第四十三条规定，侵害个人信息依法得到保护的权利的，由有关主管部门责令改正，可以根据情节单处或者并处警告、没收违法所得、处违法所得一倍以上十倍以下罚款，没有违法所得的，处一百万元以下罚款，对直接负责的主管人员和其他直接责任人员处一万元以上十万元以下罚款；情节严重的，并可以责令暂停相关业务、停业整顿、关闭网站、吊销相关业务许可证或者吊销营业执照。

违反本法第四十四条规定，窃取或者以其他非法方式获取、非法出售或者非法向他人提供个人信息，尚不构成犯罪的，由公安机关没收违法所得，并处违法所得一倍以上十倍以下罚款，没有违法所得的，处一百万元以下罚款。

第六十五条　关键信息基础设施的运营者违反本法第三十五条规定，使用未经安全审查或者安全审查未通过的网络产品或者服务的，由有关主管部门责令停止使用，处采购金额一倍以上十倍以下罚款；对直接负责的主管人员和其他直接责任人员处一万元以上十万元以下罚款。

第六十六条 关键信息基础设施的运营者违反本法第三十七条规定，在境外存储网络数据，或者向境外提供网络数据的，由有关主管部门责令改正，给予警告，没收违法所得，处五万元以上五十万元以下罚款，并可以责令暂停相关业务、停业整顿、关闭网站、吊销相关业务许可证或者吊销营业执照；对直接负责的主管人员和其他直接责任人员处一万元以上十万元以下罚款。

第六十七条 违反本法第四十六条规定，设立用于实施违法犯罪活动的网站、通讯群组，或者利用网络发布涉及实施违法犯罪活动的信息，尚不构成犯罪的，由公安机关处五日以下拘留，可以并处一万元以上十万元以下罚款；情节较重的，处五日以上十五日以下拘留，可以并处五万元以上五十万元以下罚款。关闭用于实施违法犯罪活动的网站、通讯群组。

单位有前款行为的，由公安机关处十万元以上五十万元以下罚款，并对直接负责的主管人员和其他直接责任人员依照前款规定处罚。

第六十八条 网络运营者违反本法第四十七条规定，对法律、行政法规禁止发布或者传输的信息未停止传输、采取消除等处置措施、保存有关记录的，由有关主管部门责令改正，给予警告，没收违法所得；拒不改正或者情节严重的，处十万元以上五十万元以下罚款，并可以责令暂停相关业务、停业整顿、关闭网站、吊销相关业务许可证或者吊销营业执照，对直接负责的主管人员和其他直接责任人员处一万元以上十万元以下罚款。

电子信息发送服务提供者、应用软件下载服务提供者，不履行本法第四十八条第二款规定的安全管理义务的，依照前款规定处罚。

第六十九条 网络运营者违反本法规定，有下列行为之一的，由有关主管部门责令改正；拒不改正或者情节严重的，处五万元以上五十万元以下罚款，对直接负责的主管人员和其他直接责任人员，处一万元以上十万元以下罚款：

（一）不按照有关部门的要求对法律、行政法规禁止发布或者传输的信息，采取停止传输、消除等处置措施的；

（二）拒绝、阻碍有关部门依法实施的监督检查的；

（三）拒不向公安机关、国家安全机关提供技术支持和协助的。

第七十条 发布或者传输本法第十二条第二款和其他法律、行政法规禁止发布或者传输的信息的，依照有关法律、行政法规的规定处罚。

第七十一条 有本法规定的违法行为的，依照有关法律、行政法规的规定记入信用档案，并予以公示。

第七十二条 国家机关政务网络的运营者不履行本法规定的网络安全保护义务的，由其上级机关或者有关机关责令改正；对直接负责的主管人员和其他直接责任人员依法给予处分。

第七十三条 网信部门和有关部门违反本法第三十条规定，将在履行网络安全保护职责中获取的信息用于其他用途的，对直接负责的主管人员和其他直接责任人员依法给予处分。

网信部门和有关部门的工作人员玩忽职守、滥用职权、徇私舞弊，尚不构成犯罪的，依法给予处分。

第七十四条 违反本法规定，给他人造成损害的，依法承担民事责任。

违反本法规定，构成违反治安管理行为的，依法给予治安管理处罚；构成犯罪的，依法追究刑事责任。

第七十五条 境外的机构、组织、个人从事攻击、侵入、干扰、破坏等危害中华人民共和国的关键信息基础设施的活动，造成严重后果的，依法追究法律责任；国务院公安部门和有关部门并可以决定对该机构、组织、个人采取冻结财产或者其他必要的制裁措施。

第七章 附 则

第七十六条 本法下列用语的含义：

（一）网络，是指由计算机或者其他信息终端及相关设备组成的按照一定的规则和程序对信息进行收集、存储、传输、交换、处理的系统。

（二）网络安全，是指通过采取必要措施，防范对网络的攻击、侵入、干扰、破坏和非法使用以及意外事故，使网络处于稳定可靠运行的状态，以及保障网络数据的完整性、保密性、可用性的能力。

（三）网络运营者，是指网络的所有者、管理者和网络服务提供者。

（四）网络数据，是指通过网络收集、存储、传输、处理和产生的各种电子数据。

（五）个人信息，是指以电子或者其他方式记录的能够单独或者与其他信息结合识别自然人个人身份的各种信息，包括但不限于自然人的姓名、出生日期、身份证件号码、个人生物识别信息、住址、电话号码等。

第七十七条 存储、处理涉及国家秘密信息的网络的运行安全保护，除应当遵守本法外，还应当遵守保密法律、行政法规的规定。

第七十八条 军事网络的安全保护，由中央军事委员会另行规定。

第七十九条 本法自2017年6月1日起施行。

全国人民代表大会常务委员会关于加强网络信息保护的决定

（2012年12月28日第十一届全国人民代表大会常务委员会第三十次会议通过）

为了保护网络信息安全，保障公民、法人和其他组织的合法权益，维护国家安全和社会公共利益，特作如下决定：

一、国家保护能够识别公民个人身份和涉及公民个人隐私的电子信息。

任何组织和个人不得窃取或者以其他非法方式获取公民个人电子信息，不得出售或者非法向他人提供公民个人电子信息。

二、网络服务提供者和其他企业事业单位在业务活动中收集、使用公民个人电子信息，应当遵循合法、正当、必要的原则，明示收集、使用信息的目的、方式和范围，并经被收集者同意，不得违反法律、法规的规定和双方的约定收集、使用信息。

网络服务提供者和其他企业事业单位收集、使用公民个人电子信息，应当公开其收集、使用规则。

三、网络服务提供者和其他企业事业单位及其工作人员对在业务活动中收集的公民个人电子信息必须严格保密，不得泄露、篡改、毁损，不得出售或者非法向他人提供。

四、网络服务提供者和其他企业事业单位应当采取技术措施和其他必要措施，确保信息安全，防止在业务活动中收集的公民个人电子信息泄露、毁损、丢失。在发生或者可能发生信息泄露、毁损、丢失的情况时，应当立即采取补救措施。

五、网络服务提供者应当加强对其用户发布的信息的管理，发现法律、法规禁止发布或者传输的信息的，应当立即停止传输该信息，采取消除等处置措施，保存有关记录，并向有关主管部门报告。

六、网络服务提供者为用户办理网站接入服务，办理固定电话、移动电话等入网手续，或者为用户提供信息发布服务，应当在与用户签订协议或者确认提供服务时，要求用户提供真实身份信息。

七、任何组织和个人未经电子信息接收者同意或者请求，或者电子信息接收者明确表示拒绝的，不得向其固定电话、移动电话或者个人电子邮箱发送商业性电子信息。

八、公民发现泄露个人身份、散布个人隐私等侵害其合法权益的网络信息，或者受到商业性电子信息侵扰的，有权要求网络服务提供者删除有关信息或者采取其他必要措施予以制止。

九、任何组织和个人对窃取或者以其他非法方式获取、出售或者非法向他人提供公民个人电子信息的违法犯罪行为以及其他网络信息违法犯罪行为，有权向有关主管部门举报、控告；接到举报、控告的部门应当依法及时处理。被侵权人可以依法提起诉讼。

十、有关主管部门应当在各自职权范围内依法履行职责，采取技术措施和其他必要措施，防范、制止和查处窃取或者以其他非法方式获取、出售或者非法向他人提供公民个人电子信息的违法犯罪行为以及其他网络信息违法犯罪行为。有关主管部门依法履行职责时，网络服务提供者应当予以配合，提供技术支持。

国家机关及其工作人员对在履行职责中知悉的公民个人电子信息应当予以保密，不得泄露、篡改、毁损，不得出售或者非法向他人提供。

十一、对有违反本决定行为的，依法给予警告、罚款、没收违法所得、吊销许可证或者取消备案、关闭网站、禁止有关责任人员从事网络服务业务等处罚，记入社会信用档案并予以公布；构成违反治安管理行为的，依法给予治安管理处罚。构成犯罪的，依法追究刑事责任。侵害他人民事权益的，依法承担民事责任。

十二、本决定自公布之日起施行。

未成年人网络保护条例

（2023年9月20日国务院第15次常务会议通过　2023年10月16日中华人民共和国国务院令第766号公布　自2024年1月1日起施行）

第一章　总　　则

第一条　为了营造有利于未成年人身心健康的网络环境，保障未成年人合法权益，根据《中华人民共和国未成年人保护法》、《中华人民共和国网络安全法》、《中华人民共和国个人信息保护法》等法律，制定本条例。

第二条　未成年人网络保护工作应当坚持中国共产党的领导，坚持以社会主义核心价值观为引领，坚持最有利于未成年人的原则，适应未成年人身心健康发展和网络空间的规律和特点，实行社会共治。

第三条　国家网信部门负责统筹协调未成年人网络保护工作，并依据职责做好未成年人网络保护工作。

国家新闻出版、电影部门和国务院教育、电信、公安、民政、文化和旅游、卫生健康、市场监督管理、广播电视等有关部门依据各自职责做好未成年人网络保护工作。

县级以上地方人民政府及其有关部门依据各自职责做好未成年人网络保护工作。

第四条　共产主义青年团、妇女联合会、工会、残疾人联合会、关心下一代工作委员会、青年联合会、学生联合会、少年先锋队以及其他人民团体、有关社会组织、基层群众性自治组织，协助有关部门做好未成年人网络保护工作，维护未成年人合法权益。

第五条　学校、家庭应当教育引导未成年人参加有益身心健康的活动，科学、文明、安全、合理使用网络，预防和干预未成年人沉迷网络。

第六条　网络产品和服务提供者、个人信息处理者、智能终端产品制造者和销售者应当遵守法律、行政法规和国家有关规定，尊重社会公德，遵守商业道德，诚实信用，履行未成年人网络保护义务，承担社会责任。

第七条 网络产品和服务提供者、个人信息处理者、智能终端产品制造者和销售者应当接受政府和社会的监督，配合有关部门依法实施涉及未成年人网络保护工作的监督检查，建立便捷、合理、有效的投诉、举报渠道，通过显著方式公布投诉、举报途径和方法，及时受理并处理公众投诉、举报。

第八条 任何组织和个人发现违反本条例规定的，可以向网信、新闻出版、电影、教育、电信、公安、民政、文化和旅游、卫生健康、市场监督管理、广播电视等有关部门投诉、举报。收到投诉、举报的部门应当及时依法作出处理；不属于本部门职责的，应当及时移送有权处理的部门。

第九条 网络相关行业组织应当加强行业自律，制定未成年人网络保护相关行业规范，指导会员履行未成年人网络保护义务，加强对未成年人的网络保护。

第十条 新闻媒体应当通过新闻报道、专题栏目（节目）、公益广告等方式，开展未成年人网络保护法律法规、政策措施、典型案例和有关知识的宣传，对侵犯未成年人合法权益的行为进行舆论监督，引导全社会共同参与未成年人网络保护。

第十一条 国家鼓励和支持在未成年人网络保护领域加强科学研究和人才培养，开展国际交流与合作。

第十二条 对在未成年人网络保护工作中作出突出贡献的组织和个人，按照国家有关规定给予表彰和奖励。

第二章 网络素养促进

第十三条 国务院教育部门应当将网络素养教育纳入学校素质教育内容，并会同国家网信部门制定未成年人网络素养测评指标。

教育部门应当指导、支持学校开展未成年人网络素养教育，围绕网络道德意识形成、网络法治观念培养、网络使用能力建设、人身财产安全保护等，培育未成年人网络安全意识、文明素养、行为习惯和防护技能。

第十四条 县级以上人民政府应当科学规划、合理布局，促进公益性上网服务均衡协调发展，加强提供公益性上网服务的公共文化设施建设，改善未成年人上网条件。

县级以上地方人民政府应当通过为中小学校配备具有相应专业能力的

指导教师、政府购买服务或者鼓励中小学校自行采购相关服务等方式，为学生提供优质的网络素养教育课程。

第十五条 学校、社区、图书馆、文化馆、青少年宫等场所为未成年人提供互联网上网服务设施的，应当通过安排专业人员、招募志愿者等方式，以及安装未成年人网络保护软件或者采取其他安全保护技术措施，为未成年人提供上网指导和安全、健康的上网环境。

第十六条 学校应当将提高学生网络素养等内容纳入教育教学活动，并合理使用网络开展教学活动，建立健全学生在校期间上网的管理制度，依法规范管理未成年学生带入学校的智能终端产品，帮助学生养成良好上网习惯，培养学生网络安全和网络法治意识，增强学生对网络信息的获取和分析判断能力。

第十七条 未成年人的监护人应当加强家庭家教家风建设，提高自身网络素养，规范自身使用网络的行为，加强对未成年人使用网络行为的教育、示范、引导和监督。

第十八条 国家鼓励和支持研发、生产和使用专门以未成年人为服务对象、适应未成年人身心健康发展规律和特点的网络保护软件、智能终端产品和未成年人模式、未成年人专区等网络技术、产品、服务，加强网络无障碍环境建设和改造，促进未成年人开阔眼界、陶冶情操、提高素质。

第十九条 未成年人网络保护软件、专门供未成年人使用的智能终端产品应当具有有效识别违法信息和可能影响未成年人身心健康的信息、保护未成年人个人信息权益、预防未成年人沉迷网络、便于监护人履行监护职责等功能。

国家网信部门会同国务院有关部门根据未成年人网络保护工作的需要，明确未成年人网络保护软件、专门供未成年人使用的智能终端产品的相关技术标准或者要求，指导监督网络相关行业组织按照有关技术标准和要求对未成年人网络保护软件、专门供未成年人使用的智能终端产品的使用效果进行评估。

智能终端产品制造者应当在产品出厂前安装未成年人网络保护软件，或者采用显著方式告知用户安装渠道和方法。智能终端产品销售者在产品销售前应当采用显著方式告知用户安装未成年人网络保护软件的情况以及安装渠道和方法。

未成年人的监护人应当合理使用并指导未成年人使用网络保护软件、智能终端产品等，创造良好的网络使用家庭环境。

第二十条 未成年人用户数量巨大或者对未成年人群体具有显著影响的网络平台服务提供者，应当履行下列义务：

（一）在网络平台服务的设计、研发、运营等阶段，充分考虑未成年人身心健康发展特点，定期开展未成年人网络保护影响评估；

（二）提供未成年人模式或者未成年人专区等，便利未成年人获取有益身心健康的平台内产品或者服务；

（三）按照国家规定建立健全未成年人网络保护合规制度体系，成立主要由外部成员组成的独立机构，对未成年人网络保护情况进行监督；

（四）遵循公开、公平、公正的原则，制定专门的平台规则，明确平台内产品或者服务提供者的未成年人网络保护义务，并以显著方式提示未成年人用户依法享有的网络保护权利和遭受网络侵害的救济途径；

（五）对违反法律、行政法规严重侵害未成年人身心健康或者侵犯未成年人其他合法权益的平台内产品或者服务提供者，停止提供服务；

（六）每年发布专门的未成年人网络保护社会责任报告，并接受社会监督。

前款所称的未成年人用户数量巨大或者对未成年人群体具有显著影响的网络平台服务提供者的具体认定办法，由国家网信部门会同有关部门另行制定。

第三章　网络信息内容规范

第二十一条 国家鼓励和支持制作、复制、发布、传播弘扬社会主义核心价值观和社会主义先进文化、革命文化、中华优秀传统文化，铸牢中华民族共同体意识，培养未成年人家国情怀和良好品德，引导未成年人养成良好生活习惯和行为习惯等的网络信息，营造有利于未成年人健康成长的清朗网络空间和良好网络生态。

第二十二条 任何组织和个人不得制作、复制、发布、传播含有宣扬淫秽、色情、暴力、邪教、迷信、赌博、引诱自残自杀、恐怖主义、分裂主义、极端主义等危害未成年人身心健康内容的网络信息。

任何组织和个人不得制作、复制、发布、传播或者持有有关未成年人的淫秽色情网络信息。

第二十三条 网络产品和服务中含有可能引发或者诱导未成年人模仿不安全行为、实施违反社会公德行为、产生极端情绪、养成不良嗜好等可能影响未成年人身心健康的信息的，制作、复制、发布、传播该信息的组织和个人应当在信息展示前予以显著提示。

国家网信部门会同国家新闻出版、电影部门和国务院教育、电信、公安、文化和旅游、广播电视等部门，在前款规定基础上确定可能影响未成年人身心健康的信息的具体种类、范围、判断标准和提示办法。

第二十四条 任何组织和个人不得在专门以未成年人为服务对象的网络产品和服务中制作、复制、发布、传播本条例第二十三条第一款规定的可能影响未成年人身心健康的信息。

网络产品和服务提供者不得在首页首屏、弹窗、热搜等处于产品或者服务醒目位置、易引起用户关注的重点环节呈现本条例第二十三条第一款规定的可能影响未成年人身心健康的信息。

网络产品和服务提供者不得通过自动化决策方式向未成年人进行商业营销。

第二十五条 任何组织和个人不得向未成年人发送、推送或者诱骗、强迫未成年人接触含有危害或者可能影响未成年人身心健康内容的网络信息。

第二十六条 任何组织和个人不得通过网络以文字、图片、音视频等形式，对未成年人实施侮辱、诽谤、威胁或者恶意损害形象等网络欺凌行为。

网络产品和服务提供者应当建立健全网络欺凌行为的预警预防、识别监测和处置机制，设置便利未成年人及其监护人保存遭受网络欺凌记录、行使通知权利的功能、渠道，提供便利未成年人设置屏蔽陌生用户、本人发布信息可见范围、禁止转载或者评论本人发布信息、禁止向本人发送信息等网络欺凌信息防护选项。

网络产品和服务提供者应当建立健全网络欺凌信息特征库，优化相关算法模型，采用人工智能、大数据等技术手段和人工审核相结合的方式加强对网络欺凌信息的识别监测。

第二十七条 任何组织和个人不得通过网络以文字、图片、音视频等形式，组织、教唆、胁迫、引诱、欺骗、帮助未成年人实施违法犯罪行为。

第二十八条 以未成年人为服务对象的在线教育网络产品和服务提供者，应当按照法律、行政法规和国家有关规定，根据不同年龄阶段未成年人身心发展特点和认知能力提供相应的产品和服务。

第二十九条 网络产品和服务提供者应当加强对用户发布信息的管理，采取有效措施防止制作、复制、发布、传播违反本条例第二十二条、第二十四条、第二十五条、第二十六条第一款、第二十七条规定的信息，发现违反上述条款规定的信息的，应当立即停止传输相关信息，采取删除、屏蔽、断开链接等处置措施，防止信息扩散，保存有关记录，向网信、公安等部门报告，并对制作、复制、发布、传播上述信息的用户采取警示、限制功能、暂停服务、关闭账号等处置措施。

网络产品和服务提供者发现用户发布、传播本条例第二十三条第一款规定的信息未予显著提示的，应当作出提示或者通知用户予以提示；未作出提示的，不得传输该信息。

第三十条 国家网信、新闻出版、电影部门和国务院教育、电信、公安、文化和旅游、广播电视等部门发现违反本条例第二十二条、第二十四条、第二十五条、第二十六条第一款、第二十七条规定的信息的，或者发现本条例第二十三条第一款规定的信息未予显著提示的，应当要求网络产品和服务提供者按照本条例第二十九条的规定予以处理；对来源于境外的上述信息，应当依法通知有关机构采取技术措施和其他必要措施阻断传播。

第四章 个人信息网络保护

第三十一条 网络服务提供者为未成年人提供信息发布、即时通讯等服务的，应当依法要求未成年人或者其监护人提供未成年人真实身份信息。未成年人或者其监护人不提供未成年人真实身份信息的，网络服务提供者不得为未成年人提供相关服务。

网络直播服务提供者应当建立网络直播发布者真实身份信息动态核验机制，不得向不符合法律规定情形的未成年人用户提供网络直播发布服务。

第三十二条 个人信息处理者应当严格遵守国家网信部门和有关部门关于网络产品和服务必要个人信息范围的规定，不得强制要求未成年人或者其监护人同意非必要的个人信息处理行为，不得因为未成年人或者其监护人不同意处理未成年人非必要个人信息或者撤回同意，拒绝未成年人使用其基本功能服务。

第三十三条 未成年人的监护人应当教育引导未成年人增强个人信息保护意识和能力、掌握个人信息范围、了解个人信息安全风险，指导未成年人行使其在个人信息处理活动中的查阅、复制、更正、补充、删除等权利，保护未成年人个人信息权益。

第三十四条 未成年人或者其监护人依法请求查阅、复制、更正、补充、删除未成年人个人信息的，个人信息处理者应当遵守以下规定：

（一）提供便捷的支持未成年人或者其监护人查阅未成年人个人信息种类、数量等的方法和途径，不得对未成年人或者其监护人的合理请求进行限制；

（二）提供便捷的支持未成年人或者其监护人复制、更正、补充、删除未成年人个人信息的功能，不得设置不合理条件；

（三）及时受理并处理未成年人或者其监护人查阅、复制、更正、补充、删除未成年人个人信息的申请，拒绝未成年人或者其监护人行使权利的请求的，应当书面告知申请人并说明理由。

对未成年人或者其监护人依法提出的转移未成年人个人信息的请求，符合国家网信部门规定条件的，个人信息处理者应当提供转移的途径。

第三十五条 发生或者可能发生未成年人个人信息泄露、篡改、丢失的，个人信息处理者应当立即启动个人信息安全事件应急预案，采取补救措施，及时向网信等部门报告，并按照国家有关规定将事件情况以邮件、信函、电话、信息推送等方式告知受影响的未成年人及其监护人。

个人信息处理者难以逐一告知的，应当采取合理、有效的方式及时发布相关警示信息，法律、行政法规另有规定的除外。

第三十六条 个人信息处理者对其工作人员应当以最小授权为原则，严格设定信息访问权限，控制未成年人个人信息知悉范围。工作人员访问未成年人个人信息的，应当经过相关负责人或者其授权的管理人员审批，记录访问情况，并采取技术措施，避免违法处理未成年人个人信息。

第三十七条 个人信息处理者应当自行或者委托专业机构每年对其处理未成年人个人信息遵守法律、行政法规的情况进行合规审计，并将审计情况及时报告网信等部门。

第三十八条 网络服务提供者发现未成年人私密信息或者未成年人通过网络发布的个人信息中涉及私密信息的，应当及时提示，并采取停止传输等必要保护措施，防止信息扩散。

网络服务提供者通过未成年人私密信息发现未成年人可能遭受侵害的，应当立即采取必要措施保存有关记录，并向公安机关报告。

第五章 网络沉迷防治

第三十九条 对未成年人沉迷网络进行预防和干预，应当遵守法律、行政法规和国家有关规定。

教育、卫生健康、市场监督管理等部门依据各自职责对从事未成年人沉迷网络预防和干预活动的机构实施监督管理。

第四十条 学校应当加强对教师的指导和培训，提高教师对未成年学生沉迷网络的早期识别和干预能力。对于有沉迷网络倾向的未成年学生，学校应当及时告知其监护人，共同对未成年学生进行教育和引导，帮助其恢复正常的学习生活。

第四十一条 未成年人的监护人应当指导未成年人安全合理使用网络，关注未成年人上网情况以及相关生理状况、心理状况、行为习惯，防范未成年人接触危害或者可能影响其身心健康的网络信息，合理安排未成年人使用网络的时间，预防和干预未成年人沉迷网络。

第四十二条 网络产品和服务提供者应当建立健全防沉迷制度，不得向未成年人提供诱导其沉迷的产品和服务，及时修改可能造成未成年人沉迷的内容、功能和规则，并每年向社会公布防沉迷工作情况，接受社会监督。

第四十三条 网络游戏、网络直播、网络音视频、网络社交等网络服务提供者应当针对不同年龄阶段未成年人使用其服务的特点，坚持融合、友好、实用、有效的原则，设置未成年人模式，在使用时段、时长、功能和内容等方面按照国家有关规定和标准提供相应的服务，并以醒目便捷的方式为监护人履行监护职责提供时间管理、权限管理、消费管理等功能。

第四十四条 网络游戏、网络直播、网络音视频、网络社交等网络服务提供者应当采取措施，合理限制不同年龄阶段未成年人在使用其服务中的单次消费数额和单日累计消费数额，不得向未成年人提供与其民事行为能力不符的付费服务。

第四十五条 网络游戏、网络直播、网络音视频、网络社交等网络服务提供者应当采取措施，防范和抵制流量至上等不良价值倾向，不得设置以应援集资、投票打榜、刷量控评等为主题的网络社区、群组、话题，不得诱导未成年人参与应援集资、投票打榜、刷量控评等网络活动，并预防和制止其用户诱导未成年人实施上述行为。

第四十六条 网络游戏服务提供者应当通过统一的未成年人网络游戏电子身份认证系统等必要手段验证未成年人用户真实身份信息。

网络产品和服务提供者不得为未成年人提供游戏账号租售服务。

第四十七条 网络游戏服务提供者应当建立、完善预防未成年人沉迷网络的游戏规则，避免未成年人接触可能影响其身心健康的游戏内容或者游戏功能。

网络游戏服务提供者应当落实适龄提示要求，根据不同年龄阶段未成年人身心发展特点和认知能力，通过评估游戏产品的类型、内容与功能等要素，对游戏产品进行分类，明确游戏产品适合的未成年人用户年龄阶段，并在用户下载、注册、登录界面等位置予以显著提示。

第四十八条 新闻出版、教育、卫生健康、文化和旅游、广播电视、网信等部门应当定期开展预防未成年人沉迷网络的宣传教育，监督检查网络产品和服务提供者履行预防未成年人沉迷网络义务的情况，指导家庭、学校、社会组织互相配合，采取科学、合理的方式对未成年人沉迷网络进行预防和干预。

国家新闻出版部门牵头组织开展未成年人沉迷网络游戏防治工作，会同有关部门制定关于向未成年人提供网络游戏服务的时段、时长、消费上限等管理规定。

卫生健康、教育等部门依据各自职责指导有关医疗卫生机构、高等学校等，开展未成年人沉迷网络所致精神障碍和心理行为问题的基础研究和筛查评估、诊断、预防、干预等应用研究。

第四十九条 严禁任何组织和个人以虐待、胁迫等侵害未成年人身心健康的方式干预未成年人沉迷网络、侵犯未成年人合法权益。

第六章 法律责任

第五十条 地方各级人民政府和县级以上有关部门违反本条例规定，

不履行未成年人网络保护职责的，由其上级机关责令改正；拒不改正或者情节严重的，对负有责任的领导人员和直接责任人员依法给予处分。

第五十一条 学校、社区、图书馆、文化馆、青少年宫等违反本条例规定，不履行未成年人网络保护职责的，由教育、文化和旅游等部门依据各自职责责令改正；拒不改正或者情节严重的，对负有责任的领导人员和直接责任人员依法给予处分。

第五十二条 未成年人的监护人不履行本条例规定的监护职责或者侵犯未成年人合法权益的，由未成年人居住地的居民委员会、村民委员会、妇女联合会，监护人所在单位，中小学校、幼儿园等有关密切接触未成年人的单位依法予以批评教育、劝诫制止、督促其接受家庭教育指导等。

第五十三条 违反本条例第七条、第十九条第三款、第三十八条第二款规定的，由网信、新闻出版、电影、教育、电信、公安、民政、文化和旅游、市场监督管理、广播电视等部门依据各自职责责令改正；拒不改正或者情节严重的，处 5 万元以上 50 万元以下罚款，对直接负责的主管人员和其他直接责任人员处 1 万元以上 10 万元以下罚款。

第五十四条 违反本条例第二十条第一款规定的，由网信、新闻出版、电信、公安、文化和旅游、广播电视等部门依据各自职责责令改正，给予警告，没收违法所得；拒不改正的，并处 100 万元以下罚款，对直接负责的主管人员和其他直接责任人员处 1 万元以上 10 万元以下罚款。

违反本条例第二十条第一款第一项和第五项规定，情节严重的，由省级以上网信、新闻出版、电信、公安、文化和旅游、广播电视等部门依据各自职责责令改正，没收违法所得，并处 5000 万元以下或者上一年度营业额百分之五以下罚款，并可以责令暂停相关业务或者停业整顿、通报有关部门依法吊销相关业务许可证或者吊销营业执照；对直接负责的主管人员和其他直接责任人员处 10 万元以上 100 万元以下罚款，并可以决定禁止其在一定期限内担任相关企业的董事、监事、高级管理人员和未成年人保护负责人。

第五十五条 违反本条例第二十四条、第二十五条规定的，由网信、新闻出版、电影、电信、公安、文化和旅游、市场监督管理、广播电视等部门依据各自职责责令限期改正，给予警告，没收违法所得，可以并处 10 万元以下罚款；拒不改正或者情节严重的，责令暂停相关业务、停产停业或者吊销相关业务许可证、吊销营业执照，违法所得100万元以上的，并处违法所得1倍以上10倍以下罚款，没有违法所得或者违法所得不足100万元的，并处10万元以上100万元以下罚款。

第五十六条 违反本条例第二十六条第二款和第三款、第二十八条、第二十九条第一款、第三十一条第二款、第三十六条、第三十八条第一款、第四十二条至第四十五条、第四十六条第二款、第四十七条规定的，由网信、新闻出版、电影、教育、电信、公安、文化和旅游、广播电视等部门依据各自职责责令改正，给予警告，没收违法所得，违法所得100万元以上的，并处违法所得1倍以上10倍以下罚款，没有违法所得或者违法所得不足100万元的，并处10万元以上100万元以下罚款，对直接负责的主管人员和其他直接责任人员处1万元以上10万元以下罚款；拒不改正或者情节严重的，并可以责令暂停相关业务、停业整顿、关闭网站、吊销相关业务许可证或者吊销营业执照。

第五十七条 网络产品和服务提供者违反本条例规定，受到关闭网站、吊销相关业务许可证或者吊销营业执照处罚的，5年内不得重新申请相关许可，其直接负责的主管人员和其他直接责任人员5年内不得从事同类网络产品和服务业务。

第五十八条 违反本条例规定，侵犯未成年人合法权益，给未成年人造成损害的，依法承担民事责任；构成违反治安管理行为的，依法给予治安管理处罚；构成犯罪的，依法追究刑事责任。

第七章　附　　则

第五十九条 本条例所称智能终端产品，是指可以接入网络、具有操作系统、能够由用户自行安装应用软件的手机、计算机等网络终端产品。

第六十条 本条例自2024年1月1日起施行。

儿童个人信息网络保护规定

（2019 年 8 月 22 日国家互联网信息办公室令第 4 号公布　自 2019 年 10 月 1 日起施行）

第一条　为了保护儿童个人信息安全，促进儿童健康成长，根据《中华人民共和国网络安全法》《中华人民共和国未成年人保护法》等法律法规，制定本规定。

第二条　本规定所称儿童，是指不满十四周岁的未成年人。

第三条　在中华人民共和国境内通过网络从事收集、存储、使用、转移、披露儿童个人信息等活动，适用本规定。

第四条　任何组织和个人不得制作、发布、传播侵害儿童个人信息安全的信息。

第五条　儿童监护人应当正确履行监护职责，教育引导儿童增强个人信息保护意识和能力，保护儿童个人信息安全。

第六条　鼓励互联网行业组织指导推动网络运营者制定儿童个人信息保护的行业规范、行为准则等，加强行业自律，履行社会责任。

第七条　网络运营者收集、存储、使用、转移、披露儿童个人信息的，应当遵循正当必要、知情同意、目的明确、安全保障、依法利用的原则。

第八条　网络运营者应当设置专门的儿童个人信息保护规则和用户协议，并指定专人负责儿童个人信息保护。

第九条　网络运营者收集、使用、转移、披露儿童个人信息的，应当以显著、清晰的方式告知儿童监护人，并应当征得儿童监护人的同意。

第十条　网络运营者征得同意时，应当同时提供拒绝选项，并明确告知以下事项：

（一）收集、存储、使用、转移、披露儿童个人信息的目的、方式和范围；

（二）儿童个人信息存储的地点、期限和到期后的处理方式；

（三）儿童个人信息的安全保障措施；

（四）拒绝的后果；

（五）投诉、举报的渠道和方式；

（六）更正、删除儿童个人信息的途径和方法；

（七）其他应当告知的事项。

前款规定的告知事项发生实质性变化的，应当再次征得儿童监护人的同意。

第十一条 网络运营者不得收集与其提供的服务无关的儿童个人信息，不得违反法律、行政法规的规定和双方的约定收集儿童个人信息。

第十二条 网络运营者存储儿童个人信息，不得超过实现其收集、使用目的所必需的期限。

第十三条 网络运营者应当采取加密等措施存储儿童个人信息，确保信息安全。

第十四条 网络运营者使用儿童个人信息，不得违反法律、行政法规的规定和双方约定的目的、范围。因业务需要，确需超出约定的目的、范围使用的，应当再次征得儿童监护人的同意。

第十五条 网络运营者对其工作人员应当以最小授权为原则，严格设定信息访问权限，控制儿童个人信息知悉范围。工作人员访问儿童个人信息的，应当经过儿童个人信息保护负责人或者其授权的管理人员审批，记录访问情况，并采取技术措施，避免违法复制、下载儿童个人信息。

第十六条 网络运营者委托第三方处理儿童个人信息的，应当对受委托方及委托行为等进行安全评估，签署委托协议，明确双方责任、处理事项、处理期限、处理性质和目的等，委托行为不得超出授权范围。

前款规定的受委托方，应当履行以下义务：

（一）按照法律、行政法规的规定和网络运营者的要求处理儿童个人信息；

（二）协助网络运营者回应儿童监护人提出的申请；

（三）采取措施保障信息安全，并在发生儿童个人信息泄露安全事件时，及时向网络运营者反馈；

（四）委托关系解除时及时删除儿童个人信息；

（五）不得转委托；

（六）其他依法应当履行的儿童个人信息保护义务。

第十七条 网络运营者向第三方转移儿童个人信息的，应当自行或者委托第三方机构进行安全评估。

第十八条 网络运营者不得披露儿童个人信息，但法律、行政法规规定应当披露或者根据与儿童监护人的约定可以披露的除外。

第十九条 儿童或者其监护人发现网络运营者收集、存储、使用、披露的儿童个人信息有错误的，有权要求网络运营者予以更正。网络运营者应当及时采取措施予以更正。

第二十条 儿童或者其监护人要求网络运营者删除其收集、存储、使用、披露的儿童个人信息的，网络运营者应当及时采取措施予以删除，包括但不限于以下情形：

（一）网络运营者违反法律、行政法规的规定或者双方的约定收集、存储、使用、转移、披露儿童个人信息的；

（二）超出目的范围或者必要期限收集、存储、使用、转移、披露儿童个人信息的；

（三）儿童监护人撤回同意的；

（四）儿童或者其监护人通过注销等方式终止使用产品或者服务的。

第二十一条 网络运营者发现儿童个人信息发生或者可能发生泄露、毁损、丢失的，应当立即启动应急预案，采取补救措施；造成或者可能造成严重后果的，应当立即向有关主管部门报告，并将事件相关情况以邮件、信函、电话、推送通知等方式告知受影响的儿童及其监护人，难以逐一告知的，应当采取合理、有效的方式发布相关警示信息。

第二十二条 网络运营者应当对网信部门和其他有关部门依法开展的监督检查予以配合。

第二十三条 网络运营者停止运营产品或者服务的，应当立即停止收集儿童个人信息的活动，删除其持有的儿童个人信息，并将停止运营的通知及时告知儿童监护人。

第二十四条 任何组织和个人发现有违反本规定行为的，可以向网信部门和其他有关部门举报。

网信部门和其他有关部门收到相关举报的，应当依据职责及时进行处理。

第二十五条 网络运营者落实儿童个人信息安全管理责任不到位，存在较大安全风险或者发生安全事件的，由网信部门依据职责进行约谈，网络运营者应当及时采取措施进行整改，消除隐患。

第二十六条 违反本规定的，由网信部门和其他有关部门依据职责，根据《中华人民共和国网络安全法》《互联网信息服务管理办法》等相关法律法规规定处理；构成犯罪的，依法追究刑事责任。

第二十七条 违反本规定被追究法律责任的，依照有关法律、行政法规的规定记入信用档案，并予以公示。

第二十八条 通过计算机信息系统自动留存处理信息且无法识别所留存处理的信息属于儿童个人信息的，依照其他有关规定执行。

第二十九条 本规定自2019年10月1日起施行。

网络信息内容生态治理规定

（2019年12月15日国家互联网信息办公室令第5号公布　自2020年3月1日起施行）

第一章　总　　则

第一条 为了营造良好网络生态，保障公民、法人和其他组织的合法权益，维护国家安全和公共利益，根据《中华人民共和国国家安全法》《中华人民共和国网络安全法》《互联网信息服务管理办法》等法律、行政法规，制定本规定。

第二条 中华人民共和国境内的网络信息内容生态治理活动，适用本规定。

本规定所称网络信息内容生态治理，是指政府、企业、社会、网民等主体，以培育和践行社会主义核心价值观为根本，以网络信息内容为主要治理对象，以建立健全网络综合治理体系、营造清朗的网络空间、建设良好的网络生态为目标，开展的弘扬正能量、处置违法和不良信息等相关活动。

第三条 国家网信部门负责统筹协调全国网络信息内容生态治理和相关监督管理工作，各有关主管部门依据各自职责做好网络信息内容生态治理工作。

地方网信部门负责统筹协调本行政区域内网络信息内容生态治理和相关监督管理工作，地方各有关主管部门依据各自职责做好本行政区域内网络信息内容生态治理工作。

第二章　网络信息内容生产者

第四条　网络信息内容生产者应当遵守法律法规，遵循公序良俗，不得损害国家利益、公共利益和他人合法权益。

第五条　鼓励网络信息内容生产者制作、复制、发布含有下列内容的信息：

（一）宣传习近平新时代中国特色社会主义思想，全面准确生动解读中国特色社会主义道路、理论、制度、文化的；

（二）宣传党的理论路线方针政策和中央重大决策部署的；

（三）展示经济社会发展亮点，反映人民群众伟大奋斗和火热生活的；

（四）弘扬社会主义核心价值观，宣传优秀道德文化和时代精神，充分展现中华民族昂扬向上精神风貌的；

（五）有效回应社会关切，解疑释惑，析事明理，有助于引导群众形成共识的；

（六）有助于提高中华文化国际影响力，向世界展现真实立体全面的中国的；

（七）其他讲品味讲格调讲责任、讴歌真善美、促进团结稳定等的内容。

第六条　网络信息内容生产者不得制作、复制、发布含有下列内容的违法信息：

（一）反对宪法所确定的基本原则的；

（二）危害国家安全，泄露国家秘密，颠覆国家政权，破坏国家统一的；

（三）损害国家荣誉和利益的；

（四）歪曲、丑化、亵渎、否定英雄烈士事迹和精神，以侮辱、诽谤或者其他方式侵害英雄烈士的姓名、肖像、名誉、荣誉的；

（五）宣扬恐怖主义、极端主义或者煽动实施恐怖活动、极端主义活动的；

（六）煽动民族仇恨、民族歧视，破坏民族团结的；

（七）破坏国家宗教政策，宣扬邪教和封建迷信的；

（八）散布谣言，扰乱经济秩序和社会秩序的；

（九）散布淫秽、色情、赌博、暴力、凶杀、恐怖或者教唆犯罪的；

（十）侮辱或者诽谤他人，侵害他人名誉、隐私和其他合法权益的；

（十一）法律、行政法规禁止的其他内容。

第七条 网络信息内容生产者应当采取措施，防范和抵制制作、复制、发布含有下列内容的不良信息：

（一）使用夸张标题，内容与标题严重不符的；

（二）炒作绯闻、丑闻、劣迹等的；

（三）不当评述自然灾害、重大事故等灾难的；

（四）带有性暗示、性挑逗等易使人产生性联想的；

（五）展现血腥、惊悚、残忍等致人身心不适的；

（六）煽动人群歧视、地域歧视等的；

（七）宣扬低俗、庸俗、媚俗内容的；

（八）可能引发未成年人模仿不安全行为和违反社会公德行为、诱导未成年人不良嗜好等的；

（九）其他对网络生态造成不良影响的内容。

第三章 网络信息内容服务平台

第八条 网络信息内容服务平台应当履行信息内容管理主体责任，加强本平台网络信息内容生态治理，培育积极健康、向上向善的网络文化。

第九条 网络信息内容服务平台应当建立网络信息内容生态治理机制，制定本平台网络信息内容生态治理细则，健全用户注册、账号管理、信息发布审核、跟帖评论审核、版面页面生态管理、实时巡查、应急处置和网络谣言、黑色产业链信息处置等制度。

网络信息内容服务平台应当设立网络信息内容生态治理负责人，配备与业务范围和服务规模相适应的专业人员，加强培训考核，提升从业人员素质。

第十条 网络信息内容服务平台不得传播本规定第六条规定的信息，

应当防范和抵制传播本规定第七条规定的信息。

网络信息内容服务平台应当加强信息内容的管理，发现本规定第六条、第七条规定的信息的，应当依法立即采取处置措施，保存有关记录，并向有关主管部门报告。

第十一条 鼓励网络信息内容服务平台坚持主流价值导向，优化信息推荐机制，加强版面页面生态管理，在下列重点环节（包括服务类型、位置版块等）积极呈现本规定第五条规定的信息：

（一）互联网新闻信息服务首页首屏、弹窗和重要新闻信息内容页面等；

（二）互联网用户公众账号信息服务精选、热搜等；

（三）博客、微博客信息服务热门推荐、榜单类、弹窗及基于地理位置的信息服务版块等；

（四）互联网信息搜索服务热搜词、热搜图及默认搜索等；

（五）互联网论坛社区服务首页首屏、榜单类、弹窗等；

（六）互联网音视频服务首页首屏、发现、精选、榜单类、弹窗等；

（七）互联网网址导航服务、浏览器服务、输入法服务首页首屏、榜单类、皮肤、联想词、弹窗等；

（八）数字阅读、网络游戏、网络动漫服务首页首屏、精选、榜单类、弹窗等；

（九）生活服务、知识服务平台首页首屏、热门推荐、弹窗等；

（十）电子商务平台首页首屏、推荐区等；

（十一）移动应用商店、移动智能终端预置应用软件和内置信息内容服务首屏、推荐区等；

（十二）专门以未成年人为服务对象的网络信息内容专栏、专区和产品等；

（十三）其他处于产品或者服务醒目位置、易引起网络信息内容服务使用者关注的重点环节。

网络信息内容服务平台不得在以上重点环节呈现本规定第七条规定的信息。

第十二条 网络信息内容服务平台采用个性化算法推荐技术推送信息的，应当设置符合本规定第十条、第十一条规定要求的推荐模型，建立健全人工干预和用户自主选择机制。

第十三条 鼓励网络信息内容服务平台开发适合未成年人使用的模式，提供适合未成年人使用的网络产品和服务，便利未成年人获取有益身心健康的信息。

第十四条 网络信息内容服务平台应当加强对本平台设置的广告位和在本平台展示的广告内容的审核巡查，对发布违法广告的，应当依法予以处理。

第十五条 网络信息内容服务平台应当制定并公开管理规则和平台公约，完善用户协议，明确用户相关权利义务，并依法依约履行相应管理职责。

网络信息内容服务平台应当建立用户账号信用管理制度，根据用户账号的信用情况提供相应服务。

第十六条 网络信息内容服务平台应当在显著位置设置便捷的投诉举报入口，公布投诉举报方式，及时受理处置公众投诉举报并反馈处理结果。

第十七条 网络信息内容服务平台应当编制网络信息内容生态治理工作年度报告，年度报告应当包括网络信息内容生态治理工作情况、网络信息内容生态治理负责人履职情况、社会评价情况等内容。

第四章 网络信息内容服务使用者

第十八条 网络信息内容服务使用者应当文明健康使用网络，按照法律法规的要求和用户协议约定，切实履行相应义务，在以发帖、回复、留言、弹幕等形式参与网络活动时，文明互动，理性表达，不得发布本规定第六条规定的信息，防范和抵制本规定第七条规定的信息。

第十九条 网络群组、论坛社区版块建立者和管理者应当履行群组、版块管理责任，依据法律法规、用户协议和平台公约等，规范群组、版块内信息发布等行为。

第二十条 鼓励网络信息内容服务使用者积极参与网络信息内容生态治理，通过投诉、举报等方式对网上违法和不良信息进行监督，共同维护良好网络生态。

第二十一条 网络信息内容服务使用者和网络信息内容生产者、网络信息内容服务平台不得利用网络和相关信息技术实施侮辱、诽谤、威胁、散布谣言以及侵犯他人隐私等违法行为，损害他人合法权益。

第二十二条 网络信息内容服务使用者和网络信息内容生产者、网络信息内容服务平台不得通过发布、删除信息以及其他干预信息呈现的手段侵害他人合法权益或者谋取非法利益。

第二十三条 网络信息内容服务使用者和网络信息内容生产者、网络信息内容服务平台不得利用深度学习、虚拟现实等新技术新应用从事法律、行政法规禁止的活动。

第二十四条 网络信息内容服务使用者和网络信息内容生产者、网络信息内容服务平台不得通过人工方式或者技术手段实施流量造假、流量劫持以及虚假注册账号、非法交易账号、操纵用户账号等行为，破坏网络生态秩序。

第二十五条 网络信息内容服务使用者和网络信息内容生产者、网络信息内容服务平台不得利用党旗、党徽、国旗、国徽、国歌等代表党和国家形象的标识及内容，或者借国家重大活动、重大纪念日和国家机关及其工作人员名义等，违法违规开展网络商业营销活动。

第五章　网络行业组织

第二十六条 鼓励行业组织发挥服务指导和桥梁纽带作用，引导会员单位增强社会责任感，唱响主旋律，弘扬正能量，反对违法信息，防范和抵制不良信息。

第二十七条 鼓励行业组织建立完善行业自律机制，制定网络信息内容生态治理行业规范和自律公约，建立内容审核标准细则，指导会员单位建立健全服务规范、依法提供网络信息内容服务、接受社会监督。

第二十八条 鼓励行业组织开展网络信息内容生态治理教育培训和宣传引导工作，提升会员单位、从业人员治理能力，增强全社会共同参与网络信息内容生态治理意识。

第二十九条 鼓励行业组织推动行业信用评价体系建设，依据章程建立行业评议等评价奖惩机制，加大对会员单位的激励和惩戒力度，强化会员单位的守信意识。

第六章　监督管理

第三十条　各级网信部门会同有关主管部门，建立健全信息共享、会商通报、联合执法、案件督办、信息公开等工作机制，协同开展网络信息内容生态治理工作。

第三十一条　各级网信部门对网络信息内容服务平台履行信息内容管理主体责任情况开展监督检查，对存在问题的平台开展专项督查。

网络信息内容服务平台对网信部门和有关主管部门依法实施的监督检查，应当予以配合。

第三十二条　各级网信部门建立网络信息内容服务平台违法违规行为台账管理制度，并依法依规进行相应处理。

第三十三条　各级网信部门建立政府、企业、社会、网民等主体共同参与的监督评价机制，定期对本行政区域内网络信息内容服务平台生态治理情况进行评估。

第七章　法律责任

第三十四条　网络信息内容生产者违反本规定第六条规定的，网络信息内容服务平台应当依法依约采取警示整改、限制功能、暂停更新、关闭账号等处置措施，及时消除违法信息内容，保存记录并向有关主管部门报告。

第三十五条　网络信息内容服务平台违反本规定第十条、第三十一条第二款规定的，由网信等有关主管部门依据职责，按照《中华人民共和国网络安全法》《互联网信息服务管理办法》等法律、行政法规的规定予以处理。

第三十六条　网络信息内容服务平台违反本规定第十一条第二款规定的，由设区的市级以上网信部门依据职责进行约谈，给予警告，责令限期改正；拒不改正或者情节严重的，责令暂停信息更新，按照有关法律、行政法规的规定予以处理。

第三十七条　网络信息内容服务平台违反本规定第九条、第十二条、第十五条、第十六条、第十七条规定的，由设区的市级以上网信部门依据职责进行约谈，给予警告，责令限期改正；拒不改正或者情节严重的，责令暂停信息更新，按照有关法律、行政法规的规定予以处理。

第三十八条 违反本规定第十四条、第十八条、第十九条、第二十一条、第二十二条、第二十三条、第二十四条、第二十五条规定的，由网信等有关主管部门依据职责，按照有关法律、行政法规的规定予以处理。

第三十九条 网信部门根据法律、行政法规和国家有关规定，会同有关主管部门建立健全网络信息内容服务严重失信联合惩戒机制，对严重违反本规定的网络信息内容服务平台、网络信息内容生产者和网络信息内容使用者依法依规实施限制从事网络信息服务、网上行为限制、行业禁入等惩戒措施。

第四十条 违反本规定，给他人造成损害的，依法承担民事责任；构成犯罪的，依法追究刑事责任；尚不构成犯罪的，由有关主管部门依照有关法律、行政法规的规定予以处罚。

第八章　附　　则

第四十一条 本规定所称网络信息内容生产者，是指制作、复制、发布网络信息内容的组织或者个人。

本规定所称网络信息内容服务平台，是指提供网络信息内容传播服务的网络信息服务提供者。

本规定所称网络信息内容服务使用者，是指使用网络信息内容服务的组织或者个人。

第四十二条 本规定自2020年3月1日起施行。

教育部办公厅等六部门关于进一步加强预防中小学生沉迷网络游戏管理工作的通知

（2021年10月20日　教基厅函〔2021〕41号）

各省、自治区、直辖市教育厅（教委）、党委宣传部、网信办、通信管理局、公安厅（局）、市场监管局（厅、委），新疆生产建设兵团教育局、党委宣传部、网信办、公安局、市场监管局：

为深入贯彻《中华人民共和国未成年人保护法》等法律法规要求，认真落实中央有关未成年人网络环境治理的决策部署，有效预防中小学生沉迷网络游戏，切实促进中小学生健康成长，现就加强预防中小学生沉迷网络游戏管理工作通知如下：

一、确保内容健康干净。各地出版管理部门要引导网络游戏企业开发导向正确、内涵丰厚、种类多样、寓教于乐的网络游戏产品，确保内容优质健康干净。督促网络游戏企业加大内容审核力度，严格落实相关法律法规要求，坚决杜绝网络游戏中含有可能引发中小学生模仿不安全行为、违反社会公德行为和违法犯罪行为的内容，以及恐怖暴力、色情低俗、封建迷信等妨害中小学生身心健康的内容。指导网络游戏企业按照有关规定和标准，对产品进行分类，作出适龄提示，并采取技术措施，避免中小学生接触不适宜的游戏或者游戏功能。要严格执行网络游戏前置审批制度，未经批准的游戏，不得上线运营。

二、落实好防沉迷要求。网络游戏企业要按照《中华人民共和国未成年人保护法》和《国家新闻出版署关于进一步严格管理 切实防止未成年人沉迷网络游戏的通知》（国新出发〔2021〕14 号）规定，严格落实网络游戏用户账号实名注册和登录要求。所有网络游戏用户提交的实名注册信息，必须通过国家新闻出版署网络游戏防沉迷实名验证系统验证。验证为未成年人的用户，必须纳入统一的网络游戏防沉迷管理。网络游戏企业可在周五、周六、周日和法定节假日每日 20 时至 21 时，向中小学生提供 1 小时网络游戏服务，其他时间不得以任何形式向中小学生提供网络游戏服务。

三、严格校内教育管理。地方教育行政部门要指导学校对经申请带入校园的手机等终端产品进行统一管理，严禁带入课堂。学校提供的互联网上网服务设施，应安装未成年人网络保护软件或者采取其他安全保护技术措施。学校教职员工发现学生进入互联网上网服务营业场所时，应当及时予以制止、教育。学校要广泛开展各类文体活动，引导学生培养兴趣爱好，自觉远离不良网络诱惑。要采取多种形式加强网络素养宣传教育，采取科学合理的方式对中小学生沉迷网络行为进行预防和干预，引导中小学生正确认识、科学对待、合理使用网络。

四、推动家校协同发力。地方教育行政部门和学校要加强家校沟通，做好家庭教育指导工作，引导家长充分认识沉迷网络游戏的危害性和加强管理的必要性，形成家校协同育人合力。要督促家长履行好监护责任，发挥好榜样作用，安排好孩子日常学习生活，有意识地让孩子多从事一些家务劳动、户外活动、体育锻炼，帮助孩子养成健康生活方式。学校和家长发现学生有沉迷网络游戏、过度消费等苗头迹象，要相互告知，共同进行教育和引导，及时矫正不良行为，帮助其恢复正常的学习和生活。

五、切实加强监管问责。各地出版管理、网信、通信管理、公安、市场监管等部门要加强对网络游戏企业的事中事后监管，对违反有关规定，上线运营后落实防沉迷措施不到位或擅自添加违法、不良信息内容以及未经审批违法违规运营的网络游戏，要按有关规定予以惩处。网信、市场监管部门对发布不良网络游戏信息、插入网络游戏链接、推送网络游戏广告的中小学在线教育网络平台和产品，要按有关规定及时进行处罚或关停。各地出版管理部门要鼓励相关组织或个人，对未按要求落实实名注册、时段时长限制、充值限制或者涉及不良内容的网络游戏企业和平台进行举报。教育督导部门要将预防中小学生网络沉迷工作纳入对地方政府履行教育职责评价和责任督学日常监督范围，并将督导结果作为评价地方教育工作和学校管理工作成效的重要内容。

国家新闻出版署关于进一步严格管理切实防止未成年人沉迷网络游戏的通知

（2021 年 8 月 30 日　国新出发〔2021〕14 号）

各省、自治区、直辖市新闻出版局，各网络游戏企业，有关行业组织：

一段时间以来，未成年人过度使用甚至沉迷网络游戏问题突出，对正常生活学习和健康成长造成不良影响，社会各方面特别是广大家长反映强烈。为进一步严格管理措施，坚决防止未成年人沉迷网络游戏，切实保护未成年人身心健康，现将有关要求通知如下。

一、严格限制向未成年人提供网络游戏服务的时间。自本通知施行之日起，所有网络游戏企业仅可在周五、周六、周日和法定节假日每日 20 时至 21 时向未成年人提供 1 小时网络游戏服务，其他时间均不得以任何形式向未成年人提供网络游戏服务。

二、严格落实网络游戏用户账号实名注册和登录要求。所有网络游戏必须接入国家新闻出版署网络游戏防沉迷实名验证系统，所有网络游戏用户必须使用真实有效身份信息进行游戏账号注册并登录网络游戏，网络游戏企业不得以任何形式（含游客体验模式）向未实名注册和登录的用户提供游戏服务。

三、各级出版管理部门加强对网络游戏企业落实提供网络游戏服务时段时长、实名注册和登录、规范付费等情况的监督检查，加大检查频次和力度，对未严格落实的网络游戏企业，依法依规严肃处理。

四、积极引导家庭、学校等社会各方面营造有利于未成年人健康成长的良好环境，依法履行未成年人监护职责，加强未成年人网络素养教育，在未成年人使用网络游戏时督促其以真实身份验证，严格执行未成年人使用网络游戏时段时长规定，引导未成年人形成良好的网络使用习惯，防止未成年人沉迷网络游戏。

五、本通知所称未成年人是指未满18周岁的公民，所称网络游戏企业含提供网络游戏服务的平台。

本通知自2021年9月1日起施行。《国家新闻出版署关于防止未成年人沉迷网络游戏工作的通知》（国新出发〔2019〕34号）相关规定与本通知不一致的，以本通知为准。

中央网信办、教育部关于进一步加强涉未成年人网课平台规范管理的通知

（2020年11月27日）

各省、自治区、直辖市网信办、教育厅（教委），新疆生产建设兵团网信办、教育局：

为切实保障优质线上教育资源供给，推动涉未成年人网课平台健康有序发展，营造未成年人良好网络学习环境，现就进一步加强未成年人网课平台规范管理有关事项通知如下：

一、加强备案管理

（一）完善备案管理。各地要定期公布属地未成年人网课平台备案名单，逐步建立属地网课平台黑白名单制度。网课平台上线新应用或发生重大功能调整时，应重新提交审核并更新相关备案信息。

（二）坚决堵塞漏洞。各地网信部门会同教育部门，定期排查属地网课平台，对于应备案未备案的网课平台，由相应教育部门提出处理意见，采取暂时下线或下架、限期整改的处置措施，待整改完成后，教育部门重新审核备案。

（三）推动全面覆盖。各地网信部门要将面向中小学的非学科类网课平台纳入网络生态日常巡查监看范围，建立管理工作台账。

二、强化日常监管

（一）把好价值导向。各地网信部门要督促属地涉未成年人网课平台以正确价值导向为引领，不得传播违背社会主义核心价值观的内容，不得散布色情低俗、血腥暴力等违背公序良俗的内容，不得以“技术中立”或“算法推荐”为由，推送不适宜未成年人的信息或广告引流内容。

（二）抓好内容审核。各地教育部门要指导属地涉未成年人网课平台加强课程内容管理，对网课教学大纲和图文、视频授课内容等认真审核、严格把关。不断完善审核标准、提升审核技术，对直播课程随机抽检，对图文、视频课程二次审核。

（三）管好页面生态。各地网信部门要紧盯属地涉未成年人网课平台页面周边生态，将弹窗、边栏、悬浮框、信息流加载等环节纳入重点管理范畴，对互动社交版块加强巡查监看，严防网课周边出现网络游戏广告以及色情低俗、暴力血腥等不良图文信息。

三、提升人员素质

（一）加强授课教师资质审核。各地教育部门要依据相关规定，指导网课平台配备相对稳定的师资队伍，对相关人员资质进行严格审核，确保学科类教师具备教师资格，将遵纪守法情况、思想政治素质作为教师入职考察的重要因素。

（二）端正产品设计和运营理念。各地网信部门要指导属地涉未成年人网课平台，增强网课产品设计和运营人员未成年人保护意识，将传播知识、传播思想、传播真理放在教育学习类应用和产品开发设计首位，不得在市场运营推广时采取不适宜未成年人的手段方式。

四、注重协同治理

（一）建立日常巡查机制。各地网信部门会同教育部门，梳理属地涉未成年人网课平台重点环节、重点问题监看清单，建立技术与人工相结合、全网巡查与重点监看相结合的监测机制，定期通报巡看情况，会商研究问题线索，提出应对措施，实现常态化监管。

（二）适时开展专项治理。各地根据日常监看情况，针对一定时期内未成年人网课平台突出问题、难点问题，适时开展专项整治，集中排查处置。

（三）加大执法处罚力度。各地网信部门对侵犯未成年人权益的违法违规网课平台，按照“发现一起、处置一起”原则，依法依规采取暂停更新、关闭下架等措施，始终保持高压严打态势。对屡教不改的网课平台，一律从严从重处罚。

（四）动员社会广泛参与治理。各地网信、教育部门要积极与行业协会、社会组织以及中小学校、家长委员会等合作，定期评议涉未成年人网课平台治理成效。社会和公众可向各地网信部门举报相关违法违规线索。

各地要充分认识加强涉未成年人网课平台规范管理的重要意义，增强责任感紧迫感，将加强涉未成年人网课平台规范管理作为属地网络生态治理的重点内容，制定工作方案，健全工作机制，推动长效治理。

六、政府保护

儿童福利机构管理办法

（2018 年 10 月 30 日民政部令第 63 号公布　自 2019 年 1 月 1 日起施行）

第一章　总　　则

第一条　为了加强儿童福利机构管理，维护儿童的合法权益，根据《中华人民共和国民法总则》、《中华人民共和国未成年人保护法》等有关法律法规，制定本办法。

第二条　本办法所称儿童福利机构是指民政部门设立的，主要收留抚养由民政部门担任监护人的未满 18 周岁儿童的机构。

儿童福利机构包括按照事业单位法人登记的儿童福利院、设有儿童部的社会福利院等。

第三条　国务院民政部门负责指导、监督全国儿童福利机构管理工作。

县级以上地方人民政府民政部门负责本行政区域内儿童福利机构管理工作，依照有关法律法规和本办法的规定，对儿童福利机构进行监督和检查。

第四条　儿童福利机构应当坚持儿童利益最大化，依法保障儿童的生存权、发展权、受保护权、参与权等权利，不断提高儿童生活、医疗、康复和教育水平。

儿童福利机构及其工作人员不得歧视、侮辱、虐待儿童。

第五条　儿童福利机构的建设应当纳入县级以上地方人民政府国民经济和社会发展规划，建设水平应当与当地经济和社会发展相适应。

第六条　儿童福利机构所需经费由县级以上地方人民政府财政部门按照规定予以保障。

第七条　鼓励自然人、法人或者其他组织通过捐赠、设立公益慈善项目、提供志愿服务等方式，参与儿童福利机构相关服务。

第八条 对在儿童福利机构服务和管理工作中做出突出成绩的单位和个人，依照国家有关规定给予表彰和奖励。

第二章 服务对象

第九条 儿童福利机构应当收留抚养下列儿童：

（一）无法查明父母或者其他监护人的儿童；

（二）父母死亡或者宣告失踪且没有其他依法具有监护资格的人的儿童；

（三）父母没有监护能力且没有其他依法具有监护资格的人的儿童；

（四）人民法院指定由民政部门担任监护人的儿童；

（五）法律规定应当由民政部门担任监护人的其他儿童。

第十条 儿童福利机构收留抚养本办法第九条第（一）项规定的儿童的，应当区分情况登记保存以下材料：

（一）属于无法查明父母或者其他监护人的被遗弃儿童的，登记保存公安机关出具的经相关程序确认查找不到父母或者其他监护人的捡拾报案证明、儿童福利机构发布的寻亲公告、民政部门接收意见等材料。

（二）属于无法查明父母或者其他监护人的打拐解救儿童的，登记保存公安机关出具的打拐解救儿童临时照料通知书、DNA信息比对结果、暂时未查找到生父母或者其他监护人的证明，儿童福利机构发布的寻亲公告，民政部门接收意见以及其他与儿童有关的材料。

（三）属于超过3个月仍无法查明父母或者其他监护人的流浪乞讨儿童的，登记保存公安机关出具的DNA信息比对结果、未成年人救助保护机构发布的寻亲公告、民政部门接收意见以及其他与儿童有关的材料。

第十一条 儿童福利机构收留抚养本办法第九条第（二）项规定的儿童的，应当登记保存儿童户籍所在地乡镇人民政府（街道办事处）提交的儿童父母死亡证明或者宣告死亡、宣告失踪的判决书以及没有其他依法具有监护资格的人的情况报告，民政部门接收意见等材料。

第十二条 儿童福利机构收留抚养本办法第九条第（三）项规定的儿童的，应当登记保存儿童户籍所在地乡镇人民政府（街道办事处）提交的父母没有监护能力的情况报告、没有其他依法具有监护资格的人的情况报告，民政部门接收意见等材料。

父母一方死亡或者失踪的，还应当登记保存死亡或者失踪一方的死亡证明或者宣告死亡、宣告失踪的判决书。

第十三条 儿童福利机构收留抚养本办法第九条第（四）项规定的儿童的，应当登记保存人民法院生效判决书、民政部门接收意见等材料。

第十四条 儿童福利机构可以接受未成年人救助保护机构委托，收留抚养民政部门承担临时监护责任的儿童。儿童福利机构应当与未成年人救助保护机构签订委托协议。

儿童福利机构应当接收需要集中供养的未满 16 周岁的特困人员。

第三章 服务内容

第十五条 儿童福利机构接收儿童后，应当及时送医疗机构进行体检和传染病检查。确实无法送医疗机构的，应当先行隔离照料。

第十六条 儿童福利机构收留抚养本办法第九条第（一）项规定的儿童的，应当保存儿童随身携带的能够标识其身份或者具有纪念价值的物品。

第十七条 儿童福利机构收留抚养本办法第九条规定的儿童，应当及时到当地公安机关申请办理户口登记。

第十八条 儿童福利机构应当根据《儿童福利机构基本规范》等国家标准、行业标准，提供日常生活照料、基本医疗、基本康复等服务，依法保障儿童受教育的权利。

第十九条 儿童福利机构应当设置起居室、活动室、医疗室、隔离室、康复室、厨房、餐厅、值班室、卫生间、储藏室等功能区域，配备符合儿童安全保护要求的设施设备。

第二十条 儿童福利机构应当考虑儿童个体差异，组织专业人员进行评估，并制定个性化抚养方案。

第二十一条 儿童福利机构应当提供吃饭、穿衣、如厕、洗澡等生活照料服务。

除重度残疾儿童外，对于 6 周岁以上儿童，儿童福利机构应当按照性别区分生活区域。女童应当由女性工作人员提供前款规定的生活照料服务。

儿童福利机构提供的饮食应当符合卫生要求，有利于儿童营养平衡。

第二十二条 儿童福利机构应当保障儿童参加基本医疗保险，安排儿童定期体检、免疫接种，做好日常医疗护理、疾病预防控制等工作。

儿童福利机构可以通过设立医疗机构或者采取与定点医疗机构合作的方式，为儿童提供基本医疗服务。

发现儿童为疑似传染病病人或者精神障碍患者时，儿童福利机构应当依照传染病防治、精神卫生等相关法律法规的规定处理。

第二十三条 儿童福利机构应当根据儿童的残疾状况提供有针对性的康复服务。暂不具备条件的，可以与有资质的康复服务机构合作开展康复服务。

第二十四条 对符合入学条件的儿童，儿童福利机构应当依法保障其接受普通教育；对符合特殊教育学校入学条件的儿童，应当依法保障其接受特殊教育。

鼓励具备条件的儿童福利机构开展特殊教育服务。

第二十五条 儿童确需跨省级行政区域接受手术医治、康复训练、特殊教育的，儿童福利机构应当选择具备相应资质的机构，并经所属民政部门批准同意。

儿童福利机构应当动态掌握儿童情况，并定期实地探望。

第二十六条 对于符合条件、适合送养的儿童，儿童福利机构依法安排送养。送养儿童前，儿童福利机构应当将儿童的智力、精神健康、患病及残疾状况等重要事项如实告知收养申请人。

对于符合家庭寄养条件的儿童，儿童福利机构按照《家庭寄养管理办法》的规定办理。

第二十七条 出现下列情形，儿童福利机构应当为儿童办理离院手续：

（一）儿童父母或者其他监护人出现的；

（二）儿童父母恢复监护能力或者有其他依法具有监护资格的人的；

（三）儿童父母或者其他监护人恢复监护人资格的；

（四）儿童被依法收养的；

（五）儿童福利机构和未成年人救助保护机构签订的委托协议期满或者被解除的；

（六）其他情形应当离院的。

第二十八条 出现本办法第二十七条第（一）项情形的，儿童福利机构应当根据情况登记保存公安机关出具的打拐解救儿童送还通知书，儿童确属于走失、被盗抢或者被拐骗的结案证明，人民法院撤销宣告失踪或者宣告死亡的判决书，以及能够反映原监护关系的材料等。

出现本办法第二十七条第（二）项情形的，儿童福利机构应当登记保存儿童原户籍所在地乡镇人民政府（街道办事处）提交的父母恢复监护能力或者有其他依法具有监护资格的人的情况报告。

出现本办法第二十七条第（三）项情形的，儿童福利机构应当登记保存人民法院恢复监护人资格的判决书。

出现本办法第二十七条第（一）项至第（三）项情形的，儿童福利机构还应当登记保存父母、其他监护人或者其他依法具有监护资格的人提交的户口簿、居民身份证复印件等证明身份的材料以及民政部门离院意见等材料。

出现本办法第二十七条第（四）项情形的，儿童福利机构应当登记保存收养登记证复印件、民政部门离院意见等材料。

出现本办法第二十七条第（五）项情形的，儿童福利机构应当登记保存儿童福利机构和未成年人救助保护机构签订的委托协议或者解除委托协议的相关材料。

第二十九条 儿童离院的，儿童福利机构应当出具儿童离院确认书。

第三十条 由民政部门担任监护人的儿童年满 18 周岁后，儿童福利机构应当报请所属民政部门提请本级人民政府解决其户籍、就学、就业、住房、社会保障等安置问题，并及时办理离院手续。

第三十一条 儿童福利机构收留抚养的儿童正常死亡或者经医疗卫生机构救治非正常死亡的，儿童福利机构应当取得负责救治或者正常死亡调查的医疗卫生机构签发的《居民死亡医学证明（推断）书》；儿童未经医疗卫生机构救治非正常死亡的，儿童福利机构应当取得由公安司法部门按照规定及程序出具的死亡证明。

儿童福利机构应当及时将儿童死亡情况报告所属民政部门，并依法做好遗体处理、户口注销等工作。

第四章 内部管理

第三十二条 儿童福利机构应当按照国家有关规定建立健全安全、食品、应急、财务、档案管理、信息化等制度。

第三十三条 儿童福利机构应当落实岗位安全责任，在各出入口、接待大厅、楼道、食堂、观察室以及儿童康复、教育等区域安装具有存储功能的视频监控系统。监控录像资料保存期不少于3个月，载有特殊、重要资料的存储介质应当归档保存。

第三十四条 儿童福利机构应当实行24小时值班巡查制度。值班人员应当熟知机构内抚养儿童情况，做好巡查记录，在交接班时重点交接患病等特殊状况儿童。

第三十五条 儿童福利机构应当依法建立并落实逐级消防安全责任制，健全消防安全管理制度，按照国家标准、行业标准配置消防设施、器材，对消防设施、器材进行维护保养和检测，保障疏散通道、安全出口、消防车通道畅通，开展日常防火巡查、检查，定期组织消防安全教育培训和灭火、应急疏散演练。

第三十六条 儿童福利机构应当加强食品安全管理，保障儿童用餐安全卫生、营养健康。

儿童福利机构内设食堂的，应当取得市场监管部门的食品经营许可；儿童福利机构从供餐单位订餐以及外购预包装食品的，应当从取得食品生产经营许可的企业订购，并按照要求对订购的食品进行查验。

儿童福利机构应当按照有关规定对食品留样备查。

第三十七条 儿童福利机构应当制定疫情、火灾、食物中毒等突发事件应急预案。

突发事件发生后，儿童福利机构应当立即启动应急处理程序，根据突发事件应对管理职责分工向有关部门报告。

第三十八条 儿童福利机构应当执行国家统一的会计制度，依法使用资金，专款专用，不得挪用、截留孤儿基本生活费等专项经费。

第三十九条 儿童福利机构应当建立儿童个人档案，做到一人一档。

第四十条 儿童福利机构应当依托全国儿童福利信息管理系统，及时采集并录入儿童的基本情况及重要医疗、康复、教育等信息，并定期更新数据。

第四十一条 儿童福利机构应当根据工作需要设置岗位。从事医疗卫生等准入类职业的专业技术人员，应当持相关的国家职业资格证书上岗。鼓励其他专业人员接受职业技能培训。

第四十二条 儿童福利机构应当鼓励、支持工作人员参加职业资格考试或者职称评定，按照国家有关政策妥善解决医疗、康复、教育、社会工作等专业技术人员的职称、工资及福利待遇。

儿童福利机构工作人员着装应当整洁、统一。

第四十三条 儿童福利机构与境外组织开展活动和合作项目的，应当按照国家有关规定办理相关手续。

第五章 保障与监督

第四十四条 县级以上地方人民政府民政部门应当支持儿童福利机构发展，协调落实相关政策和保障措施。

第四十五条 鼓励县级以上地方人民政府民政部门通过引入专业社会工作机构、公益慈善项目等多种方式提高儿童福利机构专业服务水平。

第四十六条 县级以上地方人民政府民政部门应当加强儿童福利机构人员队伍建设，定期培训儿童福利机构相关人员。

第四十七条 县级以上地方人民政府民政部门应当建立健全日常监管制度，对其设立的儿童福利机构及工作人员履行下列监督管理职责：

（一）负责对儿童福利机构建立健全内部管理制度、规范服务流程、加强风险防控等情况进行监督检查；

（二）负责对执行儿童福利机构管理相关法律法规及本办法情况进行监督检查；

（三）负责对违反儿童福利机构管理相关法律法规及本办法行为，依法给予处分；

（四）负责儿童福利机构监督管理的其他事项。

上级民政部门应当加强对下级民政部门的指导和监督检查，及时处理儿童福利机构管理中的违法违规行为。

第四十八条 对私自收留抚养无法查明父母或者其他监护人的儿童的社会服务机构、宗教活动场所等组织，县级以上地方人民政府民政部门应当会同公安、宗教事务等有关部门责令其停止收留抚养活动，并将收留抚养的儿童送交儿童福利机构。

对现存的与民政部门签订委托代养协议的组织，民政部门应当加强监督管理。

第四十九条 儿童福利机构及其工作人员不依法履行收留抚养职责，或者歧视、侮辱、虐待儿童的，由所属民政部门责令改正，依法给予处分；构成犯罪的，依法追究刑事责任。

第五十条 民政部门及其工作人员在儿童福利机构管理工作中滥用职权、玩忽职守、徇私舞弊的，由有权机关责令改正，依法给予处分；构成犯罪的，依法追究刑事责任。

第六章 附 则

第五十一条 本办法所称未成年人救助保护机构是指未成年人（救助）保护中心和设有未成年人救助保护科（室）的救助管理站。

第五十二条 本办法自2019年1月1日起施行。

中国公民收养子女登记办法

（1999年5月12日国务院批准 1999年5月25日民政部令第14号发布 根据2019年3月2日《国务院关于修改部分行政法规的决定》第一次修订 根据2023年7月20日《国务院关于修改和废止部分行政法规的决定》第二次修订）

第一条 为了规范收养登记行为，根据《中华人民共和国民法典》（以下简称民法典），制定本办法。

第二条 中国公民在中国境内收养子女或者协议解除收养关系的，应当依照本办法的规定办理登记。

办理收养登记的机关是县级人民政府民政部门。

第三条 收养登记工作应当坚持中国共产党的领导，遵循最有利于被收养人的原则，保障被收养人和收养人的合法权益。

第四条 收养社会福利机构抚养的查找不到生父母的弃婴、儿童和孤儿的，在社会福利机构所在地的收养登记机关办理登记。

收养非社会福利机构抚养的查找不到生父母的弃婴和儿童的，在弃婴和儿童发现地的收养登记机关办理登记。

收养生父母有特殊困难无力抚养的子女或者由监护人监护的孤儿的，在被收养人生父母或者监护人常住户口所在地（组织作监护人的，在该组织所在地）的收养登记机关办理登记。

收养三代以内同辈旁系血亲的子女，以及继父或者继母收养继子女的，在被收养人生父或者生母常住户口所在地的收养登记机关办理登记。

第五条 收养关系当事人应当亲自到收养登记机关办理成立收养关系的登记手续。

夫妻共同收养子女的，应当共同到收养登记机关办理登记手续；一方因故不能亲自前往的，应当书面委托另一方办理登记手续，委托书应当经过村民委员会或者居民委员会证明或者经过公证。

第六条 收养人应当向收养登记机关提交收养申请书和下列证件、证明材料：

（一）收养人的居民户口簿和居民身份证；

（二）由收养人所在单位或者村民委员会、居民委员会出具的本人婚姻状况和抚养教育被收养人的能力等情况的证明，以及收养人出具的子女情况声明；

（三）县级以上医疗机构出具的未患有在医学上认为不应当收养子女的疾病的身体健康检查证明。

收养查找不到生父母的弃婴、儿童的，并应当提交收养人经常居住地卫生健康主管部门出具的收养人生育情况证明；其中收养非社会福利机构抚养的查找不到生父母的弃婴、儿童的，收养人应当提交下列证明材料：

（一）收养人经常居住地卫生健康主管部门出具的收养人生育情况证明；

（二）公安机关出具的捡拾弃婴、儿童报案的证明。

收养继子女的，可以只提交居民户口簿、居民身份证和收养人与被收养人生父或者生母结婚的证明。

对收养人出具的子女情况声明，登记机关可以进行调查核实。

第七条 送养人应当向收养登记机关提交下列证件和证明材料：

（一）送养人的居民户口簿和居民身份证（组织作监护人的，提交其负责人的身份证件）；

（二）民法典规定送养时应当征得其他有抚养义务的人同意的，并提交其他有抚养义务的人同意送养的书面意见。

社会福利机构为送养人的，并应当提交弃婴、儿童进入社会福利机构的原始记录，公安机关出具的捡拾弃婴、儿童报案的证明，或者孤儿的生父母死亡或者宣告死亡的证明。

监护人为送养人的，并应当提交实际承担监护责任的证明，孤儿的父母死亡或者宣告死亡的证明，或者被收养人生父母无完全民事行为能力并对被收养人有严重危害的证明。

生父母为送养人，有特殊困难无力抚养子女的，还应当提交送养人有特殊困难的声明；因丧偶或者一方下落不明由单方送养的，还应当提交配偶死亡或者下落不明的证明。对送养人有特殊困难的声明，登记机关可以进行调查核实；子女由三代以内同辈旁系血亲收养的，还应当提交公安机关出具的或者经过公证的与收养人有亲属关系的证明。

被收养人是残疾儿童的，并应当提交县级以上医疗机构出具的该儿童的残疾证明。

第八条 收养登记机关收到收养登记申请书及有关材料后，应当自次日起 30 日内进行审查。对符合民法典规定条件的，为当事人办理收养登记，发给收养登记证，收养关系自登记之日起成立；对不符合民法典规定条件的，不予登记，并对当事人说明理由。

收养查找不到生父母的弃婴、儿童的，收养登记机关应当在登记前公告查找其生父母；自公告之日起满 60 日，弃婴、儿童的生父母或者其他监护人未认领的，视为查找不到生父母的弃婴、儿童。公告期间不计算在登记办理期限内。

第九条 收养关系成立后，需要为被收养人办理户口登记或者迁移手续的，由收养人持收养登记证到户口登记机关按照国家有关规定办理。

第十条 收养关系当事人协议解除收养关系的，应当持居民户口簿、居民身份证、收养登记证和解除收养关系的书面协议，共同到被收养人常住户口所在地的收养登记机关办理解除收养关系登记。

第十一条 收养登记机关收到解除收养关系登记申请书及有关材料后，应当自次日起 30 日内进行审查；对符合民法典规定的，为当事人办理解除收养关系的登记，收回收养登记证，发给解除收养关系证明。

第十二条 为收养关系当事人出具证明材料的组织，应当如实出具有关证明材料。出具虚假证明材料的，由收养登记机关没收虚假证明材料，并建议有关组织对直接责任人员给予批评教育，或者依法给予行政处分、纪律处分。

第十三条 收养关系当事人弄虚作假骗取收养登记的，收养关系无效，由收养登记机关撤销登记，收缴收养登记证。

第十四条 本办法规定的收养登记证、解除收养关系证明的式样，由国务院民政部门制订。

第十五条 华侨以及居住在香港、澳门、台湾地区的中国公民在内地收养子女的，申请办理收养登记的管辖以及所需要出具的证件和证明材料，按照国务院民政部门的有关规定执行。

第十六条 本办法自发布之日起施行。

收养评估办法（试行）

（2020年12月30日 民发〔2020〕144号）

第一条 为了加强收养登记管理，规范收养评估工作，保障被收养人的合法权益，根据《中华人民共和国民法典》，制定本办法。

第二条 中国内地居民在中国境内收养子女的，按照本办法进行收养评估。但是，收养继子女的除外。

第三条 本办法所称收养评估，是指民政部门对收养申请人是否具备抚养、教育和保护被收养人的能力进行调查、评估，并出具评估报告的专业服务行为。

第四条 收养评估应当遵循最有利于被收养人的原则，独立、客观、公正地对收养申请人进行评估，依法保护个人信息和隐私。

第五条 民政部门进行收养评估，可以自行组织，也可以委托第三方机构开展。

委托第三方机构开展收养评估的，民政部门应当与受委托的第三方机构签订委托协议。

第六条 民政部门自行组织开展收养评估的，应当组建收养评估小组。

收养评估小组应有2名以上熟悉收养相关法律法规和政策的在编人员。

第七条 受委托的第三方机构应当同时具备下列条件：

（一）具有法人资格；

（二）组织机构健全，内部管理规范；

（三）业务范围包含社会调查或者评估，或者具备评估相关经验；

（四）有5名以上具有社会工作、医学、心理学等专业背景或者从事相关工作2年以上的专职工作人员；

（五）开展评估工作所需的其他条件。

第八条 收养评估内容包括收养申请人以下情况：收养动机、道德品行、受教育程度、健康状况、经济及住房条件、婚姻家庭关系、共同生活家庭成员意见、抚育计划、邻里关系、社区环境、与被收养人融合情况等。

收养申请人与被收养人融合的时间不少于30日。

第九条 收养评估流程包括书面告知、评估准备、实施评估、出具评估报告。

（一）书面告知。民政部门收到收养登记申请有关材料后，经初步审查收养申请人、送养人、被收养人符合《中华人民共和国民法典》、《中国公民收养子女登记办法》要求的，应当书面告知收养申请人将对其进行收养评估。委托第三方机构开展评估的，民政部门应当同时书面告知受委托的第三方机构。

（二）评估准备。收养申请人确认同意进行收养评估的，第三方机构应当选派2名以上具有社会工作、医学、心理学等专业背景或者从事相关工作2年以上的专职工作人员开展评估活动。民政部门自行组织收养评估的，由收养评估小组开展评估活动。

（三）实施评估。评估人员根据评估需要，可以采取面谈、查阅资料、实地走访等多种方式进行评估，全面了解收养申请人的情况。

（四）出具报告。收养评估小组和受委托的第三方机构应当根据评估情况制作书面收养评估报告。收养评估报告包括正文和附件两部分：正文部分包括评估工作的基本情况、评估内容分析、评估结论等；附件部分包括记载评估过程的文字、语音、照片、影像等资料。委托第三方机构评估的，收养评估报告应当由参与评估人员签名，并加盖机构公章。民政部门自行组织评估的，收养评估报告应当由收养评估小组成员共同签名。

第十条 收养评估报告应当在收养申请人确认同意进行收养评估之日起 60 日内作出。收养评估期间不计入收养登记办理期限。

收养评估报告应当作为民政部门办理收养登记的参考依据。

第十一条 收养评估期间，收养评估小组或者受委托的第三方机构发现收养申请人及其共同生活家庭成员有下列情形之一的，应当向民政部门报告：

（一）弄虚作假，伪造、变造相关材料或者隐瞒相关事实的；

（二）参加非法组织、邪教组织的；

（三）买卖、性侵、虐待或者遗弃、非法送养未成年人，及其他侵犯未成年人身心健康的；

（四）有持续性、经常性的家庭暴力的；

（五）有故意犯罪行为，判处或者可能判处有期徒刑以上刑罚的；

（六）患有精神类疾病、传染性疾病、重度残疾或者智力残疾、重大疾病的；

（七）存在吸毒、酗酒、赌博、嫖娼等恶习的；

（八）故意或者过失导致正与其进行融合的未成年人受到侵害或者面临其他危险情形的；

（九）有其他不利于未成年人身心健康行为的。

存在前款规定第（八）项规定情形的，民政部门应当立即向公安机关报案。

第十二条 评估人员、受委托的第三方机构与收养申请人、送养人有利害关系的，应当回避。

第十三条 民政部门应当加强对收养评估小组的监督和管理。

委托第三方机构开展收养评估的，民政部门应当对受委托第三方履行协议情况进行监督。

第十四条 开展收养评估不得收取任何费用。地方收养评估工作所需经费应当纳入同级民政部门预算。

第十五条 华侨以及居住在香港、澳门、台湾地区的中国公民申请收养的，当地有权机构已经作出收养评估报告的，民政部门可以不再重复开展收养评估。没有收养评估报告的，民政部门可以依据当地有权机构出具的相关证明材料，对收养申请人进行收养评估。

外国人申请收养的，收养评估按照有关法律法规规定执行。

第十六条 省级民政部门可以结合当地情况细化、补充收养评估内容、流程，并报民政部备案。

第十七条 本办法自2021年1月1日起施行，《民政部关于印发〈收养能力评估工作指引〉的通知》（民发〔2015〕168号）同时废止。

民政部、全国妇联关于做好家庭暴力受害人庇护救助工作的指导意见

（2015年9月24日　民发〔2015〕189号）

为加大反对家庭暴力工作力度，依法保护家庭暴力受害人，特别是遭受家庭暴力侵害的妇女、未成年人、老年人等弱势群体的人身安全和其他合法权益，根据《中华人民共和国妇女权益保障法》、《中华人民共和国未成年人保护法》、《中华人民共和国老年人权益保障法》、《社会救助暂行办法》等有关规定，现就民政部门和妇联组织做好家庭暴力受害人（以下简称受害人）庇护救助工作提出以下指导意见：

一、工作对象

家庭暴力受害人庇护救助工作对象是指常住人口及流动人口中，因遭受家庭暴力导致人身安全受到威胁，处于无处居住等暂时生活困境，需要进行庇护救助的未成年人和寻求庇护救助的成年受害人。寻求庇护救助的妇女可携带需要其照料的未成年子女同时申请庇护。

二、工作原则

（一）未成年人特殊、优先保护原则。为遭受家庭暴力侵害的未成年人提供特殊、优先保护，积极主动庇护救助未成年受害人。依法干预处置监护人侵害未成年人合法权益的行为，切实保护未成年人合法权益。

（二）依法庇护原则。依法为受害人提供临时庇护救助服务，充分尊重受害人合理意愿，严格保护其个人隐私。积极运用家庭暴力告诫书、人身安全保护裁定、调解诉讼等法治手段，保障受害人人身安全，维护其合法权益。

（三）专业化帮扶原则。积极购买社会工作、心理咨询等专业服务，鼓励受害人自主接受救助方案和帮扶方式，协助家庭暴力受害人克服心理阴影和行为障碍，协调解决婚姻、生活、学习、工作等方面的实际困难，帮助其顺利返回家庭、融入社会。

（四）社会共同参与原则。在充分发挥民政部门和妇联组织职能职责和工作优势的基础上，动员引导多方面社会力量参与受害人庇护救助服务和反对家庭暴力宣传等工作，形成多方参与、优势互补、共同协作的工作合力。

三、工作内容

（一）及时受理求助。妇联组织要及时接待受害人求助请求或相关人员的举报投诉，根据调查了解的情况向公安机关报告，请公安机关对家庭暴力行为进行调查处置。妇联组织、民政部门发现未成年人遭受虐待、暴力伤害等家庭暴力情形的，应当及时报请公安机关进行调查处置和干预保护。民政部门及救助管理机构应当及时接收公安机关、妇联等有关部门护送或主动寻求庇护救助的受害人，办理入站登记手续，根据性别、年龄实行分类分区救助，妥善安排食宿等临时救助服务并做好隐私保护工作。救助管理机构庇护救助成年受害人期限一般不超过10天，因特殊情况需要延长的，报主管民政部门备案。城乡社区服务机构可以为社区内遭受家庭暴力的居民提供应急庇护救助服务。

（二）按需提供转介服务。民政部门及救助管理机构和妇联组织可以通过与社会工作服务机构、心理咨询机构等专业力量合作方式对受害人进行安全评估和需求评估，根据受害人的身心状况和客观需求制定个案服务方案。要积极协调人民法院、司法行政、人力资源社会保障、卫生等部门、社会救助经办机构、医院和社会组织，为符合条件的受害人提供司法救助、法律援助、婚姻家庭纠纷调解、就业援助、医疗救助、心理康复等转介服务。对于实施家庭暴力的未成年人监护人，应通过家庭教育指导、监护监督等多种方式，督促监护人改善监护方式，提升监护能力；对于目睹家庭暴力的未成年人，要提供心理辅导和关爱服务。

（三）加强受害人人身安全保护。民政部门及救助管理机构或妇联组织可以根据需要协助受害人或代表未成年受害人向人民法院申请人身安全保护裁定，依法保护受害人的人身安全，避免其再次受到家庭暴力的侵害。

成年受害人在庇护期间自愿离开救助管理机构的，应提出书面申请，说明离开原因，可自行离开、由受害人亲友接回或由当地村（居）民委员会、基层妇联组织护送回家。其他监护人、近亲属前来接领未成年受害人的，经公安机关或村（居）民委员会确认其身份后，救助管理机构可以将未成年受害人交由其照料，并与其办理书面交接手续。

（四）强化未成年受害人救助保护。民政部门和救助管理机构要按照《最高人民法院、最高人民检察院、公安部、民政部关于依法处理监护人侵害未成年人权益行为若干问题的意见》（法发〔2014〕24 号）要求，做好未成年受害人临时监护、调查评估、多方会商等工作。救助管理机构要将遭受家庭暴力侵害的未成年受害人安排在专门区域进行救助保护。对于年幼的未成年受害人，要安排专业社会工作者或专人予以陪护和精心照料，待其情绪稳定后可根据需要安排到爱心家庭寄养。未成年受害人接受司法机关调查时，民政部门或救助管理机构要安排专职社会工作者或专人予以陪伴，必要时请妇联组织派员参加，避免其受到“二次伤害”。对于遭受严重家庭暴力侵害的未成年人，民政部门或救助管理机构、妇联组织可以向人民法院提出申请，要求撤销施暴人监护资格，依法另行指定监护人。

四、工作要求

（一）健全工作机制。民政部门和妇联组织要建立有效的信息沟通渠道，建立健全定期会商、联合作业、协同帮扶等联动协作机制，细化具体任务职责和合作流程，共同做好受害人的庇护救助和权益维护工作。民政部门及救助管理机构要为妇联组织、司法机关开展受害人维权服务、司法调查等工作提供设施场所、业务协作等便利。妇联组织要依法为受害人提供维权服务。

（二）加强能力建设。民政部门及救助管理机构和妇联组织要选派政治素质高、业务能力强的工作人员参与受害人庇护救助工作，加强对工作人员的业务指导和能力培训。救助管理机构应开辟专门服务区域设立家庭暴力庇护场所，实现与流浪乞讨人员救助服务区域的相对隔离，有条件的地方可充分利用现有设施设置生活居室、社会工作室、心理访谈室、探访会客室等，设施陈列和环境布置要温馨舒适。救助管理机构要加强家庭暴力庇护工作的管理服务制度建设，建立健全来访会谈、出入登记、隐私保护、信息查阅等制度。妇联组织要加强“12338”法律维权热线和维权队伍建设，为受害人主动求助、法律咨询和依法维权提供便利渠道和服务。

（三）动员社会参与。民政部门和救助管理机构可以通过购买服务、项目合作、志愿服务等多种方式，鼓励支持社会组织、社会工作服务机构、法律服务机构参与家庭暴力受害人庇护救助服务，提供法律政策咨询、心理疏导、婚姻家庭纠纷调解、家庭关系辅导、法律援助等服务，并加强对社会力量的统筹协调。妇联组织可以发挥政治优势、组织优势和群众工作优势，动员引导爱心企业、爱心家庭和志愿者等社会力量通过慈善捐赠、志愿服务等方式参与家庭暴力受害人庇护救助服务。

（四）强化宣传引导。各级妇联组织和民政部门要积极调动舆论资源，主动借助新兴媒体，切实运用各类传播阵地，公布家庭暴力救助维权热线电话，开设反对家庭暴力专题栏目，传播介绍反对家庭暴力的法律法规；加强依法处理家庭暴力典型事例（案例）的法律解读、政策释义和宣传报道，引导受害人及时保存证据，依法维护自身合法权益；城乡社区服务机构要积极开展反对家庭暴力宣传，提高社区居民参与反对家庭暴力工作的意识，鼓励社区居民主动发现和报告监护人虐待未成年人等家庭暴力线索。

七、司法保护

中华人民共和国预防未成年人犯罪法

（1999年6月28日第九届全国人民代表大会常务委员会第十次会议通过 根据2012年10月26日第十一届全国人民代表大会常务委员会第二十九次会议《关于修改〈中华人民共和国预防未成年人犯罪法〉的决定》修正 2020年12月26日第十三届全国人民代表大会常务委员会第二十四次会议修订）

目 录

第一章 总 则

第一条 为了保障未成年人身心健康，培养未成年人良好品行，有效预防未成年人违法犯罪，制定本法。

第二条 预防未成年人犯罪，立足于教育和保护未成年人相结合，坚持预防为主、提前干预，对未成年人的不良行为和严重不良行为及时进行分级预防、干预和矫治。

第三条 开展预防未成年人犯罪工作，应当尊重未成年人人格尊严，保护未成年人的名誉权、隐私权和个人信息等合法权益。

第四条 预防未成年人犯罪，在各级人民政府组织下，实行综合治理。

国家机关、人民团体、社会组织、企业事业单位、居民委员会、村民委员会、学校、家庭等各负其责、相互配合，共同做好预防未成年人犯罪工作，及时消除滋生未成年人违法犯罪行为的各种消极因素，为未成年人身心健康发展创造良好的社会环境。

第五条 各级人民政府在预防未成年人犯罪方面的工作职责是：

（一）制定预防未成年人犯罪工作规划；

（二）组织公安、教育、民政、文化和旅游、市场监督管理、网信、卫生健康、新闻出版、电影、广播电视、司法行政等有关部门开展预防未成年人犯罪工作；

（三）为预防未成年人犯罪工作提供政策支持和经费保障；

（四）对本法的实施情况和工作规划的执行情况进行检查；

（五）组织开展预防未成年人犯罪宣传教育；

（六）其他预防未成年人犯罪工作职责。

第六条 国家加强专门学校建设，对有严重不良行为的未成年人进行专门教育。专门教育是国民教育体系的组成部分，是对有严重不良行为的未成年人进行教育和矫治的重要保护处分措施。

省级人民政府应当将专门教育发展和专门学校建设纳入经济社会发展规划。县级以上地方人民政府成立专门教育指导委员会，根据需要合理设置专门学校。

专门教育指导委员会由教育、民政、财政、人力资源社会保障、公安、司法行政、人民检察院、人民法院、共产主义青年团、妇女联合会、关心下一代工作委员会、专门学校等单位，以及律师、社会工作者等人员组成，研究确定专门学校教学、管理等相关工作。

专门学校建设和专门教育具体办法，由国务院规定。

第七条 公安机关、人民检察院、人民法院、司法行政部门应当由专门机构或者经过专业培训、熟悉未成年人身心特点的专门人员负责预防未成年人犯罪工作。

第八条 共产主义青年团、妇女联合会、工会、残疾人联合会、关心下一代工作委员会、青年联合会、学生联合会、少年先锋队以及有关社会组织，应当协助各级人民政府及其有关部门、人民检察院和人民法院做好预防未成年人犯罪工作，为预防未成年人犯罪培育社会力量，提供支持服务。

第九条 国家鼓励、支持和指导社会工作服务机构等社会组织参与预防未成年人犯罪相关工作，并加强监督。

第十条 任何组织或者个人不得教唆、胁迫、引诱未成年人实施不良行为或者严重不良行为，以及为未成年人实施上述行为提供条件。

第十一条 未成年人应当遵守法律法规及社会公共道德规范，树立自尊、自律、自强意识，增强辨别是非和自我保护的能力，自觉抵制各种不良行为以及违法犯罪行为的引诱和侵害。

第十二条 预防未成年人犯罪，应当结合未成年人不同年龄的生理、心理特点，加强青春期教育、心理关爱、心理矫治和预防犯罪对策的研究。

第十三条 国家鼓励和支持预防未成年人犯罪相关学科建设、专业设置、人才培养及科学研究，开展国际交流与合作。

第十四条 国家对预防未成年人犯罪工作有显著成绩的组织和个人，给予表彰和奖励。

第二章 预防犯罪的教育

第十五条 国家、社会、学校和家庭应当对未成年人加强社会主义核心价值观教育，开展预防犯罪教育，增强未成年人的法治观念，使未成年人树立遵纪守法和防范违法犯罪的意识，提高自我管控能力。

第十六条 未成年人的父母或者其他监护人对未成年人的预防犯罪教育负有直接责任，应当依法履行监护职责，树立优良家风，培养未成年人良好品行；发现未成年人心理或者行为异常的，应当及时了解情况并进行教育、引导和劝诫，不得拒绝或者怠于履行监护职责。

第十七条 教育行政部门、学校应当将预防犯罪教育纳入学校教学计划，指导教职员工结合未成年人的特点，采取多种方式对未成年学生进行有针对性的预防犯罪教育。

第十八条 学校应当聘任从事法治教育的专职或者兼职教师，并可以从司法和执法机关、法学教育和法律服务机构等单位聘请法治副校长、校外法治辅导员。

第十九条 学校应当配备专职或者兼职的心理健康教育教师，开展心理健康教育。学校可以根据实际情况与专业心理健康机构合作，建立心理健康筛查和早期干预机制，预防和解决学生心理、行为异常问题。

学校应当与未成年学生的父母或者其他监护人加强沟通，共同做好未成年学生心理健康教育；发现未成年学生可能患有精神障碍的，应当立即告知其父母或者其他监护人送相关专业机构诊治。

第二十条 教育行政部门应当会同有关部门建立学生欺凌防控制度。学校应当加强日常安全管理，完善学生欺凌发现和处置的工作流程，严格排查并及时消除可能导致学生欺凌行为的各种隐患。

第二十一条 教育行政部门鼓励和支持学校聘请社会工作者长期或者定期进驻学校，协助开展道德教育、法治教育、生命教育和心理健康教育，参与预防和处理学生欺凌等行为。

第二十二条 教育行政部门、学校应当通过举办讲座、座谈、培训等活动，介绍科学合理的教育方法，指导教职员工、未成年学生的父母或者其他监护人有效预防未成年人犯罪。

学校应当将预防犯罪教育计划告知未成年学生的父母或者其他监护人。未成年学生的父母或者其他监护人应当配合学校对未成年学生进行有针对性的预防犯罪教育。

第二十三条 教育行政部门应当将预防犯罪教育的工作效果纳入学校年度考核内容。

第二十四条 各级人民政府及其有关部门、人民检察院、人民法院、共产主义青年团、少年先锋队、妇女联合会、残疾人联合会、关心下一代工作委员会等应当结合实际，组织、举办多种形式的预防未成年人犯罪宣传教育活动。有条件的地方可以建立青少年法治教育基地，对未成年人开展法治教育。

第二十五条 居民委员会、村民委员会应当积极开展有针对性的预防未成年人犯罪宣传活动，协助公安机关维护学校周围治安，及时掌握本辖区内未成年人的监护、就学和就业情况，组织、引导社区社会组织参与预防未成年人犯罪工作。

第二十六条 青少年宫、儿童活动中心等校外活动场所应当把预防犯罪教育作为一项重要的工作内容，开展多种形式的宣传教育活动。

第二十七条 职业培训机构、用人单位在对已满十六周岁准备就业的未成年人进行职业培训时，应当将预防犯罪教育纳入培训内容。

第三章 对不良行为的干预

第二十八条 本法所称不良行为，是指未成年人实施的不利于其健康成长的下列行为：

（一）吸烟、饮酒；

（二）多次旷课、逃学；

（三）无故夜不归宿、离家出走；

（四）沉迷网络；

（五）与社会上具有不良习性的人交往，组织或者参加实施不良行为的团伙；

（六）进入法律法规规定未成年人不宜进入的场所；

（七）参与赌博、变相赌博，或者参加封建迷信、邪教等活动；

（八）阅览、观看或者收听宣扬淫秽、色情、暴力、恐怖、极端等内容的读物、音像制品或者网络信息等；

（九）其他不利于未成年人身心健康成长的不良行为。

第二十九条 未成年人的父母或者其他监护人发现未成年人有不良行为的，应当及时制止并加强管教。

第三十条 公安机关、居民委员会、村民委员会发现本辖区内未成年人有不良行为的，应当及时制止，并督促其父母或者其他监护人依法履行监护职责。

第三十一条 学校对有不良行为的未成年学生，应当加强管理教育，不得歧视；对拒不改正或者情节严重的，学校可以根据情况予以处分或者采取以下管理教育措施：

（一）予以训导；

（二）要求遵守特定的行为规范；

（三）要求参加特定的专题教育；

（四）要求参加校内服务活动；

（五）要求接受社会工作者或者其他专业人员的心理辅导和行为干预；

（六）其他适当的管理教育措施。

第三十二条 学校和家庭应当加强沟通，建立家校合作机制。学校决定对未成年学生采取管理教育措施的，应当及时告知其父母或者其他监护人；未成年学生的父母或者其他监护人应当支持、配合学校进行管理教育。

第三十三条 未成年学生偷窃少量财物，或者有殴打、辱骂、恐吓、强行索要财物等学生欺凌行为，情节轻微的，可以由学校依照本法第三十一条规定采取相应的管理教育措施。

第三十四条 未成年学生旷课、逃学的，学校应当及时联系其父母或者其他监护人，了解有关情况；无正当理由的，学校和未成年学生的父母或者其他监护人应当督促其返校学习。

第三十五条 未成年人无故夜不归宿、离家出走的，父母或者其他监护人、所在的寄宿制学校应当及时查找，必要时向公安机关报告。

收留夜不归宿、离家出走未成年人的，应当及时联系其父母或者其他监护人、所在学校；无法取得联系的，应当及时向公安机关报告。

第三十六条 对夜不归宿、离家出走或者流落街头的未成年人，公安机关、公共场所管理机构等发现或者接到报告后，应当及时采取有效保护措施，并通知其父母或者其他监护人、所在的寄宿制学校，必要时应当护送其返回住所、学校；无法与其父母或者其他监护人、学校取得联系的，应当护送未成年人到救助保护机构接受救助。

第三十七条 未成年人的父母或者其他监护人、学校发现未成年人组织或者参加实施不良行为的团伙，应当及时制止；发现该团伙有违法犯罪嫌疑的，应当立即向公安机关报告。

第四章　对严重不良行为的矫治

第三十八条 本法所称严重不良行为，是指未成年人实施的有刑法规定、因不满法定刑事责任年龄不予刑事处罚的行为，以及严重危害社会的下列行为：

（一）结伙斗殴，追逐、拦截他人，强拿硬要或者任意损毁、占用公私财物等寻衅滋事行为；

（二）非法携带枪支、弹药或者弩、匕首等国家规定的管制器具；

（三）殴打、辱骂、恐吓，或者故意伤害他人身体；

（四）盗窃、哄抢、抢夺或者故意损毁公私财物；

（五）传播淫秽的读物、音像制品或者信息等；

（六）卖淫、嫖娼，或者进行淫秽表演；

（七）吸食、注射毒品，或者向他人提供毒品；

（八）参与赌博赌资较大；

（九）其他严重危害社会的行为。

第三十九条 未成年人的父母或者其他监护人、学校、居民委员会、村民委员会发现有人教唆、胁迫、引诱未成年人实施严重不良行为的，应当立即向公安机关报告。公安机关接到报告或者发现有上述情形的，应当及时依法查处；对人身安全受到威胁的未成年人，应当立即采取有效保护措施。

第四十条 公安机关接到举报或者发现未成年人有严重不良行为的，应当及时制止，依法调查处理，并可以责令其父母或者其他监护人消除或者减轻违法后果，采取措施严加管教。

第四十一条 对有严重不良行为的未成年人，公安机关可以根据具体情况，采取以下矫治教育措施：

（一）予以训诫；

（二）责令赔礼道歉、赔偿损失；

（三）责令具结悔过；

（四）责令定期报告活动情况；

（五）责令遵守特定的行为规范，不得实施特定行为、接触特定人员或者进入特定场所；

（六）责令接受心理辅导、行为矫治；

（七）责令参加社会服务活动；

（八）责令接受社会观护，由社会组织、有关机构在适当场所对未成年人进行教育、监督和管束；

（九）其他适当的矫治教育措施。

第四十二条 公安机关在对未成年人进行矫治教育时，可以根据需要邀请学校、居民委员会、村民委员会以及社会工作服务机构等社会组织参与。

未成年人的父母或者其他监护人应当积极配合矫治教育措施的实施，不得妨碍阻挠或者放任不管。

第四十三条 对有严重不良行为的未成年人，未成年人的父母或者其他监护人、所在学校无力管教或者管教无效的，可以向教育行政部门提出申请，经专门教育指导委员会评估同意后，由教育行政部门决定送入专门学校接受专门教育。

第四十四条 未成年人有下列情形之一的，经专门教育指导委员会评估同意，教育行政部门会同公安机关可以决定将其送入专门学校接受专门教育：

（一）实施严重危害社会的行为，情节恶劣或者造成严重后果；

（二）多次实施严重危害社会的行为；

（三）拒不接受或者配合本法第四十一条规定的矫治教育措施；

（四）法律、行政法规规定的其他情形。

第四十五条 未成年人实施刑法规定的行为、因不满法定刑事责任年龄不予刑事处罚的，经专门教育指导委员会评估同意，教育行政部门会同公安机关可以决定对其进行专门矫治教育。

省级人民政府应当结合本地的实际情况，至少确定一所专门学校按照分校区、分班级等方式设置专门场所，对前款规定的未成年人进行专门矫治教育。

前款规定的专门场所实行闭环管理，公安机关、司法行政部门负责未成年人的矫治工作，教育行政部门承担未成年人的教育工作。

第四十六条 专门学校应当在每个学期适时提请专门教育指导委员会对接受专门教育的未成年学生的情况进行评估。对经评估适合转回普通学校就读的，专门教育指导委员会应当向原决定机关提出书面建议，由原决定机关决定是否将未成年学生转回普通学校就读。

原决定机关决定将未成年学生转回普通学校的，其原所在学校不得拒绝接收；因特殊情况，不适宜转回原所在学校的，由教育行政部门安排转学。

第四十七条 专门学校应当对接受专门教育的未成年人分级分类进行教育和矫治，有针对性地开展道德教育、法治教育、心理健康教育，并根据实际情况进行职业教育；对没有完成义务教育的未成年人，应当保证其继续接受义务教育。

专门学校的未成年学生的学籍保留在原学校，符合毕业条件的，原学校应当颁发毕业证书。

第四十八条 专门学校应当与接受专门教育的未成年人的父母或者其

他监护人加强联系，定期向其反馈未成年人的矫治和教育情况，为父母或者其他监护人、亲属等看望未成年人提供便利。

第四十九条 未成年人及其父母或者其他监护人对本章规定的行政决定不服的，可以依法提起行政复议或者行政诉讼。

第五章 对重新犯罪的预防

第五十条 公安机关、人民检察院、人民法院办理未成年人刑事案件，应当根据未成年人的生理、心理特点和犯罪的情况，有针对性地进行法治教育。

对涉及刑事案件的未成年人进行教育，其法定代理人以外的成年亲属或者教师、辅导员等参与有利于感化、挽救未成年人的，公安机关、人民检察院、人民法院应当邀请其参加有关活动。

第五十一条 公安机关、人民检察院、人民法院办理未成年人刑事案件，可以自行或者委托有关社会组织、机构对未成年犯罪嫌疑人或者被告人的成长经历、犯罪原因、监护、教育等情况进行社会调查；根据实际需要并经未成年犯罪嫌疑人、被告人及其法定代理人同意，可以对未成年犯罪嫌疑人、被告人进行心理测评。

社会调查和心理测评的报告可以作为办理案件和教育未成年人的参考。

第五十二条 公安机关、人民检察院、人民法院对于无固定住所、无法提供保证人的未成年人适用取保候审的，应当指定合适成年人作为保证人，必要时可以安排取保候审的未成年人接受社会观护。

第五十三条 对被拘留、逮捕以及在未成年犯管教所执行刑罚的未成年人，应当与成年人分别关押、管理和教育。对未成年人的社区矫正，应当与成年人分别进行。

对有上述情形且没有完成义务教育的未成年人，公安机关、人民检察院、人民法院、司法行政部门应当与教育行政部门相互配合，保证其继续接受义务教育。

第五十四条 未成年犯管教所、社区矫正机构应当对未成年犯、未成年社区矫正对象加强法治教育，并根据实际情况对其进行职业教育。

第五十五条 社区矫正机构应当告知未成年社区矫正对象安置帮教的有关规定，并配合安置帮教工作部门落实或者解决未成年社区矫正对象的就学、就业等问题。

第五十六条 对刑满释放的未成年人，未成年犯管教所应当提前通知其父母或者其他监护人按时接回，并协助落实安置帮教措施。没有父母或者其他监护人、无法查明其父母或者其他监护人的，未成年犯管教所应当提前通知未成年人原户籍所在地或者居住地的司法行政部门安排人员按时接回，由民政部门或者居民委员会、村民委员会依法对其进行监护。

第五十七条 未成年人的父母或者其他监护人和学校、居民委员会、村民委员会对接受社区矫正、刑满释放的未成年人，应当采取有效的帮教措施，协助司法机关以及有关部门做好安置帮教工作。

居民委员会、村民委员会可以聘请思想品德优秀，作风正派，热心未成年人工作的离退休人员、志愿者或其他人员协助做好前款规定的安置帮教工作。

第五十八条 刑满释放和接受社区矫正的未成年人，在复学、升学、就业等方面依法享有与其他未成年人同等的权利，任何单位和个人不得歧视。

第五十九条 未成年人的犯罪记录依法被封存的，公安机关、人民检察院、人民法院和司法行政部门不得向任何单位或者个人提供，但司法机关因办案需要或者有关单位根据国家有关规定进行查询的除外。依法进行查询的单位和个人应当对相关记录信息予以保密。

未成年人接受专门矫治教育、专门教育的记录，以及被行政处罚、采取刑事强制措施和不起诉的记录，适用前款规定。

第六十条 人民检察院通过依法行使检察权，对未成年人重新犯罪预防工作等进行监督。

第六章 法律责任

第六十一条 公安机关、人民检察院、人民法院在办理案件过程中发现实施严重不良行为的未成年人的父母或者其他监护人不依法履行监护职责的，应当予以训诫，并可以责令其接受家庭教育指导。

第六十二条 学校及其教职员工违反本法规定，不履行预防未成年人犯罪工作职责，或者虐待、歧视相关未成年人的，由教育行政等部门责令改正，通报批评；情节严重的，对直接负责的主管人员和其他直接责任人员依法给予处分。构成违反治安管理行为的，由公安机关依法予以治安管理处罚。

教职员工教唆、胁迫、引诱未成年人实施不良行为或者严重不良行为，以及品行不良、影响恶劣的，教育行政部门、学校应当依法予以解聘或者辞退。

第六十三条 违反本法规定，在复学、升学、就业等方面歧视相关未成年人的，由所在单位或者教育、人力资源社会保障等部门责令改正；拒不改正的，对直接负责的主管人员或者其他直接责任人员依法给予处分。

第六十四条 有关社会组织、机构及其工作人员虐待、歧视接受社会观护的未成年人，或者出具虚假社会调查、心理测评报告的，由民政、司法行政等部门对直接负责的主管人员或者其他直接责任人员依法给予处分，构成违反治安管理行为的，由公安机关予以治安管理处罚。

第六十五条 教唆、胁迫、引诱未成年人实施不良行为或者严重不良行为，构成违反治安管理行为的，由公安机关依法予以治安管理处罚。

第六十六条 国家机关及其工作人员在预防未成年人犯罪工作中滥用职权、玩忽职守、徇私舞弊的，对直接负责的主管人员和其他直接责任人员，依法给予处分。

第六十七条 违反本法规定，构成犯罪的，依法追究刑事责任。

第七章 附 则

第六十八条 本法自2021年6月1日起施行。

中华人民共和国刑法（节录）

（1979年7月1日第五届全国人民代表大会第二次会议通过 1997年3月14日第八届全国人民代表大会第五次会议修订 根据1998年12月29日第九届全国人民代表大会常务委员会第六次会议通过的《全国人民代表大会常务委员会关于惩治骗购外汇、逃汇和非法买卖外汇犯罪的决定》、1999年12月25日第九届全国人民代表大会常务委员会第十三次会议通过的《中华人民共和国刑法修正案》、2001 年 8 月 31 日第九届全国人民代表大会常务委员会第二十三次会议通过的《中华人民共和国刑法修正案（二）》、2001 年 12 月 29 日第九届全国人民代表大会常务委员会第二十五次会议通过的《中华人民共和国刑法修正案（三）》、2002 年 12 月 28 日第九届全国人民代表大会常务委员会第三十一次会议通过的《中华人民共和国刑法修正案（四）》、2005 年 2 月 28 日第十届全国人民代表大会常务委员会第十四次会议通过的《中华人民共和国刑法修正案（五）》、2006 年 6 月 29 日第十届全国人民代表大会常务委员会第二十二次会议通过的《中华人民共和国刑法修正案（六）》、2009 年 2 月 28 日第十一届全国人民代表大会常务委员会第七次会议通过的《中华人民共和国刑法修正案（七）》、2009 年 8 月 27 日第十一届全国人民代表大会常务委员会第十次会议通过的《全国人民代表大会常务委员会关于修改部分法律的决定》、2011 年 2 月 25 日第十一届全国人民代表大会常务委员会第十九次会议通过的《中华人民共和国刑法修正案（八）》、2015 年 8 月 29 日第十二届全国人民代表大会常务委员会第十六次会议通过的《中华人民共和国刑法修正案（九）》、2017 年 11 月 4 日第十二届全国人民代表大会常务委员会第三十次会议通过的《中华人民共和国刑法修正案（十）》和 2020 年 12 月 26 日第十三届全国人民代表大会常务委员会第二十四次会议通过的《中华人民共和国刑法修正案（十一）》修正）①

……

第十七条　【刑事责任年龄】已满十六周岁的人犯罪，应当负刑事责任。

已满十四周岁不满十六周岁的人，犯故意杀人、故意伤害致人重伤或者死亡、强奸、抢劫、贩卖毒品、放火、爆炸、投放危险物质罪的，应当

---

① 刑法、历次刑法修正案、涉及修改刑法的决定的施行日期，分别依据各法律所规定的施行日期确定。

另，总则部分条文主旨为编者所加，分则部分条文主旨是根据司法解释确定罪名所加。

负刑事责任。

已满十二周岁不满十四周岁的人，犯故意杀人、故意伤害罪，致人死亡或者以特别残忍手段致人重伤造成严重残疾，情节恶劣，经最高人民检察院核准追诉的，应当负刑事责任。

对依照前三款规定追究刑事责任的不满十八周岁的人，应当从轻或者减轻处罚。

因不满十六周岁不予刑事处罚的，责令其父母或者其他监护人加以管教；在必要的时候，依法进行专门矫治教育。①

……

第七十二条　【缓刑的适用条件】对于被判处拘役、三年以下有期徒刑的犯罪分子，同时符合下列条件的，可以宣告缓刑，对其中不满十八周岁的人、怀孕的妇女和已满七十五周岁的人，应当宣告缓刑：

（一）犯罪情节较轻；

（二）有悔罪表现；

（三）没有再犯罪的危险；

（四）宣告缓刑对所居住社区没有重大不良影响。

宣告缓刑，可以根据犯罪情况，同时禁止犯罪分子在缓刑考验期限内从事特定活动，进入特定区域、场所，接触特定的人。

被宣告缓刑的犯罪分子，如果被判处附加刑，附加刑仍须执行。②

……

第二百三十七条　【强制猥亵、侮辱罪】以暴力、胁迫或者其他方法

---

① 根据2020年12月26日《中华人民共和国刑法修正案（十一）》修改。原条文为："已满十六周岁的人犯罪，应当负刑事责任。

"已满十四周岁不满十六周岁的人，犯故意杀人、故意伤害致人重伤或者死亡、强奸、抢劫、贩卖毒品、放火、爆炸、投毒罪的，应当负刑事责任。

"已满十四周岁不满十八周岁的人犯罪，应当从轻或者减轻处罚。

"因不满十六周岁不予刑事处罚的，责令他的家长或者监护人加以管教；在必要的时候，也可以由政府收容教养。"

② 根据2011年2月25日《中华人民共和国刑法修正案（八）》修改。原条文为："对于被判处拘役、三年以下有期徒刑的犯罪分子，根据犯罪分子的犯罪情节和悔罪表现，适用缓刑确实不致再危害社会的，可以宣告缓刑。

"被宣告缓刑的犯罪分子，如果被判处附加刑，附加刑仍须执行。"

强制猥亵他人或者侮辱妇女的，处五年以下有期徒刑或者拘役。

聚众或者在公共场所当众犯前款罪的，或者有其他恶劣情节的，处五年以上有期徒刑。[①]

【猥亵儿童罪】猥亵儿童的，处五年以下有期徒刑；有下列情形之一的，处五年以上有期徒刑：

（一）猥亵儿童多人或者多次的；

（二）聚众猥亵儿童的，或者在公共场所当众猥亵儿童，情节恶劣的；

（三）造成儿童伤害或者其他严重后果的；

（四）猥亵手段恶劣或者有其他恶劣情节的。[②]

……

第二百四十条　【拐卖妇女、儿童罪】拐卖妇女、儿童的，处五年以上十年以下有期徒刑，并处罚金；有下列情形之一的，处十年以上有期徒刑或者无期徒刑，并处罚金或者没收财产；情节特别严重的，处死刑，并处没收财产：

（一）拐卖妇女、儿童集团的首要分子；

（二）拐卖妇女、儿童三人以上的；

（三）奸淫被拐卖的妇女的；

（四）诱骗、强迫被拐卖的妇女卖淫或者将被拐卖的妇女卖给他人迫使其卖淫的；

（五）以出卖为目的，使用暴力、胁迫或者麻醉方法绑架妇女、儿童的；

（六）以出卖为目的，偷盗婴幼儿的；

（七）造成被拐卖的妇女、儿童或者其亲属重伤、死亡或者其他严重后果的；

（八）将妇女、儿童卖往境外的。

---

① 根据2015年8月29日《中华人民共和国刑法修正案（九）》修改。原条文为："以暴力、胁迫或者其他方法强制猥亵妇女或者侮辱妇女的，处五年以下有期徒刑或者拘役。

"聚众或者在公共场所当众犯前款罪的，处五年以上有期徒刑。

"猥亵儿童的，依照前两款的规定从重处罚。"

② 根据2020年12月26日《中华人民共和国刑法修正案（十一）》修改。原第三款条文为："猥亵儿童的，依照前两款的规定从重处罚。"

拐卖妇女、儿童是指以出卖为目的，有拐骗、绑架、收买、贩卖、接送、中转妇女、儿童的行为之一的。

第二百四十一条　【收买被拐卖的妇女、儿童罪】收买被拐卖的妇女、儿童的，处三年以下有期徒刑、拘役或者管制。

收买被拐卖的妇女，强行与其发生性关系的，依照本法第二百三十六条的规定定罪处罚。

收买被拐卖的妇女、儿童，非法剥夺、限制其人身自由或者有伤害、侮辱等犯罪行为的，依照本法的有关规定定罪处罚。

收买被拐卖的妇女、儿童，并有第二款、第三款规定的犯罪行为的，依照数罪并罚的规定处罚。

收买被拐卖的妇女、儿童又出卖的，依照本法第二百四十条的规定定罪处罚。

收买被拐卖的妇女、儿童，对被买儿童没有虐待行为，不阻碍对其进行解救的，可以从轻处罚；按照被买妇女的意愿，不阻碍其返回原居住地的，可以从轻或者减轻处罚。①

……

第二百四十四条之一　【雇用童工从事危重劳动罪】违反劳动管理法规，雇用未满十六周岁的未成年人从事超强度体力劳动的，或者从事高空、井下作业的，或者在爆炸性、易燃性、放射性、毒害性等危险环境下从事劳动，情节严重的，对直接责任人员，处三年以下有期徒刑或者拘役，并处罚金；情节特别严重的，处三年以上七年以下有期徒刑，并处罚金。

有前款行为，造成事故，又构成其他犯罪的，依照数罪并罚的规定处罚。②

……

第二百六十条　【虐待罪】虐待家庭成员，情节恶劣的，处二年以下有期徒刑、拘役或者管制。

---

① 根据2015年8月29日《中华人民共和国刑法修正案（九）》修改。原第六款条文为："收买被拐卖的妇女、儿童，按照被买妇女的意愿，不阻碍其返回原居住地的，对被买儿童没有虐待行为，不阻碍对其进行解救的，可以不追究刑事责任。"

② 根据2002年12月28日《中华人民共和国刑法修正案（四）》增加。

犯前款罪，致使被害人重伤、死亡的，处二年以上七年以下有期徒刑。

第一款罪，告诉的才处理，但被害人没有能力告诉，或者因受到强制、威吓无法告诉的除外。①

第二百六十条之一　【虐待被监护、看护人罪】对未成年人、老年人、患病的人、残疾人等负有监护、看护职责的人虐待被监护、看护的人，情节恶劣的，处三年以下有期徒刑或者拘役。

单位犯前款罪的，对单位判处罚金，并对其直接负责的主管人员和其他直接责任人员，依照前款的规定处罚。

有第一款行为，同时构成其他犯罪的，依照处罚较重的规定定罪处罚。②

第二百六十一条　【遗弃罪】对于年老、年幼、患病或者其他没有独立生活能力的人，负有扶养义务而拒绝扶养，情节恶劣的，处五年以下有期徒刑、拘役或者管制。

第二百六十二条　【拐骗儿童罪】拐骗不满十四周岁的未成年人，脱离家庭或者监护人的，处五年以下有期徒刑或者拘役。

第二百六十二条之一　【组织残疾人、儿童乞讨罪】以暴力、胁迫手段组织残疾人或者不满十四周岁的未成年人乞讨的，处三年以下有期徒刑或者拘役，并处罚金；情节严重的，处三年以上七年以下有期徒刑，并处罚金。③

第二百六十二条之二　【组织未成年人进行违反治安管理活动罪】组织未成年人进行盗窃、诈骗、抢夺、敲诈勒索等违反治安管理活动的，处三年以下有期徒刑或者拘役，并处罚金；情节严重的，处三年以上七年以下有期徒刑，并处罚金。④

……

第四百一十六条　【不解救被拐卖、绑架妇女、儿童罪】对被拐卖、绑架的妇女、儿童负有解救职责的国家机关工作人员，接到被拐卖、绑架

---

① 根据2015年8月29日《中华人民共和国刑法修正案（九）》修改。原第三款条文为：“第一款罪，告诉的才处理。”

② 根据2015年8月29日《中华人民共和国刑法修正案（九）》增加。

③ 根据2006年6月29日《中华人民共和国刑法修正案（六）》增加。

④ 根据2009年2月28日《中华人民共和国刑法修正案（七）》增加。

的妇女、儿童及其家属的解救要求或者接到其他人的举报，而对被拐卖、绑架的妇女、儿童不进行解救，造成严重后果的，处五年以下有期徒刑或者拘役。

【阻碍解救被拐卖、绑架妇女、儿童罪】 负有解救职责的国家机关工作人员利用职务阻碍解救的，处二年以上七年以下有期徒刑；情节较轻的，处二年以下有期徒刑或者拘役。

……

中华人民共和国法律援助法

（2021年8月20日第十三届全国人民代表大会常务委员会第三十次会议通过　2021年8月20日中华人民共和国主席令第93号公布　自2022年1月1日起施行）

目　　录

第一章　总　　则

第一条　为了规范和促进法律援助工作，保障公民和有关当事人的合法权益，保障法律正确实施，维护社会公平正义，制定本法。

第二条　本法所称法律援助，是国家建立的为经济困难公民和符合法定条件的其他当事人无偿提供法律咨询、代理、刑事辩护等法律服务的制度，是公共法律服务体系的组成部分。

第三条　法律援助工作坚持中国共产党领导，坚持以人民为中心，尊重和保障人权，遵循公开、公平、公正的原则，实行国家保障与社会参与相结合。

第四条 县级以上人民政府应当将法律援助工作纳入国民经济和社会发展规划、基本公共服务体系，保障法律援助事业与经济社会协调发展。

县级以上人民政府应当健全法律援助保障体系，将法律援助相关经费列入本级政府预算，建立动态调整机制，保障法律援助工作需要，促进法律援助均衡发展。

第五条 国务院司法行政部门指导、监督全国的法律援助工作。县级以上地方人民政府司法行政部门指导、监督本行政区域的法律援助工作。

县级以上人民政府其他有关部门依照各自职责，为法律援助工作提供支持和保障。

第六条 人民法院、人民检察院、公安机关应当在各自职责范围内保障当事人依法获得法律援助，为法律援助人员开展工作提供便利。

第七条 律师协会应当指导和支持律师事务所、律师参与法律援助工作。

第八条 国家鼓励和支持群团组织、事业单位、社会组织在司法行政部门指导下，依法提供法律援助。

第九条 国家鼓励和支持企业事业单位、社会组织和个人等社会力量，依法通过捐赠等方式为法律援助事业提供支持；对符合条件的，给予税收优惠。

第十条 司法行政部门应当开展经常性的法律援助宣传教育，普及法律援助知识。

新闻媒体应当积极开展法律援助公益宣传，并加强舆论监督。

第十一条 国家对在法律援助工作中做出突出贡献的组织和个人，按照有关规定给予表彰、奖励。

第二章　机构和人员

第十二条 县级以上人民政府司法行政部门应当设立法律援助机构。法律援助机构负责组织实施法律援助工作，受理、审查法律援助申请，指派律师、基层法律服务工作者、法律援助志愿者等法律援助人员提供法律援助，支付法律援助补贴。

第十三条 法律援助机构根据工作需要，可以安排本机构具有律师资格或者法律职业资格的工作人员提供法律援助；可以设置法律援助工作站或者联络点，就近受理法律援助申请。

第十四条 法律援助机构可以在人民法院、人民检察院和看守所等场所派驻值班律师，依法为没有辩护人的犯罪嫌疑人、被告人提供法律援助。

第十五条 司法行政部门可以通过政府采购等方式，择优选择律师事务所等法律服务机构为受援人提供法律援助。

第十六条 律师事务所、基层法律服务所、律师、基层法律服务工作者负有依法提供法律援助的义务。

律师事务所、基层法律服务所应当支持和保障本所律师、基层法律服务工作者履行法律援助义务。

第十七条 国家鼓励和规范法律援助志愿服务；支持符合条件的个人作为法律援助志愿者，依法提供法律援助。

高等院校、科研机构可以组织从事法学教育、研究工作的人员和法学专业学生作为法律援助志愿者，在司法行政部门指导下，为当事人提供法律咨询、代拟法律文书等法律援助。

法律援助志愿者具体管理办法由国务院有关部门规定。

第十八条 国家建立健全法律服务资源依法跨区域流动机制，鼓励和支持律师事务所、律师、法律援助志愿者等在法律服务资源相对短缺地区提供法律援助。

第十九条 法律援助人员应当依法履行职责，及时为受援人提供符合标准的法律援助服务，维护受援人的合法权益。

第二十条 法律援助人员应当恪守职业道德和执业纪律，不得向受援人收取任何财物。

第二十一条 法律援助机构、法律援助人员对提供法律援助过程中知悉的国家秘密、商业秘密和个人隐私应当予以保密。

第三章 形式和范围

第二十二条 法律援助机构可以组织法律援助人员依法提供下列形式的法律援助服务：

（一）法律咨询；

（二）代拟法律文书；

（三）刑事辩护与代理；

（四）民事案件、行政案件、国家赔偿案件的诉讼代理及非诉讼代理；

（五）值班律师法律帮助；

（六）劳动争议调解与仲裁代理；

（七）法律、法规、规章规定的其他形式。

第二十三条 法律援助机构应当通过服务窗口、电话、网络等多种方式提供法律咨询服务；提示当事人享有依法申请法律援助的权利，并告知申请法律援助的条件和程序。

第二十四条 刑事案件的犯罪嫌疑人、被告人因经济困难或者其他原因没有委托辩护人的，本人及其近亲属可以向法律援助机构申请法律援助。

第二十五条 刑事案件的犯罪嫌疑人、被告人属于下列人员之一，没有委托辩护人的，人民法院、人民检察院、公安机关应当通知法律援助机构指派律师担任辩护人：

（一）未成年人；

（二）视力、听力、言语残疾人；

（三）不能完全辨认自己行为的成年人；

（四）可能被判处无期徒刑、死刑的人；

（五）申请法律援助的死刑复核案件被告人；

（六）缺席审判案件的被告人；

（七）法律法规规定的其他人员。

其他适用普通程序审理的刑事案件，被告人没有委托辩护人的，人民法院可以通知法律援助机构指派律师担任辩护人。

第二十六条 对可能被判处无期徒刑、死刑的人，以及死刑复核案件的被告人，法律援助机构收到人民法院、人民检察院、公安机关通知后，应当指派具有三年以上相关执业经历的律师担任辩护人。

第二十七条 人民法院、人民检察院、公安机关通知法律援助机构指派律师担任辩护人时，不得限制或者损害犯罪嫌疑人、被告人委托辩护人的权利。

第二十八条 强制医疗案件的被申请人或者被告人没有委托诉讼代理人的，人民法院应当通知法律援助机构指派律师为其提供法律援助。

第二十九条 刑事公诉案件的被害人及其法定代理人或者近亲属，刑事自诉案件的自诉人及其法定代理人，刑事附带民事诉讼案件的原告人及其法定代理人，因经济困难没有委托诉讼代理人的，可以向法律援助机构申请法律援助。

第三十条 值班律师应当依法为没有辩护人的犯罪嫌疑人、被告人提供法律咨询、程序选择建议、申请变更强制措施、对案件处理提出意见等法律帮助。

第三十一条 下列事项的当事人，因经济困难没有委托代理人的，可以向法律援助机构申请法律援助：

（一）依法请求国家赔偿；

（二）请求给予社会保险待遇或者社会救助；

（三）请求发给抚恤金；

（四）请求给付赡养费、抚养费、扶养费；

（五）请求确认劳动关系或者支付劳动报酬；

（六）请求认定公民无民事行为能力或者限制民事行为能力；

（七）请求工伤事故、交通事故、食品药品安全事故、医疗事故人身损害赔偿；

（八）请求环境污染、生态破坏损害赔偿；

（九）法律、法规、规章规定的其他情形。

第三十二条 有下列情形之一，当事人申请法律援助的，不受经济困难条件的限制：

（一）英雄烈士近亲属为维护英雄烈士的人格权益；

（二）因见义勇为行为主张相关民事权益；

（三）再审改判无罪请求国家赔偿；

（四）遭受虐待、遗弃或者家庭暴力的受害人主张相关权益；

（五）法律、法规、规章规定的其他情形。

第三十三条 当事人不服司法机关生效裁判或者决定提出申诉或者申请再审，人民法院决定、裁定再审或者人民检察院提出抗诉，因经济困难没有委托辩护人或者诉讼代理人的，本人及其近亲属可以向法律援助机构申请法律援助。

第三十四条 经济困难的标准，由省、自治区、直辖市人民政府根据本行政区域经济发展状况和法律援助工作需要确定，并实行动态调整。

第四章　程序和实施

第三十五条　人民法院、人民检察院、公安机关和有关部门在办理案件或者相关事务中，应当及时告知有关当事人有权依法申请法律援助。

第三十六条　人民法院、人民检察院、公安机关办理刑事案件，发现有本法第二十五条第一款、第二十八条规定情形的，应当在三日内通知法律援助机构指派律师。法律援助机构收到通知后，应当在三日内指派律师并通知人民法院、人民检察院、公安机关。

第三十七条　人民法院、人民检察院、公安机关应当保障值班律师依法提供法律帮助，告知没有辩护人的犯罪嫌疑人、被告人有权约见值班律师，并依法为值班律师了解案件有关情况、阅卷、会见等提供便利。

第三十八条　对诉讼事项的法律援助，由申请人向办案机关所在地的法律援助机构提出申请；对非诉讼事项的法律援助，由申请人向争议处理机关所在地或者事由发生地的法律援助机构提出申请。

第三十九条　被羁押的犯罪嫌疑人、被告人、服刑人员，以及强制隔离戒毒人员等提出法律援助申请的，办案机关、监管场所应当在二十四小时内将申请转交法律援助机构。

犯罪嫌疑人、被告人通过值班律师提出代理、刑事辩护等法律援助申请的，值班律师应当在二十四小时内将申请转交法律援助机构。

第四十条　无民事行为能力人或者限制民事行为能力人需要法律援助的，可以由其法定代理人代为提出申请。法定代理人侵犯无民事行为能力人、限制民事行为能力人合法权益的，其他法定代理人或者近亲属可以代为提出法律援助申请。

被羁押的犯罪嫌疑人、被告人、服刑人员，以及强制隔离戒毒人员，可以由其法定代理人或者近亲属代为提出法律援助申请。

第四十一条　因经济困难申请法律援助的，申请人应当如实说明经济困难状况。

法律援助机构核查申请人的经济困难状况，可以通过信息共享查询，或者由申请人进行个人诚信承诺。

法律援助机构开展核查工作，有关部门、单位、村民委员会、居民委员会和个人应当予以配合。

第四十二条 法律援助申请人有材料证明属于下列人员之一的，免予核查经济困难状况：

（一）无固定生活来源的未成年人、老年人、残疾人等特定群体；

（二）社会救助、司法救助或者优抚对象；

（三）申请支付劳动报酬或者请求工伤事故人身损害赔偿的进城务工人员；

（四）法律、法规、规章规定的其他人员。

第四十三条 法律援助机构应当自收到法律援助申请之日起七日内进行审查，作出是否给予法律援助的决定。决定给予法律援助的，应当自作出决定之日起三日内指派法律援助人员为受援人提供法律援助；决定不给予法律援助的，应当书面告知申请人，并说明理由。

申请人提交的申请材料不齐全的，法律援助机构应当一次性告知申请人需要补充的材料或者要求申请人作出说明。申请人未按要求补充材料或者作出说明的，视为撤回申请。

第四十四条 法律援助机构收到法律援助申请后，发现有下列情形之一的，可以决定先行提供法律援助：

（一）距法定时效或者期限届满不足七日，需要及时提起诉讼或者申请仲裁、行政复议；

（二）需要立即申请财产保全、证据保全或者先予执行；

（三）法律、法规、规章规定的其他情形。

法律援助机构先行提供法律援助的，受援人应当及时补办有关手续，补充有关材料。

第四十五条 法律援助机构为老年人、残疾人提供法律援助服务的，应当根据实际情况提供无障碍设施设备和服务。

法律法规对向特定群体提供法律援助有其他特别规定的，依照其规定。

第四十六条 法律援助人员接受指派后，无正当理由不得拒绝、拖延或者终止提供法律援助服务。

法律援助人员应当按照规定向受援人通报法律援助事项办理情况，不得损害受援人合法权益。

第四十七条 受援人应当向法律援助人员如实陈述与法律援助事项有

关的情况，及时提供证据材料，协助、配合办理法律援助事项。

第四十八条 有下列情形之一的，法律援助机构应当作出终止法律援助的决定：

（一）受援人以欺骗或者其他不正当手段获得法律援助；

（二）受援人故意隐瞒与案件有关的重要事实或者提供虚假证据；

（三）受援人利用法律援助从事违法活动；

（四）受援人的经济状况发生变化，不再符合法律援助条件；

（五）案件终止审理或者已经被撤销；

（六）受援人自行委托律师或者其他代理人；

（七）受援人有正当理由要求终止法律援助；

（八）法律法规规定的其他情形。

法律援助人员发现有前款规定情形的，应当及时向法律援助机构报告。

第四十九条 申请人、受援人对法律援助机构不予法律援助、终止法律援助的决定有异议的，可以向设立该法律援助机构的司法行政部门提出。

司法行政部门应当自收到异议之日起五日内进行审查，作出维持法律援助机构决定或者责令法律援助机构改正的决定。

申请人、受援人对司法行政部门维持法律援助机构决定不服的，可以依法申请行政复议或者提起行政诉讼。

第五十条 法律援助事项办理结束后，法律援助人员应当及时向法律援助机构报告，提交有关法律文书的副本或者复印件、办理情况报告等材料。

第五章 保障和监督

第五十一条 国家加强法律援助信息化建设，促进司法行政部门与司法机关及其他有关部门实现信息共享和工作协同。

第五十二条 法律援助机构应当依照有关规定及时向法律援助人员支付法律援助补贴。

法律援助补贴的标准，由省、自治区、直辖市人民政府司法行政部门会同同级财政部门，根据当地经济发展水平和法律援助的服务类型、承办成本、基本劳务费用等确定，并实行动态调整。

法律援助补贴免征增值税和个人所得税。

第五十三条 人民法院应当根据情况对受援人缓收、减收或者免收诉讼费用；对法律援助人员复制相关材料等费用予以免收或者减收。

公证机构、司法鉴定机构应当对受援人减收或者免收公证费、鉴定费。

第五十四条 县级以上人民政府司法行政部门应当有计划地对法律援助人员进行培训，提高法律援助人员的专业素质和服务能力。

第五十五条 受援人有权向法律援助机构、法律援助人员了解法律援助事项办理情况；法律援助机构、法律援助人员未依法履行职责的，受援人可以向司法行政部门投诉，并可以请求法律援助机构更换法律援助人员。

第五十六条 司法行政部门应当建立法律援助工作投诉查处制度；接到投诉后，应当依照有关规定受理和调查处理，并及时向投诉人告知处理结果。

第五十七条 司法行政部门应当加强对法律援助服务的监督，制定法律援助服务质量标准，通过第三方评估等方式定期进行质量考核。

第五十八条 司法行政部门、法律援助机构应当建立法律援助信息公开制度，定期向社会公布法律援助资金使用、案件办理、质量考核结果等情况，接受社会监督。

第五十九条 法律援助机构应当综合运用庭审旁听、案卷检查、征询司法机关意见和回访受援人等措施，督促法律援助人员提升服务质量。

第六十条 律师协会应当将律师事务所、律师履行法律援助义务的情况纳入年度考核内容，对拒不履行或者怠于履行法律援助义务的律师事务所、律师，依照有关规定进行惩戒。

第六章 法律责任

第六十一条 法律援助机构及其工作人员有下列情形之一的，由设立该法律援助机构的司法行政部门责令限期改正；有违法所得的，责令退还或者没收违法所得；对直接负责的主管人员和其他直接责任人员，依法给予处分：

（一）拒绝为符合法律援助条件的人员提供法律援助，或者故意为不符合法律援助条件的人员提供法律援助；

（二）指派不符合本法规定的人员提供法律援助；

（三）收取受援人财物；

（四）从事有偿法律服务；

（五）侵占、私分、挪用法律援助经费；

（六）泄露法律援助过程中知悉的国家秘密、商业秘密和个人隐私；

（七）法律法规规定的其他情形。

第六十二条 律师事务所、基层法律服务所有下列情形之一的，由司法行政部门依法给予处罚：

（一）无正当理由拒绝接受法律援助机构指派；

（二）接受指派后，不及时安排本所律师、基层法律服务工作者办理法律援助事项或者拒绝为本所律师、基层法律服务工作者办理法律援助事项提供支持和保障；

（三）纵容或者放任本所律师、基层法律服务工作者怠于履行法律援助义务或者擅自终止提供法律援助；

（四）法律法规规定的其他情形。

第六十三条 律师、基层法律服务工作者有下列情形之一的，由司法行政部门依法给予处罚：

（一）无正当理由拒绝履行法律援助义务或者怠于履行法律援助义务；

（二）擅自终止提供法律援助；

（三）收取受援人财物；

（四）泄露法律援助过程中知悉的国家秘密、商业秘密和个人隐私；

（五）法律法规规定的其他情形。

第六十四条 受援人以欺骗或者其他不正当手段获得法律援助的，由司法行政部门责令其支付已实施法律援助的费用，并处三千元以下罚款。

第六十五条 违反本法规定，冒用法律援助名义提供法律服务并谋取利益的，由司法行政部门责令改正，没收违法所得，并处违法所得一倍以上三倍以下罚款。

第六十六条 国家机关及其工作人员在法律援助工作中滥用职权、玩忽职守、徇私舞弊的，对直接负责的主管人员和其他直接责任人员，依法给予处分。

第六十七条 违反本法规定，构成犯罪的，依法追究刑事责任。

第七章　附　　则

第六十八条　工会、共产主义青年团、妇女联合会、残疾人联合会等群团组织开展法律援助工作，参照适用本法的相关规定。

第六十九条　对外国人和无国籍人提供法律援助，我国法律有规定的，适用法律规定；我国法律没有规定的，可以根据我国缔结或者参加的国际条约，或者按照互惠原则，参照适用本法的相关规定。

第七十条　对军人军属提供法律援助的具体办法，由国务院和中央军事委员会有关部门制定。

第七十一条　本法自2022年1月1日起施行。

未成年人法律援助服务指引（试行）

（2020年9月16日　司公通〔2020〕12号）

第一章　总　　则

第一条　为有效保护未成年人合法权益，加强未成年人法律援助工作，规范未成年人法律援助案件的办理，依据《中华人民共和国民事诉讼法》《中华人民共和国刑事诉讼法》《中华人民共和国未成年人保护法》《法律援助条例》等法律、法规、规范性文件，制定本指引。

第二条　法律援助承办机构及法律援助承办人员办理未成年人法律援助案件，应当遵守《全国民事行政法律援助服务规范》《全国刑事法律援助服务规范》，参考本指引规定的工作原则和办案要求，提高未成年人法律援助案件的办案质量。

第三条　本指引适用于法律援助承办机构、法律援助承办人员办理性侵害未成年人法律援助案件、监护人侵害未成年人权益法律援助案件、学生伤害事故法律援助案件和其他侵害未成年人合法权益的法律援助案件。

其他接受委托办理涉及未成年人案件的律师，可以参照执行。

第四条　未成年人法律援助工作应当坚持最有利于未成年人的原则，遵循给予未成年人特殊、优先保护，尊重未成年人人格尊严，保护未成年人隐私权和个人信息，适应未成年人身心发展的规律和特点，听取未成年人的意见，保护与教育相结合等原则；兼顾未成年犯罪嫌疑人、被告人、被害人权益的双向保护，避免未成年人受到二次伤害，加强跨部门多专业合作，积极寻求相关政府部门、专业机构的支持。

第二章　基本要求

第五条　法律援助机构指派未成年人案件时，应当优先指派熟悉未成年人身心特点、熟悉未成年人法律业务的承办人员。未成年人为女性的性侵害案件，应当优先指派女性承办人员办理。重大社会影响或疑难复杂案件，法律援助机构可以指导、协助法律援助承办人员向办案机关寻求必要支持。有条件的地区，法律援助机构可以建立未成年人法律援助律师团队。

第六条　法律援助承办人员应当在收到指派通知书之日起5个工作日内会见受援未成年人及其法定代理人（监护人）或近亲属并进行以下工作：

（一）了解案件事实经过、司法程序处理背景、争议焦点和诉讼时效、受援未成年人及其法定代理人（监护人）诉求、案件相关证据材料及证据线索等基本情况；

（二）告知其法律援助承办人员的代理、辩护职责、受援未成年人及其法定代理人（监护人）在诉讼中的权利和义务、案件主要诉讼风险及法律后果；

（三）发现未成年人遭受暴力、虐待、遗弃、性侵害等侵害的，可以向公安机关进行报告，同时向法律援助机构报备，可以为其寻求救助庇护和专业帮助提供协助；

（四）制作谈话笔录，并由受援未成年人及其法定代理人（监护人）或近亲属共同签名确认。未成年人无阅读能力或尚不具备理解认知能力的，法律援助承办人员应当向其宣读笔录，由其法定代理人（监护人）或近亲属代签，并在笔录上载明。

（五）会见受援未成年人时，其法定代理人（监护人）或近亲属至少应有一人在场，会见在押未成年人犯罪嫌疑人、被告人除外；会见受援未成年人的法定代理人（监护人）时，如有必要，受援未成年人可以在场。

第七条　法律援助承办人员办理未成年人案件的工作要求：

（一）与未成年人沟通时不得使用批评性、指责性、侮辱性以及有损人格尊严等性质的语言；

（二）会见未成年人，优先选择未成年人住所或者其他让未成年人感到安全的场所；

（三）会见未成年当事人或未成年证人，应当通知其法定代理人（监护人）或者其他成年亲属等合适成年人到场；

（四）保护未成年人隐私权和个人信息，不得公开涉案未成年人和未成年被害人的姓名、影像、住所、就读学校以及其他可能推断、识别身份信息的其他资料信息；

（五）重大、复杂、疑难案件，应当提请律师事务所或法律援助机构集体讨论，提请律师事务所讨论的，应当将讨论结果报告法律援助机构。

第三章　办理性侵害未成年人案件

第八条　性侵害未成年人犯罪，包括刑法第二百三十六条、第二百三十七条、第三百五十八条、第三百五十九条规定的针对未成年人实施的强奸罪，猥亵他人罪，猥亵儿童罪，组织卖淫罪，强迫卖淫罪，引诱、容留、介绍卖淫罪，引诱幼女卖淫罪等案件。

第九条　法律援助承办人员办理性侵害未成年人案件的工作要求：

（一）法律援助承办人员需要询问未成年被害人的，应当采取和缓、科学的询问方式，以一次、全面询问为原则，尽可能避免反复询问。法律援助承办人员可以建议办案机关在办理案件时，推行全程录音录像制度，以保证被害人陈述的完整性、准确性和真实性；

（二）法律援助承办人员应当向未成年被害人及其法定代理人（监护人）释明刑事附带民事诉讼的受案范围，协助未成年被害人提起刑事附带民事诉讼。法律援助承办人员应当根据未成年被害人的诉讼请求，指引、协助未成年被害人准备证据材料；

（三）法律援助承办人员办理性侵害未成年人案件时，应当于庭审前向人民法院确认案件不公开审理。

第十条　法律援助承办人员发现公安机关在处理性侵害未成年人犯罪案件应当立案而不立案的，可以协助未成年被害人及其法定代理人（监护人）向人民检察院申请立案监督或协助向人民法院提起自诉。

第十一条 法律援助承办人员可以建议办案机关对未成年被害人的心理伤害程度进行社会评估，辅以心理辅导、司法救助等措施，修复和弥补未成年被害人身心伤害；发现未成年被害人存在心理、情绪异常的，应当告知其法定代理人（监护人）为其寻求专业心理咨询与疏导。

第十二条 对于低龄被害人、证人的陈述的证据效力，法律援助承办人员可以建议办案机关结合被害人、证人的心智发育程度、表达能力，以及所处年龄段未成年人普遍的表达能力和认知能力进行客观的判断，对待证事实与其年龄、智力状况或者精神健康状况相适应的未成年人陈述、证言，应当建议办案机关依法予以采信，不能轻易否认其证据效力。

第十三条 在未成年被害人、证人确有必要出庭的案件中，法律援助承办人员应当建议人民法院采取必要保护措施，不暴露被害人、证人的外貌、真实声音，有条件的可以采取视频等方式播放被害人的陈述、证人证言，避免未成年被害人、证人与被告人接触。

第十四条 庭审前，法律援助承办人员应当认真做好下列准备工作：

（一）在举证期限内向人民法院提交证据清单及证据，准备证据材料；

（二）向人民法院确认是否存在证人、鉴定人等出庭作证情况，拟定对证人、鉴定人的询问提纲；

（三）向人民法院确认刑事附带民事诉讼被告人是否有证据提交，拟定质证意见；

（四）拟定对证言笔录、鉴定人的鉴定意见、勘验笔录和其他作为证据的文书的质证意见；

（五）准备辩论意见；

（六）向被害人及其法定代理人（监护人）了解是否有和解或调解方案，并充分向被害人及其法定代理人（监护人）进行法律释明后，向人民法院递交方案；

（七）向被害人及其法定代理人（监护人）介绍庭审程序，使其了解庭审程序、庭审布局和有关注意事项。

第十五条 法律援助承办人员办理性侵害未成年人案件，应当了解和审查以下关键事实：

（一）了解和严格审查未成年被害人是否已满十二周岁、十四周岁的关键事实，正确判断犯罪嫌疑人、被告人是否“明知”或者“应当知道”

未成年被害人为幼女的相关事实；

（二）了解和审查犯罪嫌疑人、被告人是否属于对未成年被害人负有“特殊职责的人员”；

（三）准确了解性侵害未成年人案发的地点、场所等关键事实，正确判断是否属于“在公共场所当众”性侵害未成年人。

第十六条 办理利用网络对儿童实施猥亵行为的案件时，法律援助承办人员应指导未成年被害人及其法定代理人（监护人）及时收集、固定能够证明行为人出于满足性刺激的目的，利用网络采取诱骗、强迫或者其他方法要求被害人拍摄、传送暴露身体的不雅照片、视频供其观看等相关事实方面的电子数据，并向办案机关报告。

第十七条 性侵害未成年人犯罪具有《关于依法惩治性侵害未成年人犯罪的意见》第25条规定的情形之一以及第26条第二款规定的情形的，法律援助承办人员应当向人民法院提出依法从重从严惩处的建议。

第十八条 对于犯罪嫌疑人、被告人利用职业便利、违背职业要求的特定义务性侵害未成年人的，法律援助承办人员可以建议人民法院在作出判决时对其宣告从业禁止令。

第十九条 发生在家庭内部的性侵害案件，为确保未成年被害人的安全，法律援助承办人员可以建议办案机关依法对未成年被害人进行紧急安置，避免再次受到侵害。

第二十条 对监护人性侵害未成年人的案件，法律援助承办人员可以建议人民检察院、人民法院向有关部门发出检察建议或司法建议，建议有关部门依法申请撤销监护人资格，为未成年被害人另行指定其他监护人。

第二十一条 发生在学校的性侵害未成年人的案件，在未成年被害人不能正常在原学校就读时，法律援助承办人员可以建议其法定代理人（监护人）向教育主管部门申请为其提供教育帮助或安排转学。

第二十二条 未成年人在学校、幼儿园、教育培训机构等场所遭受性侵害，在依法追究犯罪人员法律责任的同时，法律援助承办人员可以帮助未成年被害人及其法定代理人（监护人）要求上述单位依法承担民事赔偿责任。

第二十三条 从事住宿、餐饮、娱乐等的组织和人员如果没有尽到合理限度范围内的安全保障义务，与未成年被害人遭受性侵害具有因果关系时，法律援助承办人员可以建议未成年被害人及其法定代理人（监护人）向安全保障义务人提起民事诉讼，要求其承担与其过错相应的民事补充赔偿责任。

第二十四条 法律援助承办人员办理性侵害未成年人附带民事诉讼案件，应当配合未成年被害人及其法定代理人（监护人）积极与犯罪嫌疑人、被告人协商、调解民事赔偿，为未成年被害人争取最大限度的民事赔偿。

犯罪嫌疑人、被告人以经济赔偿换取未成年被害人翻供或者撤销案件的，法律援助承办人员应当予以制止，并充分释明法律后果，告知未成年被害人及其法定代理人（监护人）法律风险。未成年被害人及其法定代理人（监护人）接受犯罪嫌疑人、被告人前述条件，法律援助承办人员可以拒绝为其提供法律援助服务，并向法律援助机构报告；法律援助机构核实后应当终止本次法律援助服务。

未成年被害人及其法定代理人（监护人）要求严惩犯罪嫌疑人、被告人，放弃经济赔偿的，法律援助承办人员应当尊重其决定。

第二十五条 未成年被害人及其法定代理人（监护人）提出精神损害赔偿的，法律援助承办人员应当注意收集未成年被害人因遭受性侵害导致精神疾病或者心理伤害的证据，将其精神损害和心理创伤转化为接受治疗、辅导而产生的医疗费用，依法向犯罪嫌疑人、被告人提出赔偿请求。

第二十六条 对未成年被害人因性侵害犯罪造成人身损害，不能及时获得有效赔偿，生活困难的，法律援助承办人员可以帮助未成年被害人及其法定代理人（监护人）、近亲属，依法向办案机关提出司法救助申请。

第四章 办理监护人侵害未成年人权益案件

第二十七条 监护人侵害未成年人权益案件，是指父母或者其他监护人（以下简称监护人）性侵害、出卖、遗弃、虐待、暴力伤害未成年人，教唆、利用未成年人实施违法犯罪行为，胁迫、诱骗、利用未成年人乞讨，以及不履行监护职责严重危害未成年人身心健康等行为。

第二十八条 法律援助承办人员发现监护侵害行为可能构成虐待罪、遗弃罪的，应当告知未成年人及其他监护人、近亲属或村（居）民委员会等有关组织有权告诉或代为告诉。

未成年被害人没有能力告诉，或者因受到强制、威吓无法告诉的，法律援助承办人员应当告知其近亲属或村（居）委员会等有关组织代为告诉或向公安机关报案。

第二十九条 法律援助承办人员发现公安机关处理监护侵害案件应当立案而不立案的，可以协助当事人向人民检察院申请立案监督或协助向人民法院提起自诉。

第三十条 办案过程中，法律援助承办人员发现未成年人身体受到严重伤害、面临严重人身安全威胁或者处于无人照料等危险状态的，应当建议公安机关将其带离实施监护侵害行为的监护人，就近护送至其他监护人、亲属、村（居）民委员会或者未成年人救助保护机构。

第三十一条 监护侵害行为情节较轻，依法不给予治安管理处罚的，法律援助承办人员可以协助未成年人的其他监护人、近亲属要求公安机关对加害人给予批评教育或者出具告诫书。

第三十二条 公安机关将告诫书送交加害人、未成年受害人，以及通知村（居）民委员会后，法律援助承办人员应当建议村（居）民委员会、公安派出所对收到告诫书的加害人，未成年受害人进行查访、监督加害人不再实施家庭暴力。

第三十三条 未成年人遭受监护侵害行为或者面临监护侵害行为的现实危险，法律援助承办人员应当协助其他监护人、近亲属，向未成年人住所地、监护人住所地或者侵害行为地基层人民法院，申请人身安全保护令。

第三十四条 法律援助承办人员应当协助受侵害未成年人搜集公安机关出警记录、告诫书、伤情鉴定意见等证据。

第三十五条 法律援助承办人员代理申请人身安全保护令时，可依法提出如下请求：

（一）禁止被申请人实施家庭暴力；

（二）禁止被申请人骚扰、跟踪、接触申请人及其相关近亲属；

（三）责令被申请人迁出申请人住所；

（四）保护申请人人身安全的其他措施。

第三十六条 人身安全保护令失效前，法律援助承办人员可以根据申请人要求，代理其向人民法院申请撤销、变更或者延长。

第三十七条 发现监护人具有民法典第三十六条、《关于依法处理监护人侵害未成年人权益行为若干问题的意见》第三十五条规定的情形之一的，法律援助承办人员可以建议其他具有监护资格的人、居（村）民委员会、学校、医疗机构、妇联、共青团、未成年人保护组织、民政部门等个人或组织，向未成年人住所地、监护人住所地或者侵害行为地基层人民法院申请撤销原监护人监护资格，依法另行指定监护人。

第三十八条 法律援助承办人员承办申请撤销监护人资格案件，可以协助申请人向人民检察院申请支持起诉。申请支持起诉的，应当向人民检察院提交申请支持起诉书，撤销监护人资格申请书、身份证明材料及案件所有证据材料复印件。

第三十九条 有关个人和组织向人民法院申请撤销监护人资格前，法律援助承办人员应当建议其听取有表达能力的未成年人的意见。

第四十条 法律援助承办人员承办申请撤销监护人资格案件，在接受委托后，应撰写撤销监护人资格申请书。申请书应当包括申请人及被申请人信息、申请事项、事实与理由等内容。

第四十一条 法律援助承办人员办理申请撤销监护人资格的案件，应当向人民法院提交相关证据，并协助社会服务机构递交调查评估报告。该报告应当包含未成年人基本情况，监护存在问题，监护人悔过情况，监护人接受教育、辅导情况，未成年人身心健康状况以及未成年人意愿等内容。

第四十二条 法律援助承办人员根据实际需要可以向人民法院申请聘请适当的社会人士对未成年人进行社会观护，引入心理疏导和测评机制，组织专业社会工作者、儿童心理问题专家等专业人员参与诉讼，为受侵害未成年人和被申请人提供心理辅导和测评服务。

第四十三条 法律援助承办人员应当建议人民法院根据最有利于未成年人的原则，在民法典第二十七条规定的人员和单位中指定监护人。没有依法具有监护资格的人的，建议人民法院依据民法典第三十二条规定指定民政部门担任监护人，也可以指定具备履行监护职责条件的被监护人住所地的村（居）民委员会担任监护人。

第四十四条 法律援助承办人员应当告知现任监护人有权向人民法院提起诉讼，要求被撤销监护人资格的父母继续负担被监护人的抚养费。

第四十五条 判决不撤销监护人资格的，法律援助承办人员根据《关于依法处理监护人侵害未成年人权益行为若干问题的意见》有关要求，可以协助有关个人和部门加强对未成年人的保护和对监护人的监督指导。

第四十六条 具有民法典第三十八条、《关于依法处理监护人侵害未成年人权益行为若干问题的意见》第四十条规定的情形之一的，法律援助承办人员可以向人民法院提出不得判决恢复其监护人资格的建议。

第五章 办理学生伤害事故案件

第四十七条 学生伤害事故案件，是指在学校、幼儿园或其他教育机构（以下简称教育机构）实施的教育教学活动或者组织的校外活动中，以及在教育机构负有管理责任的校舍、场地、其他教育教学设施、生活设施内发生的，造成在校学生人身损害后果的事故。

第四十八条 办理学生伤害事故案件，法律援助承办人员可以就以下事实进行审查：

（一）受侵害未成年人与学校、幼儿园或其他教育机构之间是否存在教育法律关系；

（二）是否存在人身损害结果和经济损失，教育机构、受侵害未成年人或者第三方是否存在过错，教育机构行为与受侵害未成年人损害结果之间是否存在因果关系；

（三）是否超过诉讼时效，是否存在诉讼时效中断、中止或延长的事由。

第四十九条 法律援助承办人员应当根据以下不同情形，告知未成年人及其法定代理人（监护人）相关的责任承担原则：

（一）不满八周岁的无民事行为能力人在教育机构学习、生活期间受到人身损害的，教育机构依据民法典第一千一百九十九条的规定承担过错推定责任；

（二）已满八周岁不满十八周岁的限制民事责任能力人在教育机构学习、生活期间受到人身损害的，教育机构依据民法典第一千二百条的规定承担过错责任；

（三）因教育机构、学生或者其他相关当事人的过错造成的学生伤害事故，相关当事人应当根据其行为过错程度的比例及其与损害结果之间的因果关系承担相应的责任。

第五十条 办理学生伤害事故案件，法律援助承办人员应当调查了解教育机构是否具备办学许可资格，教师或者其他工作人员是否具备职业资格，注意审查和收集能够证明教育机构存在《学生伤害事故处理办法》第九条规定的过错情形的证据。

第五十一条 办理《学生伤害事故处理办法》第十条规定的学生伤害事故案件，法律援助承办人员应当如实告知未成年人及其法定代理人（监护人）可能存在由其承担法律责任的诉讼风险。

第五十二条 办理《学生伤害事故处理办法》第十二条、第十三条规定的学生伤害事故案件，法律援助承办人员应当注意审查和收集教育机构是否已经履行相应职责或行为有无不当。教育机构已经履行相应职责或行为并无不当的，法律援助承办人员应当告知未成年人及其法定代理人（监护人），案件可能存在教育机构不承担责任的诉讼风险。

第五十三条 未成年人在教育机构学习、生活期间，受到教育机构以外的人员人身损害的，法律援助承办人员应当告知未成年人及其法定代理人（监护人）由侵权人承担侵权责任，教育机构未尽到管理职责的，承担相应的补充责任。

第五十四条 办理涉及教育机构侵权案件，法律援助承办人员可以采取以下措施：

（一）关注未成年人的受教育权，发现未成年人因诉讼受到教育机构及教职员工不公正对待的，及时向教育行政主管部门和法律援助机构报告；

（二）根据案情需要，可以和校方协商，或者向教育行政主管部门申请调解，并注意疏导家属情绪，积极参与调解，避免激化矛盾；

（三）可以调查核实教育机构和未成年人各自参保及保险理赔情况。

第五十五条 涉及校园重大安全事故、严重体罚、虐待、学生欺凌、性侵害等可能构成刑事犯罪的案件，法律援助承办人员可以向公安机关报告，或者协助未成年人及其法定代理人（监护人）向公安机关报告，并向法律援助机构报备。

第六章　附　　则

第五十六条 本指引由司法部公共法律服务管理局与中华全国律师协会负责解释，自公布之日起试行。

人民检察院办理未成年人刑事案件的规定

（2013年12月19日　高检发研字〔2013〕7号）

第一章　总　　则

第一条　为了切实保障未成年犯罪嫌疑人、被告人和未成年罪犯的合法权益，正确履行检察职责，根据《中华人民共和国刑法》、《中华人民共和国刑事诉讼法》、《中华人民共和国未成年人保护法》、《中华人民共和国预防未成年人犯罪法》、《人民检察院刑事诉讼规则（试行）》等有关规定，结合人民检察院办理未成年人刑事案件工作实际，制定本规定。

第二条　人民检察院办理未成年人刑事案件，实行教育、感化、挽救的方针，坚持教育为主、惩罚为辅和特殊保护的原则。在严格遵守法律规定的前提下，按照最有利于未成年人和适合未成年人身心特点的方式进行，充分保障未成年人合法权益。

第三条　人民检察院办理未成年人刑事案件，应当保障未成年人依法行使其诉讼权利，保障未成年人得到法律帮助。

第四条　人民检察院办理未成年人刑事案件，应当在依照法定程序和保证办案质量的前提下，快速办理，减少刑事诉讼对未成年人的不利影响。

第五条　人民检察院办理未成年人刑事案件，应当依法保护涉案未成年人的名誉，尊重其人格尊严，不得公开或者传播涉案未成年人的姓名、住所、照片、图像及可能推断出该未成年人的资料。

人民检察院办理刑事案件，应当依法保护未成年被害人、证人以及其他与案件有关的未成年人的合法权益。

第六条　人民检察院办理未成年人刑事案件，应当加强与公安机关、人民法院以及司法行政机关的联系，注意工作各环节的衔接和配合，共同做好对涉案未成年人的教育、感化、挽救工作。

人民检察院应当加强同政府有关部门、共青团、妇联、工会等人民团体，学校、基层组织以及未成年人保护组织的联系和配合，加强对违法犯罪的未成年人的教育和挽救，共同做好未成年人犯罪预防工作。

第七条 人民检察院办理未成年人刑事案件，发现有关单位或者部门在预防未成年人违法犯罪等方面制度不落实、不健全，存在管理漏洞的，可以采取检察建议等方式向有关单位或者部门提出预防违法犯罪的意见和建议。

第八条 省级、地市级人民检察院和未成年人刑事案件较多的基层人民检察院，应当设立独立的未成年人刑事检察机构。地市级人民检察院也可以根据当地实际，指定一个基层人民检察院设立独立机构，统一办理辖区范围内的未成年人刑事案件；条件暂不具备的，应当成立专门办案组或者指定专人办理。对于专门办案组或者专人，应当保证其集中精力办理未成年人刑事案件，研究未成年人犯罪规律，落实对涉案未成年人的帮教措施等工作。

各级人民检察院应当选任经过专门培训，熟悉未成年人身心特点，具有犯罪学、社会学、心理学、教育学等方面知识的检察人员承办未成年人刑事案件，并加强对办案人员的培训和指导。

第九条 人民检察院根据情况可以对未成年犯罪嫌疑人的成长经历、犯罪原因、监护教育等情况进行调查，并制作社会调查报告，作为办案和教育的参考。

人民检察院开展社会调查，可以委托有关组织和机构进行。开展社会调查应当尊重和保护未成年人名誉，避免向不知情人员泄露未成年犯罪嫌疑人的涉罪信息。

人民检察院应当对公安机关移送的社会调查报告进行审查，必要时可以进行补充调查。

提起公诉的案件，社会调查报告应当随案移送人民法院。

第十条 人民检察院办理未成年人刑事案件，可以应犯罪嫌疑人家属、被害人及其家属的要求，告知其审查逮捕、审查起诉的进展情况，并对有关情况予以说明和解释。

第十一条 人民检察院受理案件后，应当向未成年犯罪嫌疑人及其法定代理人了解其委托辩护人的情况，并告知其有权委托辩护人。

未成年犯罪嫌疑人没有委托辩护人的，人民检察院应当书面通知法律援助机构指派律师为其提供辩护。

第十二条 人民检察院办理未成年人刑事案件，应当注重矛盾化解，认真听取被害人的意见，做好释法说理工作。对于符合和解条件的，要发挥检调对接平台作用，积极促使双方当事人达成和解。

人民检察院应当充分维护未成年被害人的合法权益。对于符合条件的被害人，应当及时启动刑事被害人救助程序，对其进行救助。对于未成年被害人，可以适当放宽救助条件、扩大救助的案件范围。

人民检察院根据需要，可以对未成年犯罪嫌疑人、未成年被害人进行心理疏导。必要时，经未成年犯罪嫌疑人及其法定代理人同意，可以对未成年犯罪嫌疑人进行心理测评。

在办理未成年人刑事案件时，人民检察院应当加强办案风险评估预警工作，主动采取适当措施，积极回应和引导社会舆论，有效防范执法办案风险。

第二章　未成年人刑事案件的审查逮捕

第十三条 人民检察院办理未成年犯罪嫌疑人审查逮捕案件，应当根据未成年犯罪嫌疑人涉嫌犯罪的事实、主观恶性、有无监护与社会帮教条件等，综合衡量其社会危险性，严格限制适用逮捕措施，可捕可不捕的不捕。

第十四条 审查逮捕未成年犯罪嫌疑人，应当重点审查其是否已满十四、十六、十八周岁。

对犯罪嫌疑人实际年龄难以判断，影响对该犯罪嫌疑人是否应当负刑事责任认定的，应当不批准逮捕。需要补充侦查的，同时通知公安机关。

第十五条 审查逮捕未成年犯罪嫌疑人，应当审查公安机关依法提供的证据和社会调查报告等材料。公安机关没有提供社会调查报告的，人民检察院根据案件情况可以要求公安机关提供，也可以自行或者委托有关组织和机构进行调查。

第十六条 审查逮捕未成年犯罪嫌疑人，应当注意是否有被胁迫、引诱的情节，是否存在成年人教唆犯罪、传授犯罪方法或者利用未成年人实施犯罪的情况。

第十七条 人民检察院办理未成年犯罪嫌疑人审查逮捕案件，应当讯问未成年犯罪嫌疑人，听取辩护律师的意见，并制作笔录附卷。

讯问未成年犯罪嫌疑人，应当根据该未成年人的特点和案件情况，制定详细的讯问提纲，采取适宜该未成年人的方式进行，讯问用语应当准确易懂。

讯问未成年犯罪嫌疑人，应当告知其依法享有的诉讼权利，告知其如实供述案件事实的法律规定和意义，核实其是否有自首、立功、坦白等情节，听取其有罪的供述或者无罪、罪轻的辩解。

讯问未成年犯罪嫌疑人，应当通知其法定代理人到场，告知法定代理人依法享有的诉讼权利和应当履行的义务。无法通知、法定代理人不能到场或者法定代理人是共犯的，也可以通知未成年犯罪嫌疑人的其他成年亲属，所在学校、单位或者居住地的村民委员会、居民委员会、未成年人保护组织的代表等合适成年人到场，并将有关情况记录在案。到场的法定代理人可以代为行使未成年犯罪嫌疑人的诉讼权利，行使时不得侵犯未成年犯罪嫌疑人的合法权益。

未成年犯罪嫌疑人明确拒绝法定代理人以外的合适成年人到场，人民检察院可以准许，但应当另行通知其他合适成年人到场。

到场的法定代理人或者其他人员认为办案人员在讯问中侵犯未成年犯罪嫌疑人合法权益的，可以提出意见。讯问笔录应当交由到场的法定代理人或者其他人员阅读或者向其宣读，并由其在笔录上签字、盖章或者捺指印确认。

讯问女性未成年犯罪嫌疑人，应当有女性检察人员参加。

询问未成年被害人、证人，适用本条第四款至第七款的规定。

第十八条 讯问未成年犯罪嫌疑人一般不得使用械具。对于确有人身危险性，必须使用械具的，在现实危险消除后，应当立即停止使用。

第十九条 对于罪行较轻，具备有效监护条件或者社会帮教措施，没有社会危险性或者社会危险性较小，不逮捕不致妨害诉讼正常进行的未成年犯罪嫌疑人，应当不批准逮捕。

对于罪行比较严重，但主观恶性不大，有悔罪表现，具备有效监护条件或者社会帮教措施，具有下列情形之一，不逮捕不致妨害诉讼正常进行的未成年犯罪嫌疑人，可以不批准逮捕：

（一）初次犯罪、过失犯罪的；

（二）犯罪预备、中止、未遂的；

（三）有自首或者立功表现的；

（四）犯罪后如实交待罪行，真诚悔罪，积极退赃，尽力减少和赔偿损失，被害人谅解的；

（五）不属于共同犯罪的主犯或者集团犯罪中的首要分子的；

（六）属于已满十四周岁不满十六周岁的未成年人或者系在校学生的；

（七）其他可以不批准逮捕的情形。

对于不予批准逮捕的案件，应当说明理由，连同案卷材料送达公安机关执行。需要补充侦查的，应当同时通知公安机关。必要时可以向被害方作说明解释。

第二十条 适用本规定第十九条的规定，在作出不批准逮捕决定前，应当审查其监护情况，参考其法定代理人、学校、居住地公安派出所及居民委员会、村民委员会的意见，并在审查逮捕意见书中对未成年犯罪嫌疑人是否具备有效监护条件或者社会帮教措施进行具体说明。

第二十一条 对未成年犯罪嫌疑人作出批准逮捕决定后，应当依法进行羁押必要性审查。对不需要继续羁押的，应当及时建议予以释放或者变更强制措施。

第三章 未成年人刑事案件的审查起诉与出庭支持公诉

第一节 审 查

第二十二条 人民检察院审查起诉未成年人刑事案件，自收到移送审查起诉的案件材料之日起三日以内，应当告知被害人及其法定代理人或者其近亲属、附带民事诉讼的当事人及其法定代理人有权委托诉讼代理人。

对未成年被害人或者其法定代理人提出聘请律师意向，但因经济困难或者其他原因没有委托诉讼代理人的，应当帮助其申请法律援助。

未成年犯罪嫌疑人被羁押的，人民检察院应当审查是否有必要继续羁押。对不需要继续羁押的，应当予以释放或者变更强制措施。

审查起诉未成年犯罪嫌疑人，应当听取其父母或者其他法定代理人、辩护人、被害人及其法定代理人的意见。

第二十三条 人民检察院审查起诉未成年人刑事案件，应当讯问未成年犯罪嫌疑人。讯问未成年犯罪嫌疑人适用本规定第十七条、第十八条的规定。

第二十四条 移送审查起诉的案件具备以下条件之一，且其法定代理人、近亲属等与本案无牵连的，经公安机关同意，检察人员可以安排在押的未成年犯罪嫌疑人与其法定代理人、近亲属等进行会见、通话：

（一）案件事实已基本查清，主要证据确实、充分，安排会见、通话不会影响诉讼活动正常进行；

（二）未成年犯罪嫌疑人有认罪、悔罪表现，或者虽尚未认罪、悔罪，但通过会见、通话有可能促使其转化，或者通过会见、通话有利于社会、家庭稳定；

（三）未成年犯罪嫌疑人的法定代理人、近亲属对其犯罪原因、社会危害性以及后果有一定的认识，并能配合司法机关进行教育。

第二十五条 在押的未成年犯罪嫌疑人同其法定代理人、近亲属等进行会见、通话时，检察人员应当告知其会见、通话不得有串供或者其他妨碍诉讼的内容。会见、通话时检察人员可以在场。会见、通话结束后，检察人员应当将有关内容及时整理并记录在案。

第二节 不 起 诉

第二十六条 对于犯罪情节轻微，具有下列情形之一，依照刑法规定不需要判处刑罚或者免除刑罚的未成年犯罪嫌疑人，一般应当依法作出不起诉决定：

（一）被胁迫参与犯罪的；

（二）犯罪预备、中止、未遂的；

（三）在共同犯罪中起次要或者辅助作用的；

（四）系又聋又哑的人或者盲人的；

（五）因防卫过当或者紧急避险过当构成犯罪的；

（六）有自首或者立功表现的；

（七）其他依照刑法规定不需要判处刑罚或者免除刑罚的情形。

第二十七条 对于未成年人实施的轻伤害案件、初次犯罪、过失犯罪、犯罪未遂的案件以及被诱骗或者被教唆实施的犯罪案件等，情节轻微，犯罪嫌疑人确有悔罪表现，当事人双方自愿就民事赔偿达成协议并切实履行或者经被害人同意并提供有效担保，符合刑法第三十七条规定的，人民检察院可以依照刑事诉讼法第一百七十三条第二款的规定作出不起诉决定，并可以根据案件的不同情况，予以训诫或者责令具结悔过、赔礼道歉、赔偿损失，或者由主管部门予以行政处罚。

第二十八条 不起诉决定书应当向被不起诉的未成年人及其法定代理人宣布，并阐明不起诉的理由和法律依据。

不起诉决定书应当送达公安机关，被不起诉的未成年人及其法定代理人、辩护人，被害人或者其近亲属及其诉讼代理人。

送达时，应当告知被害人或者其近亲属及其诉讼代理人，如果对不起诉决定不服，可以自收到不起诉决定书后七日以内向上一级人民检察院申诉，也可以不经申诉，直接向人民法院起诉；告知被不起诉的未成年人及其法定代理人，如果对不起诉决定不服，可以自收到不起诉决定书后七日以内向人民检察院申诉。

第三节 附条件不起诉

第二十九条 对于犯罪时已满十四周岁不满十八周岁的未成年人，同时符合下列条件的，人民检察院可以作出附条件不起诉决定：

（一）涉嫌刑法分则第四章、第五章、第六章规定的犯罪；

（二）根据具体犯罪事实、情节，可能被判处一年有期徒刑以下刑罚；

（三）犯罪事实清楚，证据确实、充分，符合起诉条件；

（四）具有悔罪表现。

第三十条 人民检察院在作出附条件不起诉的决定以前，应当听取公安机关、被害人、未成年犯罪嫌疑人的法定代理人、辩护人的意见，并制作笔录附卷。被害人是未成年人的，还应当听取被害人的法定代理人、诉讼代理人的意见。

第三十一条 公安机关或者被害人对附条件不起诉有异议或争议较大的案件，人民检察院可以召集侦查人员、被害人及其法定代理人、诉讼代理人、未成年犯罪嫌疑人及其法定代理人、辩护人举行不公开听证会，充分听取各方的意见和理由。

对于决定附条件不起诉可能激化矛盾或者引发不稳定因素的，人民检察院应当慎重适用。

第三十二条 适用附条件不起诉的审查意见，应当由办案人员在审查起诉期限届满十五日前提出，并根据案件的具体情况拟定考验期限和考察方案，连同案件审查报告、社会调查报告等，经部门负责人审核，报检察长或者检察委员会决定。

第三十三条 人民检察院作出附条件不起诉的决定后，应当制作附条件不起诉决定书，并在三日以内送达公安机关、被害人或者其近亲属及其诉讼代理人、未成年犯罪嫌疑人及其法定代理人、辩护人。

送达时，应当告知被害人或者其近亲属及其诉讼代理人，如果对附条件不起诉决定不服，可以自收到附条件不起诉决定书后七日以内向上一级人民检察院申诉。

人民检察院应当当面向未成年犯罪嫌疑人及其法定代理人宣布附条件不起诉决定，告知考验期限、在考验期内应当遵守的规定和违反规定应负的法律责任，以及可以对附条件不起诉决定提出异议，并制作笔录附卷。

第三十四条 未成年犯罪嫌疑人在押的，作出附条件不起诉决定后，人民检察院应当作出释放或者变更强制措施的决定。

第三十五条 公安机关认为附条件不起诉决定有错误，要求复议的，人民检察院未成年人刑事检察机构应当另行指定检察人员进行审查并提出审查意见，经部门负责人审核，报请检察长或者检察委员会决定。

人民检察院应当在收到要求复议意见书后的三十日以内作出复议决定，通知公安机关。

第三十六条 上一级人民检察院收到公安机关对附条件不起诉决定提请复核的意见书后，应当交由未成年人刑事检察机构办理。未成年人刑事检察机构应当指定检察人员进行审查并提出审查意见，经部门负责人审核，报请检察长或者检察委员会决定。

上一级人民检察院应当在收到提请复核意见书后的三十日以内作出决定，制作复核决定书送交提请复核的公安机关和下级人民检察院。经复核改变下级人民检察院附条件不起诉决定的，应当撤销下级人民检察院作出的附条件不起诉决定，交由下级人民检察院执行。

第三十七条 被害人不服附条件不起诉决定，在收到附条件不起诉决定书后七日以内申诉的，由作出附条件不起诉决定的人民检察院的上一级人民检察院未成年人刑事检察机构立案复查。

被害人向作出附条件不起诉决定的人民检察院提出申诉的，作出决定的人民检察院应当将申诉材料连同案卷一并报送上一级人民检察院受理。

被害人不服附条件不起诉决定，在收到附条件不起诉决定书七日后提出申诉的，由作出附条件不起诉决定的人民检察院未成年人刑事检察机构另行指定检察人员审查后决定是否立案复查。

未成年人刑事检察机构复查后应当提出复查意见，报请检察长决定。

复查决定书应当送达被害人、被附条件不起诉的未成年犯罪嫌疑人及其法定代理人和作出附条件不起诉决定的人民检察院。

上级人民检察院经复查作出起诉决定的，应当撤销下级人民检察院的附条件不起诉决定，由下级人民检察院提起公诉，并将复查决定抄送移送审查起诉的公安机关。

第三十八条 未成年犯罪嫌疑人及其法定代理人对人民检察院决定附条件不起诉有异议的，人民检察院应当作出起诉的决定。

第三十九条 人民检察院在作出附条件不起诉决定后，应当在十日内将附条件不起诉决定书报上级人民检察院主管部门备案。

上级人民检察院认为下级人民检察院作出的附条件不起诉决定不适当的，应当及时撤销下级人民检察院作出的附条件不起诉决定，下级人民检察院应当执行。

第四十条 人民检察院决定附条件不起诉的，应当确定考验期。考验期为六个月以上一年以下，从人民检察院作出附条件不起诉的决定之日起计算。考验期不计入案件审查起诉期限。

考验期的长短应当与未成年犯罪嫌疑人所犯罪行的轻重、主观恶性的大小和人身危险性的大小、一贯表现及帮教条件等相适应，根据未成年犯罪嫌疑人在考验期的表现，可以在法定期限范围内适当缩短或者延长。

第四十一条 被附条件不起诉的未成年犯罪嫌疑人，应当遵守下列规定：

（一）遵守法律法规，服从监督；

（二）按照考察机关的规定报告自己的活动情况；

（三）离开所居住的市、县或者迁居，应当报经考察机关批准；

（四）按照考察机关的要求接受矫治和教育。

第四十二条 人民检察院可以要求被附条件不起诉的未成年犯罪嫌疑

人接受下列矫治和教育：

（一）完成戒瘾治疗、心理辅导或者其他适当的处遇措施；

（二）向社区或者公益团体提供公益劳动；

（三）不得进入特定场所，与特定的人员会见或者通信，从事特定的活动；

（四）向被害人赔偿损失、赔礼道歉等；

（五）接受相关教育；

（六）遵守其他保护被害人安全以及预防再犯的禁止性规定。

第四十三条 在附条件不起诉的考验期内，人民检察院应当对被附条件不起诉的未成年犯罪嫌疑人进行监督考察。未成年犯罪嫌疑人的监护人应当对未成年犯罪嫌疑人加强管教，配合人民检察院做好监督考察工作。

人民检察院可以会同未成年犯罪嫌疑人的监护人、所在学校、单位、居住地的村民委员会、居民委员会、未成年人保护组织等的有关人员定期对未成年犯罪嫌疑人进行考察、教育，实施跟踪帮教。

第四十四条 未成年犯罪嫌疑人经批准离开所居住的市、县或者迁居，作出附条件不起诉决定的人民检察院可以要求迁入地的人民检察院协助进行考察，并将考察结果函告作出附条件不起诉决定的人民检察院。

第四十五条 考验期届满，办案人员应当制作附条件不起诉考察意见书，提出起诉或者不起诉的意见，经部门负责人审核，报请检察长决定。

人民检察院应当在审查起诉期限内作出起诉或者不起诉的决定。

作出附条件不起诉决定的案件，审查起诉期限自人民检察院作出附条件不起诉决定之日起中止计算，自考验期限届满之日起或者人民检察院作出撤销附条件不起诉决定之日起恢复计算。

第四十六条 被附条件不起诉的未成年犯罪嫌疑人，在考验期内有下列情形之一的，人民检察院应当撤销附条件不起诉的决定，提起公诉：

（一）实施新的犯罪的；

（二）发现决定附条件不起诉以前还有其他犯罪需要追诉的；

（三）违反治安管理规定，造成严重后果，或者多次违反治安管理规定的；

（四）违反考察机关有关附条件不起诉的监督管理规定，造成严重后果，或者多次违反考察机关有关附条件不起诉的监督管理规定的。

第四十七条 对于未成年犯罪嫌疑人在考验期内实施新的犯罪或者在决定附条件不起诉以前还有其他犯罪需要追诉的，人民检察院应当移送侦查机关立案侦查。

第四十八条 被附条件不起诉的未成年犯罪嫌疑人，在考验期内没有本规定第四十六条规定的情形，考验期满的，人民检察院应当作出不起诉的决定。

第四十九条 对于附条件不起诉的案件，不起诉决定宣布后六个月内，办案人员可以对被不起诉的未成年人进行回访，巩固帮教效果，并做好相关记录。

第五十条 对人民检察院依照刑事诉讼法第一百七十三条第二款规定作出的不起诉决定和经附条件不起诉考验期满不起诉的，在向被不起诉的未成年人及其法定代理人宣布不起诉决定书时，应当充分阐明不起诉的理由和法律依据，并结合社会调查，围绕犯罪行为对被害人、对本人及家庭、对社会等造成的危害，导致犯罪行为发生的原因及应当吸取的教训等，对被不起诉的未成年人开展必要的教育。如果侦查人员、合适成年人、辩护人、社工等参加有利于教育被不起诉未成年人的，经被不起诉的未成年人及其法定代理人同意，可以邀请他们参加，但要严格控制参与人范围。

对于犯罪事实清楚，但因未达刑事责任年龄不起诉、年龄证据存疑而不起诉的未成年犯罪嫌疑人，参照上述规定举行不起诉宣布教育仪式。

第四节 提起公诉

第五十一条 人民检察院审查未成年人与成年人共同犯罪案件，一般应当将未成年人与成年人分案起诉。但是具有下列情形之一的，可以不分案起诉：

（一）未成年人系犯罪集团的组织者或者其他共同犯罪中的主犯的；

（二）案件重大、疑难、复杂，分案起诉可能妨碍案件审理的；

（三）涉及刑事附带民事诉讼，分案起诉妨碍附带民事诉讼部分审理的；

（四）具有其他不宜分案起诉情形的。

对分案起诉至同一人民法院的未成年人与成年人共同犯罪案件，由未成年人刑事检察机构一并办理更为适宜的，经检察长决定，可以由未成年人刑事检察机构一并办理。

分案起诉的未成年人与成年人共同犯罪案件，由不同机构分别办理的，应当相互了解案件情况，提出量刑建议时，注意全案的量刑平衡。

第五十二条 对于分案起诉的未成年人与成年人共同犯罪案件，一般应当同时移送人民法院。对于需要补充侦查的，如果补充侦查事项不涉及未成年犯罪嫌疑人所参与的犯罪事实，不影响对未成年犯罪嫌疑人提起公诉的，应当对未成年犯罪嫌疑人先予提起公诉。

第五十三条 对于分案起诉的未成年人与成年人共同犯罪案件，在审查起诉过程中可以根据全案情况制作一个审结报告，起诉书以及出庭预案等应当分别制作。

第五十四条 人民检察院对未成年人与成年人共同犯罪案件分别提起公诉后，在诉讼过程中出现不宜分案起诉情形的，可以建议人民法院并案审理。

第五十五条 对于符合适用简易程序审理条件的未成年人刑事案件，人民检察院应当在提起公诉时向人民法院提出适用简易程序审理的建议。

第五十六条 对提起公诉的未成年人刑事案件，应当认真做好下列出席法庭的准备工作：

（一）掌握未成年被告人的心理状态，并对其进行接受审判的教育，必要时，可以再次讯问被告人；

（二）与未成年被告人的法定代理人、合适成年人、辩护人交换意见，共同做好教育、感化工作；

（三）进一步熟悉案情，深入研究本案的有关法律政策问题，根据案件性质，结合社会调查情况，拟定讯问提纲、询问被害人、证人、鉴定人提纲、举证提纲、答辩提纲、公诉意见书和针对未成年被告人进行法制教育的书面材料。

第五十七条 公诉人出席未成年人刑事审判法庭，应当遵守公诉人出庭行为规范要求，发言时应当语调温和，并注意用语文明、准确，通俗易懂。

公诉人一般不提请未成年证人、被害人出庭作证。确有必要出庭作证的，应当建议人民法院采取相应的保护措施。

第五十八条 在法庭审理过程中，公诉人的讯问、询问、辩论等活动，应当注意未成年人的身心特点。对于未成年被告人情绪严重不稳定，不宜继续接受审判的，公诉人可以建议法庭休庭。

第五十九条 对于具有下列情形之一，依法可能判处拘役、三年以下有期徒刑，有悔罪表现，宣告缓刑对所居住社区没有重大不良影响，具备有效监护条件或者社会帮教措施、适用缓刑确实不致再危害社会的未成年被告人，人民检察院应当建议人民法院适用缓刑：

（一）犯罪情节较轻，未造成严重后果的；

（二）主观恶性不大的初犯或者胁从犯、从犯；

（三）被害人同意和解或者被害人有明显过错的；

（四）其他可以适用缓刑的情节。

建议宣告缓刑，可以根据犯罪情况，同时建议禁止未成年被告人在缓刑考验期限内从事特定活动，进入特定区域、场所，接触特定的人。

人民检察院提出对未成年被告人适用缓刑建议的，应当将未成年被告人能够获得有效监护、帮教的书面材料于判决前移送人民法院。

第六十条 公诉人在依法指控犯罪的同时，要剖析未成年被告人犯罪的原因、社会危害性，适时进行法制教育，促使其深刻反省，吸取教训。

第六十一条 人民检察院派员出席未成年人刑事案件二审法庭适用本节的相关规定。

第六十二条 犯罪的时候不满十八周岁，被判处五年有期徒刑以下刑罚的，人民检察院应当在收到人民法院生效判决后，对犯罪记录予以封存。

对于二审案件，上级人民检察院封存犯罪记录时，应当通知下级人民检察院对相关犯罪记录予以封存。

第六十三条 人民检察院应当将拟封存的未成年人犯罪记录、卷宗等相关材料装订成册，加密保存，不予公开，并建立专门的未成年人犯罪档案库，执行严格的保管制度。

第六十四条 除司法机关为办案需要或者有关单位根据国家规定进行查询的以外，人民检察院不得向任何单位和个人提供封存的犯罪记录，并不得提供未成年人有犯罪记录的证明。

司法机关或者有关单位需要查询犯罪记录的，应当向封存犯罪记录的人民检察院提出书面申请，人民检察院应当在七日以内作出是否许可的决定。

第六十五条 对被封存犯罪记录的未成年人，符合下列条件之一的，应当对其犯罪记录解除封存：

（一）实施新的犯罪，且新罪与封存记录之罪数罪并罚后被决定执行五年有期徒刑以上刑罚的；

（二）发现漏罪，且漏罪与封存记录之罪数罪并罚后被决定执行五年有期徒刑以上刑罚的。

第六十六条 人民检察院对未成年犯罪嫌疑人作出不起诉决定后，应当对相关记录予以封存。具体程序参照本规定第六十二条至第六十五条规定办理。

第四章 未成年人刑事案件的法律监督

第六十七条 人民检察院审查批准逮捕、审查起诉未成年犯罪嫌疑人，应当同时依法监督侦查活动是否合法，发现有下列违法行为的，应当提出纠正意见；构成犯罪的，依法追究刑事责任：

（一）违法对未成年犯罪嫌疑人采取强制措施或者采取强制措施不当的；

（二）未依法实行对未成年犯罪嫌疑人与成年犯罪嫌疑人分别关押、管理的；

（三）对未成年犯罪嫌疑人采取刑事拘留、逮捕措施后，在法定时限内未进行讯问，或者未通知其家属的；

（四）讯问未成年犯罪嫌疑人或者询问未成年被害人、证人时，未依法通知其法定代理人或者合适成年人到场的；

（五）讯问或者询问女性未成年人时，没有女性检察人员参加；

（六）未依法告知未成年犯罪嫌疑人有权委托辩护人的；

（七）未依法通知法律援助机构指派律师为未成年犯罪嫌疑人提供辩护的；

（八）对未成年犯罪嫌疑人威胁、体罚、侮辱人格、游行示众，或者刑讯逼供、指供、诱供的；

（九）利用未成年人认知能力低而故意制造冤、假、错案的；

（十）对未成年被害人、证人以暴力、威胁、诱骗等非法手段收集证据或者侵害未成年被害人、证人的人格尊严及隐私权等合法权益的；

（十一）违反羁押和办案期限规定的；

（十二）已作出不批准逮捕、不起诉决定，公安机关不立即释放犯罪嫌疑人的；

（十三）在侦查中有其他侵害未成年人合法权益行为的。

第六十八条 对依法不应当公开审理的未成年人刑事案件公开审理的，人民检察院应当在开庭前提出纠正意见。

公诉人出庭支持公诉时，发现法庭审判有下列违反法律规定的诉讼程序的情形之一的，应当在休庭后及时向本院检察长报告，由人民检察院向人民法院提出纠正意见：

（一）开庭或者宣告判决时未通知未成年被告人的法定代理人到庭的；

（二）人民法院没有给聋、哑或者不通晓当地通用的语言文字的未成年被告人聘请或者指定翻译人员的；

（三）未成年被告人在审判时没有辩护人的；对未成年被告人及其法定代理人依照法律和有关规定拒绝辩护人为其辩护，合议庭未另行通知法律援助机构指派律师的；

（四）法庭未告知未成年被告人及其法定代理人依法享有的申请回避、辩护、提出新的证据、申请重新鉴定或者勘验、最后陈述、提出上诉等诉讼权利的；

（五）其他违反法律规定的诉讼程序的情形。

第六十九条 人民检察院发现有关机关对未成年人犯罪记录应当封存而未封存的，不应当允许查询而允许查询的或者不应当提供犯罪记录而提供的，应当依法提出纠正意见。

第七十条 人民检察院依法对未成年犯管教所实行驻所检察。在刑罚执行监督中，发现关押成年罪犯的监狱收押未成年罪犯的，未成年犯管教所违法收押成年罪犯的，或者对年满十八周岁时余刑在二年以上的罪犯留在未成年犯管教所执行剩余刑期的，应当依法提出纠正意见。

第七十一条 人民检察院在看守所检察中，发现没有对未成年犯罪嫌疑人、被告人与成年犯罪嫌疑人、被告人分别关押、管理或者对未成年犯留所执行刑罚的，应当依法提出纠正意见。

第七十二条 人民检察院应当加强对未成年犯管教所、看守所监管未成年罪犯活动的监督，依法保障未成年罪犯的合法权益，维护监管改造秩序和教学、劳动、生活秩序。

人民检察院配合未成年犯管教所、看守所加强对未成年罪犯的政治、法律、文化教育，促进依法、科学、文明监管。

第七十三条 人民检察院依法对未成年人的社区矫正进行监督，发现有下列情形之一的，应当依法向公安机关、人民法院、监狱、社区矫正机构等有关部门提出纠正意见：

（一）没有将未成年人的社区矫正与成年人分开进行的；

（二）对实行社区矫正的未成年人脱管、漏管或者没有落实帮教措施的；

（三）没有对未成年社区矫正人员给予身份保护，其矫正宣告公开进行，矫正档案未进行保密，公开或者传播其姓名、住所、照片等可能推断出该未成年人的其他资料以及矫正资料等情形的；

（四）未成年社区矫正人员的矫正小组没有熟悉青少年成长特点的人员参加的；

（五）没有针对未成年人的年龄、心理特点和身心发育需要等特殊情况采取相应的监督管理和教育矫正措施的；

（六）其他违法情形。

第七十四条 人民检察院依法对未成年犯的减刑、假释、暂予监外执行等活动实行监督。对符合减刑、假释、暂予监外执行法定条件的，应当建议执行机关向人民法院、监狱管理机关或者公安机关提请；发现提请或者裁定、决定不当的，应当依法提出纠正意见；对徇私舞弊减刑、假释、暂予监外执行等构成犯罪的，依法追究刑事责任。

第五章 未成年人案件的刑事申诉检察

第七十五条 人民检察院依法受理未成年人及其法定代理人提出的刑事申诉案件和国家赔偿案件。

人民检察院对未成年人刑事申诉案件和国家赔偿案件，应当指定专人及时办理。

第七十六条 人民检察院复查未成年人刑事申诉案件，应当直接听取未成年人及其法定代理人的陈述或者辩解，认真审核、查证与案件有关的证据和线索，查清案件事实，依法作出处理。

案件复查终结作出处理决定后，应当向未成年人及其法定代理人当面送达法律文书，做好释法说理和教育工作。

第七十七条 对已复查纠正的未成年人刑事申诉案件，应当配合有关部门做好善后工作。

第七十八条 人民检察院办理未成年人国家赔偿案件，应当充分听取未成年人及其法定代理人的意见，对于依法应当赔偿的案件，应当及时作出和执行赔偿决定。

第六章 附 则

第七十九条 本规定所称未成年人刑事案件，是指犯罪嫌疑人、被告人实施涉嫌犯罪行为时已满十四周岁、未满十八周岁的刑事案件，但在有关未成年人诉讼权利和体现对未成年人程序上特殊保护的条文中所称的未成年人，是指在诉讼过程中未满十八周岁的人。犯罪嫌疑人实施涉嫌犯罪行为时未满十八周岁，在诉讼过程中已满十八周岁的，人民检察院可以根据案件的具体情况适用本规定。

第八十条 实施犯罪行为的年龄，一律按公历的年、月、日计算。从周岁生日的第二天起，为已满××周岁。

第八十一条 未成年人刑事案件的法律文书和工作文书，应当注明未成年人的出生年月日、法定代理人或者到场的合适成年人、辩护人基本情况。

对未成年犯罪嫌疑人、被告人、未成年罪犯的有关情况和办案人员开展教育感化工作的情况，应当记录在卷，随案移送。

第八十二条 本规定由最高人民检察院负责解释。

第八十三条 本规定自发布之日起施行，最高人民检察院 2007 年 1 月 9 日发布的《人民检察院办理未成年人刑事案件的规定》同时废止。

最高人民法院关于审理未成年人刑事案件具体应用法律若干问题的解释

（2005年12月12日最高人民法院审判委员会第1373次会议通过　2006年1月11日最高人民法院公告公布　自2006年1月23日起施行　法释〔2006〕1号）

为正确审理未成年人刑事案件，贯彻“教育为主，惩罚为辅”的原则，根据刑法等有关法律的规定，现就审理未成年人刑事案件具体应用法律的若干问题解释如下：

第一条　本解释所称未成年人刑事案件，是指被告人实施被指控的犯罪时已满十四周岁不满十八周岁的案件。

第二条　刑法第十七条规定的“周岁”，按照公历的年、月、日计算，从周岁生日的第二天起算。

第三条　审理未成年人刑事案件，应当查明被告人实施被指控的犯罪时的年龄。裁判文书中应当写明被告人出生的年、月、日。

第四条　对于没有充分证据证明被告人实施被指控的犯罪时已经达到法定刑事责任年龄且确实无法查明的，应当推定其没有达到相应法定刑事责任年龄。

相关证据足以证明被告人实施被指控的犯罪时已经达到法定刑事责任年龄，但是无法准确查明被告人具体出生日期的，应当认定其达到相应法定刑事责任年龄。

第五条　已满十四周岁不满十六周岁的人实施刑法第十七条第二款规定以外的行为，如果同时触犯了刑法第十七条第二款规定的，应当依照刑法第十七条第二款的规定确定罪名，定罪处罚。

第六条　已满十四周岁不满十六周岁的人偶尔与幼女发生性行为，情节轻微、未造成严重后果的，不认为是犯罪。

第七条　已满十四周岁不满十六周岁的人使用轻微暴力或者威胁，强行索要其他未成年人随身携带的生活、学习用品或者钱财数量不大，且未造成被害人轻微伤以上或者不敢正常到校学习、生活等危害后果的，不认为是犯罪。

已满十六周岁不满十八周岁的人具有前款规定情形的，一般也不认为是犯罪。

第八条 已满十六周岁不满十八周岁的人出于以大欺小、以强凌弱或者寻求精神刺激，随意殴打其他未成年人、多次对其他未成年人强拿硬要或者任意损毁公私财物，扰乱学校及其他公共场所秩序，情节严重的，以寻衅滋事罪定罪处罚。

第九条 已满十六周岁不满十八周岁的人实施盗窃行为未超过三次，盗窃数额虽已达到“数额较大”标准，但案发后能如实供述全部盗窃事实并积极退赃，且具有下列情形之一的，可以认定为“情节显著轻微危害不大”，不认为是犯罪：

（一）系又聋又哑的人或者盲人；

（二）在共同盗窃中起次要或者辅助作用，或者被胁迫；

（三）具有其他轻微情节的。

已满十六周岁不满十八周岁的人盗窃未遂或者中止的，可不认为是犯罪。

已满十六周岁不满十八周岁的人盗窃自己家庭或者近亲属财物，或者盗窃其他亲属财物但其他亲属要求不予追究的，可以不按犯罪处理。

第十条 已满十四周岁不满十六周岁的人盗窃、诈骗、抢夺他人财物，为窝藏赃物、抗拒抓捕或者毁灭罪证，当场使用暴力，故意伤害致人重伤或者死亡，或者故意杀人的，应当分别以故意伤害罪或者故意杀人罪定罪处罚。

已满十六周岁不满十八周岁的人犯盗窃、诈骗、抢夺罪，为窝藏赃物、抗拒抓捕或者毁灭罪证而当场使用暴力或者以暴力相威胁的，应当依照刑法第二百六十九条的规定定罪处罚；情节轻微的，可不以抢劫罪定罪处罚。

第十一条 对未成年罪犯适用刑罚，应当充分考虑是否有利于未成年罪犯的教育和矫正。

对未成年罪犯量刑应当依照刑法第六十一条的规定，并充分考虑未成年人实施犯罪行为的动机和目的、犯罪时的年龄、是否初次犯罪、犯罪后的悔罪表现、个人成长经历和一贯表现等因素。对符合管制、缓刑、单处罚金或者免予刑事处罚适用条件的未成年罪犯，应当依法适用管制、缓刑、单处罚金或者免予刑事处罚。

第十二条 行为人在达到法定刑事责任年龄前后均实施了犯罪行为，只能依法追究其达到法定刑事责任年龄后实施的犯罪行为的刑事责任。

行为人在年满十八周岁前后实施了不同种犯罪行为，对其年满十八周岁以前实施的犯罪应当依法从轻或者减轻处罚。行为人在年满十八周岁前后实施了同种犯罪行为，在量刑时应当考虑对年满十八周岁以前实施的犯罪，适当给予从轻或者减轻处罚。

第十三条 未成年人犯罪只有罪行极其严重的，才可以适用无期徒刑。对已满十四周岁不满十六周岁的人犯罪一般不判处无期徒刑。

第十四条 除刑法规定“应当”附加剥夺政治权利外，对未成年犯罪一般不判处附加剥夺政治权利。

如果对未成年犯罪判处附加剥夺政治权利的，应当依法从轻判处。

对实施被指控犯罪时未成年、审判时已成年的罪犯判处附加剥夺政治权利，适用前款的规定。

第十五条 对未成年罪犯实施刑法规定的“并处”没收财产或者罚金的犯罪，应当依法判处相应的财产刑；对未成年罪犯实施刑法规定的“可以并处”没收财产或者罚金的犯罪，一般不判处财产刑。

对未成年罪犯判处罚金刑时，应当依法从轻或者减轻判处，并根据犯罪情节，综合考虑其缴纳罚金的能力，确定罚金数额。但罚金的最低数额不得少于五百元人民币。

对被判处罚金刑的未成年罪犯，其监护人或者其他人自愿代为垫付罚金的，人民法院应当允许。

第十六条 对未成年罪犯符合刑法第七十二条第一款规定的，可以宣告缓刑。如果同时具有下列情形之一，对其适用缓刑确实不致再危害社会的，应当宣告缓刑：

（一）初次犯罪；

（二）积极退赃或赔偿被害人经济损失；

（三）具备监护、帮教条件。

第十七条 未成年罪犯根据其所犯罪行，可能被判处拘役、三年以下有期徒刑，如果悔罪表现好，并具有下列情形之一的，应当依照刑法第三十七条的规定免予刑事处罚：

（一）系又聋又哑的人或者盲人；

（二）防卫过当或者避险过当；

（三）犯罪预备、中止或者未遂；

（四）共同犯罪中从犯、胁从犯；

（五）犯罪后自首或者有立功表现；

（六）其他犯罪情节轻微不需要判处刑罚的。

第十八条 对未成年罪犯的减刑、假释，在掌握标准上可以比照成年罪犯依法适度放宽。

未成年罪犯能认罪服法，遵守监规，积极参加学习、劳动的，即可视为“确有悔改表现”予以减刑，其减刑的幅度可以适当放宽，间隔的时间可以相应缩短。符合刑法第八十一条第一款规定的，可以假释。

未成年罪犯在服刑期间已经成年的，对其减刑、假释可以适用上述规定。

第十九条 刑事附带民事案件的未成年被告人有个人财产的，应当由本人承担民事赔偿责任，不足部分由监护人予以赔偿，但单位担任监护人的除外。

被告人对被害人物质损失的赔偿情况，可以作为量刑情节予以考虑。

第二十条 本解释自2006年1月23日起施行。

《最高人民法院关于办理未成年人刑事案件适用法律的若干问题的解释》（法发〔1995〕9号）自本解释公布之日起不再执行。

最高人民法院、最高人民检察院、公安部、司法部关于办理性侵害未成年人刑事案件的意见

（2023年5月24日）

为深入贯彻习近平法治思想，依法惩治性侵害未成年人犯罪，规范办理性侵害未成年人刑事案件，加强未成年人司法保护，根据《中华人民共和国刑法》《中华人民共和国刑事诉讼法》《中华人民共和国未成年人保护法》等相关法律规定，结合司法实际，制定本意见。

一、总　　则

第一条　本意见所称性侵害未成年人犯罪，包括《中华人民共和国刑法》第二百三十六条、第二百三十六条之一、第二百三十七条、第三百五十八条、第三百五十九条规定的针对未成年人实施的强奸罪，负有照护职责人员性侵罪，强制猥亵、侮辱罪，猥亵儿童罪，组织卖淫罪，强迫卖淫罪，协助组织卖淫罪，引诱、容留、介绍卖淫罪，引诱幼女卖淫罪等。

第二条　办理性侵害未成年人刑事案件，应当坚持以下原则：

（一）依法从严惩处性侵害未成年人犯罪；

（二）坚持最有利于未成年人原则，充分考虑未成年人身心发育尚未成熟、易受伤害等特点，切实保障未成年人的合法权益；

（三）坚持双向保护原则，对于未成年人实施性侵害未成年人犯罪的，在依法保护未成年被害人的合法权益时，也要依法保护未成年犯罪嫌疑人、未成年被告人的合法权益。

第三条　人民法院、人民检察院、公安机关应当确定专门机构或者指定熟悉未成年人身心特点的专门人员，负责办理性侵害未成年人刑事案件。未成年被害人系女性的，应当有女性工作人员参与。

法律援助机构应当指派熟悉未成年人身心特点的律师为未成年人提供法律援助。

第四条　人民法院、人民检察院在办理性侵害未成年人刑事案件中发现社会治理漏洞的，依法提出司法建议、检察建议。

人民检察院依法对涉及性侵害未成年人的诉讼活动等进行监督，发现违法情形的，应当及时提出监督意见。发现未成年人合法权益受到侵犯，涉及公共利益的，应当依法提起公益诉讼。

二、案件办理

第五条　公安机关接到未成年人被性侵害的报案、控告、举报，应当及时受理，迅速审查。符合刑事立案条件的，应当立即立案侦查，重大、疑难、复杂案件立案审查期限原则上不超过七日。具有下列情形之一，公安机关应当在受理后直接立案侦查：

（一）精神发育明显迟滞的未成年人或者不满十四周岁的未成年人怀

孕、妊娠终止或者分娩的；

（二）未成年人的生殖器官或者隐私部位遭受明显非正常损伤的；

（三）未成年人被组织、强迫、引诱、容留、介绍卖淫的；

（四）其他有证据证明性侵害未成年人犯罪发生的。

第六条 公安机关发现可能有未成年人被性侵害或者接报相关线索的，无论案件是否属于本单位管辖，都应当及时采取制止侵害行为、保护被害人、保护现场等紧急措施。必要时，应当通报有关部门对被害人予以临时安置、救助。

第七条 公安机关受理案件后，经过审查，认为有犯罪事实需要追究刑事责任，但因犯罪地、犯罪嫌疑人无法确定，管辖权不明的，受理案件的公安机关应当先立案侦查，经过侦查明确管辖后，及时将案件及证据材料移送有管辖权的公安机关。

第八条 人民检察院、公安机关办理性侵害未成年人刑事案件，应当坚持分工负责、互相配合、互相制约，加强侦查监督与协作配合，健全完善信息双向共享机制，形成合力。在侦查过程中，公安机关可以商请人民检察院就案件定性、证据收集、法律适用、未成年人保护要求等提出意见建议。

第九条 人民检察院认为公安机关应当立案侦查而不立案侦查的，或者被害人及其法定代理人、对未成年人负有特殊职责的人员据此向人民检察院提出异议，经审查其诉求合理的，人民检察院应当要求公安机关说明不立案的理由。人民检察院认为不立案理由不成立的，应当通知公安机关立案，公安机关接到通知后应当立案。

第十条 对性侵害未成年人的成年犯罪嫌疑人、被告人，应当依法从严把握适用非羁押强制措施，依法追诉，从严惩处。

第十一条 公安机关办理性侵害未成年人刑事案件，在提请批准逮捕、移送起诉时，案卷材料中应当包含证明案件来源与案发过程的有关材料和犯罪嫌疑人归案（抓获）情况的说明等。

第十二条 人民法院、人民检察院办理性侵害未成年人案件，应当及时告知未成年被害人及其法定代理人或者近亲属有权委托诉讼代理人，并告知其有权依法申请法律援助。

第十三条 人民法院、人民检察院、公安机关办理性侵害未成年人刑事案件，除有碍案件办理的情形外，应当将案件进展情况、案件处理结果及时告知未成年被害人及其法定代理人，并对有关情况予以说明。

第十四条 人民法院确定性侵害未成年人刑事案件开庭日期后，应当将开庭的时间、地点通知未成年被害人及其法定代理人。

第十五条 人民法院开庭审理性侵害未成年人刑事案件，未成年被害人、证人一般不出庭作证。确有必要出庭的，应当根据案件情况采取不暴露外貌、真实声音等保护措施，或者采取视频等方式播放询问未成年人的录音录像，播放视频亦应当采取技术处理等保护措施。

被告人及其辩护人当庭发问的方式或者内容不当，可能对未成年被害人、证人造成身心伤害的，审判长应当及时制止。未成年被害人、证人在庭审中出现恐慌、紧张、激动、抗拒等影响庭审正常进行的情形的，审判长应当宣布休庭，并采取相应的情绪安抚疏导措施，评估未成年被害人、证人继续出庭作证的必要性。

第十六条 办理性侵害未成年人刑事案件，对于涉及未成年人的身份信息及可能推断出身份信息的资料和涉及性侵害的细节等内容，审判人员、检察人员、侦查人员、律师及参与诉讼、知晓案情的相关人员应当保密。

对外公开的诉讼文书，不得披露未成年人身份信息及可能推断出身份信息的其他资料，对性侵害的事实必须以适当方式叙述。

办案人员到未成年人及其亲属所在学校、单位、住所调查取证的，应当避免驾驶警车、穿着制服或者采取其他可能暴露未成年人身份、影响未成年人名誉、隐私的方式。

第十七条 知道或者应当知道对方是不满十四周岁的幼女，而实施奸淫等性侵害行为的，应当认定行为人“明知”对方是幼女。

对不满十二周岁的被害人实施奸淫等性侵害行为的，应当认定行为人“明知”对方是幼女。

对已满十二周岁不满十四周岁的被害人，从其身体发育状况、言谈举止、衣着特征、生活作息规律等观察可能是幼女，而实施奸淫等性侵害行为的，应当认定行为人“明知”对方是幼女。

第十八条 在校园、游泳馆、儿童游乐场、学生集体宿舍等公共场所对未成年人实施强奸、猥亵犯罪，只要有其他多人在场，不论在场人员是否实际看到，均可以依照刑法第二百三十六条第三款、第二百三十七条的规定，认定为在公共场所“当众”强奸、猥亵。

第十九条 外国人在中华人民共和国领域内实施强奸、猥亵未成年人等犯罪的，在依法判处刑罚时，可以附加适用驱逐出境。对于尚不构成犯罪但构成违反治安管理行为的，或者有性侵害未成年人犯罪记录不适宜在境内继续停留居留的，公安机关可以依法适用限期出境或者驱逐出境。

第二十条 对性侵害未成年人的成年犯罪分子严格把握减刑、假释、暂予监外执行的适用条件。纳入社区矫正的，应当严管严控。

三、证据收集与审查判断

第二十一条 公安机关办理性侵害未成年人刑事案件，应当依照法定程序，及时、全面收集固定证据。对与犯罪有关的场所、物品、人身等及时进行勘验、检查，提取与案件有关的痕迹、物证、生物样本；及时调取与案件有关的住宿、通行、银行交易记录等书证，现场监控录像等视听资料，手机短信、即时通讯记录、社交软件记录、手机支付记录、音视频、网盘资料等电子数据。视听资料、电子数据等证据因保管不善灭失的，应当向原始数据存储单位重新调取，或者提交专业机构进行技术性恢复、修复。

第二十二条 未成年被害人陈述、未成年证人证言中提到其他犯罪线索，属于公安机关管辖的，公安机关应当及时调查核实；属于其他机关管辖的，应当移送有管辖权的机关。

具有密切接触未成年人便利条件的人员涉嫌性侵害未成年人犯罪的，公安机关应当注意摸排犯罪嫌疑人可能接触到的其他未成年人，以便全面查清犯罪事实。

对于发生在犯罪嫌疑人住所周边或者相同、类似场所且犯罪手法雷同的性侵害案件，符合并案条件的，应当及时并案侦查，防止遗漏犯罪事实。

第二十三条 询问未成年被害人，应当选择“一站式”取证场所、未成年人住所或者其他让未成年人心理上感到安全的场所进行，并通知法定代理人到场。法定代理人不能到场或者不宜到场的，应当通知其他合适成年人到场，并将相关情况记录在案。

询问未成年被害人，应当采取和缓的方式，以未成年人能够理解和接受的语言进行。坚持一次询问原则，尽可能避免多次反复询问，造成次生伤害。确有必要再次询问的，应当针对确有疑问需要核实的内容进行。

询问女性未成年被害人应当由女性工作人员进行。

第二十四条 询问未成年被害人应当进行同步录音录像。录音录像应当全程不间断进行，不得选择性录制，不得剪接、删改。录音录像声音、图像应当清晰稳定，被询问人面部应当清楚可辨，能够真实反映未成年被害人回答询问的状态。录音录像应当随案移送。

第二十五条 询问未成年被害人应当问明与性侵害犯罪有关的事实及情节，包括被害人的年龄等身份信息、与犯罪嫌疑人、被告人交往情况、侵害方式、时间、地点、次数、后果等。

询问尽量让被害人自由陈述，不得诱导，并将提问和未成年被害人的回答记录清楚。记录应当保持未成年人的语言特点，不得随意加工或者归纳。

第二十六条 未成年被害人陈述和犯罪嫌疑人、被告人供述中具有特殊性、非亲历不可知的细节，包括身体特征、行为特征和环境特征等，办案机关应当及时通过人身检查、现场勘查等调查取证方法固定证据。

第二十七条 能够证实未成年被害人和犯罪嫌疑人、被告人相识交往、矛盾纠纷及其异常表现、特殊癖好等情况，对完善证据链条、查清全部案情具有证明作用的证据，应当全面收集。

第二十八条 能够证实未成年人被性侵害后心理状况或者行为表现的证据，应当全面收集。未成年被害人出现心理创伤、精神抑郁或者自杀、自残等伤害后果的，应当及时检查、鉴定。

第二十九条 认定性侵害未成年人犯罪，应当坚持事实清楚，证据确实、充分，排除合理怀疑的证明标准。对案件事实的认定要立足证据，结合经验常识，考虑性侵害案件的特殊性和未成年人的身心特点，准确理解和把握证明标准。

第三十条 对未成年被害人陈述，应当着重审查陈述形成的时间、背景，被害人年龄、认知、记忆和表达能力，生理和精神状态是否影响陈述的自愿性、完整性，陈述与其他证据之间能否相互印证，有无矛盾。

低龄未成年人对被侵害细节前后陈述存在不一致的，应当考虑其身心特点，综合判断其陈述的主要事实是否客观、真实。

未成年被害人陈述了与犯罪嫌疑人、被告人或者性侵害事实相关的非亲历不可知的细节，并且可以排除指证、诱证、诬告、陷害可能的，一般应当采信。

未成年被害人询问笔录记载的内容与询问同步录音录像记载的内容不一致的，应当结合同步录音录像记载准确客观认定。

对未成年证人证言的审查判断，依照本条前四款规定进行。

第三十一条 对十四周岁以上未成年被害人真实意志的判断，不以其明确表示反对或者同意为唯一证据，应当结合未成年被害人的年龄、身体状况、被侵害前后表现以及双方关系、案发环境、案发过程等进行综合判断。

四、未成年被害人保护与救助

第三十二条 人民法院、人民检察院、公安机关办理性侵害未成年人刑事案件，应当根据未成年被害人的实际需要及当地情况，协调有关部门为未成年被害人提供心理疏导、临时照料、医疗救治、转学安置、经济帮扶等救助保护措施。

第三十三条 犯罪嫌疑人到案后，办案人员应当第一时间了解其有无艾滋病，发现犯罪嫌疑人患有艾滋病的，在征得未成年被害人监护人同意后，应当及时配合或者会同有关部门对未成年被害人采取阻断治疗等保护措施。

第三十四条 人民法院、人民检察院、公安机关办理性侵害未成年人刑事案件，发现未成年人的父母或者其他监护人不依法履行监护职责或者侵犯未成年人合法权益的，应当予以训诫，并书面督促其依法履行监护职责。必要时，可以责令未成年人父母或者其他监护人接受家庭教育指导。

第三十五条 未成年人受到监护人性侵害，其他具有监护资格的人员、民政部门等有关单位和组织向人民法院提出申请，要求撤销监护人资格，另行指定监护人的，人民法院依法予以支持。

有关个人和组织未及时向人民法院申请撤销监护人资格的，人民检察院可以依法督促、支持其提起诉讼。

第三十六条 对未成年人因被性侵害而造成人身损害，不能及时获得有效赔偿，生活困难的，人民法院、人民检察院、公安机关可会同有关部门，优先考虑予以救助。

五、其　　他

第三十七条　人民法院、人民检察院、公安机关、司法行政机关应当积极推动侵害未成年人案件强制报告制度落实。未履行报告义务造成严重后果的，应当依照《中华人民共和国未成年人保护法》等法律法规追究责任。

第三十八条　人民法院、人民检察院、公安机关、司法行政机关应当推动密切接触未成年人相关行业依法建立完善准入查询性侵害违法犯罪信息制度，建立性侵害违法犯罪人员信息库，协助密切接触未成年人单位开展信息查询工作。

第三十九条　办案机关应当建立完善性侵害未成年人案件“一站式”办案救助机制，通过设立专门场所、配置专用设备、完善工作流程和引入专业社会力量等方式，尽可能一次性完成询问、人身检查、生物样本采集、侦查辨认等取证工作，同步开展救助保护工作。

六、附　　则

第四十条　本意见自 2023 年 6 月 1 日起施行。本意见施行后，《最高人民法院 最高人民检察院 公安部 司法部关于依法惩治性侵害未成年人犯罪的意见》（法发〔2013〕12 号）同时废止。

最高人民法院、最高人民检察院关于办理强奸、猥亵未成年人刑事案件适用法律若干问题的解释

（2023 年 1 月 3 日最高人民法院审判委员会第 1878 次会议、2023 年 3 月 2 日最高人民检察院第十三届检察委员会第一百一十四次会议通过　2023 年 5 月 24 日最高人民法院、最高人民检察院公告公布　自 2023 年 6 月 1 日起施行　法释〔2023〕3 号）

为依法惩处强奸、猥亵未成年人犯罪，保护未成年人合法权益，根据《中华人民共和国刑法》等法律规定，现就办理此类刑事案件适用法律的

若干问题解释如下：

第一条 奸淫幼女的，依照刑法第二百三十六条第二款的规定从重处罚。具有下列情形之一的，应当适用较重的从重处罚幅度：

（一）负有特殊职责的人员实施奸淫的；

（二）采用暴力、胁迫等手段实施奸淫的；

（三）侵入住宅或者学生集体宿舍实施奸淫的；

（四）对农村留守女童、严重残疾或者精神发育迟滞的被害人实施奸淫的；

（五）利用其他未成年人诱骗、介绍、胁迫被害人的；

（六）曾因强奸、猥亵犯罪被判处刑罚的。

强奸已满十四周岁的未成年女性，具有前款第一项、第三项至第六项规定的情形之一，或者致使被害人轻伤、患梅毒、淋病等严重性病的，依照刑法第二百三十六条第一款的规定定罪，从重处罚。

第二条 强奸已满十四周岁的未成年女性或者奸淫幼女，具有下列情形之一的，应当认定为刑法第二百三十六条第三款第一项规定的“强奸妇女、奸淫幼女情节恶劣”：

（一）负有特殊职责的人员多次实施强奸、奸淫的；

（二）有严重摧残、凌辱行为的；

（三）非法拘禁或者利用毒品诱骗、控制被害人的；

（四）多次利用其他未成年人诱骗、介绍、胁迫被害人的；

（五）长期实施强奸、奸淫的；

（六）奸淫精神发育迟滞的被害人致使怀孕的；

（七）对强奸、奸淫过程或者被害人身体隐私部位制作视频、照片等影像资料，以此胁迫对被害人实施强奸、奸淫，或者致使影像资料向多人传播，暴露被害人身份的；

（八）其他情节恶劣的情形。

第三条 奸淫幼女，具有下列情形之一的，应当认定为刑法第二百三十六条第三款第五项规定的“造成幼女伤害”：

（一）致使幼女轻伤的；

（二）致使幼女患梅毒、淋病等严重性病的；

（三）对幼女身心健康造成其他伤害的情形。

第四条 强奸已满十四周岁的未成年女性或者奸淫幼女，致使其感染艾滋病病毒的，应当认定为刑法第二百三十六条第三款第六项规定的“致使被害人重伤”。

第五条 对已满十四周岁不满十六周岁的未成年女性负有特殊职责的人员，与该未成年女性发生性关系，具有下列情形之一的，应当认定为刑法第二百三十六条之一规定的“情节恶劣”：

（一）长期发生性关系的；

（二）与多名被害人发生性关系的；

（三）致使被害人感染艾滋病病毒或者患梅毒、淋病等严重性病的；

（四）对发生性关系的过程或者被害人身体隐私部位制作视频、照片等影像资料，致使影像资料向多人传播，暴露被害人身份的；

（五）其他情节恶劣的情形。

第六条 对已满十四周岁的未成年女性负有特殊职责的人员，利用优势地位或者被害人孤立无援的境地，迫使被害人与其发生性关系的，依照刑法第二百三十六条的规定，以强奸罪定罪处罚。

第七条 猥亵儿童，具有下列情形之一的，应当认定为刑法第二百三十七条第三款第三项规定的“造成儿童伤害或者其他严重后果”：

（一）致使儿童轻伤以上的；

（二）致使儿童自残、自杀的；

（三）对儿童身心健康造成其他伤害或者严重后果的情形。

第八条 猥亵儿童，具有下列情形之一的，应当认定为刑法第二百三十七条第三款第四项规定的“猥亵手段恶劣或者有其他恶劣情节”：

（一）以生殖器侵入肛门、口腔或者以生殖器以外的身体部位、物品侵入被害人生殖器、肛门等方式实施猥亵的；

（二）有严重摧残、凌辱行为的；

（三）对猥亵过程或者被害人身体隐私部位制作视频、照片等影像资料，以此胁迫对被害人实施猥亵，或者致使影像资料向多人传播，暴露被害人身份的；

（四）采取其他恶劣手段实施猥亵或者有其他恶劣情节的情形。

第九条 胁迫、诱骗未成年人通过网络视频聊天或者发送视频、照片等方式，暴露身体隐私部位或者实施淫秽行为，符合刑法第二百三十七条规定的，以强制猥亵罪或者猥亵儿童罪定罪处罚。

胁迫、诱骗未成年人通过网络直播方式实施前款行为，同时符合刑法第二百三十七条、第三百六十五条的规定，构成强制猥亵罪、猥亵儿童罪、组织淫秽表演罪的，依照处罚较重的规定定罪处罚。

第十条 实施猥亵未成年人犯罪，造成被害人轻伤以上后果，同时符合刑法第二百三十四条或者第二百三十二条的规定，构成故意伤害罪、故意杀人罪的，依照处罚较重的规定定罪处罚。

第十一条 强奸、猥亵未成年人的成年被告人认罪认罚的，是否从宽处罚及从宽幅度应当从严把握。

第十二条 对强奸未成年人的成年被告人判处刑罚时，一般不适用缓刑。

对于判处刑罚同时宣告缓刑的，可以根据犯罪情况，同时宣告禁止令，禁止犯罪分子在缓刑考验期限内从事与未成年人有关的工作、活动，禁止其进入中小学校、幼儿园及其他未成年人集中的场所。确因本人就学、居住等原因，经执行机关批准的除外。

第十三条 对于利用职业便利实施强奸、猥亵未成年人等犯罪的，人民法院应当依法适用从业禁止。

第十四条 对未成年人实施强奸、猥亵等犯罪造成人身损害的，应当赔偿医疗费、护理费、交通费、营养费、住院伙食补助费等为治疗和康复支付的合理费用，以及因误工减少的收入。

根据鉴定意见、医疗诊断书等证明需要对未成年人进行精神心理治疗和康复，所需的相关费用，应当认定为前款规定的合理费用。

第十五条 本解释规定的“负有特殊职责的人员”，是指对未成年人负有监护、收养、看护、教育、医疗等职责的人员，包括与未成年人具有共同生活关系且事实上负有照顾、保护等职责的人员。

第十六条 本解释自2023年6月1日起施行。

最高人民法院关于进一步加强少年法庭工作的意见

（2010年7月23日　法发〔2010〕32号）

为正确贯彻《中华人民共和国未成年人保护法》、《中华人民共和国预防未成年人犯罪法》，切实执行对违法犯罪未成年人“教育、感化、挽救”的方针和“教育为主、惩罚为辅”的原则，努力实现少年司法审判制度改革的工作目标，积极促进少年法庭工作的规范发展，大力推动中国特色社会主义少年司法制度的建立和完善，现对今后一个时期加强少年法庭工作提出如下意见。

一、提高思想认识，高度重视少年法庭工作

1. 未成年人是国家和民族的未来与希望，党和国家历来高度重视未成年人的保护工作，始终把这项工作作为党和国家事业的重要组成部分。维护未成年人合法权益，预防、矫治未成年人犯罪，保障未成年人健康成长，是人民法院的重要职责之一。少年法庭工作是人民法院开展未成年人司法维权、积极参与社会治安综合治理的重要平台。当前和今后一个时期，少年法庭工作只能加强，不能削弱。

2. 各级法院应当从实践“三个至上”工作指导思想、落实科学发展观、构建和谐社会的高度，充分认识加强少年法庭工作的重要性和必要性，切实贯彻好“坚持、完善、改革、发展”的工作指导方针，把少年法庭工作摆到重要位置。

二、加强组织领导，建立健全少年法庭机构

3. 各级法院应当进一步加强对少年法庭工作的组织领导和业务指导，切实关心和支持少年法庭机构建设，为少年法庭工作全面、健康发展创造良好条件。

4. 最高人民法院设“少年法庭指导小组”，并在研究室设“少年法庭工作办公室”，负责全国法院少年法庭的日常指导工作。

5. 高级人民法院设“少年法庭指导小组”，组长由副院长担任，小组成员应当包括涉及未成年人案件的各相关审判庭和行政部门负责人。高级人民法院少年法庭指导小组下设“少年法庭工作办公室”，负责本辖区内少年法庭的日常指导工作。“少年法庭工作办公室”设在研究室或者审判庭内。高级人民法院可以在刑事审判庭和民事审判庭内分别设立未成年人案件合议庭。暂未设立合议庭的，应当指定专职办理未成年人案件的法官。

6. 中级人民法院应当根据未成年人案件的审判需要，逐步完善未成年人案件审判机构建设。有条件的中级人民法院可以设独立建制的未成年人案件综合审判庭（以下简称少年审判庭）。暂未设独立建制少年审判庭的中级人民法院，应当在刑事审判庭和民事审判庭内分别设立未成年人案件合议庭，或者指定专职办理未成年人案件的法官。

7. 有条件的基层人民法院可以设独立建制的少年审判庭，也可以根据中级人民法院指定管辖的要求，设立统一受理未成年人案件的审判庭。未设独立建制少年审判庭或者未设立统一受理未成年人案件审判庭的基层人民法院，应当在刑事审判庭和民事审判庭内分别设立未成年人案件合议庭，或者指定专职办理未成年人案件的法官。

8. 高级人民法院少年法庭指导小组、少年法庭工作办公室及未成年人案件合议庭的设立、变更情况，应当报告最高人民法院少年法庭工作办公室。中级人民法院和基层人民法院未成年人案件审判机构的设立、变更情况，应当逐级报告高级人民法院少年法庭工作办公室。

三、注重队伍建设，提升少年法庭法官的整体素质

9. 各级法院应当高度重视少年法庭法官队伍建设，着重选拔政治素质高、业务能力强，熟悉未成年人身心特点，热爱未成年人权益保护工作和善于做未成年人思想教育工作的法官，负责审理未成年人案件。

10. 各级法院应当从共青团、妇联、工会、学校等组织的工作人员中选任审理未成年人案件的人民陪审员。审理未成年人案件的人民陪审员应当熟悉未成年人身心特点，具备一定的青少年教育学、心理学知识，并经过必要的培训。

11. 各级法院应当加强少年法庭法官的培训工作，不断提升少年法庭法官队伍的整体素质。最高人民法院、高级人民法院每年至少组织一次少年法庭法官业务培训。中级人民法院和基层人民法院也应当以多种形式定期开展少年法庭法官的业务培训。

四、完善工作制度，强化少年法庭的职能作用

12. 各级法院应当总结完善审判实践中行之有效的特色工作制度，强化少年法庭的职能作用，提高工作的实效性。

13. 有条件的人民法院在审理未成年人刑事案件时，对有关组织或者个人调查形成的反映未成年人性格特点、家庭情况、社会交往、成长经历以及实施被指控犯罪前后的表现等情况的调查报告，应当进行庭审质证，认真听取控辩双方对调查报告的意见，量刑时予以综合考虑。必要时人民法院也可以委托有关社会组织就上述情况进行调查或者自行调查。

人民法院应当在总结少年审判工作经验的基础上，结合实际情况，积极规范、完善社会调查报告制度，切实解决有关社会调查人员主体资格、调查报告内容及工作程序等方面的问题，充分发挥社会调查报告在审判中的作用。

14. 人民法院对未成年人与成年人共同犯罪案件，一般应当分案审理。对应当分案起诉而未分案起诉的案件，人民法院可以向检察机关提出建议。

15. 人民法院根据未成年人身心特点，对未成年被告人轻微犯罪或者过失犯罪案件、未成年人为一方当事人的民事和行政案件，可以采取圆桌审判方式。

16. 人民法院审理未成年人刑事案件，应当注重对未成年被告人的法庭教育。法庭教育的主要内容包括对相关法律法规的理解，未成年人实施被指控行为的原因剖析，应当吸取的教训，犯罪行为对社会、家庭、个人的危害和是否应当受刑罚处罚，如何正确对待人民法院裁判以及接受社区矫正或者在监管场所服刑应当注意的问题等。人民法院可以邀请有利于教育、感化、挽救未成年罪犯的人员参加法庭教育。

人民法院审理未成年人民事和行政案件，应当注意从有利于未成年人权益保护及解决矛盾纠纷的角度对当事人进行有针对性的教育和引导。

17. 对犯罪情节轻微，或者系初犯、偶犯的未成年罪犯，符合适用非监禁刑条件的，应当依法适用非监禁刑。对非本地户籍的未成年罪犯，人民法院应当加强与本辖区社区矫正部门的联系，或者通过未成年罪犯户籍地的人民法院与当地社区矫正部门联系，确保非监禁刑的依法适用。

18. 对判决、裁定已经发生法律效力的未成年罪犯，人民法院在向执行机关移送执行的法律文书时，应当同时附送社会调查报告、案件审理

中的表现等材料。对正在未成年犯管教所服刑或者接受社区矫正的未成年罪犯，人民法院应当协助未成年犯管教所或者社区矫正部门做好帮教工作。

人民法院应当做好未成年人民事和行政案件判后回访工作，努力为未成年人的健康成长创造良好环境。

人民法院应当对判后跟踪帮教和回访情况作出记录或者写出报告，记录或者报告存入卷宗。

五、深化改革探索，推动少年法庭工作有序发展

19. 各级法院应当积极开展少年司法理论成果和工作经验的交流活动，进一步深化少年司法改革。

20. 各级法院应当从维护未成年人的合法权益，预防、矫治和减少未成年人犯罪的实际需要出发，积极探索异地社会调查、心理评估干预、刑事案件和解、量刑规范化、社区矫正与司法救助、轻罪犯罪记录封存等适合未成年人案件特点的审理、执行方式。

21. 各级法院应当坚持“特殊、优先”保护原则，大胆探索实践社会观护、圆桌审判、诉讼教育引导等未成年人民事和行政案件特色审判制度，不断开拓未成年人民事和行政案件审判的新思路、新方法。

六、积极协调配合，构建少年法庭工作配套机制

22. 各级法院应当在党委政法委的领导、协调下，加强与同级公安、检察、司法行政等部门的工作沟通，积极建立和完善“政法一条龙”工作机制，形成有效预防、矫治和减少未成年人违法犯罪的合力。

23. 各级法院应当加强与有关职能部门、社会组织和团体的协调合作，积极建立和完善“社会一条龙”工作机制，努力调动社会力量，推动未成年罪犯的安置、帮教措施的落实，确保未成年人民事和行政案件得到妥善处理，推动涉诉未成年人救助制度的建立和完善。

24. 各级法院应当加强未成年人保护的法制宣传教育工作，促进全社会树立尊重、保护、教育未成年人的良好风尚，教育和帮助未成年人维护自己的合法权益，增强自我保护的意识和能力。

25. 各级法院应当在党委政法委的领导、协调下，积极与有关部门协商，推动制定本地区关于未成年人社会调查、司法救助、复学安置等问题的规范性文件，切实解决相关问题。

七、完善考核保障，夯实少年法庭工作基础

26. 各级法院应当根据本地区少年法庭工作实际，将庭审以外的延伸帮教、参与社会治安综合治理等工作作为绩效考核指标，纳入绩效考察的范围。

27. 各级法院应当针对未成年人案件审判特点，加大少年法庭在经费、装备和人员编制方面的投入，为少年法庭开展庭审以外的延伸帮教、法制宣传教育工作以及参与社会治安综合治理工作提供必要保障。

最高人民检察院关于加强新时代未成年人检察工作的意见

（2020 年 4 月 21 日）

为深入学习贯彻习近平新时代中国特色社会主义思想，全面贯彻党的十九大和十九届二中、三中、四中全会精神，认真落实新时代检察工作总体部署，全面提升未成年人检察工作水平，现就加强新时代未成年人检察工作提出如下意见。

一、新时代未成年人检察工作的总体要求

1. 新时代未成年人检察工作的形势任务。党的十八大以来，在以习近平同志为核心的党中央坚强领导下，党和国家事业发生历史性变革、取得历史性成就，为加强未成年人保护工作带来前所未有的发展机遇，推动未成年人检察工作加速实现六个转变：从办理未成年人犯罪案件，教育挽救涉罪未成年人，向同时打击侵害未成年人犯罪，保护救助未成年被害人转变；从对未成年人犯罪强调宽缓化处理，逐渐向精准帮教、依法惩治、有效管束、促进保护并重转变；从传统的未成年人刑事检察向综合运用多种手段、全面开展司法保护转变；从注重围绕“人”开展犯罪预防，向更加积极促进社会治理创新转变；从强调法律监督，向同时注重沟通配合，凝聚各方力量转变；从各地检察机关积极探索自下而上推动，向高检院加强顶层设计，整体推进转变。未成年人检察专业化、规范化、社会化建设取得了长足进展，中国特色社会主义未成年人检察制度的框架初步形成。随着新时代社会主要矛盾发生变化，人民群众对未成年人司法保护的关注从“有没有”到“好不好”向“更加好”发展，提出许多新的更高要求。十九届四中全会作出推进国家治理体系和治理能力现代化的战略部署，《未成年人保护法》《预防未成年人犯罪法》正在修改，将赋予检察机关未成年人司法保护新的更重任务。但与此同时，未成年人检察工作在司法理念、专业能力、办案效果、机制创新、监督力度等方面还存在很多突出问题，与新时代新要求相比尚有较大差距。特别是当前未成年人保护形势严峻复杂，涉及未成年人的犯罪多发高发，重大、恶性案件时有发生，未成年人保护有法不依、执法不严等问题较为普遍，严重危害未成年人健康成长。新时代未成年人检察工作在未成年人国家保护大格局中具有特殊重要的责任、地位，职责任务更加繁重，主导责任更加明确，必须下大力气进一步抓实、抓好，实现工作质效明显提升，确保取得新的更大成绩。

2. 新时代未成年人检察工作的总体思路。坚持以习近平新时代中国特色社会主义思想为指导，深入学习贯彻党的十九大和十九届二中、三中、四中全会精神，坚持“讲政治、顾大局、谋发展、重自强”的总体要求，积极贯彻“教育、感化、挽救”方针和“教育为主、惩罚为辅”原则，进一步更新司法理念，准确把握未成年人司法规律，持续加强专业化、规范化、社会化建设，推动未成年人检察工作更加深入开展，为保障未成年人保护法律全面落实到位，真正形成全社会保护合力，促进国家治理体系和治理能力现代化作出贡献。

3. 新时代未成年人检察工作必须遵循的基本原则：

——坚持党的绝对领导。自觉把党的绝对领导贯穿于未成年人检察工作全过程，实现讲政治、顾大局与讲法治、促保护的统一。充分发挥中国特色社会主义法律制度优越性，立足检察机关法律监督职能和承上启下诉讼地位，积极充分履职，推动未成年人司法发展进步。

——坚持以人民为中心。聚焦人民群众反映强烈的未成年人保护热点、难点和痛点问题，加大未成年人检察供给侧结构性改革力度，切实增强人民群众的获得感、幸福感、安全感。

——坚持遵循未成年人司法内在规律。以未成年人利益最大化理念为指引，实行办案、监督、预防、教育并重，惩戒和帮教相结合，保护、教育、管束有机统一，持续推进未成年人双向、综合、全面司法保护。实行专业化办案与社会化保护相结合，实现社会支持的体系化支撑、优势化互补、共享化构建，不断提升未成年人检察工作品质与效果。

——坚持标本兼治。注重结合办案推动解决未成年人案件背后的社会问题，坚持督导而不替代，助推职能部门充分履职，凝聚家庭、学校、社会、网络、政府、司法各方保护力量，形成未成年人保护大格局，促进社会治理体系和治理能力现代化建设。

——坚持创新发展。按照“未成年人检察工作没有止境”的要求，推动顶层设计与基层首创相结合，全面推进理论创新、制度创新、实践创新，形成更多可复制的经验、模式，使未成年人检察工作持续迸发生机活力。

二、从严惩治侵害未成年人犯罪

4. 依法从严从快批捕、起诉侵害未成年人犯罪。坚持零容忍，严厉打击宗教极端、民族分裂等敌对势力向未成年人灌输极端思想、组织利用未成年人实施恐怖活动犯罪和极端主义犯罪。突出打击性侵害未成年人，拐卖、拐骗儿童，成年人拉拢、迫使未成年人参与犯罪组织，组织未成年人乞讨或进行其他违反治安管理活动的犯罪。依法惩处危害校园安全、监护侵害、侵害农村留守儿童和困境儿童犯罪。坚持依法从严提出量刑建议，积极建议适用从业禁止、禁止令。上级检察院对重大案件要坚持挂牌督办，加强跟踪指导。坚持和完善重大疑难案件快速反应、介入侦查引导取证机制。加强与侦查、审判机关的沟通交流，通过典型案例研讨、同堂培训、一体推行司法政策等方式凝聚共识，统一司法尺度，形成打击合力。

5. 强化刑事诉讼监督。牢固树立“在办案中监督、在监督中办案”理念，拓展监督线索来源，完善监督方式，提升监督质效。对违反诉讼程序尤其是未成年人刑事案件特别程序规定，侵犯涉案未成年人诉讼权利的行为，要及时监督纠正。注重强化与公安机关执法办案管理中心等平台的沟通与衔接，深入开展立案监督、侦查活动监督，重点监督对性侵害未成年人案件有案不立、立而不侦、有罪不究、以罚代刑等问题。积极推进涉及未成年人案件刑事审判监督、刑罚执行监督，重点监督重罪轻判、有罪判无罪、特殊管教措施虚置、社区矫正空转等问题，确保罚当其罪、执行到位。

6. 持续推进“一站式”办案机制。加强与公安机关沟通，努力实现性侵害未成年人案件提前介入、询问被害人同步录音录像全覆盖，切实提高一次询问的比例，避免和减少二次伤害。会同公安机关、妇联等部门积极推进集未成年被害人接受询问、生物样本提取、身体检查、心理疏导等于一体的“一站式”取证、救助机制建设。2020年底各地市（州）至少建立一处未成年被害人“一站式”办案场所。

7. 加强未成年被害人关爱救助工作。认真落实《最高人民检察院关于全面加强未成年人国家司法救助工作的意见》等规定，实现符合条件对象救助全覆盖，重点加强对孤儿、农村留守儿童、困境儿童、事实无人抚养儿童及进城务工人员子女等特殊被害人群体的关爱救助。主动协调职能部门，借助社会力量，提供身心康复、生活安置、复学就业、法律支持等多元综合救助，帮助被害人及其家庭摆脱困境。会同司法行政部门，健全完善刑事案件未成年被害人法律援助制度。

三、依法惩戒、精准帮教罪错未成年人

8. 坚持惩治与教育相结合。克服简单从轻、单纯打击和帮教形式化倾向，对于主观恶性大、犯罪性质恶劣、手段残忍、后果严重的未成年人，依法惩处，管束到位，充分发挥刑罚的教育和警示功能；对于主观恶性不大、初犯偶犯的未成年人，依法从宽，实施精准帮教，促进顺利回归社会。准确把握未成年人定罪量刑标准，深入研究涉罪未成年人成长环境、犯罪心理，把个案情况吃透，将党和国家有关处理未成年人犯罪的统一方针、原则，个别化、精准化运用到每一个司法案件中。对未成年人涉黑涉恶案件要准确理解刑事政策和案件本质，认真全面审查事实证据，从严把握认定标准，不符合规定的依法坚决不予认定。对拟认定未成年人构成黑恶犯罪并提起公诉的案件，要逐级上报省级检察院审查把关。

9. 深入落实未成年人特殊检察制度。强化对未成年人严格限制适用逮捕措施，科学把握社会危险性、羁押必要性和帮教可行性。改进社会调查收集、审查方式，科学评估调查质量，解决调查报告形式化、同质化等问题，努力实现社会调查全覆盖，充分发挥社会调查在办案和帮教中的参考作用。加强合适成年人履职能力培训，推动建立稳定的合适成年人队伍。委托心理、社会工作等领域专家开展心理疏导、心理测评等工作，规范运用心理疏导、心理测评辅助办案的方式方法。准确把握附条件不起诉的意义和价值，对符合条件的未成年犯罪嫌疑人积极予以适用，确保适用比例不断提高。落实犯罪记录封存制度，联合公安机关、人民法院制定关于犯罪记录封存的相关规定，协调、监督公安机关依法出具无犯罪记录相关证明，并结合司法办案实践，适时提出修改完善封存制度的意见建议。

10. 准确适用认罪认罚从宽制度。依法履行主导责任，用符合未成年人认知能力的语言，阐明相关法律规定，发挥法定代理人和辩护人作用，帮助其理性选择，同时依法保障未成年被害人的参与、监督、救济等权利。发挥认罪认罚从宽制度的程序分流作用，依法积极适用相对不起诉、附条件不起诉。拟提起公诉的，在依法提出量刑建议的同时，探索提出有针对性的帮教建议。自2020年开始，未成年人犯罪案件认罪认罚从宽制度总体适用率达到80%以上。

11. 加强涉罪未成年人帮教机制建设。探索“互联网+”帮教模式，促进涉罪未成年人帮教内容和方式多元化。引入人格甄别、心理干预等手段，提高帮教的精准度、有效性。加强对附条件不起诉未成年人的考察帮教，积极开展诉前观护帮教，延伸开展不捕、相对不起诉后的跟踪帮教，把帮教贯穿刑事案件办理全过程。探索帮教工作案件化办理。建立流动涉罪未成年人帮教异地协作机制，联合开展社会调查、心理疏导、监督考察、社区矫正监督等工作，确保平等司法保护。

12. 推动建立罪错未成年人分级干预体系。加强与公安、教育等职能部门的配合协作，建立健全严重不良行为、未达刑事责任年龄不予刑事处罚未成年人的信息互通、线索移送和早期干预机制，推动完善罪错未成年人临界预防、家庭教育、保护处分等有机衔接的分级干预制度。认真落实《关于加强专门学校建设和专门教育工作的意见》，积极推动解决招生对象、入学程序、效果评估等方面的难题，探索建立检察机关与专门学校的工作衔接机制，把保护、教育、管束落到实处，切实发挥专门学校独特的教育矫治作用。全面加强家庭教育指导，督促父母提升监护能力，落实监护责任。

四、不断深化未成年人检察业务统一集中办理改革

13. 发挥统一集中办理特色与优势。未成年人刑事执行、民事、行政、公益诉讼检察业务统一由未成年人检察部门集中办理是实现未成年人综合司法保护的客观需要。在办案监督的同时，更加注重对涉案未成年人的帮教和救助。贯彻未成年人利益最大化理念，更加强调监督的主动性、及时性和有效性。注重从所办理的未成年人刑事案件中发现线索，发挥与传统未成年人刑事检察工作紧密相连的效率优势，更好地维护未成年人合法权益。

14. 突出统一集中办理工作重点。认真落实《社区矫正法》《人民检察院刑事诉讼规则》相关规定，积极开展羁押必要性审查，灵活运用派驻检察、巡回检察等方式，加强对看守所、未成年犯管教所监管未成年人活动的监督，配合做好对未成年人的教育，推动对在押未成年人分别关押、分别管理、分别教育落地落实。以纠正脱管漏管、落实特殊矫正措施为重点，加强对未成年人社区矫正活动的监督。切实强化监护侵害和监护缺失监督，稳步推进涉及未成年人抚养、收养、继承、教育等民事行政案件的审判监督和执行活动监督，补强未成年人重大利益家事审判活动监督“短板”。进一步加强对留守儿童等特殊群体民事行政权益保护工作的监督。对食品药品安全、产品质量、烟酒销售、文化宣传、网络信息传播以及其他领域侵害众多未成年人合法权益的，结合实际需要，积极、稳妥开展公益诉讼工作。

15. 有序推进统一集中办理工作。检察机关涉未成年人刑事、民事、行政、公益诉讼案件原则上可由未成年人检察部门统一集中办理，没有专设机构的，由未成年人检察办案组或独任检察官办理，其他部门予以全力支持配合。稳步推进、适时扩大试行范围。具备条件的地方，可以在省级检察院指导下开展试点工作。各省级检察院可以择优确定重点试点单位，打造试点工作“升级版”，促进试点成果转化运用，推动“试验田”向“示范田”转变。上级检察院要切实承担对下指导责任，总结分析基层试点成效和经验，推出一批体现未成年人检察特色的指导性案例、典型案例，研究解决新情况新问题，并及时将有关情况报送高检院。争取自2021年起，未成年人检察业务统一集中办理工作在全国检察机关全面推开。

16. 完善统一集中办理工作长效机制。研究制定统一集中办理工作业务指引，明确受案范围、履职方式和工作标准。加强与公安机关、人民法院、民政、共青团、妇联等单位的协作，完善与刑事、民事、行政、公益诉讼检察部门的分工负责、互相配合机制，建立内外部信息通报、线索移交、协商沟通、衔接支持制度，形成工作合力。条件成熟时，联合有关单位出台统一集中办理未成年人案件工作指导意见。

五、积极促进未成年人保护社会治理现代化建设

17. 抓好“一号检察建议”监督落实。把“一号检察建议”监督落实作为各级人民检察院的“一把手”工程，没完没了抓落实，努力做成刚性、做到刚性。加强与教育行政部门、学校等沟通配合，各司其职、各负其责，深入中小学校、幼儿园以及校外培训机构等开展调研检查，建立问题整改清单，监督限期整改。积极推动健全事前预防、及时发现、有效处置的各项制度，跟踪监督落实落地。完善问责机制，对造成严重后果的失职、渎职人员，依法移送纪检监察部门追责问责。深刻认识督促落实“一号检察建议”的本质要求是把未成年人保护有关法律规定不折不扣地落到实处，真正形成政治、法治和检察监督的“三个自觉”，以性侵案件为切入点、突破口，以“一号检察建议”为牵引，助推各职能部门依法履职，促进未成年人保护社会治理。

18. 全面推行侵害未成年人案件强制报告和入职查询制度。加快推进、完善侵害未成年人案件强制报告制度，督促有关部门、密切接触未成年人行业的各类组织及其从业人员严格履行报告义务。积极沟通协调，联合公安部、教育部等部门，建立教职员工等特殊岗位入职查询性侵害等违法犯罪信息制度，统一管理，明确查询程序及相应责任，构筑未成年人健康成长的“防火墙”。

19. 切实发挥12309检察服务中心未成年人司法保护专区作用。依托专区功能，及时接收涉未成年人刑事申诉、控告和司法救助线索。进一步明确涉未成年人线索的受理、移送和答复流程，严格执行“七日内回复、三个月答复”规定，及时受理，逐级分流，依法办理，确保事事有着落、件件有回音。根据实践需求，不断完善功能，更新方式，逐步实现“未成年人司法保护专区”的全覆盖，构建起上下一体、协作联动、及时有效的工作格局。

20. 加强对未成年人权益维护的法律监督。立足检察办案，对制作传播网络违法及不良信息、未成年人沉迷网络特别是网络游戏管控、宣传报道侵犯未成年人权益，校园周边安全治理及文化市场整治，娱乐场所、网吧、宾馆及其他场所违规接待、容留未成年人等重点问题，加大监督力度，推动长效治理。探索通过支持起诉、强制家庭教育指导等方式，督促教育行政部门、学校、家庭等妥善解决涉案辍学未成年人的教育问题。对有关部门怠于履职，侵害未成年人权益的，依法通过检察建议、公益诉讼等方式开展法律监督，努力做到“办理一案、治理一片”。加强对涉未成年人案件特点、原因和趋势的分析，及时发现案件背后存在的社会治理问题，提出针对性、有价值的决策参考。推行向党委政府专题报告未成年人检察工作制度，适时发布未成年人检察工作白皮书。

六、深入开展未成年人法治宣传教育

21. 稳步推进检察官兼任法治副校长工作。至2020年底，实现全国四级检察院院领导、未成年人检察工作人员兼任法治副校长全覆盖。推广重庆检察机关“莎姐”团队等地经验，鼓励、吸纳其他部门检察人员、社会工作者、志愿者等加入法治宣讲队伍。联合教育部等部门出台检察官担任法治副校长工作规范。各级人民检察院要督促法治副校长认真充分履职，确保法治教育效果，积极协助学校制定法治教育规划、开设法治教育课程，推动提升法治教育和依法管理水平。

22. 常态化开展“法治进校园”活动。认真落实国家机关“谁执法谁普法”普法责任制。深化检校合作、检社合作，制定普法活动周期表，扩大覆盖面，努力满足外来务工人员子女、留守儿童、辍学闲散未成年人、中等职业院校学生等群体法治教育需求。根据实际需要，开展“菜单式”法治教育。充分发挥“法治进校园”全国巡讲团作用，适时开展专项巡讲活动。会同教育部出台“法治进校园”工作意见，推进“法治进校园”常态化、制度化。

23. 不断丰富未成年人法治教育内容。加强法治教育课程研发工作，建立未成年人普法精品课程库。围绕校园欺凌、性侵害、毒品危害、网络犯罪、“校园贷”等热点问题，组织编写图文并茂的法治教育教材。鼓励创作、拍摄未成年人保护主题的歌曲、话剧、微电影微视频等作品。会同中央广播电视总台，持续做好《守护明天》未成年人法治节目，拓展节目选题、创新讲述方式、丰富讲述内容，打造特色品牌。利用网络信息技术，建立完善线上法治教育平台，提高平台的覆盖率、使用率。会同司法行政、教育等部门，推进未成年人法治教育基地建设，综合运用知识讲授、体验教学、实践模拟等多种方式，提升法治基地教育效果。充分利用教育系统平台，联合推出优质法治教育网课。加强未成年人法治教育线上和线下平台建设，形成未成年人法治教育与实践立体化工作格局。

七、持续加强未成年人检察专业化规范化建设

24. 加强未成年人检察组织体系建设。认真落实高检院机构改革有关要求，省会城市、较大城市的检察院要设立独立的未成年人检察机构。没有专设未成年人检察机构的检察院，要有专门的未成年人检察办案组或者独任检察官，办案组实行对内单独考核管理，对外可以“未成年人检察工作办公室”名义开展工作。针对未成年人检察工作量大幅增加的新情况，加强研究论证，各地特别是基层检察院可以根据实际需要对未成年人检察人员配备、办案机构等进行适当调整。规范未成年人检察内设机构运行，落实检察官司法责任制。

25. 强化未成年人检察业务管理。以工作质量、帮教效果为核心，完善未成年人检察工作独立评价与指标体系。省级检察院要研究制定实施细则，对未成年人检察办案组、独任检察官履职情况单独评价。深化“捕、诉、监、防、教”一体化工作机制，明确同一案件的审查逮捕、审查起诉、法律监督、犯罪预防、教育挽救工作依法由同一检察官办案组或者独任检察官负责。明确未成年人刑事检察受案范围，所有未成年人犯罪案件、侵害未成年人犯罪案件原则上统一由未成年人检察部门或未成年人检察办案组办理，完善涉及未成年人的共同犯罪案件分案办理机制。推进办案方式和专用文书改革，探索逐步将未成年人检察特殊业务纳入案件管理体制。常态化开展未成年人检察案件质量评查，有效降低“案件比”，提升办案质量、效率和效果。

26. 健全涉未成年人案件办理制度规则。修改完善《未成年人刑事检察工作指引（试行）》。制定下发有关性侵害未成年人犯罪、涉及未成年人黑恶犯罪、未成年人毒品犯罪等疑难复杂案件办理规范或指导意见。准确把握涉未成年人案件的特殊规律，建立健全未成年人言词证据审查判断规则。

27. 研编未成年人检察案例。按照“一个案例胜过一打文件”的思路，聚焦未成年人司法保护的难点、热点问题，加大指导性案例、典型案例研编力度。认真落实《最高人民检察院关于案例指导工作的规定》，抓好案例的挖掘、筛选、储备、报送工作。加强案例意识培养，对于具有典型意义的案件，坚持高标准、严要求，努力办成精品、成为典型案例。建立全国未成年人检察案例库。省级检察院要总结、发布典型案例。

28. 推进“智慧未检”建设。做好未成年人检察部门部署应用检察机关统一业务应用系统 2.0 版工作。加快推进未成年人帮教维权平台建设。探索引入区块链技术，提升特殊制度落实、犯罪预防、帮教救助等工作的精准性、有效性。注重未成年人检察大数据建设与应用，加强对性侵害未成年人、校园欺凌、辍学未成年人犯罪、监护侵害和缺失、未成年人涉网等问题的分析研判，提升未成年人检察的智能化水平。

29. 促进未成年人检察工作交流协作。做好未成年人检察业务援藏援疆工作。加强全国未成年人检察业务和人员交流，推动省际、市际未成年人检察部门结对共建，引导加强直辖市、京津冀、长江经济带、少数民族地区等区域间未成年人检察工作联系，举办未成年人检察论坛，总结探索特色发展之路。组织全国未成年人检察业务专家、骨干人才赴工作相对滞后地区指导帮扶，促进未成年人检察整体发展。

八、积极推进未成年人检察社会化建设

30. 加强社会支持体系建设试点工作。认真落实与共青团中央会签的《关于构建未成年人检察工作社会支持体系合作框架协议》，加强与各级共青团组织沟通协作，完善建设未成年人检察社会支持体系的路径和机制。紧紧围绕未成年人司法社会服务机构实体化运行、社会力量参与未成年人司法保护工作的内容、流程，进一步创新工作方式，打造实践样板。联合有关部门强化督导，逐步扩大试点范围，2021 年力争实现社会支持体系在重点地区、重点领域广泛适用。

31. 促进社会支持体系工作不断规范。会同有关部门，制定全国未成年人司法社工服务指引和评价标准。推动将服务经费列入办案预算，完善绩效管理和人才激励机制，保证司法社工参与未成年人检察工作的持续性和稳定性。建立检察机关参与司法社工人才培养机制，将社会调查员、家庭教育指导人员等纳入培训范围，推动提升专业水平。积极争取党委、政府支持，推动未成年人检察（司法）社会服务中心建设，实现资源有效统筹和线索及时转介。

32. 规范未成年人观护基地建设。加强和规范涉罪未成年人社会观护工作，鼓励流动人口较多的地区根据工作需要在社区、企业等建立未成年人观护基地，组织开展帮扶教育、技能培训等活动。研究出台检察机关未成年人观护基地建设指导意见，规范观护流程、内容及经费保障等工作。

33. 推动建立未成年人司法保护联动机制。发挥检察机关承上启下、唯一参与未成年人司法保护全过程的职能定位，积极主动履行责任。争取党委政法委支持，联合法院、公安、司法行政、教育、民政、共青团、妇联、关工委等单位，建立未成年人司法保护联席会议机制，定期召开会议，共同研究解决未成年人司法保护中的重大疑难问题，实现信息资源共享、工作有效衔接。认真落实高检院与全国妇联会签的《关于建立共同推动保护妇女儿童权益工作合作机制的通知》。

九、切实加强对未成年人检察工作的组织领导

34. 加强对未成年人检察工作的领导和支持。各级人民检察院党组要把未成年人检察工作纳入重要议事日程，制定中长期规划，每年至少听取一次专门工作汇报，研究破解制约未成年人检察发展的重大问题。检察长要亲自出面，积极争取党委、政府支持，协调有关部门解决重点问题。分管院领导要一线抓、重点抓、深入抓，组织实施党组工作部署，指导、保障未成年人检察人员依法充分履行职责。

35. 加强未成年人检察专业队伍建设。加大业务培训力度，扩大覆盖面，强化典型案事例的示范引领，不断提高未成年人检察队伍综合业务能力。用好用足“检答网”，及时解疑答惑。加强岗位练兵，每三年举办全国未成年人检察业务竞赛，省级检察院定期举办全省（自治区、直辖市）业务竞赛，发现、培养一批政治素质高、业务能力强，热爱未成年人检察工作的专家型人才。逐级、分类建立未成年人检察人才库，为未成年人检察业务骨干提供成长成才平台。保持未成年人检察队伍相对稳定，对于未成年人检察条线的先进模范、全国未成年人检察业务竞赛标兵能手、“法治进校园”全国巡讲团成员、《守护明天》主讲人等，要尽量留在未成年人检察岗位，充分发挥“传帮带”作用。加强未成年人检察品牌建设，发展好已有特色品牌，增强示范和带动效应。

36. 切实抓好廉政建设。强化未成年人检察队伍廉洁自律意识和职业道德养成，及时排查未成年人检察部门廉政风险点，扎牢制度笼子。健全完善未成年人检察官权力清单和案件审批制度，检察长、分管检察长和部门负责人要切实履行主体责任。严格落实干预、过问案件“三个规定”，做到凡过问必登记。

37. 重视理论研究和国际交流。充分发挥高检院专家咨询委员会、未成年人检察专业委员会以及全国未成年人检察专家顾问的作用，凝聚法学院校、科研单位研究力量，加强未成年人检察基础理论和实务应用研究。积极促进未成年人检察、未成年人司法学科建设。加强未成年人检察研究基地建设，鼓励各级人民检察院开展相关课题研究。积极参与《未成年人保护法》《预防未成年人犯罪法》修改工作，结合实践提出意见建议。高检院深入推进重大课题研究，适时提出《未成年人司法法》《未成年人刑法》等立法建议稿，并向社会发布。加强与联合国儿童基金会、救助儿童会等国际组织的交流与合作，积极借鉴吸收域外先进经验。

38. 鼓励探索创新。高度重视创新对未成年人检察工作的特殊引领示范作用，建立崇尚创新、鼓励创新的激励机制。加强对全国未成年人检察工作创新实践基地工作的指导、评估、考察，及时进行总结规范，形成可复制的经验，成熟一个，推广一个。

39. 做好宣传工作。高度重视未成年人检察领域意识形态工作，建立预警、应用和处置机制。综合运用传统媒体和“两微一端”等新媒体平台，讲好未成年人检察故事。利用“六一”等重要时间节点，通过检察开放日、新闻发布会、发布典型案事例等多种方式，介绍检察机关在保护未成年人方面的工作举措及成效。加强宣传工作中的隐私保护，维护涉案未成年人合法权益，正确引导舆情方向，形成良好舆论氛围，促进“本在检察工作”“要在检察文化”“效在检察新闻宣传”的有机统一。

最高人民法院关于加强新时代未成年人审判工作的意见

（2020 年 12 月 24 日　法发〔2020〕45 号）

为深入贯彻落实习近平新时代中国特色社会主义思想，认真学习贯彻习近平法治思想，切实做好未成年人保护和犯罪预防工作，不断提升未成年人审判工作能力水平，促进完善中国特色社会主义少年司法制度，根据《中华人民共和国未成年人保护法》《中华人民共和国预防未成年人犯罪法》等相关法律法规，结合人民法院工作实际，就加强新时代未成年人审判工作提出如下意见。

一、提高政治站位，充分认识做好新时代未成年人审判工作的重大意义

1. 未成年人是国家的未来、民族的希望。近年来，随着经济社会发

展，未成年人的成长环境出现新的特点。进入新时代，以习近平同志为核心的党中央更加重视未成年人的健康成长，社会各界对未成年人保护和犯罪预防问题更加关切。维护未成年人权益，预防和矫治未成年人犯罪，是人民法院的重要职责。加强新时代未成年人审判工作，是人民法院积极参与国家治理、有效回应社会关切的必然要求。

2. 未成年人审判工作只能加强、不能削弱。要站在保障亿万家庭幸福安宁、全面建设社会主义现代化国家、实现中华民族伟大复兴中国梦的高度，充分认识做好新时代未成年人审判工作的重大意义，强化使命担当，勇于改革创新，切实做好未成年人保护和犯罪预防工作。

3. 加强新时代未成年人审判工作，要坚持党对司法工作的绝对领导，坚定不移走中国特色社会主义法治道路，坚持以人民为中心的发展思想，坚持未成年人利益最大化原则，确保未成年人依法得到特殊、优先保护。对未成年人犯罪要坚持“教育、感化、挽救”方针和“教育为主、惩罚为辅”原则。

4. 对未成年人权益要坚持双向、全面保护。坚持双向保护，既依法保障未成年被告人的权益，又要依法保护未成年被害人的权益，对各类侵害未成年人的违法犯罪要依法严惩。坚持全面保护，既要加强对未成年人的刑事保护，又要加强对未成年人的民事、行政权益的保护，努力实现对未成年人权益的全方位保护。

二、深化综合审判改革，全面加强未成年人权益司法保护

5. 深化涉及未成年人案件综合审判改革，将与未成年人权益保护和犯罪预防关系密切的涉及未成年人的刑事、民事及行政诉讼案件纳入少年法庭受案范围。少年法庭包括专门审理涉及未成年人刑事、民事、行政案件的审判庭、合议庭、审判团队以及法官。

有条件的人民法院，可以根据未成年人案件审判工作需要，在机构数量限额内设立专门审判庭，审理涉及未成年人刑事、民事、行政案件。不具备单独设立未成年人案件审判机构条件的法院，应当指定专门的合议庭、审判团队或者法官审理涉及未成年人案件。

6. 被告人实施被指控的犯罪时不满十八周岁且人民法院立案时不满二十周岁的刑事案件，应当由少年法庭审理。

7. 下列刑事案件可以由少年法庭审理：

（1）人民法院立案时不满二十二周岁的在校学生犯罪案件；

（2）强奸、猥亵等性侵未成年人犯罪案件；

（3）杀害、伤害、绑架、拐卖、虐待、遗弃等严重侵犯未成年人人身权利的犯罪案件；

（4）上述刑事案件罪犯的减刑、假释、暂予监外执行、撤销缓刑等刑罚执行变更类案件；

（5）涉及未成年人，由少年法庭审理更为适宜的其他刑事案件。

未成年人与成年人共同犯罪案件，一般应当分案审理。

8. 下列民事案件由少年法庭审理：

（1）涉及未成年人抚养、监护、探望等事宜的婚姻家庭纠纷案件，以及适宜由少年法庭审理的离婚案件；

（2）一方或双方当事人为未成年人的人格权纠纷案件；

（3）侵权人为未成年人的侵权责任纠纷案件，以及被侵权人为未成年人，由少年法庭审理更为适宜的侵权责任纠纷案件；

（4）涉及未成年人的人身安全保护令案件；

（5）涉及未成年人权益保护的其他民事案件。

9. 当事人为未成年人的行政诉讼案件，有条件的法院，由少年法庭审理。

10. 人民法院审理涉及未成年人案件，应当根据案件情况开展好社会调查、社会观护、心理疏导、法庭教育、家庭教育、司法救助、回访帮教等延伸工作，提升案件办理的法律效果和社会效果。

三、加强审判机制和组织建设，推进未成年人审判专业化发展

11. 坚持未成年人审判的专业化发展方向，加强未成年人审判工作的组织领导和业务指导，加强审判专业化、队伍职业化建设。

12. 大力推动未成年人审判与家事审判融合发展，更好维护未成年人合法权益，促进家庭和谐、社会安定，预防、矫治未成年人犯罪。未成年人审判与家事审判要在各自相对独立的基础上相互促进、协调发展。

13. 最高人民法院建立未成年人审判领导工作机制，加大对全国法院未成年人审判工作的组织领导、统筹协调、调查研究、业务指导。高级人民法院相应设立未成年人审判领导工作机制，中级人民法院和有条件的基层人民法院可以根据情况和需要，设立未成年人审判领导工作机制。

14. 地方各级人民法院要结合内设机构改革，落实《中华人民共和国未成年人保护法》《中华人民共和国预防未成年人犯罪法》关于应当确定专门机构或者指定专门人员办理涉及未成年人案件、负责预防未成年人犯罪工作的要求，充实未成年人审判工作力量，加强未成年人审判组织建设。

15. 探索通过对部分城区人民法庭改造或者加挂牌子的方式设立少年法庭，审理涉及未成年人的刑事、民事、行政案件，开展延伸帮教、法治宣传等工作。

16. 上级法院应当加强对辖区内下级法院未成年人审判组织建设工作的监督、指导和协调，实现未成年人审判工作的上下统一归口管理。

四、加强专业队伍建设，夯实未成年人审判工作基础

17. 各级人民法院应当高度重视未成年人审判队伍的培养和建设工作。要选用政治素质高、业务能力强、熟悉未成年人身心特点、热爱未成年人权益保护工作和善于做未成年人思想教育工作的法官负责审理涉及未成年人案件，采取措施保持未成年人审判队伍的稳定性。

18. 各级人民法院应当根据未成年人审判的工作特点和需要，为少年法庭配备专门的员额法官和司法辅助人员。加强法官及其他工作人员的业务培训，每年至少组织一次专题培训，不断提升、拓展未成年人审判队伍的司法能力。

19. 各级人民法院可以从共青团、妇联、关工委、工会、学校等组织的工作人员中依法选任人民陪审员，参与审理涉及未成年人案件。审理涉及未成年人案件的人民陪审员应当熟悉未成年人身心特点，具备一定的青少年教育学、心理学知识，并经过必要的业务培训。

20. 加强国际交流合作，拓展未成年人审判的国际视野，及时掌握未成年人审判的发展动态，提升新时代未成年人审判工作水平。

五、加强审判管理，推动未成年人审判工作实现新发展

21. 对涉及未成年人的案件实行专门统计。建立符合未成年人审判工作特点的司法统计指标体系，掌握分析涉及未成年人案件的规律，有针对性地制定和完善少年司法政策。

22. 对未成年人审判进行专门的绩效考核。要落实《中华人民共和国未成年人保护法》关于实行与未成年人保护工作相适应的评价考核标准的要求，将社会调查、心理疏导、法庭教育、延伸帮教、法治宣传、参与社会治安综合治理等工作纳入绩效考核范围，不能仅以办案数量进行考核。

要科学评价少年法庭的业绩，调动、激励工作积极性。

23. 完善未成年人审判档案管理制度。将审判延伸、判后帮教、法治教育、犯罪记录封存等相关工作记录在案，相关材料订卷归档。

六、加强协作配合，增强未成年人权益保护和犯罪预防的工作合力

24. 加强与公安、检察、司法行政等部门的协作配合，健全完善“政法一条龙”工作机制，严厉打击侵害未成年人犯罪，有效预防、矫治未成年人违法犯罪，全面保护未成年人合法权益。

25. 加强与有关职能部门、社会组织和团体的协调合作，健全完善“社会一条龙”工作机制，加强未成年人审判社会支持体系建设。通过政府购买社会服务等方式，调动社会力量，推动未成年被害人救助、未成年罪犯安置帮教、未成年人民事权益保护等措施有效落实。

26. 加强法治宣传教育工作，特别是校园法治宣传。充分发挥法治副校长作用，通过法治进校园、组织模拟法庭、开设法治网课等活动，教育引导未成年人遵纪守法，增强自我保护的意识和能力，促进全社会更加关心关爱未成年人健康成长。

七、加强调查研究，总结推广先进经验和创新成果

27. 深化未成年人审判理论研究。充分发挥中国审判理论研究会少年审判专业委员会、最高人民法院少年司法研究基地作用，汇聚各方面智慧力量，加强新时代未成年人审判重大理论和实践问题研究，为有效指导司法实践、进一步完善中国特色社会主义少年司法制度提供理论支持。

28. 加强调查研究工作。针对未成年人保护和犯罪预防的热点、难点问题，适时研究制定司法解释、司法政策或者发布指导性案例、典型案例，明确法律适用、政策把握，有效回应社会关切。

29. 加强司法建议工作。结合案件审判，针对未成年人保护和犯罪预防的薄弱环节，有针对性、建设性地提出完善制度、改进管理的建议，促进完善社会治理体系。

30. 认真总结、深入宣传未成年人审判工作经验和改革创新成果。各级人民法院要结合本地实际，在法律框架内积极探索有利于强化未成年人权益保护和犯罪预防的新机制、新方法。通过专题片、微电影、新闻发布会、法治节目访谈、典型案例、重大司法政策文件发布、优秀法官表彰等多种形式，强化未成年人审判工作宣传报道，培树未成年人审判工作先进典型。

最高人民法院、最高人民检察院、公安部、民政部关于依法处理监护人侵害未成年人权益行为若干问题的意见

（2014 年 12 月 18 日　法发〔2014〕24 号）

为切实维护未成年人合法权益，加强未成年人行政保护和司法保护工作，确保未成年人得到妥善监护照料，根据民法通则、民事诉讼法、未成年人保护法等法律规定，现就处理监护人侵害未成年人权益行为（以下简称监护侵害行为）的有关工作制定本意见。

一、一般规定

1. 本意见所称监护侵害行为，是指父母或者其他监护人（以下简称监护人）性侵害、出卖、遗弃、虐待、暴力伤害未成年人，教唆、利用未成年人实施违法犯罪行为，胁迫、诱骗、利用未成年人乞讨，以及不履行监护职责严重危害未成年人身心健康等行为。

2. 处理监护侵害行为，应当遵循未成年人最大利益原则，充分考虑未成年人身心特点和人格尊严，给予未成年人特殊、优先保护。

3. 对于监护侵害行为，任何组织和个人都有权劝阻、制止或者举报。

公安机关应当采取措施，及时制止在工作中发现以及单位、个人举报的监护侵害行为，情况紧急时将未成年人带离监护人。

民政部门应当设立未成年人救助保护机构（包括救助管理站、未成年人救助保护中心），对因受到监护侵害进入机构的未成年人承担临时监护责任，必要时向人民法院申请撤销监护人资格。

人民法院应当依法受理人身安全保护裁定申请和撤销监护人资格案件并作出裁判。

人民检察院对公安机关、人民法院处理监护侵害行为的工作依法实行法律监督。

人民法院、人民检察院、公安机关设有办理未成年人案件专门工作机

构的，应当优先由专门工作机构办理监护侵害案件。

4. 人民法院、人民检察院、公安机关、民政部门应当充分履行职责，加强指导和培训，提高保护未成年人的能力和水平；加强沟通协作，建立信息共享机制，实现未成年人行政保护和司法保护的有效衔接。

5. 人民法院、人民检察院、公安机关、民政部门应当加强与妇儿工委、教育部门、卫生部门、共青团、妇联、关工委、未成年人住所地村（居）民委员会等的联系和协作，积极引导、鼓励、支持法律服务机构、社会工作服务机构、公益慈善组织和志愿者等社会力量，共同做好受监护侵害的未成年人的保护工作。

二、报告和处置

6. 学校、医院、村（居）民委员会、社会工作服务机构等单位及其工作人员，发现未成年人受到监护侵害的，应当及时向公安机关报案或者举报。

其他单位及其工作人员、个人发现未成年人受到监护侵害的，也应当及时向公安机关报案或者举报。

7. 公安机关接到涉及监护侵害行为的报案、举报后，应当立即出警处置，制止正在发生的侵害行为并迅速进行调查。符合刑事立案条件的，应当立即立案侦查。

8. 公安机关在办理监护侵害案件时，应当依照法定程序，及时、全面收集固定证据，保证办案质量。

询问未成年人，应当考虑未成年人的身心特点，采取和缓的方式进行，防止造成进一步伤害。

未成年人有其他监护人的，应当通知其他监护人到场。其他监护人无法通知或者未能到场的，可以通知未成年人的其他成年亲属、所在学校、村（居）民委员会、未成年人保护组织的代表以及专业社会工作者等到场。

9. 监护人的监护侵害行为构成违反治安管理行为的，公安机关应当依法给予治安管理处罚，但情节特别轻微不予治安管理处罚的，应当给予批评教育并通报当地村（居）民委员会；构成犯罪的，依法追究刑事责任。

10. 对于疑似患有精神障碍的监护人，已实施危害未成年人安全的行为或者有危害未成年人安全危险的，其近亲属、所在单位、当地公安机关应当立即采取措施予以制止，并将其送往医疗机构进行精神障碍诊断。

11. 公安机关在出警过程中，发现未成年人身体受到严重伤害、面临严重人身安全威胁或者处于无人照料等危险状态的，应当将其带离实施监护侵害行为的监护人，就近护送至其他监护人、亲属、村（居）民委员会或者未成年人救助保护机构，并办理书面交接手续。未成年人有表达能力的，应当就护送地点征求未成年人意见。

负责接收未成年人的单位和人员（以下简称临时照料人）应当对未成年人予以临时紧急庇护和短期生活照料，保护未成年人的人身安全，不得侵害未成年人合法权益。

公安机关应当书面告知临时照料人有权依法向人民法院申请人身安全保护裁定和撤销监护人资格。

12. 对身体受到严重伤害需要医疗的未成年人，公安机关应当先行送医救治，同时通知其他有监护资格的亲属照料，或者通知当地未成年人救助保护机构开展后续救助工作。

监护人应当依法承担医疗救治费用。其他亲属和未成年人救助保护机构等垫付医疗救治费用的，有权向监护人追偿。

13. 公安机关将受监护侵害的未成年人护送至未成年人救助保护机构的，应当在五个工作日内提供案件侦办查处情况说明。

14. 监护侵害行为可能构成虐待罪的，公安机关应当告知未成年人及其近亲属有权告诉或者代为告诉，并通报所在地同级人民检察院。

未成年人及其近亲属没有告诉的，由人民检察院起诉。

三、临时安置和人身安全保护裁定

15. 未成年人救助保护机构应当接收公安机关护送来的受监护侵害的未成年人，履行临时监护责任。

未成年人救助保护机构履行临时监护责任一般不超过一年。

16. 未成年人救助保护机构可以采取家庭寄养、自愿助养、机构代养或者委托政府指定的寄宿学校安置等方式，对未成年人进行临时照料，并为未成年人提供心理疏导、情感抚慰等服务。

未成年人因临时监护需要转学、异地入学接受义务教育的，教育行政部门应当予以保障。

17. 未成年人的其他监护人、近亲属要求照料未成年人的，经公安机关或者村（居）民委员会确认其身份后，未成年人救助保护机构可以将未成年人交由其照料，终止临时监护。

关系密切的其他亲属、朋友要求照料未成年人的，经未成年人父、母所在单位或者村（居）民委员会同意，未成年人救助保护机构可以将未成年人交由其照料，终止临时监护。

未成年人救助保护机构将未成年人送交亲友临时照料的，应当办理书面交接手续，并书面告知临时照料人有权依法向人民法院申请人身安全保护裁定和撤销监护人资格。

18. 未成年人救助保护机构可以组织社会工作服务机构等社会力量，对监护人开展监护指导、心理疏导等教育辅导工作，并对未成年人的家庭基本情况、监护情况、监护人悔过情况、未成年人身心健康状况以及未成年人意愿等进行调查评估。监护人接受教育辅导及后续表现情况应当作为调查评估报告的重要内容。

有关单位和个人应当配合调查评估工作的开展。

19. 未成年人救助保护机构应当与公安机关、村（居）民委员会、学校以及未成年人亲属等进行会商，根据案件侦办查处情况说明、调查评估报告和监护人接受教育辅导等情况，并征求有表达能力的未成年人意见，形成会商结论。

经会商认为本意见第 11 条第 1 款规定的危险状态已消除，监护人能够正确履行监护职责的，未成年人救助保护机构应当及时通知监护人领回未成年人。监护人应当在三日内领回未成年人并办理书面交接手续。会商形成结论前，未成年人救助保护机构不得将未成年人交由监护人领回。

经会商认为监护侵害行为属于本意见第 35 条规定情形的，未成年人救助保护机构应当向人民法院申请撤销监护人资格。

20. 未成年人救助保护机构通知监护人领回未成年人的，应当将相关情况通报未成年人所在学校、辖区公安派出所、村（居）民委员会，并告知其对通报内容负有保密义务。

21. 监护人领回未成年人的，未成年人救助保护机构应当指导村（居）民委员会对监护人的监护情况进行随访，开展教育辅导工作。

未成年人救助保护机构也可以组织社会工作服务机构等社会力量，开展前款工作。

22. 未成年人救助保护机构或者其他临时照料人可以根据需要，在诉讼前向未成年人住所地、监护人住所地或者侵害行为地人民法院申请人身安全保护裁定。

未成年人救助保护机构或者其他临时照料人也可以在诉讼中向人民法院申请人身安全保护裁定。

23. 人民法院接受人身安全保护裁定申请后，应当按照民事诉讼法第 103
一百条、第一百零一条、第一百零二条的规定作出裁定。经审查认为存在 104
侵害未成年人人身安全危险的，应当作出人身安全保护裁定。 105

人民法院接受诉讼前人身安全保护裁定申请后，应当在四十八小时内作出裁定。接受诉讼中人身安全保护裁定申请，情况紧急的，也应当在四十八小时内作出裁定。人身安全保护裁定应当立即执行。

24. 人身安全保护裁定可以包括下列内容中的一项或者多项：

（一）禁止被申请人暴力伤害、威胁未成年人及其临时照料人；

（二）禁止被申请人跟踪、骚扰、接触未成年人及其临时照料人；

（三）责令被申请人迁出未成年人住所；

（四）保护未成年人及其临时照料人人身安全的其他措施。

25. 被申请人拒不履行人身安全保护裁定，危及未成年人及其临时照料人人身安全或者扰乱未成年人救助保护机构工作秩序的，未成年人、未成年人救助保护机构或者其他临时照料人有权向公安机关报告，由公安机关依法处理。

被申请人有其他拒不履行人身安全保护裁定行为的，未成年人、未成
年人救助保护机构或者其他临时照料人有权向人民法院报告，人民法院根 114
据民事诉讼法第一百一十一条、第一百一十五条、第一百一十六条的规定， 118
视情节轻重处以罚款、拘留；构成犯罪的，依法追究刑事责任。 119

26. 当事人对人身安全保护裁定不服的，可以申请复议一次。复议期间不停止裁定的执行。

四、申请撤销监护人资格诉讼

27. 下列单位和人员（以下简称有关单位和人员）有权向人民法院申请撤销监护人资格：

（一）未成年人的其他监护人，祖父母、外祖父母、兄、姐，关系密切的其他亲属、朋友；

（二）未成年人住所地的村（居）民委员会，未成年人父、母所在单位；

（三）民政部门及其设立的未成年人救助保护机构；

（四）共青团、妇联、关工委、学校等团体和单位。

申请撤销监护人资格，一般由前款中负责临时照料未成年人的单位和人员提出，也可以由前款中其他单位和人员提出。

28. 有关单位和人员向人民法院申请撤销监护人资格的，应当提交相关证据。

有包含未成年人基本情况、监护存在问题、监护人悔过情况、监护人接受教育辅导情况、未成年人身心健康状况以及未成年人意愿等内容的调查评估报告的，应当一并提交。

29. 有关单位和人员向公安机关、人民检察院申请出具相关案件证明材料的，公安机关、人民检察院应当提供证明案件事实的基本材料或者书面说明。

30. 监护人因监护侵害行为被提起公诉的案件，人民检察院应当书面告知未成年人及其临时照料人有权依法申请撤销监护人资格。

对于监护侵害行为符合本意见第35条规定情形而相关单位和人员没有提起诉讼的，人民检察院应当书面建议当地民政部门或者未成年人救助保护机构向人民法院申请撤销监护人资格。

31. 申请撤销监护人资格案件，由未成年人住所地、监护人住所地或者侵害行为地基层人民法院管辖。

人民法院受理撤销监护人资格案件，不收取诉讼费用。

五、撤销监护人资格案件审理和判后安置

32. 人民法院审理撤销监护人资格案件，比照民事诉讼法规定的特别程序进行，在一个月内审理结案。有特殊情况需要延长的，由本院院长批准。

33. 人民法院应当全面审查调查评估报告等证据材料，听取被申请人、有表达能力的未成年人以及村（居）民委员会、学校、邻居等的意见。

34. 人民法院根据案件需要可以聘请适当的社会人士对未成年人进行社会观护，并可以引入心理疏导和测评机制，组织专业社会工作者、儿童心理问题专家等专业人员参与诉讼，为未成年人和被申请人提供心理辅导和测评服务。

35. 被申请人有下列情形之一的，人民法院可以判决撤销其监护人资格：

（一）性侵害、出卖、遗弃、虐待、暴力伤害未成年人，严重损害未成年人身心健康的；

（二）将未成年人置于无人监管和照看的状态，导致未成年人面临死亡或者严重伤害危险，经教育不改的；

（三）拒不履行监护职责长达六个月以上，导致未成年人流离失所或者生活无着的；

（四）有吸毒、赌博、长期酗酒等恶习无法正确履行监护职责或者因服刑等原因无法履行监护职责，且拒绝将监护职责部分或者全部委托给他人，致使未成年人处于困境或者危险状态的；

（五）胁迫、诱骗、利用未成年人乞讨，经公安机关和未成年人救助保护机构等部门三次以上批评教育拒不改正，严重影响未成年人正常生活和学习的；

（六）教唆、利用未成年人实施违法犯罪行为，情节恶劣的；

（七）有其他严重侵害未成年人合法权益行为的。

36. 判决撤销监护人资格，未成年人有其他监护人的，应当由其他监护人承担监护职责。其他监护人应当采取措施避免未成年人继续受到侵害。

没有其他监护人的，人民法院根据最有利于未成年人的原则，在民法通则第十六条第二款、第四款规定的人员和单位中指定监护人。指定个人担任监护人的，应当综合考虑其意愿、品行、身体状况、经济条件、与未成年人的生活情感联系以及有表达能力的未成年人的意愿等。 27

没有合适人员和其他单位担任监护人的，人民法院应当指定民政部门担任监护人，由其所属儿童福利机构收留抚养。

37. 判决不撤销监护人资格的，人民法院可以根据需要走访未成年人及其家庭，也可以向当地民政部门、辖区公安派出所、村（居）民委员会、共青团、妇联、未成年人所在学校、监护人所在单位等发出司法建议，加强对未成年人的保护和对监护人的监督指导。

38. 被撤销监护人资格的侵害人，自监护人资格被撤销之日起三个月至一年内，可以书面向人民法院申请恢复监护人资格，并应当提交相关证据。

人民法院应当将前款内容书面告知侵害人和其他监护人、指定监护人。

39. 人民法院审理申请恢复监护人资格案件，按照变更监护关系的案件审理程序进行。

人民法院应当征求未成年人现任监护人和有表达能力的未成年人的意见，并可以委托申请人住所地的未成年人救助保护机构或者其他未成年人保护组织，对申请人监护意愿、悔改表现、监护能力、身心状况、工作生活情况等进行调查，形成调查评估报告。

申请人正在服刑或者接受社区矫正的，人民法院应当征求刑罚执行机关或者社区矫正机构的意见。

40. 人民法院经审理认为申请人确有悔改表现并且适宜担任监护人的，可以判决恢复其监护人资格，原指定监护人的监护人资格终止。

申请人具有下列情形之一的，一般不得判决恢复其监护人资格：

（一）性侵害、出卖未成年人的；

（二）虐待、遗弃未成年人六个月以上、多次遗弃未成年人，并且造成重伤以上严重后果的；

（三）因监护侵害行为被判处五年有期徒刑以上刑罚的。

41. 撤销监护人资格诉讼终结后六个月内，未成年人及其现任监护人可以向人民法院申请人身安全保护裁定。

42. 被撤销监护人资格的父、母应当继续负担未成年人的抚养费用和因监护侵害行为产生的各项费用。相关单位和人员起诉的，人民法院应予支持。

43. 民政部门应当根据有关规定，将符合条件的受监护侵害的未成年人纳入社会救助和相关保障范围。

44. 民政部门担任监护人的，承担抚养职责的儿童福利机构可以送养未成年人。

送养未成年人应当在人民法院作出撤销监护人资格判决一年后进行。侵害人有本意见第40条第2款规定情形的，不受一年后送养的限制。

最高人民检察院、国家监察委员会、教育部、公安部、民政部、司法部、国家卫生健康委员会、中国共产主义青年团中央委员会、中华全国妇女联合会关于建立侵害未成年人案件强制报告制度的意见（试行）

（2020年5月7日　高检发〔2020〕9号）

第一条　为切实加强对未成年人的全面综合司法保护，及时有效惩治侵害未成年人违法犯罪，根据《中华人民共和国刑事诉讼法》《中华人民共和国未成年人保护法》《中华人民共和国反家庭暴力法》《中华人民共和国执业医师法》及相关法律法规，结合未成年人保护工作实际，制定本意见。

第二条　侵害未成年人案件强制报告，是指国家机关、法律法规授权行使公权力的各类组织及法律规定的公职人员，密切接触未成年人行业的各类组织及其从业人员，在工作中发现未成年人遭受或者疑似遭受不法侵害以及面临不法侵害危险的，应当立即向公安机关报案或举报。

第三条　本意见所称密切接触未成年人行业的各类组织，是指依法对未成年人负有教育、看护、医疗、救助、监护等特殊职责，或者虽不负有特殊职责但具有密切接触未成年人条件的企事业单位、基层群众自治组织、社会组织。主要包括：居（村）民委员会；中小学校、幼儿园、校外培训机构、未成年人校外活动场所等教育机构及校车服务提供者；托儿所等托育服务机构；医院、妇幼保健院、急救中心、诊所等医疗机构；儿童福利机构、救助管理机构、未成年人救助保护机构、社会工作服务机构；旅店、宾馆等。

第四条　本意见所称在工作中发现未成年人遭受或者疑似遭受不法侵害以及面临不法侵害危险的情况包括：

（一）未成年人的生殖器官或隐私部位遭受或疑似遭受非正常损伤的；

（二）不满十四周岁的女性未成年人遭受或疑似遭受性侵害、怀孕、流产的；

（三）十四周岁以上女性未成年人遭受或疑似遭受性侵害所致怀孕、流产的；

（四）未成年人身体存在多处损伤、严重营养不良、意识不清，存在或疑似存在受到家庭暴力、欺凌、虐待、殴打或者被人麻醉等情形的；

（五）未成年人因自杀、自残、工伤、中毒、被人麻醉、殴打等非正常原因导致伤残、死亡情形的；

（六）未成年人被遗弃或长期处于无人照料状态的；

（七）发现未成年人来源不明、失踪或者被拐卖、收买的；

（八）发现未成年人被组织乞讨的；

（九）其他严重侵害未成年人身心健康的情形或未成年人正在面临不法侵害危险的。

第五条 根据本意见规定情形向公安机关报案或举报的，应按照主管行政机关要求报告备案。

第六条 具备先期核实条件的相关单位、机构、组织及人员，可以对未成年人疑似遭受不法侵害的情况进行初步核实，并在报案或举报时将相关材料一并提交公安机关。

第七条 医疗机构及其从业人员在收治遭受或疑似遭受人身、精神损害的未成年人时，应当保持高度警惕，按规定书写、记录和保存相关病历资料。

第八条 公安机关接到疑似侵害未成年人权益的报案或举报后，应当立即接受，问明案件初步情况，并制作笔录。根据案件的具体情况，涉嫌违反治安管理的，依法受案审查；涉嫌犯罪的，依法立案侦查。对不属于自己管辖的，及时移送有管辖权的公安机关。

第九条 公安机关侦查未成年人被侵害案件，应当依照法定程序，及时、全面收集固定证据。对于严重侵害未成年人的暴力犯罪案件、社会高度关注的重大、敏感案件，公安机关、人民检察院应当加强办案中的协商、沟通与配合。

公安机关、人民检察院依法向报案人员或者单位调取指控犯罪所需要的处理记录、监控资料、证人证言等证据时，相关单位及其工作人员应当积极予以协助配合，并按照有关规定全面提供。

第十条 公安机关应当在受案或者立案后三日内向报案单位反馈案件进展，并在移送审查起诉前告知报案单位。

第十一条 人民检察院应当切实加强对侵害未成年人案件的立案监督。认为公安机关应当立案而不立案的，应当要求公安机关说明不立案的理由。认为不立案理由不能成立的，应当通知公安机关立案，公安机关接到通知后应当立即立案。

第十二条 公安机关、人民检察院发现未成年人需要保护救助的，应当委托或者联合民政部门或共青团、妇联等群团组织，对未成年人及其家庭实施必要的经济救助、医疗救治、心理干预、调查评估等保护措施。未成年被害人生活特别困难的，司法机关应当及时启动司法救助。

公安机关、人民检察院发现未成年人父母或者其他监护人不依法履行监护职责，或者侵害未成年人合法权益的，应当予以训诫或者责令其接受家庭教育指导。经教育仍不改正，情节严重的，应当依法依规予以惩处。

公安机关、妇联、居民委员会、村民委员会、救助管理机构、未成年人救助保护机构发现未成年人遭受家庭暴力或面临家庭暴力的现实危险，可以依法向人民法院代为申请人身安全保护令。

第十三条 公安机关、人民检察院和司法行政机关及教育、民政、卫生健康等主管行政机关应当对报案人的信息予以保密。违法窃取、泄露报告事项、报告受理情况以及报告人信息的，依法依规予以严惩。

第十四条 相关单位、组织及其工作人员应当注意保护未成年人隐私，对于涉案未成年人身份、案情等信息资料予以严格保密，严禁通过互联网或者以其他方式进行传播。私自传播的，依法给予治安处罚或追究其刑事责任。

第十五条 依法保障相关单位及其工作人员履行强制报告责任，对根据规定报告侵害未成年人案件而引发的纠纷，报告人不予承担相应法律责任；对于干扰、阻碍报告的组织或个人，依法追究法律责任。

第十六条 负有报告义务的单位及其工作人员未履行报告职责，造成严重后果的，由其主管行政机关或者本单位依法对直接负责的主管人员或者其他直接责任人员给予相应处分；构成犯罪的，依法追究刑事责任。相关单位或者单位主管人员阻止工作人员报告的，予以从重处罚。

第十七条 对于行使公权力的公职人员长期不重视强制报告工作，不按规定落实强制报告制度要求的，根据其情节、后果等情况，监察委员会应当依法对相关单位和失职失责人员进行问责，对涉嫌职务违法犯罪的依法调查处理。

第十八条 人民检察院依法对本意见的执行情况进行法律监督。对于工作中发现相关单位对本意见执行、监管不力的，可以通过发出检察建议书等方式进行监督纠正。

第十九条 对于因及时报案使遭受侵害未成年人得到妥善保护、犯罪分子受到依法惩处的，公安机关、人民检察院、民政部门应及时向其主管部门反馈相关情况，单独或联合给予相关机构、人员奖励、表彰。

第二十条 强制报告责任单位的主管部门应当在本部门职能范围内指导、督促责任单位严格落实本意见，并通过年度报告、不定期巡查等方式，对本意见执行情况进行检查。注重加强指导和培训，切实提高相关单位和人员的未成年人保护意识和能力水平。

第二十一条 各级监察委员会、人民检察院、公安机关、司法行政机关、教育、民政、卫生健康部门和妇联、共青团组织应当加强沟通交流，定期通报工作情况，及时研究实践中出现的新情况、新问题。

各部门建立联席会议制度，明确强制报告工作联系人，畅通联系渠道，加强工作衔接和信息共享。人民检察院负责联席会议制度日常工作安排。

第二十二条 相关单位应加强对侵害未成年人案件强制报告的政策和法治宣传，强化全社会保护未成年人、与侵害未成年人违法犯罪行为作斗争的意识，争取理解与支持，营造良好社会氛围。

第二十三条 本意见自印发之日起试行。

典型案例

最高人民法院、中华全国妇女联合会发布保护未成年人权益十大司法救助典型案例

（2023年5月29日）

目　录

1. 小敏申请刑事被害人司法救助案

【基本案情】

小敏（化名）母亲被害，四川省德阳市中级人民法院作出刑事附带民事判决，认定被告人犯故意杀人罪，判处死刑，缓期二年执行，剥夺政治权利终身；同时判决被告人赔偿附带民事诉讼原告人经济损失4万余元。因被告人无赔偿能力，附带民事判决无法执行到位。

【救助过程】

小敏为未成年人，其母亲生前已与小敏父亲离婚。小敏的父亲在城市打零工维持生计，居无定所。母亲被害后，小敏因丧母之痛身心遭受巨大

打击，不愿在老家小学继续就读，来到城市与父亲生活，家庭生活十分困难。四川省高级人民法院调查发现小敏符合司法救助情形后，及时启动救助程序，在决定向其发放司法救助金的同时，针对小敏辍学后虽恢复上学但只能在小学借读、无正式学籍，以及需要心理疏导等问题，立即与当地妇联及教育部门进行沟通，帮助协调解决了小敏的实际困难。之后，四川省高级人民法院还开展回访工作，为小敏送去书籍、牛奶等学习生活用品，鼓励其认真学习、快乐生活。

【典型意义】

本案是人民法院加大司法救助与社会救助衔接力度，保护未成年人受教育权，为其提供学习条件的典型案例。司法救助不是终点，而是帮扶被救助人的起点。本案中，人民法院在救助生活陷入急困的未成年人时，发现其身心因亲历刑事案件惨烈现场而遭受巨大创伤，宁愿失学也不愿再留在原籍地，而是坚持投奔在异地谋生的父亲等特殊情况后，为了尽可能保护未成年人权益，及时向妇女儿童权益保护组织和教育部门通报情况，协调解决被救助未成年人异地入学难题，并提供专业心理疏导等帮扶措施，帮助其逐渐恢复正常的学习生活状态，是未成年人司法保护的生动法治故事，具有很好的示范引领作用。

（四川省高级人民法院提供）

2. 小安申请民事侵权纠纷司法救助案

【基本案情】

小安（化名）的父亲与母亲离婚，约定小安由父亲抚养，小安母亲每月支付抚养费一千元，至其18周岁止。父母离婚后，小安与父亲和爷爷奶奶一起生活，后父亲因患尿毒症丧失劳动能力，每月还需支付医药费、透析费等治疗费用，平时主要依靠爷爷奶奶微薄的退休金维持生活。小安的母亲在离婚后未支付过抚养费，小安诉至法院，要求其母亲支付抚养费。山西省太原市迎泽区人民法院作出民事判决，判决小安的母亲支付抚养费7万余元。后经调查核实，小安母亲离婚后无工作亦无其它收入来源，无履行能力。

【救助过程】

为妥善解决小安的实际困难，迎泽区人民法院庙前法庭依托迎泽区矛盾纠纷多元调解中心，协调各进驻单位妇联、检察院、社区等部门，统筹各方力量开展跨区域联合救助，共同实地走访小安的家庭、居住的社区、就读的学校，了解小安的学习生活情况，并协商制定联合救助方案。在迎泽区人民法院的协调下，该院与迎泽区人民检察院分别向小安发放司法救助金；迎泽区妇联联系小安居住地妇联将其纳入未成年人保护办公室的重点关注对象，随时关注小安的生活情况，并与山西省妇联一同向小安发放生活救助金；小安居住的社区给小安和父亲办理了低保，在日常生活上给予关心和帮助。

【典型意义】

本案是一起基层人民法院统筹各方力量跨区域联合救助未成年人的典型案例。本案中，人民法院派出法庭作为基层社会治理单位，充分发挥司法能动作用，依托矛盾纠纷多元调解中心，在审理未成年人案件中，统筹协调检察院、妇联、社区、教育等各部门，形成帮扶救助未成年人的合力，发动社会各方力量共同解决未成年人的实际困难，呵护其健康成长。人民法院通过司法救助带动多部门共同发力，不仅缓解了小安的燃眉之急，更为其提供了常态化的有效帮助，这既是人民法院加强新时代未成年人司法工作的缩影，也是以实际行动贯彻落实党的二十大关于建设共建共治共享社会治理体系精神的司法举措，更是依靠党的领导，发动群众，就地化解矛盾纠纷的“枫桥经验”的具体实践。

（山西省高级人民法院提供）

3. 小婷申请刑事被害人司法救助案

【基本案情】

小婷（化名）患有中度精神发育迟滞，缺乏性自我防卫能力。李某（化名）与小婷发生性关系。广东省某区人民法院以强奸罪判处李某有期徒刑六年。

【救助过程】

广东省某区人民法院在刑事案件审理过程中了解到，小婷和母亲均为贰级智力残疾人，其家庭为低保户，靠养父打散工维持生计，因家庭困难和智力问题，小婷16岁仍是文盲。该院认为小婷符合予以司法救助的条件，在决定向小婷发放司法救助金的同时，法院还将她的相关情况通报给区妇联，会同区妇联主要领导两次前往小婷家中实地了解情况，并向小婷所在市教育局发出商请函，商请市教育局联络辖区内特殊教育学校，解决小婷的教育问题。最终小婷进入某市特殊教育学校免费就读。在小婷入学当日，人民法院派员协助小婷办理入学事宜。

【典型意义】

本案是人民法院联合妇联、教育部门多维联合救助智力残疾未成年人，通过为其提供教育及心理疏导，帮助其走出被伤害的阴影，使其具备独立生存能力的典型案例。近年来，性侵智力残疾未成年人案件时有发生，这些被害人不但面临身体和心灵的创伤，日后独立生活更成问题。单纯的经济救助明显不足以解决被害人及其家庭的实际困难。本案中，人民法院在给予司法救助金解决小婷家庭急迫困难的同时，主动延伸司法职能，拓展救助思路，针对小婷智力残疾可能难以独立生存的问题，通过协调有关部门为其提供特殊教育的方式授人以渔，培养小婷形成健全人格，掌握独立生活技能，使其具备一定的生活能力，并派员协助小婷办理入学手续，打消其担心受到歧视的顾虑，实现了司法救助与社会救助的有机衔接，提升了司法救助的效果。

（广东省高级人民法院提供）

4. 小丹申请刑事被害人司法救助案

【基本案情】

小丹（化名）奶奶被害，其本人和爷爷身受重伤。河南省安阳市中级人民法院作出刑事附带民事判决，认定被告人犯故意杀人罪，判处死刑，缓期二年执行，剥夺政治权利终身；同时判决被告人赔偿附带民事诉讼原告人经济损失10万余元。河南省高级人民法院二审发回重审后，安阳市中级人民法院因证据不足而改判被告人无罪。

【救助过程】

安阳市中级人民法院经调查发现，小丹的父母未办理结婚登记，其母亲于多年前离家出走失去联系，小丹一直随父亲生活，家庭经济来源仅为其父亲的种地收入。小丹受重伤后已经花费了大量医疗费，后续还要负担沉重的治疗费用，这对本就困难的家庭而言更是雪上加霜。安阳市中级人民法院及时启动司法救助程序，并报请河南省高级人民法院进行联动救助，两级法院决定分别向小丹发放司法救助金。小丹收到司法救助金后，表示一定会好好学习，将来回报社会。安阳市中级人民法院在对小丹进行定期回访中了解到其仍面临后续治疗及求学等困难后，又积极与当地妇联联系，共同对小丹开展心理疏导，协调民政部门将小丹家庭纳入低保及困难群众慰问范围，协助小丹申请学校资助项目，协调减免小丹的就医费用等。

【典型意义】

人身伤害类刑事案件不仅会给被害人及其亲属造成严重的身心损害，往往还会产生高额的医疗费用。有些案件一时又难以侦破，被害人无法从加害人处及时获得赔偿，被害人家庭很容易陷入急迫困境。所以，国家司法救助政策将此作为重点救助情形，既要救早救急，也要优先用足救助金。本案中，人民法院在审理刑事案件过程中，主动了解被害人家庭生活困难情况，迅速启动司法救助程序，并报请上级人民法院进行联动救助，加大了救助力度，帮助被救助人渡过难关。在司法救助后，人民法院并未止步于此，而是与妇联加强协作，共同开展综合帮扶和跟踪回访，帮助被救助未成年人恢复生活信心，充分体现了司法救助“救急救难”的功能属性和“加强生存权保障”的价值取向。小丹受到不法伤害是不幸的，但他因及时得到帮扶救助而感受到社会的关爱，并藉此产生回报社会的感恩之心，又是幸运的，更是难能可贵的。该案例充分体现了司法救助和社会救助的价值与意义。

（河南省高级人民法院提供）

5. 小吉等6人申请刑事被害人司法救助案

【基本案情】

小吉（化名，彝族）等6人的父亲被害，山东省威海市中级人民法院作出刑事附带民事判决，认定被告人犯故意伤害罪，判处有期徒刑十五年，剥夺政治权利三年；同时判决被告人赔偿附带民事诉讼原告人经济损失4.1万余元。

【救助过程】

山东省高级人民法院了解到，小吉等6人居住在大凉山腹地深处的四川省某县，小吉父亲遇害后家庭失去主要经济来源，小吉等6人都尚未成年，最大的只有12岁，家庭生活十分困难，符合司法救助条件，该院遂决定对小吉等6人发放司法救助金。为确保司法救助金能够切实用以保障孩子们的学习生活，承办法官辗转2000多公里，将司法救助金送到大山深处的小吉家中，并与小吉等人的母亲签订了司法救助金使用监管协议，约定每年提取2万元救助金用于孩子们的生活和学习，同时还邀请村支书作为保证人监督救助金的使用情况。在办理手续的过程中，小吉一家几度落泪表示感谢，后来还向山东省高级人民法院邮寄了用汉语和彝文双语书写的“不忘初心，司法为民”的锦旗。

【典型意义】

未成年人是祖国的希望和未来，加强对未成年人的保护，为其提供良好的生活学习环境，对于保障未成年人健康成长、维护社会和谐具有重要意义。人民法院始终高度重视未成年人的权益保障问题。本案中，人民法院服务巩固脱贫攻坚成果，不远千里跨省将司法救助金及时送至大山深处的少数民族未成年被救助人手中，并与监护人签订司法救助金使用监管协议，确保司法救助金用于未成年人的学习生活，有效缓解了未成年被救助人面临的急迫生活困难，帮助他们暂渡难关，让他们感受到司法的温度和国家的温暖，进一步增强了中华民族共同体意识，取得了良好的社会效果。

（山东省高级人民法院提供）

6. 小思、小乐申请民事侵权纠纷司法救助案

【基本案情】

小思、小乐（化名）父亲去世后，母亲再婚，二人由爷爷、奶奶抚养。随着年龄的增长，爷爷、奶奶除了务农之外，无其他劳动收入，抚养两名未成年人生活艰难。小思、小乐遂起诉至法院，请求判决二人的母亲履行抚养义务。江苏省射阳县人民法院作出民事判决，判令二人的母亲承担月生活费500元/人，教育费、医疗费凭票据承担。判决生效后，小思的母亲未主动履行义务。后经调查发现，小思母亲患有疾病，没有劳动收入，无力承担抚养费。

【救助过程】

射阳县人民法院审查认定小思、小乐符合司法救助的条件后，迅速启动司法救助程序，及时向两名未成年人发放了司法救助金。同时，法院还积极延伸司法救助功能，协调当地民政部门为两名未成年人办理了每月

400元/人的最低生活保障、每月600元/人的困境儿童保障，并号召社会各界爱心力量伸出援助之手，该案的主审法官向两名未成年人捐助2000元，社会爱心人士捐助3000元，两名未成年人居住地乡政府、居委会工作人员多次通过捐款捐物、上门走访等方式提供帮扶，一些社会组织还送去了慰问品。司法救助后，射阳县人民法院始终牵挂着两名未成年人的教育和生活状况，定期对案件进行回访，邀请心理咨询师进行心理辅导，呵护两名未成年人健康成长。同时，针对两名未成年人的母亲与爷爷奶奶的心理隔阂，通过道德教育与法治教育并行的方式，让双方体会到各自生活的不易，最终握手言和。

【典型意义】

本案是人民法院主动作为，将司法救助与社会资源有效衔接，对农村地区生活困难的未成年人进行救助的典型案例。父母子女之间具有抚养赡养义务，一方通过诉讼获得抚养费，本来就是充满辛酸的不得已之举，若因被执行人没有履行能力而陷入生活困难，申请执行人必将遭受感情上和经济上的双重打击。对此类情形予以适当救助，不仅能缓解涉案未成年人的急迫生活困难，而且能预防某些人伦悲剧的发生，从而维护社会和谐稳定。本案中，人民法院在对未成年人进行司法救助的同时，积极协调当地民政部门为两名未成年人办理专项补助、号召社会力量进行帮扶，并定期开展回访工作，将法治温暖和社会大家庭的关怀送到两名未成年人心间，充分体现了司法救助救急解难、传递温暖、关心关爱困难人群的功能属性，实现了“当下救”和“长久助”的统一。

（江苏省高级人民法院提供）

7. 小良、小徐申请刑事被害人司法救助案

【基本案情】

小良、小徐（化名）的父亲被害。辽宁省高级人民法院二审作出刑事附带民事判决，认定被告人犯故意杀人罪，判处无期徒刑，剥夺政治权利终身；同时判决被告人赔偿附带民事诉讼原告人经济损失4.6万余元。后执行到位赔偿款2万元。

【救助过程】

辽宁省高级人民法院在审理刑事上诉案件期间，发现小良、小徐家庭生活困难，遂启动司法救助程序。该院经调查发现小良、小徐均为在校学

生，父母离婚后，二人随母亲生活，父亲每月支付抚养费，母亲靠打零工维持生活。二人的父亲去世后，家庭失去了稳定的经济来源，生活陷入困难，且刑事附带民事判决确定的赔偿数额仅为丧葬费、交通费，且未执行到位。辽宁省高级人民法院决定向小良、小徐发放司法救助金。同时，辽宁省高级人民法院还发现被害人的母亲年老体弱，丧子后生活亦十分困难，遂积极协调辽宁省人民检察院对被害人的母亲进行联合司法救助。

【典型意义】

刑事案件被害人受到犯罪侵害而死亡，依靠被害人收入为主要生活来源的未成年人无法通过诉讼获得充分赔偿，造成生活困难的，属于应予救助的情形。本案是此类情形的典型案例，同时也是人民法院主动甄别、救早救急、有效保障生存权利、真诚传递司法温暖的示范案例。本案中，人民法院的司法救助工作并未等到执行不能才启动，而是在刑事审判过程中，发现被害人近亲属存在生活困难后，即依职权启动司法救助程序，同时协调人民检察院横向联合共同救助被害人家人。人民法院在审查决定司法救助金额时，未局限于刑事附带民事判决赔偿金额，而是充分考虑被救助人的实际困难，结合案件具体情况确定合理的救助金额，将司法的人文关怀及时送到未成年人身边，让他们在司法案件中感受到国家和社会的温暖。

（辽宁省高级人民法院提供）

8. 小依等5人申请民事侵权纠纷司法救助案

【基本案情】

逊某（化名）、杜某（化名）驾驶摩托车与小依（化名，维吾尔族）母亲驾驶的摩托车相撞，小依母亲当场死亡。新疆维吾尔自治区墨玉县人民法院判令逊某赔偿原告18万余元、杜某赔偿原告17万余元。判决生效后，仅杜某给付了1万余元。后经调查发现二被执行人无财产可供执行。

【救助过程】

墨玉县人民法院在执行过程中发现小依的家庭困难，经调查核实，小依等5人均为在校学生，随外祖母生活。小依的外祖母患有精神疾病，家庭系低保户，生活特别困难。因墨玉县人民法院无独立司法救助资金，故向和田地区中级人民法院申请对救助申请人进行救助。和田地区中级人民法院在对救助申请人予以司法救助的同时，报请新疆维吾尔自治区高级人民法院进行联动救助。新疆维吾尔自治区高级人民法院经审查认为符合联动救助条件，决定向小依等5人发放司法救助金。司法救助后，人民法院还对救助申请人进行了电话回访，为他们提供心理疏导和精神抚慰。

【典型意义】

本案系民族地区三级人民法院联动合力救助少数民族未成年人的典型案例。人民法院在规定的范围与标准内，为少数民族未成年救助申请人开辟绿色救助通道，加快办案节奏、加大救助力度、倾斜救助资金，充分体现了“把好事办好”的救助精神。本案中，三级法院通过联动救助，有效缓解了基层法院救助资金不足的困难，通过及时联动救助，在一定程度上解决了案涉少数民族未成年人的生活困难，体现了国家司法救助救急难、扶危困的重要功能，既彰显了党和政府对于民族地区未成年人的民生关怀，又有利于促进社会和谐。

（新疆维吾尔自治区高级人民法院提供）

9. 小伟等3人申请刑事被害人司法救助案

【基本案情】

小伟（化名）等3人的父亲被害。重庆市第二中级人民法院作出刑事附带民事诉讼判决，判处被告人死刑，缓期二年执行，剥夺政治权利终身；同时判决被告人赔偿附带民事诉讼原告人经济损失41万余元。因被告人无赔偿能力，附带民事判决未得到执行。

【救助过程】

重庆市第二中级人民法院经过实地走访调查发现，小伟、小君、小青均为在校中、小学生，父亲去世后，3人的母亲打零工维生，家庭生活困难，符合司法救助条件，遂决定向3人发放司法救助金。为保障该笔司法救助金能够切实用于3人的学习生活，承办法官经小伟母亲书面同意，与被救助人所在地乡镇政府、学校、居委会以及法定监护人共同协商签订《国家司法救助金使用、监管、监督方案》，由人民法院、镇政府、学校等6家单位共同监管，在居委会设立专门账户，实际托管司法救助金，确保救助金用于3名未成年人的学习生活。每一学年，由学生所在班级的班主任提交预算表，经校领导签字同意、法定监护人签字确认后，交居委会存档核实，由居委会按照预算金额从监管账户支付给监护人。与此同时，重庆市第二中级人民法院充分利用“一街道一法官”的工作机制，通过定期查看司法救助金管理档案、电话询问、实地走访等方式履行监督职责；其他监管单位也保持常态化联系，实时了解小伟等3人的学习生活情况，并在给予社会救助或帮扶政策时予以适当倾斜。

【典型意义】

本案是人民法院坚持“倾力救助+全程呵护”司法救助理念，引入“第三方司法救助金监管主体”，延伸司法服务职能的典型案例。相比一次性发放大额救助金而言，采取分时、分批、定额的发放模式，更能确保司法救助金切实用于未成年人的学习生活。本案中，人民法院积极协调未成年人所在地政府、学校、居委会等单位，与法院共同制定《司法救助金使用、监督、监管方案》，明确司法救助金发放方式、程序、相关单位责任等内容，多方合力构建起规范、安全、方便、实用的司法救助金使用监管机制，精准使用司法救助金，确保每一分救助金都能用在解决未成年人学习生活困难的刀刃上，取得了良好的社会效果。

（重庆市高级人民法院提供）

10. 小浩申请刑事被害人司法救助案

【基本案情】

小浩（化名）的父亲被害，其本人亦受到人身伤害。天津市第一中级人民法院作出刑事附带民事判决，判处被告人死刑，并判决其赔偿附带民事诉讼原告人经济损失13万余元。后经调查，被告人无财产可供执行。

【救助过程】

在刑事案件二审期间，天津市第一中级人民法院发现小浩依靠其父亲收入为主要生活来源，父亲去世后，家庭生活陷入困境，且无法从加害人处获得赔偿。考虑到小浩系未成年人、其心理因刑事案件受到重创的实际情况，天津市第一中级人民法院除决定直接向小浩发放生活救助金外，还为其申请了心理救助金，并与小浩居住地四川省广安市中级人民法院联系，采取跨省接力救助的方式，将心理救助金存放于广安市中级人民法院，由该院协助医疗机构对小浩进行心理治疗。

【典型意义】

本案是人民法院协调区域间司法资源，并联合医疗机构跨省对未成年被害人提供心理救助的典型案例。审理涉未成年人司法救助案件，需要充分考虑未成年人身心发育尚不成熟的特殊性，在关注到犯罪行为对未成年人造成的生活困境外，更要关注未成年人所受到的心理伤害。本案中，小浩既是刑事犯罪被害人的直系亲属又是犯罪行为的直接被害人，其身心健康受到了严重伤害。单纯救助申请人的经济困难难以有效帮助未成年被害人尽早走出心理阴影恢复正常生活。人民法院在办理这起司法救助案件时，创新工作思路，拟定了生活救助金与心理干预救助金并行的工作方案，并与被害人居住地人民法院共同确定了跨省救助计划，联合医疗机构对未成年人提供持续的心理危机干预、心理咨询、情绪疏导服务，有效维护了未成年人健康成长的长远权益，充分发挥了司法救助最大限度保护未成年人的职能作用。

最高人民检察院、中华全国妇女联合会、中国关心下一代工作委员会发布第二批在办理涉未成年人案件中全面开展家庭教育指导工作典型案例

（2023 年 5 月 24 日）

案例一　左某盗窃案

——重塑家庭支持体系　父母转变推动孩子改变

一、基本案情

2020 年 8 月 7 日凌晨，犯罪嫌疑人左某（作案时 16 周岁）在浙江省义乌市福田街道以“拉车门”方式实施盗窃。同年 10 月 21 日左某被公安机关抓获归案。经查，2020 年 7 月以来，左某以“拉车门”方式盗窃三次，窃得财物共计价值人民币 500 元。2021 年 5 月 19 日，义乌市公安局将该案移送检察机关审查起诉。同年 8 月 16 日，浙江省义乌市人民检察院对左某作出相对不起诉决定。

二、家庭教育指导做法与成效

（一）深入分析犯罪原因，及时发现家庭教育问题。受理案件后，检

察机关对左某情况进行了全面调查，详细了解左某的成长经历、生活轨迹、家庭状况。经查，左某幼年系留守儿童，由祖父母隔代抚养，父母长期在外务工并在其7岁时离婚。母亲改嫁外省后再未与其联系。左某15岁辍学后跟随父亲、祖父到浙江务工。左某祖父酗酒、赌博，父亲经常对其辱骂、指责。因父子关系紧张，左某长期不回家，以打零工为生，结识不良朋友后学会“拉车门”盗窃。2019年至2020年，左某先后多次实施盗窃，因未满16周岁受到公安机关行政处罚。综合分析，家庭因素是导致左某犯罪的深层次原因。通过改善家庭教育环境和针对性的教育矫治，左某有望回归正途。检察机关遂决定启动对左某家庭成员的家庭教育指导工作。

（二）突出个性指导，跟进强制督促，系统重塑家庭支持体系。义乌市检察院依托与妇联、关工委、团委共建的未成年人检察社会支持中心，对左某及其家庭进行了历时10个月的帮教、指导。在对左某有针对性地开展心理疏导、行为矫治的同时，从家庭结构、亲子互动、教育方式、支持系统、外部力量五个维度对其家庭成员进行了系统的帮助指导。一是唤醒责任意识。针对左某父亲对孩子关爱不够、监护不力的问题，检察机关向左某父亲送达《督促监护令》，责令其依法履行监护职责。帮助其认识到亲子关系对未成年人成长的重要影响。从重塑亲子关系、扭转暴力沟通、转换思维方式、加强情绪疏导四个方面，指导其改变辱骂、否定的教育方式。二是弥补角色缺位。针对左某长期缺乏母爱的问题，检察官辗转找到其母亲，进行释理训诫、释法说案，促使左某母亲以“一周一通话”等方式加强与左某联系，主动修复断裂的母子关系。指导团队还发动左某祖母、堂姐作为“重要他人力量”参与其中，共同构建和谐家庭氛围。三是纠正不当行为。针对左某祖父不良生活习惯和不当行为方式给左某带来的负面示范影响，指导团队从关工委组建的“五老”志愿者队伍中选派经验丰富的志愿者与左某祖父结对，以“一周一走访”方式督促左某祖父改变不良生活习惯。经过50余次心理疏导、30余次教育指导和持续不断的跟踪监督，左某家庭环境明显改善。

（三）建立家庭教育指导基地，提升涉案未成年人家庭教育指导专业性与长效性。义乌市检察院在对涉案未成年人全面落实家庭教育指导工作过程中，充分认识到多部门协作与专业力量的重要性，遂以该案办理为契机，报经金华市人民检察院审查研究，继而由市级检察院联合妇联、关工委等部门，升级“金华家长大学平台”，共建“一心守护”家庭教育指导基地，形成“训诫+督促监护令+家庭教育指导”融合机制。自2022年6月1日成立以来，已指派家庭教育指导专家参与个案会商、督导22件，针对疑难个案提供家庭教育指导方案8件，开展家庭教育志愿者、社工培训会6场，受教育人数180余人，建立联席会议机制、互动交流机制，极大提升了未成年人检察工作环节家庭教育指导工作的专业性与长效性。

三、典型意义

家庭环境对未成年人成长影响深远。对于未成年人因家庭教育和监护不当导致认识和行为偏差，最终走上违法犯罪道路的案件，改变家庭环境是帮助未成年人回归正途的重要条件，以父母转变推动孩子改变。在办理家庭因素影响的未成年人涉罪案件中，办案部门应高度重视家庭教育指导工作，通过系统性、针对性的措施和手段，改变监护人教育方式，改善家庭关系，解决未成年人家庭成员角色缺位缺失问题，重塑家庭支持体系，为未成年人健康成长提供有力支撑。此外，检察机关、妇联组织、关工委在充分积累个案经验的基础上，应积极推动构建长效工作机制，培养稳定、专业的家庭教育指导人才队伍，使涉案未成年人家庭教育指导工作规范、高质量发展。

案例二　胡某某故意伤害案

——坚持最有利于未成年人原则　用心做好监护监督工作

一、基本案情

胡某某系被害人杨某某（案发时10周岁）亲生母亲。2019年底至2021年11月，胡某某多次因学习、日常管教等问题，对杨某某实施抓头往墙上撞、热水冲烫身体、掐脖子、咬手，用衣架、溜冰鞋、数据线殴打等伤害行为，致使杨某某身体损伤，经鉴定，损伤程度轻伤一级。2022年10月9日，广东省深圳市光明区人民检察院以胡某某涉嫌故意伤害罪提起公诉。同年11月10日，光明区人民法院以故意伤害罪，判处胡某某有期徒刑一年六个月，缓刑三年。

二、家庭教育指导做法与成效

（一）通过家庭教育指导解决监护侵害根源问题，坚持最有利于未成年人原则开展监护监督工作。本案是一起监护侵害案件，经社区网格员报告发现。公安机关受理案件后，第一时间告知检察院相关情况，并商请就被害人安置等问题提出意见。检察机关介入后与妇联等部门进行了会商，对杨某某监护情况进行了全面调查评估。经调查了解，杨某某所处家庭为重组家庭，母亲胡某某与丈夫关系不佳。胡某某曾遭遇前夫家庭暴力，情绪控制能力弱，有暴力教养习惯。胡某某的暴力教育方式与其养育压力大、教育能力不足、个人生活经历等密切相关。评估认为，本案具备通过家庭教育指导改变监护人错误认知和行为方式的可能性。从未成年人长远成长需要考虑，建议对胡某某开展强制家庭教育指导，并进行监护能力动态评估，尽力修复杨某某原生家庭环境。经检察机关、公安机关、民政部门等协商一致，先由民政部门对杨某某进行临时监护，同时，对胡某某启动家庭教育指导工作。

（二）各环节接续发力，将家庭教育指导有机融入司法办案全过程。转变监护人教养习惯需要长时间持续帮助、督促。为保证家庭教育指导工作在各诉讼环节不脱节，检察机关充分发挥前承公安、后启审判的职能优势，努力推动该项工作贯穿司法办案全过程。案件侦查阶段，在与检察机关的协商沟通下，公安机关向胡某某发出了《责令接受家庭教育指导令》，对胡某某夫妇进行训诫。同时，检察机关、妇联、关工委与司法社工、社区社工等共同组成家庭教育指导专家组，启动对胡某某的家庭教育指导工作。审查起诉阶段，在继续对胡某某开展家庭教育指导的同时，专家组对胡某某监护能力进行了定期评估。审查起诉时，检察机关将胡某某悔罪表现、家庭教育能力提升情况随案移送法庭，并建议法庭将上述情况作为判处刑罚的参考。在案件审理和执行阶段，法庭参考检察机关提供的情况，宣布对胡某某适用缓刑，并将家庭教育后续跟踪纳入三年缓刑考验期管理。2022 年 12 月 8 日，检察机关与民政、妇联等部门共同组织召开了不公开听证会，结合家庭教育指导效果和杨某某本人意愿，经会商决定对杨某某恢复家庭监护，并继续跟踪杨某某监护状况。

（三）精准、全面帮助支持，保证家庭教育指导整体效果。本案中，对胡某某进行家庭教育指导的切入点在于观念态度的转变和家庭教育能力的提升。为此专家组围绕减压、情绪管理、教养技巧、法治教育等制定了详细的指导计划。经过四周的教育指导，胡某某认识明显改变，表示“感到后悔，也庆幸自己没有失手将孩子伤害得更重”。此后，指导团队开展了每两周一次的会谈，对胡某某开展创伤辅导、心理教育等，提高其情绪觉察及管理能力、家庭教养能力。经过七个月的指导帮助，胡某某的不合理认知、与孩子的沟通方式、沟通频率和亲子关系均明显改善。在对胡某某开展家庭教育指导的同时，检察机关委托专业力量对被害人杨某某开展了针对性的心理疏导和救助保护。杨某某心理创伤已经修复，与胡某某关系融洽。

三、典型意义

监护人侵害被监护未成年人合法权益构成犯罪的，不仅要依法对监护人作出刑事处罚，还应对涉案家庭进行监护干预。如何干预、采取何种方式干预是关系被侵害未成年人未来成长的重要问题。检察机关在办理监护侵害案件、对待“问题父母”时，不能简单地“一诉了之”，更不能将监护人监护资格“一撤了之”。应该全面调查未成年人家庭情况，系统评估监护问题，坚持最有利于未成年人原则，监督家庭保护责任落实。能通过家庭教育指导、督促监护等方式改变监护人监护方式，有效保护未成年人的，要充分扎实做好指导帮助工作，为未成年人创造和睦、安全的原生家庭环境。监护人严重侵害未成年人，不宜继续担任监护人的，及时支持相关主体提起撤销监护权诉讼。在开展家庭教育指导工作中，应注意精准评估需求、找准工作切入点，科学合理施策，持续跟踪巩固。将家庭教育指导与司法办案有机融合，切实保证指导效果。

案例三　朱某、印某抢劫案

——帮教与督促监护相结合　帮助罪错未成年人回归正途

一、基本案情

朱某（作案时15周岁）与印某（作案时16周岁）合谋抢劫他人手机。2021年7月10日凌晨3时许，二人来到网吧寻找作案对象。朱某见杨某有部红色小米手机，便将杨某带至网吧旁的巷子里，通过拳打脚踢方式逼迫杨某交出手机。返回网吧后，朱某又见陈某有部手机，以借用为名索要遭拒。后印某强行将陈某带至网吧旁的巷子里欲逼迫其交出手机，因网管发现未得逞。2021年10月5日，江苏省淮安市公安局清江浦分局以朱某、印某涉嫌抢劫罪将该案移送江苏省淮安市清江浦区人民检察院审查起诉。同年10月29日，根据朱某、印某的犯罪情节和认罪悔罪态度，检察机关以朱某涉嫌抢劫罪向法院提起公诉，对印某作出附条件不起诉决定。同年12月29日，法院以抢劫罪判处朱某有期徒刑一年五个月，缓刑二年，并处罚金两千元。2022年6月30日，检察机关对印某作出不起诉决定。

二、家庭教育指导做法与成效

（一）全面调查评估涉罪未成年人监护状况，及时开展督促监护和家庭教育指导工作。调查发现，印某父母平常忙于生计，对印某疏于关心教育。因教育管束不够，印某缺乏辨别是非的能力，在不良朋友的影响下出现认知偏差。2020年7月22日，印某伙同丁某（丁某因犯盗窃罪被法院判处有期徒刑六个月）实施盗窃行为，因其未达刑事责任年龄未予追究刑事责任。发现印某实施严重不良行为后，其父母仍未对其进行有效管教，导致其行为偏差一步步加剧，最终参与了更为严重的抢劫犯罪。针对上述情况，检察机关认为，挽救印某回归正途，避免印某再次犯罪，不仅需要对其本人进行有针对性的教育矫治，也需要对其父母进行有效的督促监护和家庭教育指导。检察机关遂联合妇联、关工委启动对印某父母的家庭教育指导工作，让"不合格"家长及时"补课"。

（二）依托附条件不起诉制度，着力提升家庭教育指导强制力。针对印某个人及其家庭情况，检察机关将家庭教育指导作为附带条件，"嵌入"附条件不起诉程序中。在宣告附条件不起诉决定时告知父母接受家庭教育指导。决定作出后，印某父母积极配合司法机关的安排，严格按照指导组要求，按时完成了八个月的家庭教育指导课程，并与印某共同参加公益活动。课程结束后，经过评估，二人监护意识和监护能力明显提升，与印某的亲子关系明显改善。本案中，未成年人朱某也存在父母外出务工、祖父母隔代抚养、有效监护缺位的情况。为此，检察机关联合法院向朱某家长制发家庭教育指导令，强制督促其"依法带娃"，推动司法局将朱某家长接受家庭教育指导作为社区矫正的一项重点内容，确保家庭教育指导落到实处。

（三）强化部门协作，不断推动家庭教育指导工作规范化建设。检察机关与妇联、关工委建立家庭教育指导配合协作机制，对家庭教育指导工作进行细化规范，将家庭教育指导必要性作为社会调查内容，明确家庭教育评估、方案制定、实施及跟踪回访等各个环节的具体要求。检察机关、妇联、社区共同设立家庭教育指导基地，联合开发《家庭教育与预防未成年人犯罪》《未成年人心理健康之亲子沟通有秘诀》等课程。基地自建成以来，已对40余名未成年人及其家长开展为期3-6个月的家庭教育指导，均取得很好效果。

三、典型意义

未成年人行为偏差往往与成长环境和家庭教育方式密切相关。将涉罪未成年人帮教与监护人家庭教育指导相结合，有利于提高罪错未成年人矫治成效，也有利于预防未成年人再次犯罪。检察机关在办理未成年人犯罪案件时，应注意发现罪错未成年人家庭教育中存在的问题，引导监护人正确管教子女，发挥教育、引导未成年人的积极作用。对于怠于履行教育职责的监护人，要注意运用法律手段提升家庭教育指导的强制性，以强制力保证执行力，督促“甩手家长”依法、用心带娃。

案例四　张某某探望权执行监督案

——家庭教育指导助力破解探望难题　多方合力护佑离婚家庭子女健康成长

一、基本案情

2016年3月，王某某、张某某经上海市宝山区人民法院调解离婚，二人所育儿子王某星（2014年生）由父亲王某某抚养，母亲张某某具有探望权。民事调解书生效后，王某某长期不积极履行协助探望义务，以各种理由阻碍张某某探望儿子。张某某为此多次向法院申请强制执行，均未取得根本性改善。

二、家庭教育指导做法与成效

（一）通过家庭教育指导促使监护人转变认识，从根本上解决探望权落实难题。由于探望权长期不能得以实现，2022年1月，张某某向宝山区检察院求助。检察机关调查发现，2016年以来，张某某就探望权问题先后8次向法院申请强制执行。每次执行过程中，王某某均向法官承诺会履行协助探望义务，但实际上却以各种理由阻碍张某某看望儿子，甚至引导儿子远离母亲，不仅侵犯了王某某的探望权，也对王某星的成长造成非常不利的影响。王某星一方面想迎合父亲，另一方面又很思念母亲，在两难之中煎熬，性格变得胆小内向。为有力保护未成年人，宝山区检察院依法启动民事执行监督程序。针对探望权人身属性强，需要长期履行，如果被执行人不主动配合，仅依靠传统强制执行手段难以实现良好效果的情况，2022年2月，宝山区检察院向宝山区法院制发《家庭教育指导建议书》，建议法院在强制执行过程中对被执行人开展家庭教育指导，引导其树立正确的子女抚养理念，从根本上解决探望权“执行难”问题。法院采纳检察机关建议，在向王某某送达《案件执行通知书》的同时送达《家庭教育令》，责令其依法履行协助探望义务，并在指定时间地点接受家庭教育指导。

（二）充分运用心理学理论、手段，有针对性地开展家庭教育指导工作。为有针对性地做好家庭教育指导工作，宝山区检察院委托青少年事务社工和心理咨询专家通过社会调查和心理访谈等方式，进行了深入的调查评估。调查发现，王某某与张某某双方家庭一直存在矛盾，王某某因顾虑老人的态度而阻碍探望。要让王某某从内心上接受并愿意协助离异妻子与儿子联系、交流，必须打开其“心结”。针对这一情况，心理咨询专家制定针对性的工作方案，通过心理照护、情绪疏导和认知改变的方式对王某某进行教育指导，帮助其充分认识自己的行为动机以及父母关系对孩子心理的影响，以及一旦出现“家庭关系三角化”后其将面临的不良后果。通过心理咨询专家分阶段、分层次的介入，王某某最终打开“心结”，放下成见，愿意与前妻共同做好儿子的教育保护工作。

（三）监督与帮助双管齐下，保障家庭保护责任落实。在对王某某开展家庭教育指导的同时，检察机关会同人民法院组织双方召开面谈会，进行释法说理，向王某某阐明不履行探望义务的法律后果。同时，宝山区检察院联合宝山区法院探索建立“探望监督人制度”，委托青少年事务社工作为探望监督人，协调、督促王某某如约安排母子会见，并由女性社工全程陪伴、引导，保障每次探望时间不少于4小时。经过多方引导、帮助和监督，最终王某某与张某某就探望权具体执行方式达成共识。王某某如期协助张某某探望儿子，并在六年来首次邀请张某某陪同儿子过生日，亲子关系逐渐融洽。该案也顺利“案结事了”，张某某未再申请强制执行。

三、典型意义

夫妻双方离婚后，一方拒绝、妨碍、阻挠另一方行使探望权的情况时有发生。父母双方的对立冲突和一方关爱保护的缺失，会对未成年人身心健康造成严重不利影响。孩子在矛盾复杂的父母关系中成为“夹心人”，情感失衡，甚至抑郁焦虑，久而久之，认知和行为会形成偏差。保障探望权稳定、有效行使是保护离婚家庭未成年子女健康成长的重要内容，是司法机关的重要职责。然而，探望权人身属性强，仅靠强制执行难以保障长期效果。因此，有必要通过家庭教育指导帮助未成年人父母转变家庭教育理念，从根本上解决被执行人“不想执行”“不愿执行”的问题。检察机关可将家庭教育指导融入涉未成年人民事执行监督工作中，通过监督与帮助同步实施，推动家庭保护责任落实，为未成年人提供更加全面的司法保护。

案例五　徐某某、武某某介绍卖淫、强迫卖淫案

——推动社会支持力量欠缺地区家庭教育指导队伍建设

一、基本案情

2021年7月，徐某某伙同武某某（作案时16周岁）先后两次介绍陈某某到山东青州从事卖淫活动。同年7月下旬，在陈某某非自愿的情况下，徐某某、武某某强迫陈某某继续卖淫。2021年12月17日、2022年3月25日，山东省青州市人民检察院以介绍卖淫罪、强迫卖淫罪对徐某某、武某某分案提起公诉。经法院审理，徐某某因犯介绍卖淫罪、强迫卖淫罪被判处有期徒刑六年六个月，并处罚金。武某某因犯罪时为未成年人，在犯罪中所起作用较小，具有自首情节，且自愿认罪认罚，数罪并罚被判处有期徒刑一年三个月，并处罚金。

二、家庭教育指导做法与成效

（一）开展涉案未成年人家庭情况“五查”，能动做好家庭教育指导工作。青州市检察院在办理涉未成年人案件时均进行涉案未成年人家庭情况“五查”。一查未成年人监护情况；二查未成年人与监护人关系状况；三查未成年人实施犯罪或受到侵害是否与家庭教育有关；四查未成年人家庭成员关系情况；五查未成年人是否失学、辍学。经“五查”发现，本案被告人武某某跟父母一起生活，有一个弟弟。在弟弟出生前，武某某与家人关系融洽，尤其与父亲关系亲近。弟弟出生后，武某某父母忙于生计和照顾幼子，忽略了对武某某的教育和陪伴。武某某心理落差大，结交社会朋友，案发前一年开始辍学在家，并多次去酒吧、KTV消费，夜不归宿。父母为此多次彻夜寻找，甚至报警寻人。知道武某某涉案情况后，武某某父亲对其非常失望，“吼叫式”沟通方式让两人关系更加紧张，在家中基本无话

语权的母亲也无能为力，放弃了对武某某的管教。情绪郁结却无处排解的武某某一度产生轻生念头。针对武某某家庭存在的父母教育能力不足、教育方法不当甚至失管失教的问题，青州市检察院对其父母进行训诫并发出《督促监护令》，同时与市妇联共同制定了针对性的家庭教育指导方案。

（二）动态调整指导方案，科学评估家庭教育指导效果。经过一段时间的家庭教育指导，武某某父母逐步转变了理念，改变了亲子沟通的方式方法，与武某某的关系明显改善，武某某重燃生活希望，开始尝试做美甲学徒。但一段时间后，禁不住诱惑的武某某又开始前往KTV，甚至夜不归宿。武某某父亲怒其不争，再次甩手不管，武某某对父亲的做法极度不满，与父亲发生激烈冲突并搬出家中。出现这一情况后，检察机关一方面及时调整对武某某的帮教方式，另一方面联合妇联对前阶段家庭教育指导情况进行评估和反思，针对出现的问题，及时调整家庭教育指导方案，将改变武某某父亲家庭教育认知作为工作重点。同时，检察机关向武某某父亲发出《接受家庭教育指导令》，并聘请武某某所在村儿童主任作为武某某家庭的家庭教育联络员，便于动态了解武某某家庭教育情况。经过持续不断的指导帮助，武某某父母充分认识到了家庭关系对孩子发展的影响，深度反思了其教育方式的不当之处，与母亲一起积极接受指导，亲子关系日趋融洽。后在帮助教育和父母的引导下，武某某态度彻底转变，充分认识到自己行为的危害性，认罪悔罪并向被害人真诚道歉。

（三）构建“一专三员”制度，夯实家庭教育指导基础。针对办案中发现的农村偏远地区家庭存在的教育方面的问题，青州市检察院撰写了《农村偏远地区涉案未成年人家庭教育状况调查报告》，呈报市未成年人保护工作领导小组。市未成年人保护工作领导小组高度重视，要求各未成年人保护工作成员单位通力协作，夯实农村偏远地区的家庭教育指导基础。青州市检察院经与相关成员单位沟通协商，探索构建了自上而下的“一专三员”多层级家庭教育指导制度，即由市妇联选派专门的家庭教育指导者，具体负责涉案未成年人家庭教育指导工作；由市检察院聘任当地人大代表、政协委员兼任家庭教育督导员，对家庭教育指导工作开展情况进行监督；由市民政局指派村儿童主任兼任家庭教育联络员，定期通报涉案未成年人家庭教育情况；由市关工委组织五老志愿者兼任家庭教育助理员，协助开展家庭教育指导工作。通过广泛借助社会力量，建立了农村偏远地区涉案未成年人家庭教育指导社会支持体系，推动农村偏远地区家庭教育指导队伍建设。同时，青州市检察院与市法院、公安局、司法局会签《关于在办理涉未成年人案件中建立观护帮教和家庭教育指导同步介入机制的规定（试行）》，将家庭教育指导工作贯穿办案全过程，努力改善未成年人家庭环境。同时，与市妇联、教体局和关工委会签《关于在办理涉未成年人案件中建立家庭教育指导工作联动机制的实施细则》，建立“小风筝”家庭教育指导服务站，为涉案未成年人提供一站式家庭教育指导和服务，同时为司法机关涉案未成年人家庭教育指导提供支持。

三、典型意义

家庭教育促进法将传统“家事”上升为重要的“国事”，对包括检察机关在内的司法机关的职责作用作出了明确规定。在办案中，检察机关应主动评估涉案未成年人家庭教育状况，联合相关部门针对性开展家庭教育指导。开展家庭教育指导工作过程中，要动态评估家庭教育指导效果，根据出现的新问题新情况动态调整家庭教育指导方案，确保实效。针对类案背后反映出的农村地区家庭教育指导力量薄弱的问题，要立足职能，联合妇联、共青团、关工委等专业力量，夯实农村偏远地区的家庭教育指导基础，建立更加完善的未成年人家庭教育社会支持体系。

案例六　王某乙、王某丙救助保护案

——异地协作配合　共同保护陷入困境的犯罪嫌疑人未成年子女

一、基本案情

被告人王某甲于2013年、2015年与他人先后未婚生育女儿王某乙、儿子王某丙，后在原籍江苏省南京市秦淮区独自抚养两名子女。2021年10月，王某甲因涉嫌诈骗罪被上海市公安局长宁分局羁押于长宁区看守所。负责照顾王某乙、王某丙的保姆得知王某甲被抓获后于同年12月5日将两名未成年人从南京带至上海长宁区华阳路派出所后失联，华阳路派出所立即联系街道未保站，华阳路街道未保站通过检察社会服务中心云平台，向长宁区检察院移送该困境儿童保护线索。

二、家庭教育指导做法与成效

（一）协作落实临时监护。长宁区检察院接到该线索后，立即启动羁押必要性审查，发现王某甲涉嫌严重犯罪且拒不认罪，不符合取保候审条件，立即会同公安、民政、街道对两名未成年人落实临时照护，并启动近亲属调查工作。王某甲称孩子生父不在内地生活，无法提供联系方式，仅能提供孩子外祖父母王某丁、祝某某的联系方式。经与王某丁、祝某某联系，二人以家庭经济困难、无力解决孩子户口、就学问题等理由拒绝承担临时监护责任。对此，长宁区检察院向二人释法说理，引导其充分考虑家庭亲情和未成年人健康成长需要，承担起临时监护责任。同时，依托长三角未成年人检察工作协作机制对接秦淮区检察院，为其解决心中顾虑。两地检察机关联合向秦淮区民政局制发检察建议，督促为两名未成年人落实困境儿童生活补贴，帮助解决经济困难；在王某甲拒绝提供子女出生日期、医院的情况下，根据细节排查出王某乙、王某丙的出生记录。后秦淮区检察院协调当地公安、教育等部门，为二人办理了户口登记并联系学校入学。在两地检察机关的共同努力和引导下，王某丁、祝某某同意对王某乙、王某丙临时监护。2022 年元宵节前，两地检察机关共同将王某乙、王某丙护送至外祖父母处。

（二）联动开展撤销监护权支持起诉。因王某乙、王某丙入校就学、申领补贴手续均须监护人办理，2022 年 8 月 9 日，王某丁、祝某某向秦淮区法院申请撤销王某甲监护人资格，指定其二人为监护人，并于次日向秦淮区检察院申请支持起诉，同时请求长宁区检察院配合调取证据。两地检察联动调查评估后认为：王某甲长期不为子女办理户口、不安排子女就学，被羁押后既不妥善安排子女临时照护事宜，也不主动向司法机关报告相关情况、刻意隐瞒子女出生信息，致使子女陷入危困状态，严重侵害了被监护人的合法权益。同时，其被法院判处有期徒刑十一年，在较长时期内不具备履行监护职责的条件。王某丁、祝某某经有关部门救助帮扶后，已具备抚养照护能力，且两名未成年人均表示愿意与外祖父母共同生活，王某丁、祝某某的申请符合法律规定。审查期间，两地检察机关就是否支持起诉联合召开远程视频听证会，充分听取当事人、人民监督员及民法专家的意见后作出支持决定。2022 年 11 月 17 日，秦淮人民法院判决撤销王某甲监护权，指定王某丁、祝某某担任两名儿童的监护人。

（三）协同开展支持型家庭教育指导。考虑到王某丁、祝某某与两名未成年人从未共同生活，开展生活照顾和家庭教育都面临困难，上海、江苏检察机关启动跨省支持型家庭教育指导工作。长宁区检察院对王某甲进行入所谈话，深入了解两名未成年人的病史、爱好、特长、成长经历、教育程度等情况，制作《家庭教育指导重点提示清单》移送秦淮区检察院，并与秦淮区检察院联合为王某丁、祝某某靶向定制“3+6+长期”支持型家庭教育指导方案，即3个月线上随时沟通线下随时回访、6个月定期回访、长期关注的全程跟踪模式。检察机关联合家庭教育指导师、心理咨询师，为老人定制科学育儿方法、亲子沟通技巧等辅助课程，对两名未成年人定期开展谈心谈话、心理疏导，引导祖孙建立双向亲情链接、帮助孩子养成良好的行为习惯、修复母亲犯罪带来的心理创伤；联合社区卫生所，帮助两位老人科学处理孩子过敏严重的身体健康问题；聘请儿童督导员定期上门，协助老人开展课业辅导，并邀请祖孙共同参加社区亲子活动。长宁区检察院定期线上回访，秦淮区检察院随时上门回访，及时处理祖孙相处中的问题。经回访了解，现王某乙、王某丙与王某丁夫妇相处融洽、情绪稳定，在校表现突出，已获近十项荣誉奖状。

三、典型意义

检察机关办理非本地户籍困境儿童监护监督案件时，应当加强办案地与户籍地检察机关的联动履职，通过异地协作为未成年人落实临时照护、指定新监护人，并联合对新监护人开展支持型家庭教育指导，制定针对性的教育指导方案，委托专业组织、人员协助落实，帮助、督促其更高质量履行抚养教育职责，为未成年人健康成长创造良好条件。

最高人民检察院发布六起检察机关加强未成年人网络保护综合履职典型案例

（2023年5月31日）

目　　录

三、朱某某强奸、猥亵儿童、强制猥亵案

——严厉打击网络性侵未成年人犯罪，积极推动诉源治理

四、隋某某猥亵、强奸、敲诈勒索、制作、贩卖、传播淫秽物品牟利案

——疏堵结合，治罪治理并重

五、冯某隐私权保护案

——依法支持未成年人维权

六、肖某某、邓某某侵犯公民个人信息案

——多措并举保护未成年人个人信息安全

案例一　孙某某帮助信息网络犯罪活动案

——惩治教育挽救网络诈骗“工具人”

【关键词】

帮助信息网络犯罪活动罪　附条件不起诉　家庭教育指导　异地帮教

【基本案情】

2021年12月26日，孙某某在某聊天网站上看到一条出租银行卡可以赚钱的信息，遂联系同学詹某（已成年，另案处理），利用詹某身份证办理4张银行卡，并将银行卡出租给他人用于信息网络犯罪支付结算。经查，涉案银行卡单向资金流入金额为人民币108万元，其中9.8万元系涉诈骗资金。鉴于孙某某到案后如实供述自己的罪行，犯罪时系未成年人，有悔罪表现，具有认罪认罚等情节，可能被判处一年有期徒刑以下刑罚，检察机关依法对其作出附条件不起诉决定，经过十个月的考验期满后，依法对孙某某作出不起诉决定。

【检察机关履职情况】

（一）积极开展家庭教育指导，督促监护人切实履行监护职责。针对孙某某家庭监护缺位，导致其无节制使用手机网络，直至走上违法犯罪道路的问题，吉林省大安市人民检察院向孙某某父亲（孙某某父母离异，随父亲共同生活）发出“督促监护令”，并联合公安局、团市委、市妇联、法律援助中心共同开展家庭教育指导。同时，检察机关聘请专业司法社工从限制手机使用时间、加强亲子交流、提供多样化活动和学习机会等几方面帮助制定家庭监护计划，并定期对计划执行情况进行回访，帮助孙某某养成合理、安全使用手机网络的生活习惯。

（二）跨省异地协作，有针对性开展考察帮教。检察机关根据孙某某及其家人申请，委托孙某某户籍地检察机关开展异地考察帮教。两地检察机关共同研究制定有针对性的帮教方案，帮助孙某某着重提升法律意识和辨别是非能力、树立正确金钱观和消费观、提高就业知识和技能；建立严格的考察监督机制，定期回访和不定期抽查相结合，全面掌握孙某某考察期间思想、生活状况；创新沟通协调方式，通过远程视频会议系统实现两地检察机关和孙某某的三方会面，保证帮教工作顺利开展。

（三）坚持诉源治理，积极开展“反诈进校园”活动。结合本案反映出的问题，检察机关走进校园，系统讲解常见涉网络犯罪的基本特征与法律责任，帮助未成年人提高警惕意识，避免因无知和大意而被卷入涉网络犯罪。同时，积极与教育部门共同开设“线上云课堂”，加强以案释法，帮助未成年人及其监护人提升网络安全意识。

【典型意义】

一些信息网络犯罪团伙利用未成年人心智不成熟、法律意识淡薄等特点，使未成年人成为信息网络诈骗活动的“工具人”。办理此类案件，检察机关应坚持最有利于未成年人的原则，认真落实宽严相济刑事政策，对初犯、偶犯，特别是仅出售个人少量银行卡、违法所得数额不大且认罪认罚的未成年人，严格把握起诉标准，全面落实未成年人特殊制度，为其回归社会预留通道，采取家庭教育指导等综合司法保护措施，助其迷途知返。同时，坚持诉源治理，积极推进“反诈进校园”活动，深入开展法治宣传教育，提升未成年人法治意识，避免因无知和大意而被卷入网络犯罪。

案例二　高某某盗窃案

——依法综合履职做实预防未成年人沉迷网络治理

【关键词】

不起诉精准帮教　预防未成年人沉迷网络　社会治理检察建议

【基本案情】

2022年5月至6月，高某某先后多次采用偷拿他人手机进行转账的方式，窃取他人支付宝和银行卡账户中的钱款人民币1万余元，用于网络游戏账号充值和购买装备。2022年6月28日，公安机关以高某某涉嫌盗窃罪移送审查起诉，鉴于高某某犯罪时系未成年人，具有自首、认罪认罚、积极退赔损失并取得被害人谅解等情节，检察机关依法对其作出相对不起诉决定。

【检察机关履职情况】

（一）深挖犯罪根源，精准开展矫治教育。上海市浦东新区人民检察院通过社会调查发现，高某某通过某手机应用市场下载了一款游戏代练App，为成年客户代练游戏并获取报酬，每天玩游戏时间长达十余个小时，因沉迷网络游戏而诱发犯罪。检察机关在对高某某作出相对不起诉决定后，根据《中华人民共和国预防未成年人犯罪法》的相关规定，联合公安机关、社工以防治网络沉迷、矫正行为偏差为重点，借助数字化监管平台，对其开展矫治教育。同时，针对高某某父亲去世，母亲再婚，由祖父抚养的情况，委托家庭教育指导站提供家庭教育支持，帮助高某某戒除网络依赖。

（二）制发检察建议，助力企业良性发展。检察机关调查发现，开发运营该手机应用市场的公司未经严格审核，为游戏代练App进行有偿推广、宣传和分发，引诱、鼓励包括未成年人在内的用户，进行网络游戏代练交易，加剧了未成年人沉迷网络的风险。针对该案暴露出的预防未成年人沉迷网络措施落实不到位问题，检察机关向该公司制发检察建议并进行公开宣告，建议其对所有上架App进行全面审查，并建立定期巡查制度，畅通投诉受理途径，健全未成年人保护工作机制。该公司全面接受检察建议，主动下架10余款问题软件、游戏，并在公司内部成立“未成年人保护工作小组”，建立季度自查、涉未成年人投诉处理专员等工作机制。

（三）多方协同齐抓共管，系统推进网络沉迷治理。为进一步扩大治理效果，检察机关邀请网信办等主管部门、专家学者与该公司及辖区内相关互联网企业，就网络资源下载平台如何预防未成年人沉迷网络进行研讨，帮助企业提升依法经营意识，完善防沉迷技术措施。检察机关还就网络游戏宣传、推广过程中防沉迷措施的落实，与网络游戏行业协会交换意见，推动协会向成员单位发出倡议，倡导对网络游戏产品进行分类，并作出适龄提示。此外，检察机关开展未成年人网络保护法治课堂，并推动该课堂入驻“支付宝”空间站，联合开发“AR奇妙探险GO”青少年网络安全数字体验活动，促进预防未成年人沉迷网络治理长效长治。

【典型意义】

随着互联网的广泛运用，未成年人沉迷网络现象日益突出，成为未成年人违法犯罪的重要诱因。检察机关办理未成年人涉网络犯罪案件，应当高度关注对涉罪未成年人沉迷网络行为的矫治，通过数字赋能、家庭教育指导等手段对其进行精准帮教。同时，对相关网络产品、服务提供者履行预防未成年人沉迷网络义务的情况进行全面调查，针对网络资源下载平台未履行内容审查义务，对破坏未成年人防沉迷系统的软件进行推广问题，以检察建议督促企业强化落实未成年人网络保护责任。检察机关还可以通过召开座谈会、走访行业协会、加强法治宣传等举措助推政府、企业、社会综合发力、齐抓共管，深入推进未成年人网络防沉迷“系统工程”。

案例三　朱某某强奸、猥亵儿童、强制猥亵案

——严厉打击网络性侵未成年人犯罪，积极推动诉源治理

【关键词】

网络性侵　从严惩治　心理救助　长效机制

【基本案情】

2019 年至 2020 年，朱某某通过网络社交软件诱骗、胁迫杨某等 8 名未成年人拍摄裸体、敏感部位照片、不雅视频，发送其观看；并以散布裸照、不雅视频相威胁，强迫杨某线下见面，发生性关系。另据查明，2019 年初朱某某以不雅视频相威胁，强行与成年女性秦某某发生性关系。检察机关对该案提起公诉后，法院以强奸罪、猥亵儿童罪、强制猥亵罪判处朱某某有期徒刑十五年六个月，剥夺政治权利一年。

【检察机关履职情况】

（一）深挖细查，全面查清犯罪事实。该案报请审查批捕后，北京市平谷区人民检察院发现除公安机关已认定的 4 名被害人外，朱某某还存在利用网络侵害其他被害人的可能，遂建议公安机关继续侦查，至侦查终结时被害人增至 7 名。审查起诉阶段，检察机关自行侦查，委托鉴定机构及时恢复并提取朱某某手机中社交软件已删除的数据信息，通过对电子数据梳理审查，追加认定朱某某猥亵另外 2 名未成年人的犯罪事实。

（二）关注未成年被害人身心健康，引导建立良好用网习惯。检察机关在打击犯罪的同时，注重对未成年被害人心理修复，委托专业力量开展心理评估、心理治疗，帮助被害人尽快回归正常学习和生活。通过电话沟通、家庭走访、检校合作等方式持续跟踪回访，帮助被害人建立良好用网

习惯。依托“法治副校长”工作机制，线上线下开展网络安全教育和防性侵教育，引导未成年人正确使用网络，提高网络安全意识，阻断伸向未成年人的网络“黑手”。

（三）总结网络性侵类案规律，建设长效预防机制。为减少性侵案件发生，检察机关全面梳理分析本地近三年网络性侵未成年人案件，发现该类案件中，普遍存在被害人在网络上的自我保护意识严重不足，易轻信他人，遭受侵害后因害怕被犯罪分子打击报复而不敢报警等问题。为此，检察机关与网信、网安部门就未成年人网络保护问题进行专题座谈，加强未成年人网络侵害线索移送，促推两部门加强网络平台监督管理。针对涉案某社交软件存在的未成年人网络保护责任未落实问题，检察机关在全市开展排查，就发现的行政主管机关存在监管不到位问题，促推行政主管机关约谈该社交软件运营公司，督促严格落实未成年人网络保护主体责任。

【典型意义】

随着互联网的快速发展，未成年人“触网”低龄化趋势愈发明显，性侵未成年人犯罪已经出现线上线下相互交织的新形态。检察机关在办理网络性侵未成年人案件时，应准确把握网络性侵特点，依法深挖、追诉犯罪，以“零容忍”态度严厉打击。同时，加强未成年被害人保护，开展心理救助，帮助未成年人尽快回归正常生活。注重综合履职，统筹治罪与治理，推动学校、社会、政府等未成年人保护主体协同发力，线上线下一体治理，护航网络时代未成年人健康成长。

案例四　隋某某猥亵、强奸、敲诈勒索、制作、贩卖、传播淫秽物品牟利案

——疏堵结合，治罪治理并重

【关键词】

网络性侵　畅通线索渠道　阻断传播链条　专项治理

【基本案情】

2022年1月，隋某某使用网络社交软件向未成年被害人刘某某发送淫秽视频，并威胁、诱导刘某某自拍裸体照片和视频发送给其观看。后以此威胁刘某某发生性关系，并向刘某某索要钱财。同时，隋某某通过网络将上述裸体照片和视频售卖。检察机关对该案提起公诉后，法院以猥亵儿童

罪、强奸罪、敲诈勒索罪、制作、贩卖、传播淫秽物品牟利罪判处隋某某有期徒刑十年，并处罚金人民币三千元。

【检察机关履职情况】

（一）落实强制报告，畅通线索渠道。为有效解决侵害未成年人案件线索发现难问题，山东省青岛市崂山区人民检察院推动公安机关设立110“涉未成年人强制报告警情专线”，助力实现快速侦破案件和保护救助未成年被害人。未成年被害人刘某某的老师通过强制报告警情专线报警后，公安和检察机关快速反应，实现了及时打击犯罪和救助未成年被害人的双重目标。

（二）阻断传播链条，避免被害人二次伤害。检察机关督促公安机关固定证据后将隋某某缓存的、上传至社交账号、云盘等处的不雅视频进行技术删除，“线上+线下”阻断传播链条。联合公安机关、涉案学校、家长对购买淫秽视频并观看的学生开展分级干预和法治教育，制发“督促监护令”督促父母依法履行监护职责。同时，委托心理咨询师对被害人及其监护人定期开展心理疏导，帮助其走出创伤。

（三）积极促推开展网络空间专项治理，推动未成年人综合保护。检察机关通过法治进校园、举办专题讲座、网络安全知识问答等活动，引导学生正确使用网络，免受不法侵害。推动教育行政主管部门建立网络监管报告机制，及时向公安机关报告违法不良网络信息，已发现并报告违法不良网络信息问题9件，有效减少了网络侵害的发生。

【典型意义】

检察机关立足个案保护，坚持“办理一个案子、保护一批孩子”，及时阻断不雅视频传播，帮助未成年被害人及时恢复正常学习和生活。重视检察机关在推进社会治理方面的责任，以“保护一个孩子、预防一片领域”为目标，促推其他保护力量共同开展网络空间专项治理，为未成年人营造更为健康安全的网络环境，提升未成年人综合保护效果。

案例五　冯某隐私权保护案

——依法支持未成年人维权

【关键词】

网络隐私侵权　支持起诉　人格权侵害禁令

【基本案情】

2020年10月至11月，未成年人邹某偷拍同学冯某的隐私视频，后发送他人，冯某因此遭受精神困扰。同学项某向邹某索要该视频，并通过网络聊天软件对冯某进行言语骚扰。该视频及相关言论传播至冯某所在学校，使冯某学习和生活受到严重影响。

【检察机关履职情况】

（一）依法支持侵权之诉，充分保障诉权行使。冯某及其监护人向浙江省杭州市上城区人民检察院申请支持起诉维护其隐私权。检察机关对隐私视频内容、网络传播情况开展调查，引导女性法律援助律师对损害结果进行取证，确认冯某精神损害情况。同时委托心理医生稳定冯某情绪，防止造成二次伤害。经调查，检察机关依法支持起诉，并协助提供关键证据。法院支持全部诉讼请求，判决邹某立即停止侵害、书面赔礼道歉以及赔偿精神损害赔偿金。

（二）依法支持申请人格权侵害禁令，积极施措有效救济。冯某向检察机关反映项某曾以隐私视频对其进行网络骚扰，担心不及时制止，自身身心健康将继续受到损害，向检察机关申请支持对项某提出人格权侵害禁令申请。检察机关依法支持申请。法院裁定禁止项某以任何形式存储、控制和传播涉案视频，禁止借涉案视频实施一切骚扰、威胁等行为。裁判后，检察机关主动跟进监督，督促邹某、项某及监护人责任履行到位。冯某接受书面道歉、精神赔偿并获得禁令保护，恢复正常学习生活。

（三）多方共护健康成长，协同提升治理成效。为帮助冯某恢复正常学习生活和对侵权学生进行教育，检察机关一方面引入专业医疗力量，对冯某开展心理干预和治疗，直至其精神恢复、返校学习。另一方面落实家庭保护，约谈侵权学生的监护人并制发“督促监护令”，督促监护人依法履行家庭监护责任。同时，多次走访当事人所在学校，制发检察建议帮助学校建立欺凌防控等工作制度。学校对实施校园欺凌、隐私侵权的学生依规进行了教育处理，通过控制传播和保护隐私等措施，最大程度降低事件对冯某的不良影响。检察机关还联合教育、民政等部门出台相关综合保护工作意见，搭建多方共护平台，共同提升未成年人权益保护成效。

【典型意义】

网络传播未成年人隐私，传播速度快、影响范围广、精神损害大，严重侵犯未成年人人格权益。检察机关充分运用支持起诉职能，以能动司法推动网络保护，既支持未成年人提出隐私侵权之诉维护自身权益，又支持其提出人格权侵害禁令申请，并跟进监督落实，帮助未成年人依法维护自身合法权益。同时，强化诉源治理、注重协同共治，制发“督促监护令”督促父母落实家庭保护责任，制发检察建议促推学校健全欺凌防控等工作制度，全方位提升未成年人权益保护成效。

案例六　肖某某、邓某某侵犯公民个人信息案

——多措并举保护未成年人个人信息安全

【关键词】

未成年人个人信息权益　融合履职　未成年人网络公益保护

【基本案情】

2020年4月至10月，肖某某与邓某某利用发卡平台源码，建立网络交易平台，对外开放注册，供用户进行公民身份证号码、支付宝账户等个人信息非法交易。肖某某还在平台提供资金结算等服务，并按交易额收取服务费，交易总金额超过人民币47万元。截至案发，注册平台的卖家共200余人，非法买卖未成年人个人信息95万余条，被侵害个人信息的未成年人分布在浙江、天津、河北等全国多地，严重损害未成年人合法权益。2021年2月，检察机关对肖某某、邓某某涉嫌侵犯公民个人信息罪提起公诉，法院判处肖某某有期徒刑四年三个月并处罚金，判处邓某某有期徒刑四年并处罚金。2021年10月，检察机关向法院提起民事公益诉讼，法院判令被告人肖某某、邓某某共同支付损害赔偿款人民币30万元，并在国家级媒体上向社会公众刊发赔礼道歉声明。

【检察机关履职过程】

（一）一体化协同办案，从严惩处利用互联网信息技术和平台侵害未成年人的刑事犯罪。浙江省杭州市拱墅区人民检察院积极推进一体化协同办案，依托数字化办案手段，将涉案电脑、手机、硬盘、U盘进行勘验，将几百万条个人信息进行比对、去重，最终精准确定出售和购买的公民个人信息条数。通过对后台数据的再次勘验，调取到每条信息的贩卖价格，最终确定涉案销售总额和违法所得。同时，追诉上游罪犯1人，立案监督同案犯3人。

（二）依法及时提起公益诉讼，有力维护未成年人合法权益。检察机关从办理刑事案件中发现涉未成年人民事公益诉讼线索，认为肖某某、邓某某在未取得未成年人及其监护人同意的情况下，从他人处购买近百万条未成年人身份信息，并自行组织搭建、运营涉案平台，用以出售并允许他人出售未成年人身份信息，属于非法收集、买卖个人信息的侵权行为。由于被侵权人人数众多、分布全国多地，构成对公共信息安全领域的未成年人公共利益侵害。检察机关依法向肖某某、邓某某提起民事公益诉讼。

（三）建立协作联动机制，形成未成年人个人信息网络保护工作合力。针对案件中发现的用于违法犯罪的网站和注册公司的监管漏洞，以及辖区内可能存在的类似侵害未成年人个人信息安全的违法网站问题，检察机关结合办案延伸履职，加强与网信部门、公安机关协商，建立打击违法网站协作机制，推动解决网络保护监管盲区，实现联动通报、数据共享、类案监督、行刑衔接、社会治理的长效保护机制，完善网络监管，合力营造未成年人网络保护良好环境。

【典型意义】

未成年人个人信息受法律保护。侵犯公民个人信息犯罪具有成本低、获益高的特点，检察机关应当依法严惩通过互联网售卖未成年人个人信息的犯罪行为。在办理涉未成年人刑事案件过程中，应当强化未检“四大检察”融合履职，注重通过公益诉讼等职能手段，更加有力保护公共信息安全领域未成年人合法权益。检察机关应当依法履行法律监督职责，以案件办理推动社会治理，加强与网信、公安机关的协作，建立未成年人个人信息网络保护长效机制，形成未成年人网络保护合力。

最高人民检察院发布6起侵害未成年人案件强制报告追责典型案例

（2022年5月27日）

许某某等人强奸案

——住宿经营者怠于履行强制报告义务受到处罚

一、基本案情

2021年6月7日晚，许某某、陈某、王某、王某某（未成年人）、唐某某（未成年人）等5人在广西桂林某烧烤店吃饭。其间，王某看到刘某带李某某（女，未成年人）回家，提议将欠烧烤店钱的刘某打一顿，许某某提出想与李某某发生性关系。随后，几人来到刘某租住的居民楼，对刘某和李某某进行殴打，并强行将李某某带到宾馆。许某某、陈某、王某某三人在宾馆房间强行与李某某发生性关系。6月10日，李某某报警。10月15日，桂林市七星区人民检察院以涉嫌强奸罪对许某某等5人提起公诉。桂林市七星区人民法院判处许某某、陈某有期徒刑十年零三个月，王某某有期徒刑七年，王某有期徒刑五年，唐某某有期徒刑二年六个月。

经查，案发当晚，本案6名当事人入住桂林某宾馆，其中包括3名未成年人。宾馆在接待上述未成年人与成年人共同入住时，既未严格落实登记制度，逐人核实身份信息，也未询问入住未成年人相关情况。通过查看宾馆监控视频，办案人员发现被害人李某某与许某某等人共同进入宾馆后，始终被唐某某拉着手，被害人神情疲惫，脚步迟缓，表现明显异常，多次在距离宾馆前台2米远的沙发处停留。宾馆工作人员发现异常情况后，未询问情况或与监护人联系，也未按照强制报告要求向公安机关报案，怠于履行强制报告义务。

二、处理情况

该案发生前夕，桂林市七星区人民检察院和市公安局七星分局联合召开了旅馆业落实强制报告制度推进会，向辖区旅馆、宾馆、酒店等住宿经营者通报了未成年人保护法关于强制报告的有关规定。涉案宾馆明知法律规定，发现问题仍置之不理。因宾馆未尽到安全保护责任，李某某被多人毫无障碍地带入宾馆房间并遭到多人性侵害。2021 年 8 月 11 日，桂林市公安局七星分局依据《中华人民共和国未成年人保护法》第一百二十二条规定，对涉案宾馆作出罚款二万元，责令停业整顿一个月的处罚决定。

为推动辖区旅馆、宾馆、酒店等住宿经营者进一步落实强制报告制度，七星区人民检察院与市公安局七星分局联合制定《关于规范旅馆行业经营加强未成年人保护的意见》，对两百余名住宿经营者进行强制报告制度培训，并建立联合督查机制，形成治理合力。

三、典型意义

《中华人民共和国未成年人保护法》第十一条规定，密切接触未成年人的单位及其工作人员，在工作中发现未成年人身心健康受到侵害、疑似受到侵害或者面临其他危险情形的，应当立即向公安、民政、教育等有关部门报告。强制报告是法定责任，任何单位和人员均应严格遵守。近年来，旅馆、宾馆、酒店成为侵害未成年人犯罪高发场所。为有效预防侵害未成年人犯罪，强化未成年人保护，未成年人保护法明确规定了住宿经营者的未成年人安全保护责任。该法第五十七条和第一百二十二条分别规定，旅馆、宾馆、酒店等住宿经营者接待未成年人入住，或者接待未成年人和成年人共同入住时，应当询问父母或者其他监护人的联系方式、入住人员的身份关系等有关情况；发现有违法犯罪嫌疑的，应当立即向公安机关报告，并及时联系未成年人的父母或者其他监护人。违反上述规定的，责令限期改正，给予警告；拒不改正或者造成严重后果的，责令停业整顿或者吊销营业执照、相关许可证，并处一万元以上十万元以下罚款。住宿经营者强制报告义务的落实是预防侵害未成年人违法犯罪的重要保障。检察机关在办理住宿经营场所发生的侵害未成年人犯罪案件时，应当与公安机关密切配合，逐案倒查是否存在违反询问、登记、强制报告等规定的情形，发现问题严格依法追责，从源头上遏制侵害未成年人犯罪案件的发生，共同为未成年人营造更加安全、和谐的社会环境。

许某某、杨某强奸案

——住宿经营者发现未成年人面临侵害危险不报告依法承担责任

一、基本案情

2020年10月28日，许某某和杨某（未成年人）经事先商议，约王某某（女，未成年人）及其朋友刘某某（女，未成年人）吃饭，哄骗王某某、刘某某大量饮酒。次日凌晨1时许，杨某、许某某将醉酒的王某某、刘某某带至江苏省徐州市某商务宾馆。杨某强行与刘某某发生了性关系。许某某欲与刘某某、王某某发生性关系，但均未遂。2021年3月5日，杨某、许某某被检察机关以涉嫌强奸罪提起公诉。经法院依法审判，判处许某某有期徒刑三年九个月，杨某有期徒刑二年九个月。

经查，案发当日，该宾馆仅登记了许某某一人身份信息，就为许某某、杨某、王某某、刘某某四人开具一间三人间入住。办案人员查看宾馆前台监控发现，王某某、刘某某入住时明显处于醉酒状态，且王某某身着校服，工作人员未要求王某某、刘某某出示身份证件、未询问情况或联系监护人，发现异常情况后未向公安机关报告。

二、处理情况

检察机关在办案中发现涉案宾馆违规接纳未成年人、未履行强制报告义务等问题后，建议公安机关对涉案宾馆及相关人员进行行政处罚。公安机关对宾馆及相关工作人员分别处以限期整改和罚款的行政处罚。因宾馆未尽安全保护义务，致使未成年人在其经营场所遭受侵害，检察机关在依法对被告人提起公诉的同时，支持被害人刘某某向法院提起民事诉讼，要求涉案宾馆承担相应的精神损害赔偿责任。经法院组织庭前调解，涉案宾馆赔偿刘某某精神抚慰金一万元。

三、典型意义

近年来，检察机关起诉性侵未成年人犯罪案件数量呈上升趋势，其中旅馆、宾馆、酒店等住宿经营场所违规接待未成年人入住导致被性侵的问题比较突出。部分住宿经营者及其从业人员的保护意识不强，登记制度、报告制度等规定落实不到位，是造成上述问题的重要原因。住宿经营场所接待未成年人入住，必须查验身份并如实登记、询问未成年人父母或者其他监护人的联系方式、询问同住人员身份关系、加强安全巡查和访客管理，发现未成年人疑似遭受侵害线索或者面临不法侵害危险的，应当立即向公安机关报案或举报。重利益轻安全，发现异常情况不报告的，应当依法承担责任。

张某猥亵儿童案

——学校负责人不履行强制报告义务被依法追责

一、基本案情

张某，原系安徽合肥某小学数学教师。2019年下半年至2020年10月，张某在学校教室、办公室及家中补习班等场所，多次对班内女学生赵某某、刘某某、王某实施触摸胸部、臀部等隐私部位及亲嘴等猥亵行为。后该小学上级管理部门、镇中心学校校长沈某听到关于张某猥亵学生的传言，遂与该小学副校长钟某向张某和被害人家长了解相关情况。学校对张某作出停课处理，并要求张某自己与学生家长协商处理此事。此后，在钟某见证下，张某向被害学生及家长承认错误，并赔偿三名被害人各10万元。2020年11月，本案因群众举报案发。2021年2月23日，安徽省合肥市庐江县人民检察院以涉嫌猥亵儿童罪对张某提起公诉。庐江县人民法院判处张某有期徒刑四年。

二、处理情况

2020年12月30日，庐江县人民检察院将沈某、钟某两名学校负责人未履行强制报告义务的线索移送庐江县纪委监委处理。因未履行强制报告义务、瞒报教师侵害学生案件线索，沈某被免去中心学校党委书记、校长职务，给予党内警告处分；钟某被免去小学副校长职务，给予党内严重警告处分。

针对该案暴露出的问题，合肥市人民检察院对五年来全市教职员工性侵害未成年学生案件进行梳理分析，向市教育局发出检察建议，建议完善校园安全管理和保障体系建设、让法治教育全面融入校园生活、强化强制报告制度和入职查询制度落实、完善对学校的考评机制，切实加大在校未成年人权益保护。市检察院与市教育局联动整改，会签《关于开展未成年人保护检教合作的实施方案》，成立联合督查组，赴涉案学校、寄宿制学校等开展实地调研督导，健全了教师管理、学校聘用人员监督管理、女生宿舍管理等制度机制，推进强制报告制度落实。

三、典型意义

学校是未成年人学习、生活的重要场所，具有保护未成年学生的法定义务。2021年6月，教育部颁布《未成年人学校保护规定》，专门要求学校依法建立强制报告机制，规定学校和教职工发现学生遭受或疑似遭受不法侵害以及面临不法侵害危险的，应当依照规定及时向公安、民政、教育等有关部门报告。学校和教职工发现未成年学生被侵害的，不得有案不报，更不能私下组织学生家长和涉案人员“调解”。检察机关应充分发挥法律监督职能，协同教育部门强化未成年人保护法等法律法规的宣传教育，推动落实学校安全、强制报告、入职查询等制度，提升学校和教职工依法强制报告的自觉，合力筑牢未成年人健康成长“防火墙”。

孙某汝强奸案

——医疗机构接诊怀孕幼女不报告被严肃追责

一、基本案情

2020年12月，孙某汝与孙某某（女，未成年人）通过网络认识。自2021年2月起，孙某汝在明知孙某某未满14周岁的情况下，多次奸淫孙某某致其两次怀孕、流产。孙某某的母亲得知此事后报警。2022年1月27日，辽宁省东港市人民检察院以涉嫌强奸罪对孙某汝提起公诉。同年3月21日，东港市人民法院判处孙某汝有期徒刑十年。

经查，孙某汝曾于2021年10月带孙某某在东港市某门诊部做人工流产手术。该门诊部妇科医师季某某在明知孙某某为未成年人，无监护人陪同、签字确认的情况下，为其进行人工流产手术，且未向公安机关或有关部门报告该情况。另据查证，该门诊部不具备开展计划生育手术的执业资格许可。

二、处理情况

东港市人民检察院在办案中发现该门诊接诊医务人员未履行强制报告义务的问题后，向东港市卫生健康局通报了相关情况，建议对涉案医疗机构和人员依法追责。东港市卫生健康局依据调查核实的事实，对涉事门诊部处以警告、没收违法所得、罚款2万元的行政处罚，并注销相关科室；对医师季某某给予暂停六个月执业活动的行政处罚。

为切实推动强制报告制度落实，东港市人民检察院会同市卫生健康局组织辖区内相关医疗机构开展了为期一周的妇女儿童权益保护、强制报告制度专题培训，通过电子屏幕、微信、宣传标语等多种形式组织法律法规宣传，切实提升医疗机构和医护人员依法强制报告意识。

三、典型意义

根据未成年人保护法关于强制报告制度的规定，医护人员负有发现未成年人疑似遭受侵害及时报告的义务。医护人员履行强制报告义务对及时发现、阻断侵害未成年人犯罪，保护未成年人免受持续侵害具有重要意义。关于哪些属于疑似未成年人遭受侵害情形，国家监委、最高检、教育部、公安部等9部门《关于建立侵害未成年人案件强制报告制度的意见（试行）》（高检发〔2020〕9号）进行了细化规定。其中，不满十四周岁女性未成年人怀孕、流产属于必须报告情形，相关单位和人员发现此情况的，应当立即向公安机关报案或举报。医护人员强制报告不仅是帮助未成年人及时脱离危险的重要途径，也是发现犯罪、取证固证的重要手段。民营、公立医疗机构均为我国未成年人保护法规定的强制报告义务主体，均应严格落实强制报告法律规定。对于落实不力、瞒报、不报的，应对直接责任人员和所属医疗机构依法追责。

王某故意伤害案

——报告奖励　不报告追责　奖惩并举压实强制报告责任

一、基本案情

2021年5月，马某某离婚后将其子岳某某（未成年人）接到男友王某家中居住。同年6月2日，马某某有事外出，将岳某某交由王某照看。因看到岳某某将厕纸装在裤兜里，王某先后用手打、脚踹等方式殴打岳某某，致其重伤。后岳某某被送至山东省临沭县某医院，医生王某甲、吴某甲先后为其治疗，但两名医生在发现岳某某伤情异常后均未履行强制报告义务。6月8日，该院护士吴某乙将岳某某的情况反映给县妇联工作人员王某乙，吴某乙、王某乙二人在医院探视岳某某病情后，认为其可能遭受家庭暴力，遂决定报警，公安机关随即将王某抓获。8月22日，临沭县人民检察院以涉嫌故意伤害罪对王某提起公诉。临沭县人民法院依法判处王某有期徒刑四年六个月。

二、处理情况

临沭县人民检察院将该案的办理情况向县卫生健康局进行了通报。因未履行强制报告义务，医院对医生王某甲、吴某甲二人作出通报批评，责令作出深刻检讨，并取消二人2021年度评先树优资格的处分。同时，由于护士吴某乙及时报案，犯罪分子受到依法惩处，被害儿童获得及时保护，临沭团县委授予吴某乙"临沭县优秀青年"荣誉称号。

临沭县人民检察院建议县卫生健康局开展专项整改，对全县1300余名医务工作者进行培训，结合典型案例对医护人员的强制报告责任、应当报告的情形及注意事项等进行普法宣传，提高医护人员主动报告的意识，形成"高度警惕、主动询问、如实记录、立即报告"的自觉。县卫生健康局组织全县医疗机构、医护人员层层签订《强制报告责任承诺书》和《强制报告责任人员权利义务告知书》，确保强制报告责任到岗到人。

三、典型意义

对于发生在家庭内部、外人难以发现的隐蔽侵害行为，医护人员强制报告对救助保护处于不法侵害中的未成年人具有至关重要的作用。为切实落实强制报告要求，进一步强化未成年人保护，医护人员在接诊受伤儿童时应认真查看伤情，询问受伤原因，特别是对多处伤、陈旧伤、新旧伤交替、致伤原因不一等情况，要结合医学诊断和临床经验，综合判断未成年人是否受到暴力侵害。认为未成年人遭受侵害或疑似遭受侵害的，医护人员应当立即报告。对于发现侵害事实后瞒报不报的，上级主管部门或者所在单位应当依法处分，严肃追责。对于因报告及时使犯罪分子依法受到惩处的，相关部门应当依据法律和文件规定给予相关人员适当奖励。

陈某甲过失致人死亡案

——强化基层组织强制报告责任　靠前保护未成年人

一、基本案情

2020年8月10日，上海市儿童医院在接诊3岁幼童陈某乙时，发现其死因可疑，立即向上海市公安局普陀分局报案，同时报告普陀区人民检察院。公安机关立案后，查明陈某乙系因被患精神疾病的母亲陈某甲强制喂饭导致呛饭后胃内容物反流致气管堵塞窒息死亡。2021年3月1日，普陀区人民检察院以涉嫌过失致人死亡罪对陈某甲提起公诉（陈某甲系限制刑事责任能力），同年3月19日，普陀区人民法院以过失致人死亡罪判处陈某甲有期徒刑二年，缓刑二年。

经查，陈某甲住所地居民委员会通过计生统计和日常工作，知道陈某甲曾患有精神疾病，未婚生子，独自一人在家抚养孩子。居委会干部在家访中还发现陈某乙身上、脸上常有乌青，发育不良，陈某甲有强行给孩子喂饭、冬天只给穿一件背心等异常养育行为。但居委会对此未予重视，未向公安机关报案，也未向主管行政机关报告。

二、处理情况

普陀区人民检察院在审查起诉期间发现陈某甲住所地居民委员会未履行强制报告义务问题后，向该居委会上级主管街道办事处制发了检察建议并召开检察建议公开宣告会，对居委会有关责任人员进行了批评教育；建议街道办事处加强学习培训，提高辖区工作人员未成年人保护意识和能力；开展专项行动，排摸辖区内强制报告线索；建立长效机制，设置专人负责强制报告事宜。针对强制报告制度社会知晓度不高问题，普陀区人民检察院邀请区妇联、公安、相关街道、居委会工作人员等召开强制报告现场推进会，以真实案例深度解读强制报告制度。涉事街道在街道、居委会两级分别设置了专人专岗负责强制报告工作，建立滚动排查和线索报告工作机制，对排查出的困境儿童建立档案，专人跟进。2021 年 4 月，普陀区人民检察院与区妇联、区卫健委等 9 部门联合签发《普陀区侵害未成年人案件强制报告制度实施细则》，进一步形成强制报告制度落实合力。

三、典型意义

居（村）委会作为一线基层组织，具有熟悉基层、了解群众的工作优势。居（村）委会切实履行强制报告责任对强化犯罪预防、保护未成年人，实现侵害未成年人早发现、早干预具有重要作用。《中华人民共和国未成年人保护法》第十一条明确规定，居民委员会、村民委员会在工作中发现未成年人身心受到侵害、疑似受到侵害或者面临其他危险情况的，应当立即向公安等有关部门报告。居（村）委会是法定强制报告义务主体，为充分履行强制报告职责，相关人员需要强烈的责任心、敏锐性和未成年人保护意识。特别是，发现未成年人“面临危险情形”时，一定要立即报告，及时干预制止，避免恶性案件发生，减小危害后果，做到“预防是最好的保护”。检察机关应加强与街道、居（村）委会的沟通协作，帮助发现、解决问题，对存在明显问题或者多次指出不改正的，应通报上级主管部门，依法处分、追责。

最高人民检察院发布八起“检爱同行 共护未来”未成年人保护法律监督专项行动典型案例

（2022年5月25日）

目　录

案例一　李某某与王某甲抚养纠纷支持起诉案

——合力开展家庭教育指导

一、基本案情

王某甲与李某某原系夫妻关系，于2007年育有一女王某乙。2020年2月，二人协议离婚，并约定王某乙随王某甲共同生活。

王某甲多次因琐事对王某乙体罚，致王某乙身心受到伤害。

二、履职情况

（一）畅通强制报告平台，迅速联动综合救助。2020年4月，王某乙就读学校通过上海市长宁区“未成年人检察社会服务中心云平台”报告，王某乙多次遭受父亲体罚。检察机关调查核实后，联合公安机关充分听取王某乙意见，将其转移安置至其母李某某处，并对王某甲进行法治宣传和训诫教育。针对王某乙情绪低落状态，联合学校进行心理疏导。

（二）审慎评估监护能力，支持变更抚养关系。2020年6月，李某某就变更抚养关系事宜向长宁区检察院申请支持起诉。长宁区检察院对王某甲的监护能力进行了为期一个月的跟踪评估，发现王某甲有继续侵害王某乙的危险，遂支持其提起变更抚养关系诉讼，并派员出庭支持起诉，配合法院促成双方达成协议。根据协议，王某乙随李某某共同生活，王某甲每月支付抚养费3000元。

（三）跟踪提供分类指导，督促落实监护责任。长宁区检察院持续开展动态跟踪和家庭教育指导。针对王某甲怠于履行监护职责的情况，2022年1月，长宁区检察院联合长宁区法院开展强制性家庭教育指导，对王某甲进行训诫。针对李某某在外奔波较多、对王某乙情感需求关注不够的情况，长宁区检察院联合妇联、学校、街道开展督促性家庭教育指导，引导其关注王某乙身心健康。该院还联合团区委、关工委，对监护人外出工作时的委托照护人李某某母亲进行家庭教育指导。经过持续开展家庭教育指导，王某甲、李某某和王某乙亲子关系明显改善。

（四）凝聚形成监督合力，构建一体化工作体系。长宁区检察院总结此案联合相关部门开展家庭教育指导的经验，会同区民政局、妇联、关工委出台《关于构建一体化分类家庭教育指导工作体系的意见》，依托未成年人保护工作站和家事关护站设立"检社家宁萌共育坊"，整合全区儿童督导员、儿童主任和青少年事务社工力量，建立家庭教育指导线索收集处置机制，分类开展支持性、督促性、强制性、预防性家庭教育指导工作。

三、典型意义

未成年人保护法在强调父母第一监护责任的同时，明确了国家对家庭监护支持、指导、帮助与监督的责任，并赋予检察机关支持起诉、责令监护人接受家庭教育指导等职能。家庭教育促进法构建了家庭主责、国家支持、社会协同的家庭教育体系，对包括检察机关在内的司法机关的职责作用作出了明确规定。检察机关依法能动履职，针对监护人存在的管教不当、监护缺位等问题，主动加强与法院、民政、妇联、关工委等职能单位的协作，通过搭建强制报告平台、开展支持起诉、制发督促监护令、分类开展家庭教育指导等方式，推动形成系统化保护合力。

案例二　山东省成武县人民检察院督促消除道路安全隐患行政公益诉讼案

——共同守护未成年人平安求学路

一、基本案情

2021年4月，山东省成武县检察院连续办理4起校园周边交通肇事案，6名被害人均为未成年学生。该院经调查发现，2019年至2021年该县发生的交通肇事案件中，未成年受害人占比高达25%。学校周边未按规定设置交通信号灯及其他附属交通安全设施，是导致事故发生的重要原因。

二、履职情况

（一）深入开展诉前调查，依法制发诉前检察建议。成武县检察院对2019年以来该县发生的交通事故进行类案分析，发现城区内发生交通事故共计2731起，其中无交通信号灯路口发生交通事故477起，占比17.5%；涉及未成年人交通事故150起，占比5.5%。经对校园周边道路情况进行调查，发现校园周边近30个道路交叉口未安装交通信号灯及其他附属交通安全设施，交通秩序混乱，给学校师生造成较大安全隐患。在类案分析和社会调查基础上，成武县检察院向该县住房和城乡建设局发出诉前检察建议，建议对校园周边近30个道路交叉口规划设计、安装交通安全设施。

（二）持续跟进监督，提起公益诉讼督促整改落实。制发检察建议后，成武县检察院持续跟踪整改情况，发现该县住房和城乡建设局仍未安装交通信号灯及其他附属交通安全设施，校园周边路口交通混乱现象依然存在，期间又有2名未成年人在交通事故中受伤。2021年12月，成武县检察院向县法院提起行政公益诉讼。开庭前，该县住房和城乡建设局主动建设完善了30个校园周边路口的交通信号灯等交通安全设施，并告知检察机关整改情况。2022年1月至3月，该县校园周边交通事故率同比降低17.9%、事故死亡率同比降低24.6%。检察机关评估后认为行政部门整改到位，涉未公共利益得到修复保护，遂撤回起诉。

（三）加强沟通配合，共建综合保护长效机制。成武县人民检察院以开展“检爱同行 共护未来”法律监督专项行动为契机，积极推动未成年人交通安全治理。积极开展“法治进校园”活动，强化交通安全法律法规教育，助推未成年学生形成“遵守交规、安全出行”的自觉。持续加强与住建部门和交通、教育等部门的沟通，定期查验校园周边交通设施使用情况，形成制度化长效保护机制。

三、典型意义

近年来，交通肇事罪在侵害未成年人犯罪案件中占比逐年增加，严重危害未成年人人身安全。未成年人保护法规定，政府应当依法维护校园周边的治安和交通秩序，设置监控设备和交通安全设施，预防和制止侵害未成年人的违法犯罪行为。校园周边道路交通设施不健全，侵害不特定多数未成年人的合法权益。检察机关针对校园周边交通安全隐患问题，充分发挥行政公益诉讼检察职能，督促职能部门依法充分履职，达到“办理一案，治理一片”的效果，确保涉未成年人的社会公益切实得到保护。同时，协同职能部门依法能动履职，为未成年人“上学路”保驾护航。

案例三　浙江省海宁市人民检察院督促规范民办学校办学行政公益诉讼案

——多维落实民办新居民子女学校保护

一、基本案情

2021年4月，浙江省海宁市人民检察院在办理某民办新居民（非本地户籍居民）子女学校教师赵某某猥亵儿童、伪造国家机关证件案过程中，发现该市民办新居民子女学校存在教师招录审核不规范、校园安全管理不严格等突出问题，导致未成年学生被性侵。

二、履职情况

（一）坚持系统审查思维，全面开展入职查询。针对赵某某个案暴露出的问题，海宁市检察院会同公安局、教育局开展全市民办新居民子女学校教职员工违法犯罪记录和教师资格筛查工作，发现1名教师有强奸前科，6名教师无教师资格证，13名教师的教师资格证真伪存疑。根据筛查结果，教育部门责令学校与有强奸前科的教师闫某某解除劳动合同，将无证教师调离教学岗位。

（二）依托统一集中办理，融合运用“四大检察”职能。结合教职员工入职查询和教师资格筛查情况，2021年8月，海宁市检察院向教育局发出规范民办新居民子女学校办学行政公益诉讼诉前检察建议。收到检察建议后，教育局积极部署专项检查，查明上述13人中有5人的教师资格证系伪造后依法予以解聘。海宁市检察院将伪造国家机关证件的线索和证据移送公安机关立案侦查，有效激活了刑事检察与公益诉讼内部转换衔接机制，充分发挥了未检融合式监督模式的最大效能。

（三）主动开展诉源治理，促推“六大保护”协同发力。针对新居民子女学校教师招录不规范、校园安全存在盲区、学生自我保护意识薄弱等问题，海宁市检察院分别向教育局和学校发出社会治理检察建议。在检察建议的推动下，民办新居民子女学校对教师的聘任、考核、培训实行“一人一档”管理，邀请卫健专家开设青春期生理卫生和自我保护课程。教育局联合相关部门对校园内外环境开展专项整顿，实现校园安防体系全覆盖。针对民办新居民子女学校教育资源不均衡的深层次问题，该院以专题报告形式向市委市政府反映。市政府出资5600余万元将全市4所新居民子女学校收归国有，从公办学校挑选优秀教师组建管理团队、派驻教研骨干、提高教学水平，使全市5000余名新居民子女学生享受教育公平。

三、典型意义

受教育权是未成年人一项重要的发展权。检察机关深入贯彻落实未成年人保护法，以“一号检察建议”监督落实为牵引，立足刑事个案办理，重点开展教师资格核查、入职查询等工作，协调教育部门加强校园安全建设，把学校保护不折不扣落到实处。扎实开展“检爱同行 共护未来”未成年人保护法律监督专项行动，统筹运用“四大检察”职能，在办理刑事案件的同时开展其他检察监督。通过行政公益诉讼诉前检察建议、社会治理检察建议、专题报告等多种形式，融入学校保护、政府保护，协同职能部门和相关主体依法履职尽责，共同保障未成年人健康成长。

案例四　江苏省宿迁市宿城区人民检察院对Z电竞酒店提起民事公益诉讼案

——共促电竞酒店新业态监管治理

一、基本案情

江苏省宿迁市宿城区人民检察院在办理涉未成年人犯罪案件中发现，当地电竞酒店存在接纳未成年无限制上网现象，且一房多人、他人代开、男女混住等情况多发，甚至引发违法犯罪。在文旅等部门开展电竞酒店专项排查整治后，Z酒店仍持续违规接纳众多未成年人入住并提供上网服务，影响未成年人身心健康，损害社会公共利益。

二、履职情况

（一）发挥未成年人检察统一集中办理优势，在履职中敏锐发现案件线索。宿城区检察院在开展“法治进校园”活动、参加未成年人保护联席会议过程中，多次收到涉电竞酒店的侵害未成年人权益案件线索。2021年5月，宿城区检察院在办理刑事案件中了解到，有的未成年人为了支付入住电竞酒店的高额费用，实施盗窃等违法犯罪行为。经进一步调研和走访调查发现，作为近年来迅速发展的新兴业态，入住电竞酒店在青少年中逐渐成为风尚，但许多电竞酒店存在以旅馆住宿之名接纳大量未成年人无限制上网现象。宿城区12家电竞酒店住宿登记系统存在接纳未成年人入住记录达800余条，其中Z酒店就达380余条。

（二）多方研讨论证，督促开展专项治理。宿城区检察院与区文旅局、市场监管、公安等6家单位召开未成年人网络公益保护联席会议3次，就电竞酒店属性、危害、执法依据等问题进行研究。2021年5月，宿城区检察院与区文旅等部门联合会签《宿城区关于推进未成年人网络保护工作实施意见》，督促相关行政机关以开通电竞酒店接纳未成年人上网专门线索受理渠道、在辖区内开展为期三个月的电竞酒店专项排查、对电竞酒店经营者违规接纳未成年人入住行为进行训诫等方式，开展专项治理。

（三）持续跟进监督，启动民事公益诉讼。专项治理后，检察机关跟进监督发现，Z酒店仍持续接纳未成年人提供上网服务，经进一步调查取证，截至2021年6月，该酒店住宿登记系统可查的未成年人入住记录多达387条，且为躲避检查采取未成年人入住不予登记等规避手段。Z酒店在未取得互联网上网服务经营许可的情况下，接纳未成年人并提供互联网上网服务，侵犯了未成年人的健康权，给未成年人的发展、受保护等权益造成了较大影响，侵犯社会公共利益。2022年1月，宿城区检察院对Z酒店以民事公益诉讼案件立案调查并履行公告程序。3月2日，案件移送宿迁市检察院。3月22日，宿迁市检察院将案件诉至宿迁市中级法院，请求判令Z酒店禁止向未成年人提供互联网上网服务，并在国家级媒体上公开赔礼道歉。

（四）专家辅助人出庭，以司法保护推进电竞酒店未成年人保护综合治理。5月12日，宿迁市中级人民法院公开开庭审理本案。中国政法大学未成年人司法专家就未成年人网络保护、电竞酒店的功能属性等通过视频发表意见，有力支持了检察机关诉讼请求。案件当庭宣判，检察机关的全部诉讼请求均获法院支持。庭审结束后，宿迁市检察院联合宿迁市中级人民法院对涉案未成年人父母进行训诫，并联合区文旅、市场监管、公安等9家单位召开新业态下未成年人保护座谈会，共促新业态领域的监管与治理。

三、典型意义

以“电竞+住宿”为卖点的电竞酒店近年来备受未成年人青睐，但存在行业归属不明晰、不如实登记入住人员身份信息、违规向未成年人出售烟酒等问题，成为未成年人保护盲区。检察机关贯彻最有利于未成年人原则，积极稳妥发挥未成年人保护公益诉讼检察职能，在整治电竞酒店违规接纳未成年人方面开展探索，通过行使民事公益诉讼职责，督促电竞酒店经营者履行社会责任。同时，通过与行政机关加强协作配合、建立长效机制、开展专项治理等形式，推动形成新兴业态领域未成年人保护合力。

案例五　北京市检察机关督促爱国主义教育基地对未成年人免费开放公益诉讼案

——让未成年人普惠政策落实落地

一、基本案情

北京市检察机关在履行职责中发现，部分爱国主义教育基地未落实未成年人保护法关于爱国主义教育基地应当对未成年人免费开放的规定，存在对未成年人收费问题，损害了众多未成年人合法权益。

二、履职情况

（一）统一部署，明确管辖。北京市检察院发现部分爱国主义教育基地对未成年人收费线索后，在全市三级检察机关开展了专项监督活动。市检察院负责整体谋划和部署，根据爱国主义教育基地定价分为市、区两级的情况，确定市级定价的爱国主义教育基地由分院立案管辖，区级定价的爱国主义教育基地由相应的区院立案管辖。分院、区检察院负责调查、收集固定证据；市检察分院、区检察院分别与相应行政部门召开座谈会进行磋商，制发诉前检察建议。三级检察机关充分发挥检察一体化机制优势，形成工作合力，提升工作质效。

（二）全面梳理相关法律及规范性文件，明确法律适用和行政公益诉讼监督对象。通过梳理、研究相关法律法规及规范性文件，明确爱国主义教育基地应当对未成年人免费开放是未保法社会保护的重要内容。检察机关根据相关法律规定、行政机关管理权限等，确定负责政府定价的爱国主义教育基地主管部门及价格违法违规处罚部门。通过查询行政机关“三定”方案、权力清单、责任清单等，厘清定价部门与爱国主义教育基地主管部门之间的职责划分，明确对各层级爱国主义教育基地负有监管职责的行政机关，确定行政公益诉讼监督对象分别为发改委和市场监管局。

（三）全面开展调查核实，确认未成年人公共利益损害事实。北京市三级检察机关对80余家区级爱国主义教育基地、209家市级及以上爱国主义教育基地逐一排查，发现其中40余家存在对未成年人违法收费情形，损害了未成年人公共利益。检察机关依法调查收集证据，确保证据效力，为提起行政公益诉讼做好准备。

（四）积极开展磋商，制发诉前检察建议，督促依法履职。经初步调查和评估，全市各级检察院共立案23件，与相关行政机关开展诉前磋商27次，制发诉前检察建议5份。北京市检察机关的工作得到市、区相关行政单位的有力支持，检察机关与行政机关达成共识，共同推动未成年人保护法规定的落实。行政机关采取整改措施依法履职后，检察机关又进行了跟踪回访，发现部分线上售票渠道未对购票价格进行相应修改，经与相关票务管理部门联系，线上售票平台迅速整改到位，保证了免费开放规定的全面落实。目前包括故宫、八达岭长城等在内的40余家爱国主义教育基地全部实现对未成年人免费开放。

三、典型意义

未成年人保护法规定，国家、社会、学校和家庭应当对未成年人加强爱国主义教育，爱国主义教育基地应当对未成年人免费开放。爱国主义教育基地是激发未成年人爱国情感、弘扬民族精神的重要阵地。检察机关积极履行未成年人保护行政公益诉讼职能，助推行政主管部门和爱国主义教育基地依法履职尽责、落实法律规定，对未成年人免费开放，为广大未成年人提供更加贴心、便捷、普惠的服务，受到社会公众广泛好评，实现了司法保护融入社会保护携手为民办实事。

案例六 程某甲与A公司网络消费纠纷支持起诉案

——协同强化未成年人网络保护

一、基本案情

2020年7月以来，程某甲（14岁）在父母不知情的情况下，自行下载注册A公司运营的某网络APP，并通过微信支付方式在该网络APP上购买虚拟币、打赏等。自2020年7月至2021年2月间，程某甲在该网络APP上累计消费人民币共计21.7万余元。

二、履职情况

（一）支持起诉，维护网络空间未成年人权益。2021年3月，程某甲向上海市松江区法院起诉A公司，要求返还网络消费款项，并申请松江区检察院支持起诉。松江区检察院介入后，一方面指导程某甲一方搜集、固定证据，另一方面对该APP开展实验性调查，发现该APP实名注册制度落实不严，实时监管手段薄弱，存在大量和未成年人网络消费有关的投诉。检察机关根据法律规定，支持程某甲向法院提起民事诉讼，出庭发表支持起诉意见，帮助全额追回消费款。

（二）诉源治理，检察建议助力企业合规。针对企业责任落实不到位引发未成年人不当上网、高额消费的情况，2021年5月，松江区检察院先后向A公司及其所在园区管理方制发检察建议，引导企业开展合规改革，主动承担社会责任，制定完善用户实名认证、从业人员准入标准和行为规范、未成年人消费保护措施等技术标准，引领行业合法合规有序发展。A公司及园区均书面回复，持续推进合规整改。

（三）协同各方，构建网络保护共同体。为打造清朗、安全、健康、有益的未成年人网络空间，2021年6月，上海市检察院联合行业协会和30家知名网络游戏企业共同发起倡议，明确技术标准、增设AI和人工审核措施，严格落实未成年人网络防沉迷、消费保护措施，强化未成年人网络游戏真实身份认证，推动形成政府监管、行业自治、企业自律、法律监督“四责协同”的未成年人网络保护大格局。

三、典型意义

当前未成年人互联网普及率极高，一些未成年人沉迷网络游戏问题突出。未成年人保护法明确规定，网络游戏等网络服务提供者应当针对未成年人使用其服务设置相应的时间管理、权限管理、消费管理等功能。检察机关聚焦未成年人网络保护方面的薄弱环节和突出问题，最大限度发挥未成年人检察业务统一集中办理优势，综合运用支持起诉、检察建议等多种手段，与政府职能部门紧密协作，将案件从末端办理转向前端治理，构建未成年人网络保护闭环。

案例七　陈某乙与郑某某抚养费纠纷支持起诉案

——筑牢困境儿童兜底保障

一、基本案情

2009年1月，陈某甲因犯罪被追究刑事责任，妻子郑某某将年仅两岁的陈某乙交给陈某丙（系陈某乙的爷爷）抚养后迁居外地，未支付陈某乙的抚养费。刑满释放的陈某甲因病瘫痪在床，陈某丙年事已高无固定收入，陈某乙处于事实无人抚养状态。

二、履职情况

（一）启动支持起诉，追索抚养费保障事实无人抚养儿童权益。2020年8月，江苏省常州市金坛区检察院在办案过程中发现案件线索，启动民事支持起诉程序。该院通过异地协查，找到已迁居外地的郑某某，并固定其具备抚养能力的证据。经多次沟通，郑某某仍拒绝支付抚养费。2020年9月，陈某甲委托区民政局向法院提起诉讼，要求郑某某支付抚养费，并请求检察机关支持起诉。检察机关依法支持起诉，法院采纳检察机关意见，判决郑某某支付抚养费每月1200元至陈某乙18周岁。

（二）开展专项清查，解决事实无人抚养儿童身份确认难题。2021年5月，金坛区检察院开展事实无人抚养儿童权益维护专项行动，发现辖区20余名事实无人抚养儿童因无法提供失踪父（母）的详细身份信息，未被纳入事实无人抚养儿童范畴。金坛区检察院以制发公益诉讼诉前检察建议的方式，推动民政部门在事实无人抚养儿童身份确认工作中积极履职。区民政局迅速回应，先后两次对辖区未成年人进行全面摸底调查，摸排儿童200余人，根据有关规定确认事实无人抚养儿童22名，发放保障金20余万元。

（三）建立联动机制，开辟特殊情形事实无人抚养儿童维权“绿色通道”。制发检察建议后，金坛区检察院跟踪监督事实无人抚养儿童确认工作，并会同该区民政、公安、团委等召开联席会议，出台《事实无人抚养儿童保护联动工作会议纪要》，建立事实无人抚养儿童保障联动机制，各部门发现线索后及时移送民政部门，当日受理，五日审核，当月发放救助金，缩短事实无人抚养儿童困境时长，确保身份确认渠道畅通。

三、典型意义

事实无人抚养儿童往往因父母监护缺失而陷入生活困境，更需要全面综合保护。未成年人保护法规定，各级人民政府及其有关部门对困境未成年人实施分类保障，采取措施满足其基本需要。检察机关从保护个案未成年人民事权益出发，正视案件背后事实无人抚养儿童身份确认痛点，通过支持起诉、公益诉讼等方式，协同职能部门共同履职，推动事实无人抚养儿童精准认定、获得救助，以司法保护和政府保护的互融互通，有效保障困境儿童权益。

案例八　陈某某监护监督、司法救助案

——开展多元综合保护救助

一、基本案情

被告人陈某与妻子高某某长期存在家庭纠纷。2020 年 8 月 4 日，陈某持刀将妻子高某某、妻妹高某当场杀死，将岳母谢某某刺伤。陈某与高某某育有一女陈某某，时年 5 岁，无人抚养，陷入困境。

二、履职情况

（一）一体化能动履职，及时发现监护缺失线索。四川省都江堰市检察院刑检部门在办理一起因家庭矛盾引发的故意杀人案件中，发现幼女陈某某因父亲杀害母亲，处于无人监护状态，按照《都江堰市人民检察院涉未成年人线索内部移送和协作保护实施办法》，将线索同步移送该院未成年人检察部门，在刑事案件办理的同时开展未成年人综合保护工作。

（二）启动监护监督，确保监护问题妥善解决。针对陈某某因该案导致监护缺失、无人照料的风险，都江堰市检察院及时协同某镇政府督促其祖父母进行照护。后陈某某的祖父母、外祖父母就陈某某监护权归属问题发生纠纷，村委会调解数次未果。检察机关启动监护状况社会调查，对陈某某出生以来的抚育情况、祖父母和外祖父母的监护能力、监护意愿等方面进行调查评估，并听取犯罪嫌疑人陈某的意见。因陈某某的外祖父母居住于重庆市江北区，都江堰市检察院委托江北区检察院协助开展调查核实。在查明外祖父母更适宜抚养后，都江堰市检察院联合该市法院、民政、乡

镇共同开展监护纠纷化解，促成其祖父母和外祖父母签订监护协议书，确定陈某某跟随外祖父母生活。

（三）凝聚各方力量，开展多元综合司法救助。为充分保障监护监督成效，成都市、都江堰市两级检察院联动开展国家司法救助，依法向陈某某发放救助金人民币7万元。考虑到其外祖母因伤需要康复治疗，依法发放司法救助金3万元。同时，委托心理咨询师对陈某某进行心理疏导，帮助其治疗心理创伤。协调社会爱心企业设立教育基金每年定向资助。

（四）持续跟踪救助，推动异地协作联动。由于陈某某跟随外祖父母在重庆生活，都江堰市、重庆市江北区两地检察机关依据《关于加强检察协作服务保障成渝地区双城经济圈建设的意见》，协调多部门联动开展多元化救助。应陈某某外祖父母申请，两地检察机关协调公安机关为其办理户籍迁移手续，并协调当地党委政府、社区将陈某某纳入民政保障范围，及时足额发放基本生活补贴，协调当地教育部门解决陈某某入托问题。

三、典型意义

在家庭矛盾引发的家庭内部成员之间的严重暴力犯罪中，因监护人在犯罪后缺乏有效监护能力，或者因客观原因事实上无法履行监护职责，未成年人往往面临监护缺失、无人照护的困境。检察机关一体化能动履职，通过司法救助、监护权确认、协助落户、协助就学、心理抚慰、家庭教育指导、协调设立爱心基金等多元救助手段，能动履职以“我管”促“都管”，推动解决刑事案件背后未成年人的成长和生活问题，在个案办理中“求极致”，将最有利于未成年人原则落到实处。

最高人民法院发布7起未成年人司法保护典型案例

（2021年3月2日）

目　　录

1. 于某某抢劫案

——贯彻教育为主、惩罚为辅原则，最大限度教育、感化、挽救未成年被告人

被告人于某某系某中学学生，先后持刀在大学校园内抢劫被害人杜某某、王某某、胡某某、徐某某等，劫得手机3部（共计价值人民币753.96元）及现金人民币487.5元。到案后，于某某如实供述了抢劫罪行，赃款、

赃物均已发还被害人。

人民法院经审理认为，被告人于某某持刀劫取他人财物，其行为已构成抢劫罪，应予惩处。综合考虑本案的事实、情节，于某某系未成年人，认罪、悔罪态度较好，已积极赔偿被害人经济损失，得到被害人谅解；于某某在校期间表现良好，一直担任班级学生干部，连续三年被评为区、校级三好学生；此次犯罪与家庭关系紧张、与父母存在沟通障碍有一定关系等。于某某的主观恶性及社会危害性相对较小，人民法院决定依法从轻处罚，以抢劫罪判处被告人于某某有期徒刑三年，缓刑三年，并处罚金人民币六千元。

在本案审理过程中，承办法官对被告人于某某的一贯表现等背景情况进行了详细调查，积极帮助于某某与父母之间重新建立沟通渠道。通过工作，法官与于某某建立了良好的信任关系，于的性格与思想发生了很大转变。于某某在取保候审期间，返回学校参加高考，以全班第一名的成绩考入大学。案件审结后，法官定期对于某某的学习生活情况进行跟踪帮教，帮助其疏导人生困惑，增强人生自信，并与于某某的父母保持互动，督促、指导他们增强亲子沟通，缓和家庭关系。大学期间，于某某成绩优异，获得国家级奖学金，缓刑考验期满后顺利出国留学，现已完成学业回国工作。

本案是一起教育感化挽救失足未成年人、帮助其重回人生正轨的典型案例。未成年人走上违法犯罪道路，既有其自身心智发育尚不健全、尚不具备完全辨认、控制能力的原因，往往也有家庭环境等方面的原因。正是因此，我国刑法明确规定，对未成年人犯罪应当从轻或者减轻处罚；刑事诉讼法明确规定，对犯罪的未成年人实行教育、感化、挽救的方针，坚持教育为主、惩罚为辅的原则。对未成年人犯罪，应当具体分析、区别对待，在准确定罪、恰当量刑的同时，要高度重视做好对未成年被告人的教育挽救、跟踪帮扶工作；要通过认真负责、耐心细致的工作，促使犯罪的未成年人悔过自新，不再重蹈覆辙，成为遵纪守法的公民和社会的有用之材。

2. 王某甲故意杀人案

——家长公然持械闯入课堂杀害未成年小学生，应当依法严惩

被告人王某甲的女儿何某某与年仅9岁的被害人刘某某系某小学三年级的同桌同学。2019年5月9日，王某甲得知女儿被刘某某“欺负”后在班级群发消息质问，刘某某之父刘某联系王某甲未果，又联系其妻何某进行沟通、道歉，班主任汪某某从何某处得知王某甲脾气暴躁，应何某要求转告刘某夫妇先不要和王某甲见面，并答应给刘某某调换座位。10日早上，王某甲送何某某上学时在校门口未看到刘某某家长，在得知多方都在积极解决此事时仍不满意，执意将女儿送回家中，并购买刀具，冲进教室，持刀连续捅刺刘某某的要害部位，又将刘某某拎出教室摔在走廊上，致刘某某大量失血死亡。后公安人员将在学校等待的王某甲抓获归案。

人民法院经审理认为，被告人王某甲女儿与同学发生摩擦矛盾后，学校老师及对方家长已经在积极沟通、协调解决，但被告人不能理性、平和处理，竟购买刀具闯入学校课堂公然行凶，砍杀毫无反抗能力的弱小幼童，致被害人当场死亡，犯罪手段特别残忍，社会影响极其恶劣，社会危害极大，虽有自首情节，但不足以从轻处罚。人民法院依法对被告人王某甲以故意杀人罪判处并核准执行死刑。

本案系因家长不能正确处理未成年子女在校期间与同学间的摩擦矛盾，而持凶器闯入校园课堂，公然杀害弱小幼童的恶性案件。人民法院对严重侵害未成年人犯罪案件始终坚持零容忍态度，坚决依法从严从重惩处，对犯罪性质、情节极其恶劣，后果极其严重的，坚决判处死刑，绝不姑息。

3. 王某乙强奸案

——教唆、利用多名未成年人协助强奸众多未成年在校女学生的，应当依法严惩

2016年4月至2017年7月期间，被告人王某乙专门以年龄幼小的在校女学生为侵害对象，本人或教唆同案被告人雷甲、陈乙、崔丙、宋丁（均已判刑）等未成年在校学生，以介绍男女朋友为幌子，或者采取暴力、胁迫、酒精麻醉、金钱引诱等手段，将多名未成年在校女学生带至酒店、KTV、王某乙驾驶的轿车上或野外荒地等处实施强奸。截至案发，王某乙共对15名未成年在校女学生（其中8人系幼女）实施强奸犯罪17次，其中12次既遂、3次未遂、2次中止，多名被害人因遭受强奸而被迫辍学或转学。

人民法院经审理认为，被告人王某乙犯罪动机卑劣，为满足畸形心理，在一年三个月内，专门以年龄幼小的在校女学生为侵害对象，教唆未成年

人予以协助，连续对15名未成年被害人实施强奸，其中8名被害人系幼女，造成多名被害人被迫辍学或转学，犯罪情节恶劣，社会危害极大，罪行极其严重。人民法院依法对王某乙以强奸罪判处并核准执行死刑。

强奸未成年人犯罪严重损害未成年人身心健康，给未成年人的人生蒙上阴影，使未成年人父母及家庭背负沉重精神负担，并严重践踏社会伦理道德底线，社会影响恶劣。人民法院对强奸未成年人特别是奸淫幼女犯罪历来坚持依法从严惩治的立场，对强奸未成年人特别是幼女人数、次数特别多，手段、情节特别恶劣，或者造成的后果特别严重，主观恶性极深，罪行极其严重的，坚决依法从严从重判处，直至判处死刑。本案中，被告人王某乙教唆、利用其他未成年人协助对未成年在校女学生实施强奸，强奸人数、次数特别多，犯罪动机卑劣，主观恶性极深，罪行极其严重，人民法院依法对其判处死刑。

4. 邹某某猥亵儿童案

——采取恶劣手段长期猥亵男童的，应当依法严惩

被告人邹某某与被害人黄某甲、黄某乙的母亲徐某为同乡，2015年双方结识后常有往来。2017年暑假期间，邹某某将黄某甲（男，时年5岁）带至其居住的房屋，播放淫秽视频给黄某甲观看，并对黄某甲的生殖器实施猥亵。后邹某某趁受徐某所托照看黄某甲、黄某乙（男，时年7岁）的机会，对两名被害人生殖器实施猥亵，并播放淫秽视频给二人一同观看。此后至2019年，邹某某多次采取上述类似方式分别或者同时对黄某甲、黄某乙实施猥亵。2019年2月1日，被害人母亲发现被害人表现异常后报警，邹某某被抓获归案。公安机关从邹某某使用的手机中查获多张黄某甲、黄某乙裸体照片和多名身份不明男童生殖器照片以及大量淫秽视频。

人民法院经审理认为，邹某某利用与被害人家庭熟悉的机会或受委托照看儿童的机会，长期对两名不满10周岁的幼童实施猥亵，其行为已构成猥亵儿童罪，且手段恶劣，并导致两名被害人受到严重心理创伤，属于猥亵儿童“情节恶劣”，应予从严惩。人民法院依法对邹某某以猥亵儿童罪判处有期徒刑十年。

近年来，女童遭受奸淫、猥亵的案件受到社会广泛关注，但现实生活中，男童也可能受到不法性侵害，也会给男童造成严重心理创伤。本案中，被告人利用被害人家长的信任和疏于防范，长期猥亵两名年幼男童，性质、情节恶劣，后果严重。值得注意的是，本案及审理均发生在《刑法修正案十一》颁布施行前，人民法院在案件审理过程中，根据被告人实施猥亵的手段、性质、情节及造成的后果，依法适用刑法第二百三十七条原第二款、第三款规定的猥亵“有其他恶劣情节”，对被告人在五年以上有期徒刑幅度内从重判处，于法有据，罪刑相当，而且与《刑法修正案十一》明确列举猥亵“情节恶劣”的情形，依法加大惩治力度的立法精神也完全契合，实现了法律效果与社会效果的统一。

5. 某妇联诉胡某、姜某某抚养纠纷案

——父母应当履行对未成年子女的抚养义务

胡某某（2003年3月6日出生）系胡某与姜某某非婚生女儿，后因胡某与姜某某解除恋爱关系，遂由胡某父母负责照顾、抚养、教育。2016年11月8日，经西南医科大学附属医院诊断，胡某某患有抑郁症、分离转换性障碍。胡某、姜某某长期未履行对胡某某的抚养义务，胡某父母年老多病，无力继续照顾胡某某，多次要求户籍所在地的村社、政府解决困难。该地妇联了解情况后，向法院提起诉讼，请求胡某、姜某某全面履行对胡某某的抚养义务。

法院经审理认为，本案的适格原告胡某某系限制民事行为能力人，本应由其父母作为法定代理人代为提起诉讼，但胡某某的父母均是本案被告，不能作为其法定代理人参加诉讼。综合考虑二被告的婚姻状况、经济条件和胡某某本人的生活习惯、意愿，判决胡某某由胡某直接抚养，随胡某居住生活；姜某某从2017年6月起每月15日前支付抚养费500元；胡某某的教育费、医疗费实际产生后凭正式票据由胡某、姜某某各承担50%，直至胡某某独立生活时止。

本案是一起典型的父母怠于履行抚养义务的案例。审判实践中存在大量与本案类似的留守儿童抚养问题，这些未成年人的父母虽未直接侵害未成年人合法权益，但怠于履行监护义务，把未成年子女留给年迈的老人照顾，子女缺乏充分的经济和安全保障，缺乏父母关爱和教育，导致部分未成年人轻则心理失衡，重则误入歧途，甚至走向犯罪的深渊。本案中，法院参照最高人民法院、最高人民检察院、公安部、民政部联合发布的《关

于依法处理监护人侵害未成年人合法权益的意见》的有关精神，积极探索由妇联组织、未成年人保护组织等机构直接作为原告代未成年人提起诉讼的模式，为督促未成年人父母履行抚养义务，解决父母不履行监护职责的现实问题提供了有益参考。

6. 某民政局诉刘某监护权纠纷案

——遗弃未成年子女可依法撤销监护权

2018 年 7 月 22 日，刘某在医院生育一名女婴后，于同月 24 日将该女婴遗弃在医院女更衣室内。女婴被发现后由民政局下属的某儿童福利院代为抚养。公安局经调查发现，刘某还曾在 2015 年 1 月 29 日，将其所生的一名男婴遗弃在居民楼内。民政局向法院提起诉讼，以刘某犯遗弃罪，已不适合履行监护职责，申请撤销刘某的监护权，民政局愿意承担该女婴的监护责任，指定其下属的某儿童福利院抚养女婴。

法院经审理认为，刘某将出生三天的未成年子女遗弃，拒绝抚养，严重侵害被监护人的合法权益，符合撤销监护人资格的情形。被监护人自被生母刘某遗弃以来，某儿童福利院代为抚养至今，综合考虑被监护人生父不明、刘某父母年龄和经济状况、村民委员会的具体情况，由民政部门取得被监护人的监护权，更有利于保护被监护人的生存、医疗、教育等合法权益。综上，法院判决撤销刘某的监护权，指定民政局作为该名女婴的监护人。其后，刘某被法院以遗弃罪判处刑罚。

本案的典型意义在于：父母是未成年子女的法定监护人，有保护被监护人的身体健康，照顾被监护人的生活，管理和教育被监护人的法定职责。监护权既是一种权利，更是法定义务。父母不依法履行监护职责，严重侵害被监护人合法权益的，有关个人或组织可以根据依法申请撤销其监护人资格，并依法指定监护人。在重新指定监护人时，如果没有依法具有监护资格的人，一般由民政部门担任监护人，也可以由具备履行监护职责条件的被监护人住所地的居民委员会、村民委员会担任。国家机关和社会组织兜底监护是家庭监护的重要补充，是保护未成年人合法权益的坚强后盾。未成年人的健康成长不仅需要司法及时发挥防线作用，更需要全社会协同发力，建立起全方位的权益保障体系，为国家的希望和未来保驾护航。

7. 刘某诉某科技公司合同纠纷案

——未成年人大额网络直播打赏应当依法返还

刘某生于2002年，初中辍学。2018年10月23日至2019年1月5日，刘某使用父母用于生意资金流转的银行卡，多次向某科技公司账户转账用于打赏直播平台主播，打赏金额高达近160万元。刘某父母得知后，希望某科技公司能退还全部打赏金额，遭到该公司拒绝。后刘某诉至法院要求某科技公司返还上述款项。

法院在审理该案中，多次组织双方当事人调解，经过耐心细致的辩法析理，最终当事双方达成庭外和解，刘某申请撤回起诉，某科技公司自愿返还近160万元打赏款项并已经履行完毕。

本案是一起典型的未成年人参与直播打赏案例。司法实践中涉及到的网络打赏、网络游戏纠纷，多数是限制行为能力人，也就是8周岁以上的未成年人。这些人在进行网络游戏或者打赏时，有的几千、几万，这显然与其年龄和智力水平不相适应，在未得到法定代理人追认的情况下，其行为依法应当是无效的。《最高人民法院关于依法妥善审理涉新冠肺炎疫情民事案件若干问题的指导意见（二）》对未成年人参与网络付费游戏和网络打赏纠纷提供了更为明确的规则指引。意见明确，限制民事行为能力人未经其监护人同意，参与网络付费游戏或者网络直播平台“打赏”等方式支出与其年龄、智力不相适应的款项，监护人请求网络服务提供者返还该款项的，人民法院应予支持。该规定更多地考量了对未成年人合法权益的保护，同时引导网络公司进一步强化社会责任，为未成年人健康成长创造良好网络环境。

历年条文序号对照表

历年未成年人保护法条文序号对照表
（1991 年—2006 年—2012 年—2020 年）[①]

【使用说明：此表横向阅读；（增）表示该条文为新增条文；（删）表示该条文已被删去；下划线是方便读者查找该条；（1）（2）（3）表示此条被一分为二或一分为三。】

2020. 10. 17 未成年人保护法	2012. 10. 26 未成年人保护法	2006. 12. 29 未成年人保护法	1991. 9. 4 未成年人保护法
第 1 条	第 1 条	第 1 条	第 1 条
第 2 条	第 2 条	第 2 条	第 2 条
第 3 条	第 3 条	第 3 条（增）	
第 4 条	第 5 条	第 5 条	第 4 条
第 5 条	第 4 条	第 4 条	第 3 条
第 6 条	第 6 条（1）（3）	第 6 条（1）（3）	第 5 条
第 7 条（增）			
第 8 条	第 7 条（2）	第 7 条（2）	第 6 条
第 9 条	第 7 条（1）（3）	第 7 条（1）（3）	第 6 条
第 10 条	第 8 条	第 8 条（增）	
第 11 条	第 6 条（2） 第 49 条	第 6 条（2） 第 49 条	第 46 条（1）
第 12 条（增）			

① 此表是对《未成年人保护法》历年条文序号的整体梳理，一为方便读者遇到旧法快速准确定位到新法，二为方便读者了解新法是如何从旧法延续而来。

2020. 10. 17 未成年人保护法	2012. 10. 26 未成年人保护法	2006. 12. 29 未成年人保护法	1991. 9. 4 未成年人保护法
第 13 条（增）			
第 14 条	第 9 条	第 9 条	第 7 条
第 15 条	第 10 条（1） 第 12 条（1）	第 10 条（1） 第 12 条（1）	第 8 条
第 16 条	第 11 条	第 11 条	第 10 条
第 17 条	第 10 条（2） 第 13 条 第 15 条	第 10 条（2） 第 13 条 第 15 条	第 9 条 第 11 条
			第 12 条（删）
第 18 条（增）			
第 19 条	第 14 条	第 14 条（增）	
第 20 条（增）			
第 21 条（增）			
第 22 条	第 16 条	第 16 条（增）	
第 23 条（增）			
第 24 条（增）			
第 25 条	第 17 条	第 17 条	第 13 条（1）
第 26 条	第 26 条	第 26 条	第 19 条
第 27 条	第 21 条	第 21 条	第 15 条（2）
第 28 条	第 18 条（1）	第 18 条（1）（增）	
第 29 条	第 18 条（2）	第 18 条（2）（增）	
第 30 条	第 19 条	第 19 条	第 13 条（2）
			第 14 条（删）
第 31 条（增）			
第 32 条（增）			
第 33 条	第 20 条	第 20 条	第 15 条（1）

2020.10.17 未成年人保护法	2012.10.26 未成年人保护法	2006.12.29 未成年人保护法	1991.9.4 未成年人保护法
第 34 条	第 44 条（1）		
第 35 条	第 22 条	第 22 条	第 16 条 第 17 条
第 36 条（增）			
第 37 条	第 23 条 第 24 条	第 23 条（增） 第 24 条（增）	
	第 25 条（删）	第 25 条	第 18 条
第 38 条（增）			
第 39 条（增）			
第 40 条（增）			
第 41 条（增）			
第 42 条	第 27 条	第 27 条	第 20 条
第 43 条（增）			
第 44 条	第 30 条 第 31 条（2） 第 32 条（2）	第 30 条 第 31 条（2）（增） 第 32 条（2）	第 22 条 第 24 条
第 45 条（增）			
第 46 条（增）			
第 47 条（增）			
第 48 条	第 32 条（1）	第 32 条（1）	第 24 条
第 49 条（增）			
第 50 条	第 34 条	第 34 条	第 25 条
第 51 条（增）			
第 52 条（增）			
第 53 条（增）			

2020.10.17 未成年人保护法	2012.10.26 未成年人保护法	2006.12.29 未成年人保护法	1991.9.4 未成年人保护法
第 54 条	第 41 条	第 41 条（增）	
第 55 条	第 35 条	第 35 条	第 26 条
第 56 条	第 40 条	第 40 条（增）	
第 57 条（增）			
第 58 条	第 36 条	第 36 条	第 23 条
第 59 条	第 37 条	第 37 条	第 27 条
第 60 条（增）			
第 61 条	第 38 条	第 38 条	第 28 条
第 62 条（增）			
第 63 条	第 39 条	第 39 条	第 30 条 第 31 条
	第 48 条	第 48 条（增）	
第 64 条（增）			
第 65 条（增）			
第 66 条（增）			
第 67 条（增）			
第 68 条	第 33 条	第 33 条（增）	
第 69 条（增）			
第 70 条（增）			
第 71 条（增）			
第 72 条（增）			
第 73 条（增）			
第 74 条（增）			
第 75 条（增）			
第 76 条（增）			

2020.10.17 未成年人保护法	2012.10.26 未成年人保护法	2006.12.29 未成年人保护法	1991.9.4 未成年人保护法
第77条（增）			
第78条（增）			
第79条（增）			
第80条（增）			
第81条（增）			
第82条	第12条（2）		
第83条	第28条	第28条（增）	
第84条	第45条	第45条	第33条 第35条
第85条	第47条	第47条	第37条
第86条（增）			
第87条（增）			
第88条	第42条（1）	第42条（1）（增）	
第89条	第29条 第31条（1） 第42条（2）	第29条 第31条（1）（增） 第42条（2）（增）	第21条
第90条	第44条	第44条	第32条 第34条
第91条（增）			
第92条	第43条	第43条	第29条（1）
第93条（增）			
第94条（增）			
第95条（增）			
第96条（增）			
第97条（增）			
第98条（增）			

2020.10.17 未成年人保护法	2012.10.26 未成年人保护法	2006.12.29 未成年人保护法	1991.9.4 未成年人保护法
第99条（增）			
	第46条（删）	第46条	第36条
第100条	第50条	第50条	第46条（2）
第101条	第55条	第55条	第40条（1）
第102条	第51条（1）	第51条（1）	第46条（3）
第103条	第58条	第58条	
第104条	第51条（2）	第51条（2）	第46条（3）
第105条（增）			
第106条（增）			
第107条	第52条	第52条	第45条（1）
第108条	第53条	第53条	第45条（2）
第109条（增）			
第110条	第56条	第56条（增）	
第111条（增）			
第112条（增）			
第113条	第54条 第57条	第54条 第57条	第38条 第40条（2）
			第39条（删）
			第42条（删）
			第43条（删）
			第44条（删）
第114条（增）			
第115条（增）			
第116条（增）			
	第59条	第59条	

2020.10.17 未成年人保护法	2012.10.26 未成年人保护法	2006.12.29 未成年人保护法	1991.9.4 未成年人保护法
第117条（增）			
	第61条（删）	第61条（增）	
第118条	第62条	第62条（增）	
第119条	第63条	第63条	第29条（2） 第48条
第120条（增）			
第121条	第64条	第64条	第25条
	第65条	第65条（增）	
第122条（增）			
第123条	第66条 第67条	第66条 第67条（增）	第50条
			第52条（删）
			第54条（删）
第124条（增）			
第125条	第68条	第68条	第49条
第126条（增）			
第127条（增）			
第128条（增）			
第129条	第60条	第60条	第47条
	第69条	第69条（增）	
	第70条	第70条（增）	
	第71条	第71条（增）	
第130条（增）			
第131条（增）			
第132条	第72条	第72条	第56条